Karin Nissen-Rizvani
Autorenregie

**Theater** | Band 30

Für Achim Rizvani

**Karin Nissen-Rizvani** arbeitet als Dramaturgin und Dozentin in Hamburg. Ihre künstlerischen und wissenschaftlichen Schwerpunkte liegen im Bereich des zeitgenössischen Theaters und seiner Formensprache.

KARIN NISSEN-RIZVANI

# Autorenregie
Theater und Texte von Sabine Harbeke, Armin Petras/
Fritz Kater, Christoph Schlingensief und René Pollesch

[transcript]

Dissertation zur Erlangung der Würde der Doktorin der Fachbereiche Sprache, Literatur, Medien & Europäische Sprachen und Literaturen der Universität Hamburg.

Das Dissertationsprojekt wurde gefördert durch die Rudolf-Augstein-Stiftung, Hamburg.

**Bibliografische Information der Deutschen Nationalbibliothek**
Die Deutsche Nationalbibliothek verzeichnet diese Publikation in der Deutschen Nationalbibliografie; detaillierte bibliografische Daten sind im Internet über http://dnb.d-nb.de abrufbar.

**© 2011 transcript Verlag, Bielefeld**

Die Verwertung der Texte und Bilder ist ohne Zustimmung des Verlages urheberrechtswidrig und strafbar. Das gilt auch für Vervielfältigungen, Übersetzungen, Mikroverfilmungen und für die Verarbeitung mit elektronischen Systemen.

Umschlaggestaltung: Kordula Röckenhaus, Bielefeld
Umschlagabbildung: Szene aus HEAVEN (zu tristan) von Armin Petras/Fritz Kater mit Peter Kurth und Susanne Böwe. © Bettina Stöß
Satz: Achim Rizvani, Hamburg
Druck: Majuskel Medienproduktion GmbH, Wetzlar
ISBN 978-3-8376-1731-3

Gedruckt auf alterungsbeständigem Papier mit chlorfrei gebleichtem Zellstoff.
Besuchen Sie uns im Internet: http://www.transcript-verlag.de
Bitte fordern Sie unser Gesamtverzeichnis und andere Broschüren an unter: info@transcript-verlag.de

# Inhalt

| | Danksagung | 7 |
|---|---|---|
| **1** | **Einleitung** | 9 |
| 1.1 | Thesen der Untersuchung, Untersuchungsziel | 11 |
| 1.2 | Aufbau der Untersuchung | 13 |
| 1.3 | Autoren-Regisseure und die Begründung der Werkauswahl | 14 |
| **2** | **Dramentext und Inszenierungstext: der Forschungsstand** | 29 |
| 2.1 | Stand der wissenschaftlichen Diskussion | 29 |
| 2.2 | Die Wechselbeziehung zwischen Dramen- und Inszenierungstext | 34 |
| **3** | **Zur theaterwissenschaftlichen Methodik** | 41 |
| 3.1 | Methodische Vorentscheidungen zur Analyse des Untersuchungsgegenstandes ›Autorenregie‹ | 41 |
| 3.2 | Methodologische Vorüberlegungen zur dramaturgischen Analyse | 42 |
| 3.3 | Dramentext und Inszenierungstext | 43 |
| 3.4 | Szenischer Text | 44 |
| 3.5 | Textualität, Performativität, Diskursivität und die Frage nach dem Autor | 47 |
| 3.6 | Die Krise der Repräsentation | 54 |
| 3.7 | Inneres und äußeres Kommunikationssystem | 56 |
| 3.8 | Dramaturgische Analyse des szenischen Textes | 59 |
| **4** | **Die Autorin-Regisseurin Sabine Harbeke** | 79 |
| 4.1 | Ausbildung und Werkbiografie | 79 |
| 4.2 | Dramaturgische Analyse des szenischen Textes *lustgarten* | 81 |
| 4.3 | Präzision und Überforderung: Rhythmus und Komposition des szenischen Textes *lustgarten* | 106 |
| 4.4 | Sabine Harbekes Bezug zur Theaterinstitution | 111 |
| **5** | **Der Autor-Regisseur Armin Petras/Fritz Kater** | 113 |
| 5.1 | Ausbildung und Werkbiografie | 113 |
| 5.2 | Dramaturgische Analyse des szenischen Textes *HEAVEN (zu tristan)* | 118 |

| | | |
|---|---|---|
| 5.3 | Episches Theater im 21. Jahrhundert: Rhythmus und Komposition des szenischen Textes *HEAVEN (zu tristan)* | 137 |
| 5.4 | Armin Petras und die Theaterinstitution | 145 |

| | | |
|---|---|---|
| **6** | **Der Autor-Regisseur Christoph Schlingensief** | **149** |
| 6.1 | Ausbildung und Werkbiografie | 150 |
| 6.2 | Dramaturgische Analyse des szenischen Textes *Rosebud* | 154 |
| 6.3 | Prinzip Überforderung: Rhythmus und Komposition des szenischen Textes Rosebud | 174 |

| | | |
|---|---|---|
| **7** | **Der Autor-Regisseur René Pollesch** | **183** |
| 7.1 | Ausbildung und Werkbiografie | 183 |
| 7.2 | Dramaturgische Analyse des szenischen Textes *Die Welt zu Gast bei reichen Eltern* | 186 |
| 7.3 | Diskurs und Clips: Rhythmus und Komposition | 213 |
| 7.4 | Der Autor-Regisseur Pollesch und die Theaterinstitution | 222 |

| | | |
|---|---|---|
| **8** | **Vergleichende Untersuchung der Ergebnisse der Einzelanalysen** | **225** |
| 8.1 | Ausbildung | 225 |
| 8.2 | Produktionsweisen: Vernetzung, Produktionsfülle und serielles Schreiben | 226 |
| 8.3 | Übersicht und zusammenfassende Auswertung der Stilmittel und der ästhetischen Prinzipien | 229 |
| 8.4 | Dramaturgische Verfahren | 244 |

| | | |
|---|---|---|
| **9** | **Fazit: Autorenregie zu Beginn des 21. Jahrhunderts** | **257** |
| 9.1 | Auswertung des methodischen Vorgehens der dramaturgischen Analyse | 257 |
| 9.2 | Autorenregie und die Krise der Repräsentation | 259 |
| 9.3 | Zum Autor-Regisseur | 261 |
| 9.4 | Autorenregie im Spannungsfeld der Debatte um den Dramentext und den Inszenierungstext | 264 |

| | | |
|---|---|---|
| **10** | **Anhang** | **277** |
| 10.1 | Mail-Interview mit Sabine Harbeke vom 10.5.2010 | 277 |
| 10.2 | Mail-Interview mit Armin Petras vom 12.2.2010 | 283 |
| 10.3 | Skizze während einer Rosebud-Probe von Christoph Schlingensief | 285 |
| 10.4 | Publikumsgespräch mit Claus Cäsar, René Pollesch, Sophie Rois und Martin Wuttke | 285 |
| 10.5 | Fragebogen zur Aufführungsanalyse von Patrice Pavis, überarbeitete Fassung für eine dramaturgische Analyse | 287 |

| | | |
|---|---|---|
| **11** | **Literatur- und Aufführungsverzeichnis** | **293** |

# Danksagung

Mein besonderer Dank gilt dem Betreuer dieser Dissertation, Prof. Dr. Jörg Schönert und der Rudolf-Augstein-Stiftung für die großzügige Förderung des gesamten Promotionsvorhabens.

Achim Rizvani, Dr. Kirsten Nicklaus und Kai Frederik Lorentzen haben das Projekt in allen Phasen mit getragen und gedanklich unterstützt.

Großer Dank gebührt außerdem Katharina Baczkowicz, Prof. Michael Börgerding, Dr. Michaela Giesing, Jutta und Peter Grobusch, Eliane Haller-Ciresa, Dr. Christine Künzel, Agnes Lisinski, Prof. Dr. Nikolaus Müller-Schöll und Prof. Dr. Karl-Josef Pazzini sowie Familie Nissen und Familie Rizvani.

# 1   Einleitung

An der ›Nahtstelle‹ von Dramentext und Inszenierung setzt diese Untersuchung an: Ausgewählte Dramentexte und Inszenierungen von Sabine Harbeke, Armin Petras/Fritz Kater, Christoph Schlingensief und René Pollesch stehen in Einzelanalysen im Zentrum dieser Arbeit, die sich mit der Arbeitsweise der Autorenregie zu Beginn des 21. Jahrhunderts, befasst. Es gilt, bestehende Methoden der Dramen- und Aufführungsanalyse in Hinblick auf die Analyse der Theaterarbeiten[1] der Autoren-Regisseure zu erweitern. Die ästhetischen Konsequenzen der gekoppelten Arbeitsweise von Schreiben und Inszenieren für den Produktionsprozess werden dabei in besonderer Weise berücksichtigt. Joachim Lux, seit der Spielzeit 2009/2010 Intendant des Thalia Theaters Hamburg, stellt in seinem Vortrag zur Eröffnung des Stückemarktes im Rahmen des Berliner Theatertreffens 2008 mit dem Titel *Theater ohne Autoren: Ist die Zukunft dramatisch?* die produktive Auseinandersetzung zeitgenössischer Autoren mit dem Produktionsprozess und mit den Theaterinstitutionen heraus, aus der sich viele Impulse für die inhaltliche und formale Auseinandersetzung der Künstler in ihren Werken ergäben. Klassische theatertheoretische Aufteilungen von Autor-Regisseur-Schauspieler[2] veränderten sich und die Theaterinstitutionen müssten sehen, dass die Bedingungen von Probenzeiten über Verträge und vor allem auch die Erwartung des Publikums diesen ästhetischen Wandlungen gegenüber angepasst und berücksichtigt würden.[3]

Autoren sind im Gegenwartstheater an die Institution, an ein Haus, herangerückt. Für viele Künstler entwickelt sich Autorenregie zur zentralen Arbeitsweise. Sabine Harbeke, Armin Petras/Fritz Kater, Christoph Schlingensief und René Pollesch sind in Personalunion für die Dramentexte und Inszenierungen verantwortlich und wurden mit exemplarischen Werken für diese Untersuchung ausgewählt. Hinzuzufügen wären in diese Reihe: Igor Bauersima, Nuran David Calis, Gesine Danckwart, Nino Haratischwili, Falk Richter und

---

[1] | Theaterarbeit bedeutet hier sowohl das Schreiben des Dramentextes als auch das Inszenieren.
[2] | Im Text verzichte ich auf die Schreibweise ›Innen‹, es ist stets auch die weibliche Form gemeint.
[3] | Vgl. Joachim Lux: Stockhausens Schrei. Theater ohne Autoren: Ist die Zukunft dramatisch? Vortrag zur Eröffnung des tt `08-Stückemarkts. In: www.nachtkritik.de/indexphp?option=com_content&task=view&id=1353 (gesehen am 16.4.2010).

andere Künstler und Künstlerkollektive, beispielsweise *Rimini Protokoll*, deren Theaterarbeiten in dieser Untersuchung jedoch nur punktuell thematisiert werden.[4]

Die gekoppelte Gestaltung von Dramentext und Inszenierung in der Autorenregie hat bei den Rezipienten und Fachleuten für Gegenwartstheater Aufsehen erregt: Allein bei den Autorentheatertagen in Hamburg 2008 wurden fünf Inszenierungen von Autoren-Regisseuren zu Gastspielen eingeladen und bei den Mülheimer Theatertagen, dem zentralen Festival für deutschsprachige Gegenwartsdramatik[5], wurden in den letzten Jahren mehrmals Dramentexte von Autoren-Regisseuren ausgezeichnet: *world wide web slums* (2001) und *Cappuccetto Rosso* (2006) von René Pollesch haben neben dem Preis der Jury auch den Publikumspreis erhalten. 2003 wurde *zeit zu lieben und zeit zu sterben* von Armin Petras/Fritz Kater[6] ausgezeichnet, seine (für diese Analyse ausgewählte) Theaterarbeit *HEAVEN (zu tristan)* wurde 2008 für den Mülheimer Dramatikerpreis nominiert, *We are blood* 2011 für die Stücketage ausgewählt.

Um die Bedeutung der Werke der Autoren-Regisseure im zeitgenössischen Theater[7] einzuschätzen, werden für die Dramentexte und Inszenierungen in den Einzelanalysen Kategorien erarbeitet und aufgestellt, die sowohl auf die Analyse des Dramen- als auch des Inszenierungstextes[8] angewendet werden können. Darüber hinaus wird Autorenregie als eine künstlerische Arbeitsweise erörtert, die einen zentralen Stellenwert in der Debatte um den Dramen- und Inszenierungstext – sowohl in der Theaterforschung als auch in der Theaterpraxis – einnimmt. Die genannten Theatermacher schreiben ihre Dramentexte auch in Bezug zum Probenprozess und zur Theaterinstitution, das heißt, sie bewegen sich an der Schnittstelle zwischen Konzipieren, Schreiben, Proben und Inszenieren, mit Bezug zur Ebene der Zuschauer. Genau diese Schnittstelle von Dramen- und Inszenierungstext gilt es, in der folgenden Untersuchung, genauer zu betrachten.

Im Spannungsfeld zwischen Dramen- und Inszenierungstext stellt Autorenregie dabei eine Arbeitsweise dar, die zur Zusammenführung von Dra-

---

**4** | Zur Begründung der Auswahl der Autoren-Regisseure, vgl. Kap. 1.3.3 Beschränkung der Auswahl.

**5** | Die Mülheimer Theatertage finden einmal jährlich zwischen Ende Mai und Anfang Juni über zwei Wochen in Mülheim an der Ruhr statt. Es werden Dramentexte ausgewählt und Inszenierungen eingeladen. Eine Jury entscheidet über die Auszeichnung der Dramentexte. Inszenierungen werden nicht berücksichtigt.

**6** | Armin Petras wählt für seine Arbeit als Autor ein Pseudonym: Fritz Kater. Vgl. Kap. 5.1.1 Der Regisseur Armin Petras und der Autor Fritz Kater.

**7** | Auch, wenn im Verlauf der Arbeit die Begriffe ›Gegenwartstheater‹ oder ›zeitgenössisches Theater‹ genutzt werden, handelt es sich stets um einen historisch abgeschlossenen Zeitraum, innerhalb dessen die Werke entstanden sind und auf den sich die Analysen beziehen.

**8** | ›Inszenierungstext‹ bezeichnet hier die Partitur der Inszenierung, d. h. das Zeichenkorpus einer Inszenierung, das trotz der Einmaligkeit der Aufführung am Theaterabend beschreibbar ist. Vgl. Kap. 3.3 Dramentext und Inszenierungstext.

men- und Inszenierungstext, in das von einem Künstler verantwortete Werk[9] führt. Es soll anhand der Arbeitsweisen und der exemplarisch ausgewählten Werke der vier Autoren-Regisseure: Sabine Harbeke: *lustgarten*, Armin Petras/Fritz Kater: *HEAVEN (zu tristan)*, Christoph Schlingensief: *Rosebud* und René Pollesch: *Die Welt zu Gast bei reichen Eltern* analysiert und verglichen werden, welche Stilmittel und Produktionsweisen diese Theaterarbeiten kennzeichnen. Beispielhaft geht es in dieser Untersuchung darum, Arbeitsweisen und dramaturgische Strukturen, ›ästhetische Prinzipien‹[10], herauszuarbeiten, die auch auf andere zeitgenössische Dramentexte und Inszenierungen, zu übertragen sind.

Wie charakterisiert die Verknüpfung der Arbeitsweisen von Schreiben und Inszenieren den Dramentext und den Inszenierungstext, welche ästhetischen Positionierungen lassen sich erkennen, und was sagen diese Analyseergebnisse über das Theater im gewählten Zeitraum der Untersuchung, 2000 bis 2009, aus?

## 1.1 Thesen der Untersuchung, Untersuchungsziel

Die folgende Untersuchung versucht, anhand der Analyse der Autorenregie notwendige theaterwissenschaftliche Erweiterungen der Methodik vorzunehmen und gleichzeitig einen systematischen Beitrag zum Verständnis der theatralen Formen im zeitgenössischen Theater zu leisten: Zunächst wird die künstlerische Arbeitsweise der Autorenregie in den Kontext der theaterwissenschaftlichen Forschungsdiskussion zu Dramentext und Inszenierungstext gestellt, um im zweiten Schritt die Stilmittel der Werke von Autoren-Regisseuren mit aktuellen ästhetischen Begriffen abzugleichen. Im Zentrum stehen die Einzelanalysen der Werke, auf deren Grundlage die vergleichende Beschreibung der Arbeitsweisen und der künstlerischen Verfahren der Autorenregie erfolgt. Anhand der konkreten Analysen wird im dritten Schritt das methodische Vorgehen der Dramen- und Aufführungsanalyse auf den Prüfstand ge-

---

9 | ›Werk‹ bezeichnet in der Analyse den Dramentext und den Inszenierungstext als das von einem Künstler bzw. Künstlerkollektiv verantwortete Kunstwerk. Nach einer Definition von Theresia Birkenhauer wird die Bezeichnung Werk – bisher dem dramatischen Text vorbehalten – nun auch auf die Inszenierung übertragen. Vgl. Theresia Birkenhauer: Werk. In: Metzler Lexikon Theatertheorie. Hrsg. von Erika Fischer-Lichte u. a. Stuttgart 2005, S. 389-391, hier S. 389.

10 | Patrice Pavis hat mit Studenten einen Fragebogen zur Aufführungsanalyse entworfen und stellt diesem die Analyse der ›ästhetischen Prinzipien‹ voran, mit denen eine Inszenierung umfassend, insbesondere die Relation der Zeichen zueinander zu beschreiben sei. Vgl. Patrice Pavis: Semiotik der Theaterrezeption. Tübingen 1988, S. 101. Im Zusammenhang dieser Untersuchung wird der Fragenkatalog für die Analyse der Werke von Autoren-Regisseuren überarbeitet. Vgl. Kap. 3.7.4 Erweiterter Fragenkatalog zur dramaturgischen Analyse szenischer Texte, Kap. 10.5 Der Fragebogen zur Aufführungsanalyse von Patrice Pavis und die überarbeitete Fassung für eine dramaturgische Analyse.

stellt. Hier werden notwendige Erweiterungen für die Analyse der Werke von Autoren-Regisseuren herausgearbeitet. Schließlich kann auf dieser Grundlage eine Einordnung der Autorenregie ins Gesamtbild des zeitgenössischen Theaters erfolgen. Dieser Untersuchung werden folgende Thesen vorangestellt:

1. Autorenregie gilt als eine für den gewählten Zeitraum (2000-2009) charakteristische künstlerische Theaterform und ist durch Stilmittel gekennzeichnet, die sich beim Vergleich verschiedener Werke von Autoren-Regisseuren herausstellen lassen und denen ein besonderer Stellenwert in der künstlerischen Entwicklung von Dramen- und Inszenierungstext im zeitgenössischen Theater zukommt. Dramentexte von Autoren-Regisseuren, hier analysiert an Werken von Sabine Harbeke, Armin Petras/Fritz Kater, Christoph Schlingensief und René Pollesch weisen ästhetische Kriterien auf, die das Theater zu Beginn des 21. Jahrhundert in besonderer Weise prägen.
2. Die institutionellen Bedingungen am Theater haben einen bedeutenden Einfluss auf die Theaterarbeit und die Ästhetik der Werke von Autoren-Regisseuren. Im Gegensatz zu nicht-inszenierenden Theaterautoren, erhalten die Autoren-Regisseure direkte Impulse, aber auch Grenzen aus der Theaterpraxis für ihre künstlerische Arbeit gesetzt. Dabei spielen künstlerische Entscheidungen (über das Ensemble, die Besetzung, die Theaterräume) aber auch ökonomische Faktoren (Gagen, Verträge) eine Rolle.
3. Die Methoden zur Dramen- und Aufführungsanalyse bedürfen einer Neuaufstellung und Erweiterung der vorhandenen theoretischen Verfahren, die insbesondere die Abweichungen von der fiktiven Handlung und Figuration, die Öffnung des Schreibprozesses zum Produktionsprozess und die Ebene der äußeren Kommunikation berücksichtigen sollten. Den Ausgangspunkt für eine Erweiterung der Methodik kennzeichnet zunächst die Setzung, den Dramentext und Inszenierungstext als einen Text, als ›szenischen Text‹[11], zu analysieren.
4. Die Arbeitsweise Autorenregie verweist auf Veränderungen der Position und Wirkungsweise des Autors im Theater generell und erweitert die in der Theaterforschung und -praxis geführte Diskussion um den Dramentext und die Frage nach dem Autor. Sie vermag zudem, einen Beitrag zum subjektiven Selbstverständnis im 21. Jahrhundert zu leisten und eröffnet künstlerische Zugänge zu Themen der aktuellen Sprachphilosophie. Im Gegenwartstheater ist eine Annäherung der Arbeitsweisen von Autoren und Regisseuren zu beobachten[12], und Autorenregie stellt hier eine Extremform dar, da beide Arbeitsprozesse durch die Personalunion eng verknüpft sind.

Es handelt sich um eine systematische Untersuchung, die vergleichend ausgewählte Künstler und ihre Werke gegenüberstellt, die jedoch keinen lückenlosen historischen Überblick über Theaterarbeiten von Autoren-Regisseuren im Zeitraum 2000-2009 gibt. Autorenregie soll vielmehr als eine Arbeitsweise im zeitgenössischen Theater herausgestellt werden, die Aussagen

---

**11** | Vgl. Kap. 3.4 Szenischer Text.
**12** | Vgl. Kap. 2.2 Die Wechselwirkung zwischen Dramen- und Inszenierungstext.

über die künstlerischen Produktionsprozesse und Stilmittel von Dramen- und Inszenierungstexten zu Beginn des 21. Jahrhunderts ermöglicht. In der folgenden Untersuchung wird die Methode der ›dramaturgischen Analyse‹[13] erprobt, die jedoch als Werkanalyse durchaus auch auf Theaterarbeiten im zeitgenössischen Theater übertragbar sein sollte, in denen der Schreib- und Inszenierungsprozess eng verknüpft sind[14], jedoch nicht von einem Künstler verantwortet werden.

## 1.2 Aufbau der Untersuchung

Nach der Begründung der Werkauswahl im Einleitungskapitel und Angaben über die Quellenlage wird im zweiten Kapitel ein Überblick über die Forschungsdiskussion gegeben, insofern sie sich mit den Wechselwirkungen von Dramentext und Inszenierungstext befasst. Im dritten Kapitel wird das methodische Vorgehen einer dramaturgischen Analyse entwickelt. In diesem Teil der Arbeit geht es insbesondere darum, methodische Verfahrensweisen für die Analyse von Theaterarbeiten von Autoren-Regisseuren aus vorhandenen Methoden zur Dramen- und Aufführungsanalyse herauszuarbeiten und die nötigen Erweiterungen der bestehenden Methoden begrifflich und in Schaubildern zu klären. Dazu werden Begriffe mit sprachphilosophischem Hintergrund erläutert, die in den Einzelanalysen berücksichtigt werden: Textualität, Performativität und Diskursivität.

Im Hauptteil, den Einzelanalysen (Kapitel 4-7), dient die konkrete dramaturgische Analyse dazu, die ›ästhetischen Prinzipien‹ der Werke der Autoren-Regisseure konkret zu bestimmen. Im achten Kapitel werden dann, in der Auswertung der Einzelanalysen, die herausgearbeiteten Stilmittel der Werke zusammengefasst und dramaturgische Verfahren aufgestellt, die einen Bezug zu ästhetischen Entwicklungen im Theater zu Beginn des 21. Jahrhunderts herstellen.

Das abschließende Kapitel versucht, die theaterwissenschaftlichen Perspektiven und die künstlerische Arbeitsweise der Autorenregie in Beziehung zueinander zu bringen, um einen Beitrag zu aktuellen ästhetischen Debatten, um den Autor, die Krise der Repräsentation oder das Spannungsverhältnis von Dramentext und Inszenierungstext leisten zu können.

---

**13** | Die ›dramaturgische Analyse‹, die die Analyse von Dramen- und Inszenierungstext gleichermaßen berücksichtigt und auch die Produktionsprozesse mit einbezieht, wird in Kap. 3.2 Methodologische Vorüberlegungen zur dramaturgischen Analyse beschrieben.

**14** | Vgl. Kap. 2.2 Die Wechselwirkung zwischen Dramen- und Inszenierungstext. Hier wird auch auf Arbeiten eingegangen, in denen eine kontinuierliche Auseinandersetzung zwischen den Arbeitsweisen Schreiben und Inszenieren besteht, z. B. in den Aufführungen Nicolas Stemanns von Dramentexten Elfriede Jelineks.

## 1.3 Autoren-Regisseure und die Begründung der Werkauswahl

### 1.3.1 Kriterien der Auswahl

Autorenregie ist nicht erst zu Beginn des 21. Jahrhunderts als Arbeitsform im Theater präsent. Bereits Moliere hat im 17. Jahrhundert für seine Theatergruppe Dramentexte verfasst und inszeniert. Bertolt Brecht hat seine Dramentexte zum Teil selbst in Szene gesetzt und ließ sie gelegentlich als Modellinszenierungen dokumentieren.[15] Samuel Beckett brachte 1974 seinen Dramentext *Warten auf Godot* am Schillertheater Berlin in einer (mit einem Probenprotokoll) gut dokumentierten Inszenierung auf die Bühne. Ebenfalls als Autor-Regisseur hat Heiner Müller gearbeitet, dessen Bedeutung für das Theater des 20. Jahrhunderts Theresia Birkenhauer in ihrer Untersuchung *Schauplatz der Sprache*[16] an Einzelwerken herausstellt. An dieser Stelle soll jedoch kein historischer Abriss über Theatermacher erfolgen, die im Verlauf der Theatergeschichte (auch) als Autoren-Regisseure gearbeitet haben, vielmehr wird der Fokus in dieser Untersuchung auf zentrale theatertheoretische Perspektiven gerichtet, die insbesondere die Abweichungen von der dramatischen Form[17] und die Erweiterungen auf der äußeren Ebene der Kommunikation sowie die Produktionsweisen betreffen.

Was hat sich zu Beginn des 21. Jahrhunderts in den Produktionsprozessen am Theater verändert, und welche Entwicklungen und Besonderheiten kennzeichnen die hier ausgewählten Arbeiten?

Im Rahmen dieser Untersuchung kann in den Einzelanalysen lediglich eine Auswahl von deutschsprachigen Werken von Autoren-Regisseuren analysiert werden. Die Untersuchung bezieht sich erstens auf einen – wenn auch gerade zurückliegenden – abgeschlossenen Zeitraum. René Polleschs *Die Welt zu Gast bei reichen Eltern* (UA Hamburg, Thalia Theater in der Gaußstraße, 22.11.2007) und Armin Petras/Fritz Katers *HEAVEN zu tristan* (UA Berlin, Maxim Gorki Theater/ Schauspiel Frankfurt, 12.9.2007) sind die jüngsten Werke, die analysiert werden. Es handelt sich darüber hinaus um Theaterarbeiten von Autoren-Regisseuren, deren Werke auf Stückemärkten und Theaterfestivals, insbesondere den Mülheimer Theatertagen, dem Berliner

---

**15** | Im Antigonemodell (1948) notiert Brecht Stellungen und Gruppierungen seiner Inszenierung, die souverän, in Folgeinszenierungen behandelt werden sollten: »Die Abänderungen, richtig vorgenommen, haben selber modellhaften Charakter, der Lernende verwandelt sich in den Lehrer, das Modell ändert sich.« Bertolt Brecht: Souveräne Behandlung eines Modells. In: Ders.: Schriften zum Theater. Hrsg. von Siegfried Unseld. Frankfurt a. M. 1961, S. 220-238, hier S. 225.

**16** | Theresia Birkenhauer: Schauplatz der Sprache – das Theater als Ort der Literatur: Maeterlinck, Cechov, Genet, Beckett, Müller. Berlin 2005, S. 211-318.

**17** | Vgl. Kapitel 3.8.1 Die dramatische Form und ihre kritische Nutzung.

Theatertreffen, den Heidelberger Stücketagen sowie bei den ›Frankfurter Positionen‹ gezeigt und zum Teil ausgezeichnet wurden.[18]

Das zweite Auswahlkriterium liegt in den künstlerischen Verfahren, die Autoren-Regisseure nutzen: Bei allen ausgewählten Dramentexten und Inszenierungen spielt die Öffnung im Arbeitsprozess zur ›Ebene der äußeren Kommunikation‹ eine besondere Rolle: Sabine Harbeke nutzt beispielsweise die sprachlichen Zeichen, um die Zuschauer zu irritieren. So kann in *lustgarten* die Handlung erst in der Rückblende vom Zuschauer zusammengesetzt werden, und die Zuschauer werden unabhängig von der Fabel für Sprechweisen und Regeln der gesprochenen Sprache sensibilisiert.[19] Armin Petras nutzt epische Mittel zur Erweiterung und Unterbrechung der fiktiven Handlung und Christoph Schlingensief untergräbt mit seiner Theaterarbeit häufig die Erwartungshaltung der Zuschauer. René Pollesch lädt die Zuschauer ein, einem Diskurs[20] zu folgen, anstatt einer fiktiven Handlung beizuwohnen. Dieser spezifische Umgang mit der Ebene der Rezipienten hat zur Auswahl der vier Werke entscheidend beigetragen.

Von allen genannten Autoren-Regisseuren wird zudem der Produktionsprozess in der formalen und inhaltlichen Gestaltung der Werke berücksichtigt und die Bedeutung der Theaterinstitution bereits im theatralen Kunstwerk reflektiert: René Pollesch schreibt Dramentexte als zu bearbeitende Vorlagen für den Probenprozess. Pollesch diskutiert mit den Schauspielern über die Texte und entwickelt im Team Situationen für das nonverbale, gestische Spiel, die weitgehend getrennt von den gesprochenen Texten geprobt werden. Er zeigt in seinen Inszenierungen zumeist offen den (technischen) Produktionsprozess. Auch Armin Petras sieht die Dramentexte seines Alter Egos Fritz Kater als Vorlagen an, die im Probenprozess stark verändert, gekürzt und verfremdet werden. Dagegen verändert Sabine Harbeke ihre Dramentexte während der Proben kaum, entwickelt jedoch spezifische Arbeitstechniken für die Schauspieler, mit dem ›Gerüst‹ umzugehen und es im nonverbalen Spiel zu erweitern. Christoph Schlingensief schließlich erkundet die Grenzen des Theaterapparats und reflektiert über das Theatermachen werkimmanent oder indem er selbst als Schauspieler auf der Bühne mitwirkt und dabei routinierte Theaterabläufe unterbricht.

Für die Beschränkung der Auswahl ist somit festzuhalten, dass sie vor allem mit den ästhetischen Merkmalen der Werke und dem Produktionsprozess zusammenhängt. Die nicht ausgewählten Künstler legen in ihren Werken den Schwerpunkt eher auf die fiktive Handlung und Figuration, während bei den vier genannten Werken insbesondere Abweichungen von der fiktiven Handlungsebene sowie die Produktionsprozesse, die äußere Ebene der Kommunikation und die räumlich-zeitlichen Bedingungen im Spannungsfeld von Dramentext und Inszenierungstext berücksichtigt werden.

---

**18** | Ausführliche Werkbiografien von Sabine Harbeke, Armin Petras/Fritz Kater, Christoph Schlingensief und René Pollesch erfolgen in den jeweiligen Einzelanalysen.
**19** | Vgl. Kap. 4.2.5.d Sabine Harbeke: Verschiebungen auf der Ebene der Sprache.
**20** | Vgl. Kap. 3.5.3 Diskursivität – die Ereignishaftigkeit der Sprechakte.

## 1.3.2 Quellenlage

Darüber hinaus hat auch die Quellenlage für die Auswahl der vier Werke gesprochen. Alle ausgewählten Dramentexte werden von Verlagen vertreten und wurden, mit Ausnahme des Dramentextes *Die Welt zu Gast bei reichen Eltern*, der beim Rowohlt Theaterverlag als unveröffentlichte Theaterfassung vorliegt, in Fachzeitschriften (*HEAVEN (zu tristan)*), Anthologien (*lustgarten*) oder in einer eigenen Buchausgabe (*Rosebud*) abgedruckt.[21]

Bei der Inszenierung *Chance 2000* hat die Verfasserin – aufgrund ihrer Arbeit an der Internetseite und in der organisatorischen Mitarbeit an dem Projekt – einen umfassenden Einblick in die Arbeitsweise Christoph Schlingensiefs erhalten. Sabine Harbeke hat für das Schauspiel Kiel das Stück *schonzeit* konzipiert, und es gab in diesem Zusammenhang zahlreiche Gespräche[22] über ihre Theaterarbeit, die zum Thema Autorenregie mit einem Mail-Interview fortgesetzt wurden. Die Theaterarbeiten von Armin Petras und René Pollesch waren aufgrund der Inszenierungen in Hamburg, auch im Zusammenhang mit den Autorentheatertagen, die von 2001-2009 jährlich am Thalia Theater veranstaltet wurden, in mehreren Aufführungen zu verfolgen. Die autorisierten Mail-Interviews mit Armin Petras und Sabine Harbeke finden sich im Anhang der Arbeit, ebenso ein Gespräch zwischen René Pollesch und Claus Cäsar, das die Fragestellungen zur Autorenregie berührt. Mit Christoph Schlingensief kam leider kein Interview zustande, stattdessen ist im Anhang eine Skizze Schlingensiefs vom Probenprozess von *Rosebud* eingefügt.

Den Analysen liegen neben den vier Dramentexten und dem Live-Eindruck der Aufführungen auch (mit Ausnahme von *Die Welt zu Gast bei reichen Eltern*) Aufzeichnungen zugrunde.[23] Es konnte darüber hinaus umfangreiches Material, Kritiken und Sekundärliteratur zur Arbeitsweise und zu den Aufführungen hinzugezogen werden.[24]

## 1.3.3 Beschränkung der Auswahl

Zur Beschränkung der Auswahl führte auch die Entscheidung, nur Werke von Einzelkünstlern einzubeziehen und daher auch die in Bezug auf das Thema Autorenregie sehr aufschlussreiche Theaterarbeit von *Rimini Protokoll* nicht in einer Einzelanalyse zu behandeln.

*Rimini Protokoll*, ein Künstlerkollektiv, das von Absolventen des Fachbereichs ›Angewandte Theaterwissenschaften‹ der Universität Gießen – Helgard Haug, Daniel Wetzel und Stefan Kaegi – gegründet wurde, erregte mit Rechercheprojekten, u. a. *Wallenstein* (2005), *Das Kapital* (2006) oder *Black*

---

[21] | Die Veröffentlichungen werden in den Einzelanalysen bibliografisch nachgewiesen. Vgl. Kap. 11 Literatur- und Aufführungsverzeichnis.
[22] | Von 2003 bis 2006 hat die Verfasserin als Chefdramaturgin am Schauspiel Kiel gearbeitet.
[23] | Die Aufzeichnung von *Die Welt zu Gast bei reichen Eltern* liegt aus technischen Gründen beim Thalia Theater nicht vor.
[24] | Datum und Ort der Aufzeichnung werden in den Einzelkapiteln genannt.

*Tie* (2010), die am Hebbeltheater Berlin, am Düsseldorfer Schauspielhaus, auf Kampnagel in Hamburg und an vielen weiteren Gastspielhäusern gezeigt wurden, Aufsehen und erhielt zahlreiche Auszeichnungen und gute Kritiken in der Fachpresse. *Rimini Protokoll* wurde 2007 für *Das Kapital*[25] mit dem Mülheimer Theaterpreis für das beste Drama ausgezeichnet, was zu einer Infragestellung der Theatertage als Festival für Gegenwartsdramatik durch den Verlag der Autoren geführt hat, mit dem Hinweis, dass dieser Dramentext nicht nachspielbar sei.[26] Die Auszeichnung wurde in Feuilletons, Dramaturgien und Verlagen äußerst kontrovers diskutiert: »Stück oder Nicht-Stück? Nachspielbar oder nicht nachspielbar? Weißes Blatt Papier oder beschriebenes Blatt Papier? Befürworter lobten die Wahl der Jury als mutig und innovativ, Gegner nannten sie eine Bankrotterklärung des Dramas.«[27] Der Kölner Verlag Hartmann und Stauffacher hat *Das Kapital* dagegen mit in sein Verlagsprogramm aufgenommen, seine beiden Lektoren Tobias Philippen und Marc Schäfers haben sich mittlerweile mit einem eigenen Verlagsprogramm (schaefersphilippen) selbstständig gemacht, das gerade Dramentexte, die keine konventionelle Dramenform[28] mehr aufweisen und in einem veränderten Produktionsprozess entstehen, in sein Programm aufnimmt: Das Verlagsprogramm umfasst so weitere Dramentexte von Autoren und Regisseuren, die im Kollektiv arbeiten, z. B. von *andcompany&Co.*, *Auftrag: Lorey*, *Datenstrudel*, *Hofmann&Lindholm* oder des Autorenduos *Sauter und Studlar*.[29]

Kollektives Arbeiten an Dramentexten und Inszenierungen nimmt einen breiten Raum in der Theaterarbeit zu Beginn des 21. Jahrhunderts ein und würde – gerade was den Umgang mit dem Dramentext betrifft – eine eigene Untersuchung rechtfertigen. Im Rahmen dieser Untersuchung werden jedoch Arbeiten behandelt, die in der Verantwortung eines Künstlers entstanden sind, da sich daraus die Bezüge zum Produktionsprozess und die Stilmittel einer ›Handschrift‹ eindeutiger beurteilen lassen. Dennoch zeigt sich bereits hier eine Tendenz im Theater zu Beginn des 21. Jahrhunderts, dass sich künstlerische Arbeitsprozesse von der Fixierung auf eine Künstlerpersönlichkeit lösen.[30] Auch in den Werken der Autoren-Regisseure wird oft von einer Öffnung

---

**25** | Rimini Protokoll (Helgard Haug/Daniel Wetzel): Karl Marx, Das Kapital, erster Band. UA Schauspielhaus Düsseldorf, 4.11.2006.
**26** | *Rimini Protokoll* hat den Dramentext *Das Kapital* auf der Grundlage von Aussagen von Laien, die sich biografisch auf unterschiedliche Weise mit der Studie zur Ökonomie, *Das Kapital*, von Karl Marx und Friedrich Engels auseinandergesetzt haben, erstellt. Das Team hat die Uraufführung mit den Laiendarstellern inszeniert und es ist sehr unwahrscheinlich, dass der Text nachgespielt wird.
**27** | Pauline Lorenz: Kein Drama. In: www.arte.tv/de/Schwerpunkte-SEPTEMBER-2008/2192 592.html (gesehen am 26.5.2010).
**28** | Mit ›konventioneller Dramenform‹ ist ein Dramentext gemeint, der sich in einen Haupt- und einen Nebentext unterteilt und der Dialogtexte von Figuren enthält, die eine fiktive Handlung transportieren. Vgl. Kap. 3.7.1 Die dramatische Form und ihre kritische Nutzung.
**29** | Vgl. www.schaefersphilippen.de/index.php?id=13 (gesehen am 18.1.2010).
**30** | Vgl. Kap. 9.3 Zum Autor-Regisseur.

des Produktionsprozesses zur Teamarbeit gesprochen, dennoch liegen in der Autorenregie die beiden künstlerischen Gestaltungsprozesse – Schreiben und Inszenieren – in der Verantwortung eines Künstlers, der die Möglichkeit hat, das implizite Modell der Inszenierung bereits im Dramentext zu konzipieren. Auf die Arbeitsweise von *Rimini Protokoll* werde ich im Verlauf der Untersuchung daher nur punktuell eingehen.

Autoren-Regisseure, die sich biografisch innerhalb des genannten Zeitraums entweder schwerpunktmäßig für das Schreiben oder das Inszenieren entschieden haben, werden (wie bei Margareth Obexer, Roland Schimmelpfennig, Andreas Sauter und Bernhard Studlar für das Schreiben, bei Igor Bauersima für Regie) nicht für eine exemplarische Analyse eines Werkes herangezogen. Ebenso werden Autoren-Regisseure, die ihren Arbeitsschwerpunkt in einer anderen Kunstform gesetzt haben (wie Andres Veiel beim Film) nicht in der Einzelanalyse berücksichtigt. Zugleich ist es, wie sich bereits in den Biografien der Autoren-Regisseure zeigt, ein Merkmal der Autorenregie, dass die Arbeitsweise variiert, dass Künstler oft in anderen künstlerischen Gebieten Ausbildungen absolviert haben und sich erst im Laufe der künstlerischen Tätigkeit ein Schwerpunkt herauskristallisiert, der – wie bei Christoph Schlingensief, Gesine Danckwart, Nino Haratischwili oder Nuran David Calis – auch während der künstlerischen Laufbahn mehrfach wechselt. Nicht genannt werden in der Untersuchung Künstler, die nur in einzelnen Projekten für den Dramentext und die Inszenierung verantwortlich sind oder deren Arbeiten länger zurückliegen: Ingrid Lausund, Jan Neumann und Kristo Sagor sollen an dieser Stelle nur stellvertretend genannt werden.

Selbstverständlich gibt es einzelne Autoren-Regisseure und ihre Werke, die durchaus in Bezug auf veränderte Produktionsprozesse und Stilmittel beachtenswert sind, wie die Theaterarbeit von Igor Bauersima, Nuran David Calis, Gesine Danckwart, Nino Haratischwili und Falk Richter zeigt. Die Künstler und ihre Werke sollen daher im Folgenden zumindest kurz vorgestellt werden. Mit diesem Ausschnitt aus Werken und Arbeitsweisen von Theatermachern aus dem Zeitraum 2000-2009 wird zugleich deutlich, dass Autorenregie ein charakteristisches Verfahren im zeitgenössischen Theater darstellt und eine enorme Vielfalt an künstlerischen Ansätzen und gesellschaftlich relevanten Themen in diesen Arbeiten berührt werden. Auf einzelne Werke und Verfahren wird im Schlussteil der Untersuchung, in dem die Einzelanalysen ausgewertet werden und ›dramaturgische Verfahren‹[31] der Autorenregie aufgestellt werden, noch einmal vergleichend eingegangen. Doch zunächst zur Übersicht weiterer Autoren-Regisseure und ihrer Werke, die neben den vier für diese Untersuchung exemplarisch ausgewählten Künstlern, kontinuierlich beide künstlerischen Arbeitsweisen, das Schreiben und das Inszenieren, verfolgt haben.

---

**31** | Vgl. Kap. 8.4 Dramaturgische Verfahren.

## (a) Igor Bauersima

Igor Bauersima, 1964 in Prag geboren, arbeitet seit 1989 als Autor, Regisseur, Architekt, Bühnenbildner und Musiker. 1993 gründete er die freie Theatergruppe *OFF OFF Bühne* in Zürich, für die er neun Stücke geschrieben und inszeniert hat:

> Die so entstandenen Inszenierungen beschäftigten sich vor allem mit dem Verhältnis von Fiktion und Realität, spielten mit den Möglichkeiten, Video/Film erzählerisch in die Stücke zu integrieren und somit auf verschiedenen Ebenen – ästhetisch wie inhaltlich – das Theater einem modernen Lebensgefühl und zeitgenössischen Themen anzunähern.[32]

Igor Bauersima gründete zudem 1998 mit Réjane Desvignes eine Produktionsfirma und konzipiert seitdem Dramentexte und Inszenierungen zum Teil mit ihr gemeinsam. Für *Forever Godard*[33] erhielt die *OFF OFF Bühne* 1998 den Impulse-Preis, eine wichtige Auszeichnung für freie Produktionen in Deutschland und fiel dabei der damaligen Düsseldorfer Intendantin Anna Badora auf. Bauersimas Uraufführung von *norway.today*, ein Dramentext, der von zwei Jugendlichen handelt, die sich per Internet in Norwegen zum gemeinsamen Selbstmord verabreden, fand 2001 so erstmalig an einem Stadttheater, dem Düsseldorfer Schauspielhaus, statt.[34] 2001 wurde Bauersima für diesen Dramentext zum Nachwuchsautor des Jahres von *Theater heute* gewählt und erhielt darüber hinaus bei den Mülheimer Theatertagen 2001 den Publikumspreis. *norway.today* war in den Jahren 2003 und 2004 das meistgespielte Stück auf deutschen Bühnen überhaupt und wurde in mehrere Sprachen übersetzt. An der Regie Bauersimas wird in den Kritiken hervorgehoben, dass er in seiner Inszenierung von *norway.today* »szenisches und filmisches Geschehen perspektivenreich miteinander verknüpft, die Figuren zu Grenzgängern ihrer Wahrnehmungen und Erfahrungen werden«[35], und dass Bauersima ein Drama für die Internet-Generation geschrieben habe.[36] Bauersimas szenische Texte lassen sich als geschlossene (Versuchs-) Anordnungen beschreiben.[37] 2006 hat Bauersima mit *Boulevard Sevastopol*[38] am Wiener Burgtheater seinen zunächst letzten eigenen Dramentext umgesetzt, nachdem er für seine Arbeit als Autor-Regisseur zunehmend kritisiert[39] wurde. Vor allem für die Rockoper

---

32 | Anja Dürrschmidt: Igor Bauersima. Von der Unmöglichkeit, ein Ochse zu sein. In: StückWerk 4. Deutschschweizer Dramatik. Hrsg. von Veronika Sellier. Berlin 2005, S. 13-17, hier S. 14.
33 | Igor Bauersima: Forever Godard. UA Zürich, Theaterhaus Gessnerallee, 18.2.1998.
34 | Igor Bauersima: norway.today. UA Düsseldorfer Schauspielhaus, 15.11.2000.
35 | Andreas Rossmann: Spielmodell Abgrund. Uraufgeführt in Düsseldorf: Igor Bauersimas norway. today. In: Frankfurter Allgemeine Zeitung, 17.11.2000.
36 | Vgl. Kap. 8.4.3 Dramaturgie der intermedialen Transformation.
37 | Vgl. Dürrschmidt: Von der Unmöglichkeit, ein Ochse zu sein, S. 17.
38 | Igor Bauersima / Réjane Desvignes: Boulevard Sevastopol. UA Wien, Burgtheater im Akademietheater, 31.3.2006.
39 | »Selbstverliebt verfasst, selbstverliebt ausgestattet, selbstverliebt in Szenen gesetzt – die Personalunion Autor, Regisseur und Bühnenbauer verhindert jedwede kritische Dis-

*Oh die See*[40], ein Auftragswerk für das Deutsche Schauspielhaus Hamburg erntete Bauersima ausschließlich negative Kritik:

> Bauersima, der vermeintliche Alleskönner, zeichnet hier nicht nur verantwortlich für die banalen Texte, die Regie, das Bühnenbild und die Kostüme, sondern auch für die musikalische Leitung. Eine Überforderung, der am schlimmsten die Schauspieler zum Opfer fallen.[41]

Gegenwärtig führt Bauersima bevorzugt Opernregie, unter anderem an der Staatsoper Stuttgart.[42]

### (b) Nuran David Calis

Nuran David Calis, 1976 in Bielefeld geboren, studierte von 1996-2000 Regie an der Otto-Falkenberg-Schule in München und hat nach Assistenzen an den Münchner Kammerspielen und am Schauspielhaus Zürich mit Schauspielern und Laien Dramentexte und Inszenierungen entwickelt. Zahlreiche Auftragswerke, unter anderem am Thalia Theater in der Gaußstraße (*Einer von uns*, 2008)[43], am Schauspiel Hannover (*Urbanstories*, 2005)[44] oder am Schauspiel Essen (*Homestories – Geschichten aus der Heimat*, 2006)[45] sind in enger Zusammenarbeit mit den (zumeist jugendlichen) Darstellern entstanden. Mit *Dog eat Dog*[46], dem ersten Teil einer ›Heimattrilogie‹, hat Calis (jedoch als Autor, nicht als Regisseur) an den Autorentheatertagen 2003 in Hamburg teilgenommen und 2004 den zweiten Teil, *Dogland*[47], im Rahmen der Werkstatttage am Wiener Burgtheater erstellt. Der dritte Teil der Heimattrilogie, *Café Europa*[48], wurde von Stephanie Sewella am Schauspiel Essen uraufgeführt.

Calis begleitet in seinen eigenen Inszenierungen der Wunsch, »Laien und Profis einmal in anderer Art und Weise einander begegnen zu lassen.«[49] Zu-

---

tanz.« Peter Roos: Stückchenbeschleuniger. Glaubt bloß nicht an Liebe, die im weltweiten Netz entsteht: Igor Bauersima hat sein neues Schauspiel *Boulevard Sevastopol* am Wiener Akademietheater uraufgeführt. In: Die ZEIT, 6.4.2006.
40 | Igor Bauersima: Oh die See. UA Hamburg, Deutsches Schauspielhaus, 6.1.2006.
41 | Christine Dössel: Welch Schock, Marokko rockt. Ein Schlag ins Wasser. Igor Bauersimas Rockoperversion der Odyssee in Hamburg. In: Süddeutsche Zeitung, 9.1.2006.
42 | Georg Friedrich Händel: Teseo. UA Staatsoper Stuttgart, 1.5.2009, Regie: Igor Bauersima.
43 | Nuran David Calis: Einer von uns. UA Hamburg, Thalia Theater in der Gaußstraße, 5.11.2008.
44 | Nuran Calis: Urbanstories. Schauspiel Hannover, 17.3.2005.
45 | Nuran Calis: Homestories – Geschichten aus der Heimat. Schauspiel Essen, 11.2.2006.
46 | Nuran David Calis: Dog eat Dog – Raus aus Baumheide. 1. Teil der Heimattrilogie. UA Hamburg, Thalia Theater in der Gaußstraße, 14.10.2003. Regie: Annette Pullen.
47 | Nuran David Calis: Dogland. 2. Teil der Heimattrilogie. UA Theater Bielefeld, 9.9.2005. Regie: Philipp Preuß.
48 | Nuran David Calis: Café Europa. 3. Teil der Heimattrilogie. UA Schauspiel Essen, 11.2.2006. Regie: Stephanie Sewella.
49 | Claus Cäsar: Authentizität, poetischer Realismus und Utopie. In: Programmzettel Thalia

gleich führen die Jugendlichen als eine Art ›kollektiver Erzähler‹ durch den Abend und werden zu gleichberechtigten Partnern auf der Bühne, ohne die Differenz zu den Profischauspielern zu leugnen. Seine Produktion *Homestories – Geschichten aus der Heimat* mit Jugendlichen aus Essen-Katernberg am Schauspiel Essen wurde mit dem ›Bundespreis Soziale Stadt‹ ausgezeichnet. Seine Dramentexte werden vom Fischer Verlag vertreten.[50] Nuran David Calis entwickelt seine Dramentexte jedoch nur teilweise bei der Probenarbeit. In *Einer von uns* hat er einen – vorab geschriebenen – Stücktext für drei Schauspieler mit Szenen verknüpft, die er mit Hamburger Jugendlichen aus Befragungen und Improvisationen entwickelt hat, »die, verdichtet und bearbeitet, ihren Erfahrungen und Sehnsüchten Ausdruck verleihen [...].«[51] Heimat und Identitätsfindung sind die Hauptthemen, die Calis in seinen Theaterarbeiten berührt und er entwickelt die Projekte mit den Jugendlichen »so realitätssatt [...], dass er in den anderen Werken eine stärkere poetische Ebene braucht.«[52] Neben eigenen Dramentexten entwickelt Calis auch Neubearbeitungen von Klassikern, so *Frühlings Erwachen!*[53] nach Frank Wedekind, 2007 für das Schauspiel Hannover oder 2009 *Krankheit der Jugend*[54] nach Ferdinand Bruckner für das Schauspiel Essen. In Projektarbeiten mit Jugendlichen lässt Calis seinen zweiten Vornamen weg, während er andere Texte, die er ohne direkte Beteiligung von Jugendlichen schreibt, mit ›Nuran David Calis‹ unterzeichnet. Ähnlich wie Armin Petras/Fritz Kater unterstreicht Calis hier eine Arbeitsweise, auf der gerade der künstlerische Schwerpunkt liegt, mit einem, wenn auch nur leicht veränderten Namen.[55] Im Mai 2008 wurde Calis' erster Spielfilm: *Meine Mutter, mein Bruder und ich*[56] in Deutschland ausgestrahlt.

### (c) Gesine Danckwart

Gesine Danckwart, Jahrgang 1969, studierte Theaterwissenschaft in Bonn und gründete eine Spielstätte für freies Theater in Berlin-Moabit. Ihren Durch-

---

Theater in der Gaußstraße, Hamburg. Spielzeit 2008/2009. Nuran Calis: Einer von uns. Redaktion: Claus Cäsar, o. S.

50 | Vgl. www.fischertheater.de/sixcms/detail.php?template=tt_default_wrapper&_content_template=tt_autoren2_detail&_navi_area=tt_vert1&_navi_item=01.00.00.00&id=901311&_letter=C (gesehen am 27.1.2010).

51 | Cäsar: Authentizität, poetischer Realismus und Utopie, o. S.

52 | Stefan Keim: Nuran David Calis: Ganz nah ans Herz ran. In: Stück-Werk 5. Hrsg. von Barbara Engelhardt und Andrea Zagorski. Berlin 2008, S. 23-26, hier S. 26.

53 | Nuran David Calis: Frühlings Erwachen! (nach *Frühlingserwachen* von Frank Wedekind) UA Schauspiel Hannover, 27.2.2007.

54 | Nuran David Calis: Krankheit der Jugend. (Neubearbeitung nach Ferdinand Bruckner) UA Schauspiel Essen, 9.2.2009.

55 | Vgl. Kap. 5.1.1 Der Regisseur Armin Petras und der Autor Fritz Kater.

56 | Nuran David Calis (Buch und Regie): Meine Mutter, mein Bruder und ich. Produktion von d.i.e.film.gmbh in Koproduktion mit Burkert Bareiss Development, arte und dem Bayerischen Rundfunk (BR). Deutschland/Armenien, 2006.

bruch als Autorin hatte sie 1999 mit dem Dramentext *Girlsnightout*.[57] Sie erhielt daran anschließend zahlreiche Auftragswerke als Autorin und Regisseurin, zuletzt am Hebbeltheater am Ufer in Berlin (*Soll: Bruchstelle*, 2005 und *Auto*, 2009[58]), am Maxim Gorki Theater (*Und morgen steh ich auf*, 2006[59]) und am Nationaltheater Mannheim (*Müller fährt*, 2007, *Und die Welt steht still*, 2009[60]). Nach der Uraufführung von *Ping Tan Tales*[61] an den Sophiensälen Berlin, erarbeitete sie, unterstützt vom Goethe Institut eine deutsch-chinesische Aufführung des Projektes, die 2009, im Rahmen des Festivals Neuere Deutsche Dramatik in Shanghai stattfand und 2010 zur Expo nach Shanghai eingeladen wurde. Zurzeit erarbeitet Danckwart eine Auftragsproduktion für das Schauspiel Köln. Mit *Umdeinleben* debütierte sie zudem 2009 als Filmemacherin.

Texte schreibt Danckwart in Bezug auf Projekte, die sie plant, oft erst während der Probenzeit im Austausch (jedoch nicht basierend auf Improvisationen) mit dem Team. Der Verzicht auf die Arbeitsteilung zwischen Schreiben und Regie hat sich in ihrer Arbeit zunehmend durchgesetzt; ungerne gibt Danckwart »Entscheidungen über die Rahmenbedingungen ihrer Theaterarbeit aus der Hand und sucht sich alles selbst: Produktionspartner, Format, Medium, Schauspieler und Orte.«[62] Danckwart betont, dass mittlerweile eher die Arbeitssituation und der Ort Ausgangspunkte für ihre Produktionen seien, nicht der Text. Die Texte handeln von den Veränderungen der Arbeitswelt und ›Zurichtungen‹ durch gesellschaftliche und ökonomische Funktionalisierungen.[63] In ihrem ersten Dramentext *Girlsnightout* steht beispielsweise die ›Funktionalisierung‹ des weiblichen Körpers im Zentrum des Textes:

> Girlsnightout lässt keinen Zweifel daran, dass und wie sehr der – hier: weibliche Körper das Ziel von Funktionalisierung und Optimierungsbemühungen ist, die sich hier noch weitgehend auf den Liebesmarkt beziehen. Sowohl der Befehl zur Reproduktion als auch die

---

**57** | Der Fischer-Verlag vertritt die Dramentexte von Gesine Danckwart. www.fischertheater.de (gesehen am 30.4.2010).
**58** | Gesine Danckwart: Soll: Bruchstelle. UA Berlin, Hebbel am Ufer, 23.9.2005. / Gesine Danckwart: Auto. UA Berlin, Hebbel am Ufer, 7.1.2009.
**59** | Gesine Danckwart: Und morgen steh ich auf. UA Berlin, Maxim Gorki Theater, 6.3.2006.
**60** | Gesine Danckwart: Müller fährt. Ein Straßenprojekt. UA Nationaltheater Mannheim, 13.4.2007. / Gesine Danckwart: Und die Welt steht still. UA Nationaltheater Mannheim, 30.4.2009.
**61** | Gesine Danckwart: Ping Tan Tales. UA Berlin, Sophiensäle, 3.4.2008.
**62** | Anna Opel: Gesine Danckwart. Conditio humana und all das. In: Stück-Werk 5. Hrsg. von Barbara Engelhardt und Andrea Zagorski. Berlin 2008, S. 27-30, hier S. 27.
**63** | Vgl. Claus Cäsar: Was mich interessiert, ist die Frage nach dem Außen. Ein Gespräch mit Gesine Danckwart. In: Radikal weiblich? Theaterautorinnen heute. Hrsg. von Christine Künzel. Theater der Zeit, Recherchen 72. Berlin 2010, S. 68-81, hier S. 70f.

Aufforderung zur sexuellen Verfügbarkeit zeichnen das Bild eines Körpers, der vor allem aufs Funktionieren abzielt.[64]

Danckwart wurde mit dem Schreiben von Dramentexten populär, hat jedoch seit der Recherchearbeit *Soll: Bruchstelle* auch die Regie für die Uraufführung ihrer Texte selbst übernommen. Mit diesem Schritt, der an die ursprüngliche Gründung der freien Produktionsstätte anknüpfte, haben sich auch die Dramentexte verändert:

Je konkreter in ihnen [den Dramentexten] soziale Erfahrung sedimentiert, desto mehr kennzeichnen sie eine Polyperspektivität, die unterschiedliche, auch sich widersprechende Beschreibungen gleicher Sachverhalte [...] Einerseits sind die Sätze eingebunden in den Rahmen einer spezifischen Figur, andererseits beziehen sie sich zurück auf das unmittelbar zuvor Gesagte: eine Mehrdeutigkeit, die im Unterschied der ironischen Widersprüchlichkeit der frühen Texte, beide aufgeworfenen Referenzen gelten lässt.[65]

Die neueren Texte sind durch den Bezug auf die Orte (durch bestimmte Soziolekte) geprägt. Diese Dramentexte werden kaum nachgespielt, da sie an den Ort des Schreib- und Inszenierungsprozesses gebunden sind. Gesine Danckwart bewegt sich mit ihrer Arbeitsweise an der Grenze der Produktionsmöglichkeiten von Stadttheatern.[66]

### (d) Nino Haratischwili

Nino Haratischwili ist 1983 in Tiflis, Georgien geboren. Von 1999-2003 leitete sie die freie, zweisprachige Theatergruppe *Das Fliedertheater*, für die sie bereits eigene Texte schrieb und inszenierte. Von 2000 bis 2003 studierte sie Filmregie an der Staatlichen Schule für Film und Theater in Tiflis, bevor sie 2003-2007 das Studium der Theaterregie an der Hamburger Theaterakademie absolvierte. Die Uraufführung von *Z*[67], die sie selbst im Rahmen eines Studienprojektes einrichtete, wurde zu mehreren Gastspielen u. a. in Heidelberg, Jena und Bremen eingeladen. Seitdem arbeitet Haratischwili als freie Autorin und Regisseurin vor allem in Hamburg, für Auftragsarbeiten bisher auch in Göttingen und Heidelberg. Die Auftragsstücke *Agonie* (2007)[68], *Müde Men-*

---

64 | Claus Cäsar: Und lebe doch. Anmerkungen zu den Theatertexten Gesine Danckwarts. In: Ebd., S. 60-67, hier S. 60.
65 | Ebd., S. 65.
66 | »Dieses Projekt [das Straßenbahn-Projekt *Müller fährt* am Nationaltheater Mannheim] hat sich sicher an der Grenze dessen bewegt, wie man an einem festen Haus arbeiten kann.« Cäsar: Was mich interessiert, ist die Frage nach dem Außen, S. 72.
67 | Nino Haratischwili: Z. Ein Theaterstück. UA Hamburg, Thalia Theater in der Gaußstraße (Studienprojekt der Theaterakademie Hamburg), Februar 2006.
68 | Nino Haratischwili: Agonie. UA Hamburg, Lichthof Theater, 21.9.2007.

*schen in einem Raum* (2008)[69] und *Algier* (2009)[70] kamen am Lichthof Theater in Hamburg, in ihrer Regie zur Uraufführung. *Selma, 13* (2009, Hamburg, Fleetstreet Theater)[71] und *Radio Universe* (2010, Kampnagel)[72] wurden in der Regie von Nina Mattenklotz, einer damaligen Studienkollegin der Theaterakademie, uraufgeführt. *Selma, 13* wurde zudem zu den Autorentheatertagen 2009 am Thalia Theater Hamburg eingeladen sowie ans Maxim Gorki Theater, Berlin. Haratischwili arbeitet kontinuierlich als Autorin von Prosa- und Theatertexten und inszeniert selbst. Obwohl ihr künstlerischer Schwerpunkt eindeutig beim Schreiben liegt, betont sie auch die Vorteile der gekoppelten Arbeitsweise von Schreiben und Inszenieren:

> Regieführen ist [...] nicht so einsam wie das Schreiben, es bedeutet Austausch und gemeinsame Suche. Regie lässt sich außerdem gut mit dem Schreiben verbinden. Das, was ich zu sagen habe, kann ich aufschreiben und es dann direkt an Menschen weitergeben. Ich kann das von mir als Autorin ›gesehene‹ Wort lebendig werden lassen, damit es auch viele andere sehen.[73]

Ihre Stücke und Prosatexte werden von Felix Bloch Erben und vom Verlag der Autoren vertreten.[74] 2008 erhielt sie den Autorenpreis des Heidelberger Stückemarktes für *Liv Stein*[75], den Rolf-Mares-Preis der Hamburger Theater für *Agonie* am Lichthof Theater in der Kategorie ›Außergewöhnliche Aufführungen‹ sowie 2010 den Adelbert-von-Chamisso-Förderpreis der Robert-Bosch-Stiftung. Ihr Roman *Juja* wurde 2010 auf die Longlist zur Verleihung des Deutschen Buchpreises gesetzt. Die konventionelle Aufteilung von Dialogtext als gesprochenem Text und Nebentext als Regieangaben wird von Haratischwili durch Prosa-Texte erweitert.

Haratischwilis Blick auf die Welt ist kritisch und fragend, leidenschaftlich und manchmal voller Wut, aber nie denunziatorisch. Vielmehr ist über der Gegenwart, die sie erschafft, eine zweite Ebene entstanden, ein Möglichkeitsraum aus poetischen Zwischentexten,

---

69 | Nino Haratischwili: Müde Menschen in einem Raum. UA Hamburg, Lichthof Theater, 10.10.2008.
70 | Nino Haratischwili: Algier. UA Hamburg, Lichthof Theater, 5.6.2009.
71 | Nino Haratischwili: Selma, 13. UA Hamburg, Fleetstreet Hamburg/Theaterakademie, 28.6.2008. Regie: Nina Mattenklotz.
72 | Nino Haratischwili: Radio Universe. UA Hamburg, Kampnagel Fabrik, 7.4.2010. Regie: Nina Mattenklotz.
73 | Barbara Müller-Wesemann: Ich erfinde immer einen Kern, der mir selber weh tut. Ein Gespräch mit Nino Haratischwili. In: Radikal weiblich?, S. 231-242, hier S. 234.
74 | Eine detaillierte Übersicht der Werke von Nino Haratischwili findet sich auf der Internetseite des Verlags der Autoren und des Henschel Verlags. Vgl. http://verlagderautoren.d4v3.de/autoren/autor.php?id=566 und http://www.felixblocherben.de/index.php5/aid/650/Action/showAuthor/fbe/823b053c1f776d7da580055ca7d2d0d0/ (gesehen am 18.9.2009).
75 | Nino Haratischwili: Liv Stein. Theater der Stadt Heidelberg. UA 14.2.2009.

der den vorwärtsdrängenden Erzählungen mit ihrer Werthaltigkeit kleine Atempausen verordnet.[76]

Die Nebentexte vermitteln ein konkretes Gefühl: »Sie lassen sich nicht realistisch inszenieren, sondern ihre Atmosphäre stellt sich eher über nonverbale Zeichen, wie z. B. Musik her.«[77] Die sprachlichen Bilder, Metaphern, nehmen einen großen Raum ein und sind durch eine Künstlichkeit, Fremdartigkeit beim Sprechen ausgezeichnet, die sich auch auf die Darstellungsweise auswirkt.

Schreiben und Regieführen sind für Haratischwili zwei völlig verschiedene Bereiche, die sie nicht notwendig verbindet und daher auch unabhängig voneinander (durch das Inszenieren von Fremdtexten oder das Schreiben von Prosa und Dramentexten für andere Regisseure) weiter verfolgt.

### (e) Falk Richter

Falk Richter, Jahrgang 1969, studierte Linguistik und Philosophie sowie Schauspieltheaterregie an der Universität Hamburg. Seine Inszenierung *Nothing Hurts*[78], die in Zusammenarbeit mit der Choreografin Anouk van Dijk auf Kampnagel aufgeführt wurde, wurde zum Theatertreffen in Berlin, 2000, eingeladen. Für die Schaubühne am Lehniner Platz recherchierte und schrieb Richter das Auftragsstück *Peace*[79] über die Berichterstattung zum Krieg in Ex-Jugoslawien, dessen Uraufführung er selbst inszenierte. Die ersten Dramentexte und Inszenierungen Richters handeln von einer fragmentierten, medialisierten und virtuellen Welt, die ihm den Ruf des »medialen Ausstellungskünstler[s] unter den jungen Dramatikern«[80] einbrachte: Mediale Mittel bestimmen jedoch auch in seinen jüngeren Inszenierungen das Bühnengeschehen und werden mit der Handlung verknüpft.

Richter wechselte zur Spielzeit 2000/2001 von der freien Theaterarbeit zum Schauspielhaus Zürich als Hausregisseur. Seit der Spielzeit 2006/2007 arbeitet Richter als Autor und Regisseur an der Schaubühne am Lehniner Platz. Neben zahlreichen Inszenierungen anderer Dramentexte hat er auch regelmäßig eigene Texte inszeniert.[81] Hervorzuheben ist in Bezug auf die Produktionsweise der ›work in progress‹ – Zyklus *Das System*, der in vier Teilen in der Spielzeit 2003/2004 entstanden ist: »Als multimediale und interdisziplinäre

---

76 | Barbara Müller-Wesemann: Ich, Du: Ist es eine Möglichkeit von Wir? Über Nino Haratischwili, eine georgische Autorin und Regisseurin in Deutschland. In: Radikal weiblich?, S. 217-230.
77 | Nino Haratischwili bei einem Gespräch im Seminar ›Autorenregie‹ (Leitung: Karin Nissen-Rizvani) im SoSe2008, 11.7.2008 an der Universität Hamburg zu ihrem Dramentext und der Inszenierung ihrer Diplominszenierung *Medeia*.
78 | Falk Richter u. Anouk van Dijk: Nothing Hurts. UA Hamburg, Kampnagel, 22.4.1999.
79 | Falk Richter: Peace. UA Berlin, Schaubühne am Lehniner Platz, 13.6.2000.
80 | Gerhard Stadelmaier: Flieg, Feuilleton, flieg. Wir Maikäfer waren im Krieg: *Peace* von Falk Richter an der Berliner Schaubühne uraufgeführt. In: Frankfurter Allgemeine Zeitung, 15.6.2000.
81 | Eine ausführliche Werkübersicht findet sich auf der Homepage von Falk Richter: www.falkrichter.com (gesehen am 22.4.2010).

Forschungsstelle verstand sich das Projekt, welchem von der Schaubühne am Lehniner Platz [...] große Freiheiten eingeräumt wurden.«[82] Aus der Zusammenarbeit mit Fachleuten und Theatermachern sind ein umfangreiches Rahmenprogramm und vier Theaterabende hervorgegangen. Zwei von ihnen hat Falk Richter, der stets den Versuch unternimmt, »die Systeme und Auswüchse unserer Lebenswelt aufzuzeigen«[83], geschrieben und zugleich in Szene gesetzt: *Unter Eis*[84] und *Hotel Palestine*.[85] Falk Richter äußert sich häufig programmatisch zu seiner Theaterarbeit. So spricht Richter im Zusammenhang mit der Reihe *Das System* von seinem Versuch, »den Begriff des Stückes und der Autorschaft für [sich] [...] noch einmal neu zu definieren und zu erweitern«[86], indem er ein ›Labor‹ einrichtet, in dem Theatermacher, Wissenschaftler und Künstler anderer Sparten Konzepte, Videoarbeiten und Texte entwickeln können und Theatertexte in diesem Prozess geschrieben und aufgeführt werden.

Nach einer längeren Pause in der Arbeit als Autor knüpft Falk Richter mit *Trust*[87] an der Schaubühne am Lehniner Platz im Oktober 2009 wieder an diese Arbeitsmethode an, in der er den Dramentext in Abstimmung mit den choreografischen Szenen von Anouk van Dijk erst entwickelt hat: »Man fängt mit einer Idee an, mit einer Ausgangssituation für Improvisationen und nicht mit einem Text. Statt klar definierter Figuren und einer Narration hat man unterschiedliche Ereignisse und Intensitäten, die sich aneinanderreihen.«[88] Die gesammelten Dramentexte von Falk Richter sind 2005 beim Fischer-Verlag erschienen[89], für *Trust* liegen die Rechte beim Autor. Ähnlich wie Haratischwili begründet Richter sein Interesse an der Autorenregie mit der Möglichkeit, die Einsamkeit des Schreibprozesses mit der Arbeit im Team an einer Inszenierung zu kombinieren:

---

**82** | Anja Dürrschmidt (Hrsg.): Falk Richter. Das System. Materialien, Gespräche, Textfassungen zu Unter Eis. Theater der Zeit, Recherchen 22. Berlin 2004, S. 8.
**83** | Anja Dürrschmidt: Der Glaube ans System. Überlegungen nach einem Gespräch mit Falk Richter. In: Theater der Zeit 59 (2004) H.4, S. 52.
**84** | Falk Richter: Das System 2. Unter Eis. UA Berlin, Schaubühne am Lehniner Platz, 15.4.2004. Zum zweiten Teil von *Das System – Unter Eis* liegt ein umfangreicher Rechercheband vor, der Ausschnitte aus verschiedenen Fassungen, Recherchematerial zum Text und zum Bühnenbild sowie Einblicke in den Probenverlauf dokumentiert. Vgl. Falk Richter. Das System. Materialien, Gespräche, Textfassungen zu Unter Eis. Hrsg. von Anja Dürrschmidt. Theater der Zeit, Recherchen 22. Berlin 2004.
**85** | Falk Richter: Das System 4. Hotel Palestine. UA Berlin, Schaubühne am Lehniner Platz, 2.5.2004.
**86** | Anja Dürrschmidt: *Das System* wird gestartet. Im Gespräch mit Falk Richter. In: Falk Richter. Das System, S. 50-63, hier S. 50.
**87** | Falk Richter u. Anouk van Dijk: Trust. UA Berlin, Schaubühne am Lehniner Platz, 10.10.2009.
**88** | Peter Laudenbach: Interview mit Falk Richter über *Trust* an der Schaubühne. In: tip Berlin, 1.10.2009.
**89** | Falk Richter: Unter Eis. Frankfurt a. M. 2005. (Enthält die Dramentexte: *Alles. In einer Nacht*, *Kult. Eine Tragödie*, *Gott ist ein DJ*, *Nothing Hurts*, *PEACE*, *Electronic City*, *Sieben Sekunden*, *Das System* mit *Deutlich weniger Tote* und Ausschnitten aus *Hotel Palestine* und *Krieg der Bilder*).

Als Autor ziehe ich mich zurück und würde mit der Zeit vereinsamen. Als Regisseur bin ich mit Menschen zusammen, muss mich um alles kümmern. Aber man bekommt durch die Arbeit viel Energie zurück, was wieder Kraft zum Schreiben gibt.[90]

Falk Richter sucht mit seinen Dramentexten unermüdlich nach einer dramatischen und inszenatorischen Form, politische bzw. wirtschaftliche Themen zu verhandeln[91] und setzt sich damit der permanenten Kritik aus, an den großen Themen aufgrund einer zu naiven Herangehensweise[92] zu scheitern.

Die Beschreibung der Arbeitsweisen der Autoren-Regisseure verweist bereits auf zentrale Fragen, mit denen sich diese Untersuchung befasst: Inwieweit verändert sich durch Autorenregie auch das ›ästhetische Prinzip‹ eines Werkes, inwieweit bereiten veränderte Ausbildungswege auf die kombinierte Arbeitsweise vor, welchen Einfluss haben Produktionsweisen auf das Werk oder welche ›dramaturgischen Verfahren‹ lassen sich trotz der sehr unterschiedlichen künstlerischen Wege, durchgehend erkennen? Bei der Analyse dieser Fragen, insbesondere im Schlussteil der Arbeit wird punktuell auf die hier genannten Autoren-Regisseure und ihre Arbeitsverfahren vergleichend eingegangen.

Im europäischen Theater ist ebenfalls die Arbeitsweise zu beobachten, dass Theatermacher sowohl für den Dramentext als auch die Inszenierung verantwortlich zeichnen. Beispielsweise wurde die Arbeit *Väter* von Alvis Hermanis bei den Autorentheatertagen 2008 in Hamburg gezeigt sowie die Uraufführung von *Judasevangelium oder Verrat ist deine Passion* von Kornél Mundruczó im Oktober 2009 am Thalia Theater. Auch die niederländische Theatermacherin Alize Zandwijk hat mit *moeders* bei den Autorentheatertagen 2008 eine Theaterarbeit gezeigt, für die sie selbst, in Zusammenarbeit mit den Schauspielern, den Dramentext erstellt hat. Die jährlich in Wiesbaden stattfindende *Biennale Neue Dramatik* gibt zudem einen guten Überblick über das zeitgenössische Theater im europäischen Raum. Beim Festival vom 17.-27. Juni 2010 waren vier Autoren-Regisseure: Alvis Hermanis, Cezaris Graužinis, Dmitrij Krymow und Lineke Rijxman mit ihren Werken eingeladen.[93] Darüber hinaus gibt das seit 2000 jährlich stattfindende *F.I.N.D.* Festival an der Schaubühne am Lehniner Platz einen guten Überblick über internationale neue Dramatik, die teilweise von Autoren-Regisseuren geschrieben und inszeniert wurde.[94]

---

90 | Klaus Witzeling: Wie ein modernes Märchen beginnt. Falk Richter präsentiert im Schauspielhaus sein neues Stück *Electronic City*. In: Hamburger Abendblatt, 30.1.2003.
91 | Vgl. Dürrschmidt: Das System wird gestartet, S. 51.
92 |»Während Richters Text beim Lesen Irritationen erlaubt – Hat sie das erlebt? Hat sie das geträumt? Hat sie das aus dem Fernsehen? –, setzt seine Inszenierung auf ein relativ ungebrochenes ›Guckt mal, so sind die!« Christiane Kühl: Die Presse denkt ans Prada-Kleidchen. In: die tageszeitung, 15.6.2000.
93 | Vgl. www.newplays.de/index.php?page=festival&content=festival&language=de_DE (gesehen am 12.6.2010).
94 | Vgl. www.schaubuehne.de/de_DE/program/festival/#104236 (gesehen am 12.1.2011).

Um die europäische Theaterlandschaft zu berücksichtigen, müssten auch die jeweiligen institutionellen Bedingungen der Theater in die Analysen einbezogen werden, was eine eigene Untersuchung rechtfertigen würde. Hans-Thies Lehmann hat in seinem Vortrag *Dramaturgie nach dem Drama*[95] die Sonderstellung des subventionierten Theatersystems in Deutschland sowie die besondere Bedeutung von ›Dramaturgie‹[96] und der damit zusammenhängenden intellektuellen Reflexion von szenischen Texten (in der Wissenschaft aber auch in der künstlerischen Arbeit) hervorgehoben.

Im folgenden Kapitel wird die Forschungslage zum Thema ›Dramentext und Inszenierungstext‹ aufgezeigt, um davon ausgehend die Wechselwirkung des Schreib- und Inszenierungsprozesses auch in der Theaterpraxis im Untersuchungszeitraum zu beschreiben.

---

**95** | Hans-Thies Lehmann: Dramaturgie nach dem Drama. Vortrag am 20.1.2010 an der Universität Hamburg, im Rahmen der Ringvorlesung Hamburgische Dramaturgien. In: www.hamburgische-dramaturgien.de (gesehen am 21.1.2010).
**96** | Vgl. Kap. 3.8. Dramaturgische Verfahren.

## 2 Dramentext und Inszenierungstext: der Forschungsstand

### 2.1 STAND DER WISSENSCHAFTLICHEN DISKUSSION

Theresia Birkenhauer stellt die Analyse von Dramentexten im Kontext der gegenwärtigen Theaterpraxis als eine Analyse ›szenischer Texte‹[1] dar und lehnt eine Entgegensetzung von Inszenierungstext und Dramentext ab: »Der alte Konflikt zwischen Theater und Literatur scheint an ein Ende gekommen.«[2] Damit bezieht Birkenhauer innerhalb der seit dem Erscheinen des Essays von Hans-Thies Lehmann[3] geführten Diskussion um das ›Postdramatische Theater‹ Stellung, in der zumeist von einer Abwertung des Dramentextes gegenüber den Zeichen des Inszenierungstextes (wie den Zeichen des Raumes, den Zeichen der Schauspieler oder den nonverbalen akustischen Zeichen[4]) ausgegangen wurde. Hans-Thies Lehmann hat in seiner Vorlesung betont, dass er den Text keinesfalls ausklammern, jedoch in einer unhierarchischen Weise neben die anderen Zeichen des Theaters (Raum, Zeit, Körper) stellen wolle. Im Band *Postdramatisches Theater* ist dem ›Text‹ ein eigenes Kapitel gewidmet.[5] Auch Patrick Primavesi weist darauf hin, dass

---

1 | Vgl. Kap. 3.4 Szenischer Text.
2 | Theresia Birkenhauer: Zwischen Rede und Sprache. In: Vom Drama zum Theatertext? Zur Situation der Dramatik in Ländern Mitteleuropas. Hrsg. von Christopher Balme u. a. Theatron 52. Studien zur Geschichte und Theorie der dramatischen Künste. Tübingen 2007, S. 15-23, hier S. 15.
3 | Hans-Thies Lehmann: Postdramatisches Theater. Frankfurt a. M. 1999.
4 | Vgl. Erika Fischer-Lichte: Semiotik des Theaters. 1-3. Überarbeitete Aufl. Berlin 1994. In Band 1: *Das System der theatralischen Zeichen* werden die Zeichen des Theaters aufgeteilt in ›Sprachliche Zeichen‹, ›Die Erscheinung des Schauspielers als Zeichen‹, ›nonverbale Zeichen‹ und ›Die Zeichen des Raumes‹.
5 | Vgl. Lehmann: Postdramatisches Theater, S. 261-284 sowie den Vortrag: Hans-Thies Lehmann: Dramaturgie nach dem Drama. In: www.hamburgische-dramaturgien.de (gesehen am 21.1.2010).

[...] der Begriff ›postdramatisches Theater‹ nach [...] Lehmanns grundlegender Studie nicht dogmatisch zu verstehen [sei] als endgültige Abkehr vom dramatischen Text. Vielmehr diene er als Arbeitsformel zur Beschreibung verschiedener neuer, performance-naher Theaterformen, die anderen Prinzipien folgen als dem der Werkinszenierung.[6]

Birkenhauer bereitet in ihrer Untersuchung *Schauplatz der Sprache*[7] einer erweiterten, dramaturgischen Analyse von szenischen Texten den Weg, die Dramentext und Inszenierungstext gleichermaßen berücksichtigt und »zu dem Verständnis der komplexen Verschränkungen von Texttheatralität und Aufführungen als Texten führte.«[8] Bereits in der Untersuchung *Der nicht mehr dramatische Theatertext*[9] von 1996, rückt Gerda Poschmann den Dramentext und dessen ›dramaturgische Struktur‹ im Spannungsfeld von Dramentext und Inszenierungstext in den Mittelpunkt ihrer Analysen zeitgenössischer Dramentexte. In der Untersuchung versucht Poschmann Kategorien zu finden, die der zunehmenden Dekonstruktion des dramatischen Textes gerecht werden.[10] In *Theater heute* vom Oktober 2008 ruft Bernd Stegemann, Chefdramaturg an der Schaubühne am Lehniner Platz und Professor für Dramaturgie an der Ernst-Busch-Schule Berlin, zu einem Theater ›nach der Postdramatik‹ auf und nennt Arbeiten von Autoren-Regisseuren (*Rimini Protokoll*, René Pollesch) als Beispiele für neue Dramenformen, die wieder Handlung und Mimesis transportierten[11], verzichtet jedoch darauf, in den Dramentexten selbst nach dem Ausgangspunkt für die ästhetische Neuerung zu suchen, die – nach Birkenhauer – in der Darstellungsstruktur, in der doppelten Perspektivierung des Theaters liege und an den Werken nachzuweisen sei.

Die anhaltende Diskussion zum ›Postdramatischen Theater‹ verstellt eine Wahrnehmung von Theaterarbeiten als Werke, in denen Dramentexte und Inszenierungstexte einen kaum zu trennenden Zusammenhang darstellen. Hans-Peter Bayerdörfer verfolgt eine dynamische Wechselwirkung zwischen Dramentext und Inszenierungstext und beobachtet im 20. Jh. eine »neu ansetzende Regeneration literarischer Dramatik – vor allem mittels neuer Ver-

---

**6** | Patrick Primavesi: Orte und Strategien postdramatischer Theaterformen. In: Theater fürs 21. Jahrhundert. Hrsg. von Heinz Ludwig Arnold. Text+Kritik. Sonderband XI. München 2004, S. 8-25, hier S. 9.
**7** | Theresia Birkenhauer: Schauplatz der Sprache.
**8** | Katharina Pewny: Dialoge zwischen den Systemen: Schreiben für / über Theater. In: Zwischenspiele. Hrsg. von Stefan Tigges u. a. Bielefeld 2010, S. 13-15, hier S. 13.
**9** | Gerda Poschmann: Der nicht mehr dramatische Theatertext. Aktuelle Bühnenstücke und ihre dramaturgische Analyse. München 1997.
**10** | Vgl. Kap. 3.2 Methodische Vorüberlegungen zur dramaturgischen Analyse.
**11** | »Der Versuch, durch dramatische Situationen, Figuren und Geschichte Theater zu erfinden, wird (im Postdramatischen Theater) als gänzlich veraltet bewertet. Das Verhältnis von Drama und theatralischer Übersetzung wird aufgekündigt. Die zahlreichen Inspirationen, die von den dramatischen Formen für das Theater ausgingen, werden zurückgewiesen.« In: Bernd Stegemann: Nach der Postdramatik. Warum Theater ohne Drama und Mimesis auf seine stärksten Kräfte verzichtet. In: Theater heute 49 (2008) H. 10, S. 14-21, hier S. 14.

fahren der Episierung und des absurden Theaters«.[12] Die Nahtstelle zwischen Dramentext und Inszenierung müsse neu vermessen werden. Jörg Schönert beschreibt in seiner Analyse des Dramentextes *Das Werk* von Elfriede Jelinek in der Inszenierung von Nicolas Stemann, wie insbesondere die sprachliche Rede inszeniert wird: »Die Theatralität von *Das Werk* ergibt sich primär aus dem Theatralischen der Redeweisen und dem Miteinander, Gegeneinander und Hybridisieren der unterschiedlichen Redeformen.«[13] Zudem beschreibt Schönert am Beispiel der Inszenierung die verstärkte Bedeutung der ›außerszenischen Achse‹, der »Kommunikation zwischen Bühnengeschehen und Zuschauern«.[14]

Die Diskussion zur Bedeutung des Dramentextes im zeitgenössischen Theater wird hier nicht in Abgrenzung, sondern in engem Zusammenhang mit der Inszenierung, insbesondere der inszenierten sprachlichen Zeichen auf der Bühne, geführt, um Veränderungen in den gegenwärtigen Schreibweisen auf die Spur zu kommen.

Beim Kongress der Gesellschaft für Theaterwissenschaft 2008 in Amsterdam wurden unter dem übergreifenden Thema »Orbis Pictus« in der Vortragsreihe »Texturen und Lektüren – Drama, Sprech- und Texttheater auf den Bühnen der Bilder« Verfahren diskutiert, die Darstellungsstrukturen der Bühne bereits im Dramentext zeigen. Die Theaterpraxis und -theorie haben auf die ästhetischen Neuerungen reagiert: Peter M. Boenisch stellt beispielsweise in seinem Vortrag *How to do things with texts*[15] Regie-Strategien vor, die die Dramentexte für die räumlich-zeitliche Ebene des Theaters und die Ebene des Rezipienten erfahrbar machen, hier gezeigt am Beispiel der dramatisierten Romane Fjodor Michailowitsch Dostjewskijs durch Frank Castorf.[16]

---

**12** | Hans-Peter Bayerdörfer: Vom Drama zum Theatertext? Unmaßgebliches zur Einführung. In: Vom Drama zum Theatertext? Zur Situation der Dramatik in Ländern Mitteleuropas. Hrsg. von Christopher Balme u. a. Theatron 52. Studien zur Geschichte und Theorie der dramatischen Künste. Tübingen 2007, S. 1-14., hier S. 4.
**13** | Jörg Schönert: Zum Ablösen der Rede von den Figuren in Elfriede Jelinek Das Werk. In: Ebd., S. 188-195, hier S. 192.
**14** | Ebd., S. 194.
**15** | Peter M. Boenisch: How to do things with texts…Text – Regie als Mise-en-Scène. In: Orbus Pictus – Theatrum Mundi, panel 407-3. Vortrag vom 25.10.2008. Boenisch spielt mit dem Titel seines Vortrags auf den Aufsatz *How to do things with words* von John L. Austin an: John L. Austin: Zur Theorie der Sprechakte (How to do things with words). Bearbeitung der englischen Ausgaben von 1962 und 1975. Stuttgart 1989.
**16** | »Der Blick [geht] zum einen auf Inszenierungen narrativer Texte, etwa die […] Theateradaptionen von Dostojewskis Romanen […], verweist auf eine strategische Arbeitsweise, die ich als ›Mise-en-Scène‹ beschreiben möchte: neben, und nicht selten vor das (mehr oder weniger) wortwörtliche Aus-Sprechen der Bedeutungen und Inhalte der Textvorlage und deren sinnhafter (bebildernder, symbolisierender) Extension tritt die Ebene der sinnlich-performativen Vergegenwärtigung des Textes: diese ist als Akt der Begegnung und Erfahrung zu beschreiben, in dem nicht ›innere Bedeutung‹, Imagination und Identifikation, sondern eine nicht länger instrumentelle und zielgerichtete multiperspektivische Aufmerksamkeit eine zentrale Rolle spielen. […]

Stefan Tigges hat in dem Sammelband *Dramatische Transformationen. Zu gegenwärtigen Schreib- und Aufführungsstrategien*[17], einen guten Überblick über den Stand und die Geschichte der Diskussion zum Dramen- und Inszenierungstext gegeben, wobei Tigges in der Zusammenstellung der Texte »die Aufmerksamkeit wieder stärker auf den Text bzw. die (künstlerische) Sprache zu lenken [versucht], ohne dabei in traditionell längst überwundene Muster zurückzufallen.«[18] Die Entschärfung des Konflikts zwischen Dramentext und Theater habe – so Tigges – »zu einer Aufhebung der Dichotomien von Text und Theater [ge]führt, den Werkbegriff transformiert und ehemalige ästhetische Grenzziehungen zwischen den künstlerischen Gattungen und Formaten durchlässiger erscheinen [lassen]«.[19] Stefan Tigges kritisiert im Vorwort die terminologische Fixierung auf den Begriff des ›Postdramatischen‹, einen Begriff, der sich gerade bezogen auf eine Theorie des Theatertextes als unscharf erweisen könne[20] und stellt mit der Auswahl der Texte von Theaterwissenschaftlern, Künstlern und Kulturkritikern »neue[n] Ansätze[n] einer Theoriebildung des Textes im Theater« vor.[21]

Suggeriert Hans-Thies Lehmanns offene Formel des postdramatischen Theaters einen nicht (mehr) dramatischen bzw. außerdramatischen Zustand, der gleichfalls die Theatertexte und die Aufführungspraxis betrifft, so geht von diesem Ansatz trotz [...] seiner Flexibilität doch die Gefahr aus, das dramatische Material bereits terminologisch verabschiedet bzw. ausgelöscht zu haben, obwohl dessen komplexe Transformationsprozesse im reibungsvollen Spiel zwischen Tradition und Innovation gegenwärtig gerade einen wichtigen Schauplatz einnehmen.[22]

Birgit Haas geht in dem von ihr herausgegebenen Sammelband *Dramenpoetik 2007* einleitend der Frage nach der Rolle des Autors bzw. des Dramentextes historisch nach, um zugespitzt die Frage zu stellen, ob man überhaupt noch von dramatischen Texten sprechen könne, bei einer im 21. Jahrhundert zu beobachtenden Tendenz zur Kollektivierung des Schreibens.[23] In den ab-

---

In dieser vernetzenden Verstrickung von Wahrnehmung im Augenblick und fixiertem Skript des Textes liegt, so soll argumentiert werden, der Kern jener ›transformativen Macht‹ des Texttheaters im Kontext der zeitgenössischen Bild-Kultur.« Peter M. Boenisch: How to do things with texts. In: www.theatrummundi.com/a_bstr/index.html (gesehen am 14.5.2010).
17 | Stefan Tigges (Hrsg.): Dramatische Transformationen. Zu gegenwärtigen Schreib- und Aufführungsstrategien im deutschsprachigen Theater. Bielefeld 2008.
18 | Tigges: Dramatische Transformationen. Zur Einführung, In: Dramatische Transformationen, S. 9-27, hier S. 10.
19 | Ebd., S. 11.
20 | Ebd., S. 10.
21 | Ebd., S. 14.
22 | Ebd., S. 25.
23 | Birgit Haas: Editorial. Dramenpoetik 2007 – Wohin geht das deutschsprachige Drama? In: Dramenpoetik 2007. Einblicke in die Herstellung des Theatertextes. Hrsg. von Birgit Haas. Hildesheim u. a. 2009, S. 7-32, hier S. 15.

gedruckten Interviews fordert Haas die Autoren auf, sich »zur Frage des dramatischen Textes, seiner Entstehung und seiner Wichtigkeit für die performative Realisierung Stellung zu beziehen«.[24] Vergleichbar mit Tigges kommt Haas zu der Einschätzung, dass sich der Dramentext zum Performativen geöffnet habe, jedoch keinesfalls durch ein ›Theater ohne Drama‹ abgelöst worden sei.[25]

Theresia Birkenhauer untersucht in ihrem Essay *Die Zeit des Textes im Theater*[26] anhand von Texten und Äußerungen Heiner Müllers die Poetik[27] sprachlicher Texte im theatralen Raum. Heiner Müller gehe es um Texte, deren Ort die Bühne darstelle, die nicht funktional zu interpretieren seien. In ihrer Untersuchung *Schauplatz der Sprache* vertieft sie diese Perspektive mit der Analyse weiterer Dramentexte und ausgewählter Inszenierungen von Anton Tschechow, Maurice Maeterlinck, Samuel Beckett und Heiner Müller. Dabei stellt sie das auch für die Analyse der Werke der Autoren-Regisseuren relevante aufführungsbezogene Schreiben heraus, bei dem der Künstler »jene Ausdrucksdimensionen mitdenkt, die den Stücken durch die nichtsprachlichen Darstellungsmittel zukommen.«[28]

Anhand der Werke der Autoren-Regisseure soll daran anknüpfend eine Form des aufführungsbezogenen, theatralischen Schreibens untersucht werden, die »kompositorisch mit den Möglichkeiten der Bühne operiert, auf der Ebene der dramaturgischen Struktur.«[29]

Bevor im Methodenteil konkret auf die Untersuchungen Birkenhauers eingegangen wird und daraus Kategorien für die Einzelanalyse herausgearbeitet werden, soll im folgenden Kapitel von der Wechselwirkung von Dramen- und Inszenierungstext in der Theaterpraxis die Rede sein, in dessen Spannungsfeld Autorenregie eine Sonderstellung einnimmt.[30]

---

24 | Haas: Editorial. In: Dramenpoetik 2007, S. 15.
25 | Vgl. ebd., S. 29.
26 | Theresia Birkenhauer: Die Zeit des Textes im Theater. In: Dramatische Transformationen, S. 247-261.
27 | Poesie meint keine Poesie der schönen Rede, sondern einen Umgang mit sprachlichen Zeichen, der mit den Möglichkeiten der Bühne operiert und die Bühne als Ort der Literatur entdeckt. Als ›poetisch‹ bezeichnet Birkenhauer eine Inszenierung, »die Kontexte und Konnotationen des Gezeigten vermehrt und so der Wahrnehmung Differenzen zu entdecken gibt, statt sie auf den Nachvollzug von Intentionen zu beschränken.« Birkenhauer: Schauplatz der Sprache, S. 74.
28 | Ebd., S. 95.
29 | Ebd.
30 | Auf die Bedeutung des Autors und der Autorschaft im Gegenwartstheater, speziell in der Autorenregie wird im Schlussteil der Arbeit eingegangen. Vgl. Kap. 9.3. Zum Autor-Regisseur.

## 2.2 Die Wechselbeziehung zwischen Dramen- und Inszenierungstext

Dass sich die wechselseitige Verknüpfung von Dramentext und Aufführungspraxis verdichtet hat, zeigt sich auch in der Tendenz, dass Autoren eng mit bestimmten Regisseuren zusammenarbeiten. Diese ›Partnerschaften‹ von Autoren und Regisseuren werden von einigen Theatern kontinuierlich aufgebaut und gefördert: Dea Loher und Andreas Kriegenburg am Thalia Theater (bis 2009, danach Wechsel der Intendanz von Ulrich Khuon ans Deutsche Theater Berlin), Marius von Mayenburg und Thomas Ostermeier an der Schaubühne am Lehniner Platz, Roland Schimmelpfennig und Jürgen Gosch[31] unter anderem am Hamburger Schauspielhaus, um nur einige Beispiele zu nennen.

Elfriede Jelinek und Rainald Goetz ziehen dagegen eine klare Trennung zwischen ihrer Arbeit als Autoren und der Umsetzung des Dramentextes im Theater und überlassen den Dramentext dem Theaterprozess, ohne sich an der Umsetzung zu beteiligen, bzw. um sich bewusst von der theatralen Umsetzung zu distanzieren.[32] Dennoch gibt es auch hier wiederkehrende künstlerische Verbindungen zwischen Autor und Regisseur: Nicolas Stemann hat sich so als ›Uraufführungsregisseur‹ von Elfriede Jelineks Theatertexten[33] etabliert.

Schwieriger ist es offenbar für literarische Dramatiker, die eine geglückte Regie-Partnerschaft nicht oder nur für einzelne Arbeiten gefunden haben, ihren Texten kontinuierlich einen Platz an Theatern zu sichern. Diskussionen von Theatermachern beim Symposion *Schleudergang Dramatik*, das vom 9.-11. Oktober 2009 im Haus der Berliner Festspiele stattfand, haben dies bestätigt. Theresia Walser, Albert Ostermaier und Moritz Rinke zählen zu ›literarischen Dramatikern‹[34], deren Dramentexte zwar immer wieder auf den Spielplänen deutschsprachiger Bühnen erscheinen, die jedoch keine regelmäßige Förderung vonseiten der Theaterinstitutionen erfahren und (bisher) keine kontinuierlichen Regie-Partnerschaften eingegangen sind. Beim Symposion kam es entsprechend zum Aufruf an die Theater, weitere Stellen für

---

**31** | Jürgen Gosch hatte *vorher/nachher* und *Calypso* am Hamburger Schauspielhaus und zuletzt *Idomeneus* von Roland Schimmelpfennig am Deutschen Theater Berlin inszeniert. Nach dem Tod Goschs (im Juni 2009) hat Schimmelpfennig selbst die Regie für die Uraufführung seines Dramentextes *Der goldene Drache* am Wiener Burgtheater (UA Wiener Burgtheater im Akademietheater, 5.9.2009) übernommen.

**32** | »Die Theaterleute machen sich ihr Bild von meinem Text und setzen dem dann ihr Ding entgegen.« Rainald Goetz: Jahrzehnt der schönen Frauen. Berlin 2001, S. 116. Vgl. auch S. 128f.

**33** | Die Uraufführung *Das Werk* am Akademietheater in Wien wurde 2004 beim Berliner Theatertreffen gezeigt. 2007 wurde die Uraufführung von Jelineks *Ulrike Maria Stuart* am Hamburger Thalia Theater zum Berliner Theatertreffen eingeladen. Für *Rechnitz*, ebenfalls in einer Inszenierung von Nicolas Stemann, erhielt Elfriede Jelinek 2009 den Mülheimer Theaterpreis.

**34** | Literarische Dramatiker stehen hier als Bezeichnung für Dramatiker, die unabhängig von der Institution bzw. vom Produktionsprozess am Theater schreiben.

Hausautoren einzurichten, damit diese in engerem Kontakt zum Theaterapparat an ihren Dramentexten arbeiten könnten:

> Um den ›Schleudergang‹ herunterzufahren auf ein produktives Schonprogramm, braucht es enge, kontinuierliche Arbeitszusammenhänge zwischen Theatern, Regisseuren und Autoren: Hausautorenschaft erscheint vielen als ideal, ist aber nicht allein die selig machende Lösung. Autoren, so der Appell, sollten einfach stärker an die Bühnen angebunden und frühzeitig in die Arbeitsprozesse mit einbezogen werden. Von ›Flirtträumen‹ war die Rede. Damit mehr Liebe entsteht.[35]

Die künstlerische Arbeit der Dramaturgen und Lektoren, die gerade im Spannungsfeld von Dramentext und Inszenierung tätig sind und die Arbeitsbeziehungen von Autoren und Regisseuren begleiten, gelte es ebenso zu fördern und (nicht nur an den großen Theatern) davor zu bewahren, hauptsächlich als Organisatoren zu agieren.[36] So würden an Theatern mit einer gut aufgestellten Dramaturgie, Autor-Regisseur-Partnerschaften sowie nachweislich Produktionen mit Autoren-Regisseuren besonders gefördert.[37] Auf Festivals werde dafür gesorgt, dass ein künstlerischer Austausch zwischen Autoren und Regisseuren stattfinden könne und der Entwicklung künstlerischer Arbeitsprozesse zwischen Autoren und Regisseuren Raum und Zeit eingeräumt werde.[38]

---

**35** | Christine Dössel: Diese Hetze versaut alles. Zahlreiche Theaterstücke fluten den Markt – wenige bleiben. In: Süddeutsche Zeitung, 13.10.2009. Sowie als Auszug in: Schleudergang Neue Dramatik. Symposion zur Zukunft der zeitgenössischen Dramatik. Berliner Festspiele, 9.-11. Oktober 2009. Dokumentation. Hrsg. von Giselind Rinn. Berlin 2010, S. 12.
**36** | Stefan Rosinski, ehemaliger Chefdramaturg an der Volksbühne am Rosa-Luxemburg-Platz betonte in seinem Vortrag an der Universität Hamburg, dass ein gelungenes künstlerisches und politisches Konzept mit einer gut aufgestellten und vergrößerten Dramaturgie-Abteilung zusammenhänge. Vgl. Stefan Rosinski: Vortrag über die Konzeption der Volksbühne am Rosa-Luxemburg-Platz. Universität Hamburg, am 13.1.2010. In: www.hamburgische-dramaturgien.de (gesehen am 21.1.2010).
**37** | Bei den Autorentheatertagen am Hamburger Thalia Theater, 2008, wurden vier Theaterarbeiten von Autoren-Regisseuren (*Väter* von Alvis Hermanis/ *Kredit* von Jan Neumann/ *moeders* von Alize Zandwijk und *HEAVEN* von Armin Petras/Fritz Kater) gezeigt, bei den Autorentheatertagen 2009 fünf Werke (*Rose* von Armin Petras, *Fantasma* von René Pollesch, *Aiport Kids* von *Rimini Protokoll*, *JFK* von René Pollesch) – ebenfalls ein Hinweis auf die Bedeutung der Arbeitsweise ›Autorenregie‹ für das zeitgenössische Theater und den Dramentext.
**38** | »Zum Zeitnehmen gehört, dass die Zusammenarbeit zwischen Autor und Theater früher beginnt, vor dem eigentlichen Stück. Zeit heißt Kontinuität in der gemeinsamen Auseinandersetzung. Zeit heißt, dass es ein Theater zulässt, dass die Entstehung eines Stückes eben manchmal länger dauert, als vorher gedacht [...]. Die Autoren, wenigstens eine signifikante Anzahl von ihnen, wollen den Ort, für den sie schreiben, genauer kennen, sie wollen eingebunden sein. Sie wollen wissen, worum es dem Theater geht, sie wollen in das Theater hineinschreiben.« Peter Michalzik: Die Übergangsgesellschaft. Rückblick auf das Symposion

Die Förderung der Zusammenarbeit und Begegnung von Autoren und Regisseuren an den Theatern erfolgt zusätzlich auf regelmäßig stattfindenden Festivals, den Autorentheatertagen (2002 bis 2009 am Thalia Theater, ab 2010 am Deutschen Theater Berlin), den Heidelberger Stücketagen oder der von der Dramaturgischen Gesellschaft jährlich in Kooperation mit einem deutschen Theater ausgerichteten Auftragsproduktion im Rahmen des Kleist-Förderpreises.

Auf Nachteile, die sich aus dem Spannungsverhältnis von Schreib- und Inszenierungsprozess ergeben können, wurde auf dem Berliner Symposion zur Zukunft der zeitgenössischen Dramatik von Moritz Rinke mit seinem Impulsreferat[39] hingewiesen: Von Vereinnahmung durch den Theaterapparat, der eingeschränkten Kreativität und fehlenden Ruhe für den Schreibprozess war die Rede. Moritz Rinke thematisierte das Dilemma, das sich aus der Abhängigkeit von Dramentext und Theaterapparat ergebe. Die Gefahr der ›Eingemeindung‹ der Autoren im Theaterbetrieb, so Rinke, bestünde in dem Verlust der Konzentration auf den Schreibprozess:

> Wer hat denn die Zeit, wenn nicht die Dramatiker, Menschen genau zu beobachten und zu beschreiben? Wir werden ja im Moment überschwemmt von so genannten Projekten, weil Regisseure die Neigung verspüren, ›Dramasseur‹ zu sein. Aber sie werden bald merken, dass sie damit entscheidend an Substanz verlieren.[40]

Autoren würden eher aus der Not, dass ihre Dramentexte oft keine angemessene Aufführungspraxis (über die Uraufführung hinaus) an den Theaterinstitutionen erhielten immer häufiger auf die Idee kommen, selbst als Regisseure, als »Dramasseure«[41] tätig zu werden oder versuchten auf andere Weise (beispielsweise über die Position des Hausautors) eine kontinuierliche Anbindung an die Theaterinstitution zu finden, um mit ihren Dramentexten im ›Schleudergang Dramatik‹ vorzukommen. Vergleichbar formulierte bereits Rolf Kemnitzer 2007 eine zu beobachtende Tendenz bei Autoren, selbst für die Regie verantwortlich sein zu wollen, da viele Autoren ihre Arbeit in den Insze-

---

zur Zukunft der zeitgenössischen Dramatik im Haus der Berliner Festspiele. In: Schleudergang neue Dramatik, S. 7-9, hier S. 8.
**39 |** Vgl. Moritz Rinke: Nichts ist älter als die Uraufführung von gestern Abend. In: Schleudergang neue Dramatik, S. 4-5.
**40 |** Moritz Rinke: Die Theater vergehen, die Stücke bleiben. In: Johannes Schneider: Reclamwand versus Dramasseure. In: www.theatertreffen-blog.de/tt-talente/stueckmarkt/reclamwand-versus-dramasseure/ (gesehen 15.2.2010).
**41 |** »Selber inszenieren? (Machen ja einige schon munter, da entsteht wohl gerade eine ganz neue Form, so eine Art ›Dramasseur‹.) Oder so schreiben, dass es möglichst wenig Drama ist, und der Autor, der vielleicht auch manchmal gern ein Dramasseur wäre, Lust bekommt, das Stück möglichst toll zu machen? (Figurenlose Textflächen anbieten! Drehbücher! Oder Romane, jetzt gerade Romane!)« Moritz Rinke: Nichts ist älter als die Uraufführung von gestern Abend. In: Schleudergang neue Dramatik, S. 4-5, hier S. 5.

nierungen nicht widergespiegelt sähen.[42] Der Autor Roland Schimmelpfennig beschreibt an seiner Inszenierung des Dramentextes *Der goldene Drache*, die 2009 am Wiener Akademietheater uraufgeführt[43] wurde, worum es ihm bei seiner Arbeit als Regisseur gehe:

> Um Genauigkeit und die Frage, welches Potenzial ein Text inhaltlich und formal entwickelt. Liest man zum Beispiel Kleist genau genug, entfaltet sich eine Vielfalt und Abgründigkeit, die sich über die Präzision seiner Interpunktion und seiner Zeilenwechsel sowie über den Rhythmus erst voll entfaltet. Sich da hinein zu begeben, ist ein Versuch, der Beliebigkeit der Regie zu entkommen. Genau so gehe ich mit eigenen Texten um, und zwar durchaus kritisch und nicht, um mich in der Rolle des Regisseurs als Autor zu verwirklichen.[44]

Die Inszenierung *Der goldene Drache*, die sowohl zum Berliner Theatertreffen 2010 eingeladen wurde als auch (bezogen auf den Dramentext) mit dem Mülheimer Theaterpreis 2010 prämiert wurde, erhält jedoch auch kritische Stimmen, die eine produktive Reibung von Dramentext und Inszenierung vermissten, für die Jürgen Gosch in seinen Inszenierungen der Dramentexte Schimmelpfennigs stets künstlerisch gesorgt habe:

> Schimmelpfennigs Stück spielt – technisch höchst versiert – mit diesen Montagetechniken und Mechanismen. Nur werden sie in der Inszenierung leider nicht befragt, sondern schlicht bedient – wie überhaupt Regisseur Schimmelpfennig (seine vierte Inszenierung) vielleicht ein bisschen zu sehr den Autor Schimmelpfennig (zwei Dutzend Stücke) bedient, den Erfolgsautor, der nicht nur viel, sondern auch gerne mit den gleichen Rezepten und Zutaten kocht.[45]

Die Inszenierung von *Der goldene Drache* basiert genau auf dem Dramentext des Autors: Kein Satz wird gestrichen, die Regieanweisungen werden szenisch umgesetzt. Peter Michalzik kommentiert Rinkes Vortrag: »Vielleicht ist das Verhältnis zwischen Autor und Theater viel angespannter, viel komplizierter und viel gegensätzlicher, als man meistens glaubt.«[46] Die Interessen der Autoren seien nicht immer identisch mit den Interessen des Theaters.

---

**42** | Vgl. Rolf Kemnitzer u. a.: Mehr als das fünfte Rad am Theaterkarren. Rolf Kemnitzer, Katharina Schlender und Andreas Sauter im Gespräch mit Anja Dürrschmidt und Dorte Lena Eilers. In: Theater der Zeit 62 (2007) H.10, S. 24-28, hier S. 25.
**43** | Roland Schimmelpfennig: Der goldene Drache. UA Wiener Burgtheater im Akademietheater, 5.9.2009. Gastspiel am 31.1.2010 am Thalia Theater Hamburg.
**44** | Jürgen Berger: Nach Schmerzpunkten suchen – Gespräch mit dem Autor und Regisseur Roland Schimmelpfennig. In: www.goethe.de/kue/the/tst/de5385940.htm (gesehen am: 4.1.2010).
**45** | Stefan Bläske: Made in China. In: www.nachtkritik.de/index.php?option=com_conten t&task=view&id=3170&Itemid=40 (gesehen am 1.2.2010).
**46** | Michalzik: Die Übergangsgesellschaft, S. 9.

Lutz Hübner hebt in einem Mail-Interview mit Birgit Haas hervor, dass er für den Theaterbetrieb schreiben wolle: »Form follows function. Wie viele Personen braucht man? Wie viele Spielorte? Welches Zeitmaß?«[47] und stellt die ökonomischen Faktoren heraus, die man an den subventionierten deutschen Theatern als Autor zu beachten habe. Hübner berührt damit die Kehrseite der Medaille, die beim Symposion im Berliner Festspielhaus nur gelegentlich anklang, dass auch »die AutorInnen sich zu wenig mit den Bedürfnissen der Theater, ihrer Abnehmer [...] befassten.«[48]

Im Kern dieser Diskussion steht die Auseinandersetzung zwischen Autor und Regisseur bzw. mit der Theaterinstitution, die sich »nicht nur [als] ein Anerkennungsdefizit, sondern auch ein Kommunikationsproblem«[49] ausdrückt. Bei Uraufführungen zeitgenössischer Dramentexte kommt es so immer wieder zu Auseinandersetzungen zwischen den Auffassungen von Autoren und Regisseuren. Theresia Walser hat die Inszenierungen von *Die Wandernutten* am Schauspiel Stuttgart und von *Die Kriegsberichterstatterin* am Schauspiel Konstanz verhindert, da sich »eine riesige Kluft [...] zwischen Text und Inszenierung aufgetan«[50] habe. Gesine Danckwart hat sich beispielsweise von der Inszenierung *Meinnicht* von Isabel Osthues am Hamburger Thalia Theater in der Gaußstraße distanziert[51] und sieht ein Problem darin, »dass der Text für sich selbst nicht existiert, sondern erst dann vorhanden ist, wenn er auf die Bühne kommt. Und Theater, wenn es gut ist und frei ist, wählt oft eine Form, die unter Umständen im Widerstreit mit dem Text steht.«[52] Regisseure bearbeiten Dramentexte zum Teil ohne Rücksicht auf die Handschrift der Autoren, andererseits kann eine gelungene Inszenierung einem Dramentext durchaus erst zur künstlerischen Qualität verhelfen.[53] Autorenregie im zeitgenössischen

---

**47** | Lutz Hübner: Ich schreibe lieber für den Betrieb. In: Dramenpoetik 2007, S. 97-101, hier S. 98.

**48** | Elena Philipp: Schleudergang Neue Dramatik – ein Symposion in Berlin zur Zukunft der zeitgenössischen Dramatik. In: www.nachtkritik.de/index.php?option=com_content&task =view&id= 3361&Itemid=84 (gesehen am 15.2.2010). Sowie als Auszug abgedruckt in: Schleudergang Neue Dramatik, S. 13.

**49** | Michalzik: Die Übergangsgesellschaft, S. 9.

**50** | Sabine Dulz: Ich brauche den Augenblick. Zur Kriegsberichterstatterin: Interview mit Autorin Theresia Walser. Münchner Merkur, 25.2.2005. In: www.lyrikwelt.de/hintergrund/ walsertheresia- gespraech- h.htm (gesehen am 24.7.2009).

**51** | »Statt normale Theaterfiguren zu liefern, entwirft die Dramatikerin, wie das Theater mitteilt, zusammengesetzte tragikomische Typologien der Normalität. In *Meinnicht* stellt sie Abziehbilder aus dem ganz normalen Familienleben nebeneinander. Inszeniert von Regisseurin Isabel Osthues, fand die Premiere jedoch ohne Zustimmung der Dramatikerin statt. Demonstrativ blieb sie der Aufführung fern, obwohl das Stück bei dem Publikum viel Beifall fand. [...] Die Autorin fühlte sich missverstanden. So sind sie, die Autoren.« die tageszeitung, 25.10.2002 (ohne Autor, in der Rubrik ›unterm Strich‹).

**52** | Cäsar: Was mich interessiert, ist die Frage nach dem Außen. Ein Gespräch mit Gesine Danckwart. In: Radikal weiblich?, S. 76.

**53** | Birgit Haas zeigt auf, dass die Forderung nach einer engeren Beziehung von Dramatikern und Theaterhäusern auch unter dem Gesichtspunkt ästhetischer Neuerungen bereits

Theater kann somit auch als eine Reaktion der Autoren auf veränderte Produktionsbedingungen und damit zusammenhängende ästhetische Veränderungen angesehen werden, aufgrund derer der Bezug von Autoren zum Theater neu eingeschätzt werden müsste.

Die Konfrontation zwischen Dramentext und Inszenierungstext ist in der Autorenregie zunächst aufgehoben: Es handelt sich um einen sich wechselseitig inspirierenden Austausch von Schreibprozess und Regie, der sich auch auf die dramaturgische Struktur der Dramentexte auswirkt. Somit kann die Debatte um den Dramentext und den Inszenierungstext in der Autorenregie im zeitgenössischen Theater radikal zugespitzt werden; insofern die Personalunion von Autor und Regisseur zugleich die Extremform der Begegnung von Dramentext und Inszenierungstext bedeutet. Es handelt sich also weder um Regietheater, »das den Text nur noch als ein bestenfalls gleichberechtigtes Element der Inszenierung«[54] betrachtet, noch um »ein postdramatisches Theater ohne Text«.[55] Vielmehr handelt es sich um eine dritte Form, in der das Werk in einem komplexen Produktionszusammenhang entsteht. Autoren-Regisseure reagieren mit ihren Werken auf eine veränderte Theaterästhetik, indem sie auch die Auseinandersetzung mit der Theaterpraxis suchen, die sich – als Regiearbeit – wieder auf die Dramentexte auswirkt und umgekehrt.

Die Sehnsucht und der Ruf nach weniger zurechtgemachter, »eintheaterter« Wirklichkeit auf der Bühne mögen ephemer erscheinen und bald wieder weniger wichtig sein. Die damit entstandene Auffächerung des Begriffs des Autors beziehungsweise der Entstehungsformen von Theatertexten jedoch ist ein Phänomen, mit dem sich die Theater beschäftigen werden.[56]

Der Dramentext stellt mitunter die unmittelbare Vorlage für die Inszenierung dar oder wurde wie bei *Rosebud* von Christoph Schlingensief erst als Protokoll einer Aufführung notiert. In der Autorenregie liegen die beiden künstlerischen Prozesse des Schreibens und des Regieführens in der Verantwortung ein und desselben Künstlers, der die Inszenierung bereits im Dramentext konzipieren kann.

Bei aller Varianz zeitgenössischer Dramentexte, die für die Bühne ausgewählt werden, tragen diese Texte »Anforderungen der Bühne Rechnung [...] und [vermögen] diese zu neuen Entwicklungen zu provozieren«[57] und umgekehrt: Neuerungen der Bühnenästhetik haben Auswirkungen auf den Dramentext. Theresia Birkenhauer fragt in *Schauplatz der Sprache* weiter, wie das

---

1915 von Wilhelm Scholz eingefordert wurde, um das Schreiben eines Dramas auch als räumliche Kunst begreifen zu können. Vgl. Haas: Editorial. In: Dramenpoetik 2007, S. 11f.
**54 |** Poschmann: Der nicht mehr dramatische Theatertext, S. 20.
**55 |** Ebd., S. 20.
**56 |** Jörg Bochov: Das zeitgenössische Theater und seine Autoren. Verwandlungen des Theaters – Teil 5. Deutschlandfunk. Reihe: Essays und Diskurse. 3.6.2007. In: www.dradio.de/dlf/sendungen/essayunddiskurs/631248 (gesehen am: 12.11.2009).
**57 |** Bayerdörfer: Vom Drama zum Theatertext, S. 2.

veränderte Verhältnis von Text und Bühne, von Sprache und Raum sich wiederum in den dramaturgischen Strukturen dieser Theaterkonzepte manifestiere.[58] Es komme im Verhältnis von Text und Bühne zu einer neuen Akzentuierung: die dramaturgische Analyse ermögliche eine veränderte Lesart dramatischer und theatralischer Texturen. In dieser Perspektive handele es sich hier um Theaterformen, in denen das Verhältnis der beiden Achsen, der Binnenperspektive der Figurenrede und der auf den Zuschauer bezogenen Perspektive, neu bestimmt werde.

Welche ästhetischen Möglichkeiten lassen sich im kombinierten Verfahren des Schreibens und Inszenierens im Werk, d.h. im Dramentext und im Inszenierungstext erkennen? Das methodische Vorgehen der dramaturgischen Analyse dient dazu, die ›ästhetischen Prinzipien‹ der Werke im Zusammenhang mit dem Produktionsprozess genauer bestimmen zu können.

Im folgenden Kapitel wird das methodische Werkzeug als eine Überprüfung und Erweiterung vorhandener Methoden zur Dramen- und Aufführungsanalyse aufgestellt.

---

**58** | Birkenhauer: Schauplatz der Sprache, S. 147.

# 3 Zur theaterwissenschaftlichen Methodik

## 3.1 METHODISCHE VORENTSCHEIDUNGEN ZUR ANALYSE DES UNTERSUCHUNGSGEGENSTANDES ›AUTORENREGIE‹

Die Dramen- und Inszenierungstexte der Autoren-Regisseure werden im Folgenden anhand einer aufführungsbezogenen, ›dramaturgischen Analyse‹[1] als ein künstlerisches Werk untersucht. Der Begriff Werk umfasst sowohl sprachliche als auch außersprachliche Theaterzeichen, die als Strukturelemente des Werks zu betrachten und als ›szenische Texte‹[2] zu analysieren sind. In der Autorenregie nähert sich einerseits der inszenierte Text dem Dramentext an, andererseits kann der Inszenierungstext (wie in den Aufführungsprotokollen) die schriftliche Fixierung der Dramentexte beeinflussen. Da bei den Werken der Autoren-Regisseure von einer Verschränkung von Schreib- und Inszenierungspraxis auszugehen ist, werden Dramen- und Aufführungsanalyse in einer aufführungsbezogenen, dramaturgischen Analyse, verknüpft (vgl. Schaubild 1).

*Schaubild 1: ›Szenischer Text‹*

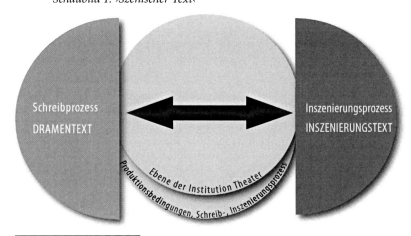

---

**1** | Vgl. Kap. 3.8 Dramaturgische Analyse des szenischen Textes
**2** | Vgl. Kap. 3.4 Szenischer Text

Gerade da Autoren-Regisseure nicht nur als Regisseure, sondern bereits im Schreibprozess mit der Institution Theater in Kontakt treten, ist der Einfluss dieser besonderen, an die Theaterinstitution gebundene Arbeitsweise bereits in der Analyse der Struktur der Dramentexte zu berücksichtigen. Autoren-Regisseure schreiben in der Regel Auftragswerke in Kontakt mit einem Theater und dessen spezifischen Strukturen und berücksichtigen z. B. das Ensemble und den Spielplan, in dessen konzeptionellem Zusammenhang das Werk zu sehen ist. Diese Ebene der Institution gilt es daher in den Einzelanalysen besonders zu berücksichtigen. Das Schaubild verdeutlicht die Verschränkung von Schreib- und Inszenierungspraxis in der Autorenregie. In der dramaturgischen Analyse werden daher der Dramen- und der Inszenierungstext als ›szenischer Text‹ miteinander verknüpft. Der Einfluss der spezifischen, an die jeweilige Theaterinstitution gebundene Produktionsweise ist in der Analyse des ›szenischen Textes‹ zu berücksichtigen.

## 3.2 Methodologische Vorüberlegungen zur dramaturgischen Analyse

In ihrer Untersuchung *Der nicht mehr dramatische Theatertext* stellt Gerda Poschmann ein Analyseverfahren vor, das vor allem für Dramentexte anwendbar ist, deren Schwerpunkt nicht bei der Figuration und fiktiven Handlung[3], also auf der inneren, fiktiven Kommunikationsebene liegt, sondern auf der Ebene des äußeren, vermittelnden Kommunikationssystems, auf der Ebene der Rezeption. Dieses Modell ist deswegen für die hier vorzunehmenden Analysen geeignet, weil die Ebene des äußeren Kommunikationssystems in allen für diese Untersuchung ausgewählten Werken eine spezifische Rolle spielt, jeweils in sehr unterschiedlicher Form, die es in der Analyse differenziert darzustellen gilt:

Es ist gerade die Aufgabe einer dramaturgischen Analyse, den Schlüssel zum Text erst zu finden, indem sie die im Text angelegten Semioseprozesse nachvollzieht und so mit den impliziten theatralen Kommunikationsstrukturen zugleich das Projekt der Sinnkonstitution durch den Zuschauer erfasst.[4]

In den Einzelanalysen werden neben der Dramentheorie von Manfred Pfister, *Das Drama*[5], die Untersuchungen zur Theatersemiotik von Erika Fischer-Lichte, *Semiotik des Theaters*[6], und Patrice Pavis, *Semiotik der Theaterrezepti-*

---

**3** | Die Begriffe Figuration (die Schauspieler als Darsteller von Figuren) und Handlung (das im fiktionalen Raum und Zeit situierte Geschehen) bezeichnen Strukturmerkmale des Dramas. Vgl. Manfred Pfister: Das Drama. Theorie und Analyse. (5. Aufl.). München 1988, S. 265.
**4** | Poschmann: Der nicht mehr dramatische Theatertext, S. 290.
**5** | Pfister berücksichtigt in der Dramentheorie insbesondere die Ebene der äußeren Kommunikation. Vgl. Pfister: Das Drama, S. 20f.
**6** | Erika Fischer-Lichte: Semiotik des Theaters. 1-3. (3. überarbeitete Aufl.). Berlin 1994. In die Analyse werden Band 1: Das System der theatralischen Zeichen und Band 3: Die Aufführung als Text. berücksichtigt.

on[7], einbezogen. Die Methoden der theatersemiotischen Analyse, bisher für die Aufführungsanalyse genutzt, werden hier für die dramaturgische Analyse der Werke verwendet, d. h., in der dramaturgischen Analyse werden Methoden der Dramen- und Aufführungsanalyse verknüpft. Das von Poschmann an Gegenwartsdramentexten erprobte Verfahren wird in den Einzelanalysen mit Begriffen und Analyseverfahren erweitert, die Theresia Birkenhauer in ihren Untersuchungen zum Dramentext, insbesondere in *Schauplatz der Sprache* entwickelt hat. Darüber hinaus werden zur Einordnung der Arbeiten der Autoren-Regisseure in die Entwicklungen, die sich zu Beginn des 21. Jahrhunderts im deutschsprachigen Theater zeigen, dramaturgische Verfahren herausgearbeitet, die – ausgehend von einem erweiterten Begriff von ›Dramaturgie‹ nach Hans-Thies Lehmann – erkennen lassen, inwieweit Autorenregie als zeitgenössische Arbeitsweise zu bewerten ist.

In den folgenden Kapiteln gilt es zunächst die Textbegriffe und Verfahren, die zum Verständnis der dramaturgischen Analyse der Werke von Autoren-Regisseuren nötig sind, zu klären, mit dem Ziel, die Kategorien für die Analyse zeitgenössischer Dramen- und Inszenierungstexte zu erweitern. Die dramaturgische Analyse soll es ermöglichen, künstlerische Prämissen als Kompositionsprinzipien der Werke herausstellen zu können.

## 3.3   DRAMENTEXT UND INSZENIERUNGSTEXT

›Dramentext‹ bezeichnet den schriftlich fixierten Text, der in dieser Untersuchung einem erweiterten Dramenbegriff, der von Gerda Poschmann als ›Theatertext‹[8] bezeichnet wird, entspricht. Der Begriff Theatertext wird von Poschmann für den »Doppelcharakter« eingeführt, welcher der Dramatik als Bestandteil der Inszenierung im Theater einerseits und als literarischer Gattung im Textstatus andererseits eigen ist: »Bezeichnend für den Theatertext ist […] die sogenannte Plurimedialität[9]: Der Theatertext stellt theatrale Zeichen (Signifikanten) in Rechnung, die er selbst nicht besitzt.«[10] Theatertexte sind bei Poschmann definiert als sprachliche Texte, denen eine performative, theatrale Dimension innewohnt.[11] In aktuellen Analysen zum Gegenwartstheater wird der Begriff Theatertext mittlerweile alternativ zu Dramentext gebraucht.[12]

---

**7** | Patrice Pavis: Semiotik der Theaterrezeption. Tübingen 1988.
**8** | Vgl. Poschmann: Der nicht mehr dramatische Theatertext, S. 40.
**9** | Vgl. Pfister: Drama als plurimediale Darstellungsform. In: Ders.: Das Drama, S. 24-29.
**10** | Poschmann: Der nicht mehr dramatische Theatertext, S. 42.
**11** | Vgl. Kap. 3.5. Textualität, Performativität, Diskursivität und die Frage nach dem Autor.
**12** | Der Sammelband der Reihe *Theatron*, in dem Aufsätze zur Situation der Dramatik in Ländern Mitteleuropas zusammengefasst sind, verweist bereits mit dem Titel: *Vom Drama zum Theatertext?* auf Veränderungen im Gebrauch der Begriffe für das Drama. Vgl.: Christopher Balme u. a. (Hrsg.): Vom Drama zum Theatertext? Theatron 52. Studien zur Geschichte und Theorie der dramatischen Künste. Tübingen 2007; Vgl. dazu auch: Birkenhauer: Schauplatz der Sprache, S. 122.

In dieser Untersuchung wird ›Dramentext‹ – statt des Begriffs ›Theatertext‹ – für den schriftlich fixierten Text verwendet, da das Wort ›Drama‹ deutlicher berücksichtigt, dass die Werke der Autoren-Regisseure zunächst auf der inneren Ebene der Kommunikation nach der fiktiven Handlungsebene und Figuration hin untersucht werden, bevor Abweichungen von der klassischen Form des Dramas herausgestellt werden. Der Begriff ›Dramentext‹ umfasst somit schriftlich fixierte Texte, die sowohl die fiktive Handlungsebene als auch Verschiebungen[13] und Erweiterungen von dieser inneren Ebene der Kommunikation sowie den Verzicht auf eine innere Ebene der Kommunikation berücksichtigen.

Im Kontrast zum ›Dramentext‹ bezeichnet der ›Inszenierungstext‹ im Folgenden einen Text, der neben sprachlichen Zeichen auch räumliche Zeichen, Zeichen der Schauspieler und andere nonverbale Zeichen beinhaltet:

> Inszenierungen lassen sich verstehen als Verfahren, die einen Raum organisieren, in dem die unterschiedlichen Zeiten – die Zeit der Texte, der Darsteller/der Darstellung, des Publikums – in der Gegenwart der Aufführung aufeinander treffen, [...].[14]

Zu unterscheiden ist der Begriff ›Inszenierung‹ von dem der ›Aufführung‹. Inszenierung bezeichnet die an mehreren Abenden wiederholbare Partitur des Inszenierungstextes, Aufführung dagegen das eine, einmalige Theaterereignis vor einem bestimmten Publikum.[15] Die Partitur der verbalen und nonverbalen Zeichen, nach denen eine Inszenierung beschreibbar ist, kennzeichnet den Inszenierungstext. Erika Fischer-Lichte betitelt den dritten Band der *Semiotik des Theaters* mit *Die Aufführung als Text*, d. h. die Zeichen der Schauspieler, des Raumes, der Kostüme, die verbalen und nonverbalen Zeichen ergeben in der Summe den Inszenierungstext.

## 3.4 Szenischer Text

Der szenische Text umfasst in den Einzelanalysen dieser Untersuchung beide Textebenen, den Dramentext und den Inszenierungstext des zu analysierenden Werks. Mit diesem übergeordneten Begriff soll die Möglichkeit geschaffen werden, auch die äußere Ebene der Kommunikation in die Analyse mit einzubeziehen und in der Analyse das Spannungsfeld zwischen Dramentext und Inszenierungstext erfassen zu können. Der szenische Text bezeichnet also alle Zeichenebenen, sprachliche und nichtsprachliche, die das Werk der Inszenierung auszeichnen sowie dessen verschriftlichte Form, den Dramentext. In

---

**13** | Zum Begriff der Verschiebung: Vgl. Kap. 3.7.2 Kategorien der Verschiebung als Abweichungen von der dramatischen Form.
**14** | Birkenhauer: Die Zeit des Textes im Theater, S. 253.
**15** | Vgl. Erika Fischer-Lichte: Einleitende Thesen zum Aufführungsbegriff. In: Kunst der Aufführung – Aufführung der Kunst. Hrsg. von Erika Fischer-Lichte u. a. Theater der Zeit, Recherchen 18. Berlin 2004, S. 11-26, hier S. 15.

dem Spannungsfeld zwischen Dramentext und Inszenierungstext kann auch der Einfluss des Produktionsprozesses auf das Werk mit berücksichtigt werden.

Szenischer Text wird hier also abweichend von einer theaterwissenschaftlich üblichen Terminologie gebraucht, in der szenischer Text, ausgehend von Antonin Artauds Begriff der ›écriture scénique‹, synonym mit ›Inszenierung‹ verwendet wird.[16] Szenischer Text soll in Artauds Definition die künstlerische Eigenständigkeit der Aufführung im Verhältnis zum Dramentext betonen.

Szenischer Text bedeutet als Analysegrundlage dieser Untersuchung dagegen keine bestimmte Aufführung, aber auch nicht eine vermeintlich bereits durch den Text vorgegebene – ideale – Form der Inszenierung, sondern umfasst alle Elemente des Dramentextes und des Inszenierungstextes gleichermaßen und insbesondere auch die Zeichen, die die raum-zeitliche Struktur der Darstellung betreffen.[17] Die ausgewählten Werke werden in den Einzelanalysen als szenische Texte betrachtet, die »kompositorisch mit den Möglichkeiten der Bühne operieren, auf der Ebene der dramaturgischen Struktur«.[18] Autoren-Regisseure beziehen sich kompositorisch auf die Mittel der Bühne, indem sie zeitliche Qualitäten – Tempo, Rhythmus, Beschleunigung, Verlangsamung, Unterbrechung, Intervall etc. – ebenso kalkulieren wie räumliche Proportionen und bildliche Relationen wie Flächigkeit, Tiefe oder Dichte. Szenischer Text meint also Dramentexte und Inszenierungstexte, die von vornherein als raum-zeitliches Gefüge komponiert worden sind. Mit der Analyse des szenischen Textes wird eine spezifische Perspektive auf das Werk möglich, dessen »Vokabular, Syntax und Semantik […] aus den Elementen gebildet wird, die das dreidimensionale System Bühne ermöglicht […]. Sie wird durch die Bühne als Aggregat von Raum- und Zeitverhältnissen konstituiert.«[19] Die dramaturgische Analyse des szenischen Textes berücksichtigt in besonderer Weise die räumlich-zeitliche Perspektive, die sich aus den zwei Achsen des Theaters[20] ergibt.

Die Kategorien für die dramaturgische Analyse der szenischen Texte lassen sich zudem aus dem aufführungsbezogenen Schreiben bzw. dem Schreibprozess ableiten, mit dem die Autoren-Regisseure auf die Proben und gegebenenfalls noch auf die Aufführungen (wie bei Christoph Schlingensiefs *Rosebud*) reagieren. In dem aufführungsbezogenen, »Mit-der-Bühne-Schreiben« des szenischen Textes erschließt sich – nach Birkenhauer – die besondere Bedeutung des szenischen Textes:

---

**16** | Der szenische Text als Inszenierung bezeichnet im Manifest *Das Theater der Grausamkeit* von Antonin Artaud »den Ausgangspunkt für jede Bühnenschöpfung, um die sich die Theatersprache bildet.« Vgl. Antonin Artaud: Das Theater und sein Double. Frankfurt a. M. 1989, S. 100.
**17** | Vgl. Birkenhauer: Schauplatz der Sprache, S. 102.
**18** | Ebd., S. 95.
**19** | Ebd., S. 101.
**20** | Vgl. Kap. 3.7 Inneres und äußeres Kommunikationssystem.

Darin liegt ein neues Verständnis des Theaters als einer Kunst, die die Relationen und Grenzen zwischen Literatur und Theater, Sprachbildern und visuellen Bildern, die semantischen Qualitäten von Objekten, Bewegungen und Räumen ebenso erkundet wie die raum-zeitlichen Qualitäten von Sprechprozessen.[21]

Für die Analyse wird der szenische Text als eigenständiger, dritter Text, definiert, der sich aus den (v.a. auch raum-zeitlichen) Zeichen des Dramen- und Inszenierungstextes und dem aufführungsbezogenen Entstehungsprozess zusammensetzt.

| Textbegriffe der dramaturgischen Analyse | |
| --- | --- |
| **Dramentext** | Der Dramentext bezeichnet in dieser Untersuchung den schriftlich fixierten Text, der der Analyse vorliegt. Beim Dramentext kann es sich auch um eine während der Proben schriftlich gefasste Spielvorlage handeln. Der Begriff Dramentext wird in der erweiterten Bedeutung genutzt, für die Poschmann in ihrer Untersuchung *Der nicht mehr dramatische Theatertext* den Begriff ›Theatertext‹ vorgeschlagen hat. |
| **Inszenierungstext** | Der Inszenierungstext bezeichnet die an mehreren Abenden wiederholbare Partitur der Inszenierung. Die Partitur ist entweder anhand von Notizen und Eindrücken zu der gesehenen Aufführung oder anhand einer Aufzeichnung für die Analyse zu entwickeln. |
| **Szenischer Text** | Der übergeordnete Begriff (dem als Kunstwerk der Begriff des Werkes entspricht), bezeichnet für die Analyse den Dramentext und den Inszenierungstext gleichermaßen, d. h., er umfasst sprachliche und außersprachliche Zeichen. Der szenische Text ermöglicht Aussagen über die dramaturgische Struktur eines Werks, indem dessen räumliche und zeitliche Struktur, die äußere Ebene der Kommunikation und der Produktionsprozess mit berücksichtigt werden. |
| **Werk** | Werk bezeichnet in der Analyse den Dramentext und den Inszenierungstext als das von einem Künstler bzw. Künstlerkollektiv verantwortete Kunstwerk. Nach einer Definition von Theresia Birkenhauer wird die Bezeichnung Werk, bisher dem dramatischen Text vorbehalten, nun auch auf die Inszenierung übertragen. |

---

**21** | Birkenhauer: Schauplatz der Sprache, S. 322.

## 3.5 Textualität, Performativität, Diskursivität und die Frage nach dem Autor

Es ist notwendig, einen erweiterten Textbegriff für die Analyse der szenischen Texte zu entwickeln, da in der Arbeit der Autoren-Regisseure das Schreiben und Inszenieren prozessual miteinander verwoben sind. Ein hermeneutisch-literaturwissenschaftlicher Ansatz, der versuchte, die Aufführung als bloßen Versuch der Umsetzung zu verstehen, ist dem Untersuchungsgegenstand dieser Arbeit nicht mehr angemessen. Vielmehr gilt es, Begrifflichkeiten zu finden, die sowohl den Dramentext als auch die Inszenierung bzw. Aufführung, mithin den gesamten szenischen Text analysierbar machen. Diese Begrifflichkeiten, im Wesentlichen ›Textualität‹, ›Performativität‹ und ›Diskursivität‹, sollen an dieser Stelle erläutert und für den Gebrauch in den Einzelanalysen vorbereitet werden.

Viel Arbeit ist von der Theatersemiotik bereits geleistet worden und ermöglicht der vorliegenden Untersuchung, an deren Ergebnisse anzuschließen und nur, wo es notwendig erscheint, Ergänzungen vorzunehmen. Gleichzeitig ist es wichtig, darauf hinzuweisen, aus welchen philosophischen Quellen sich diese Methoden herleiten.

### 3.5.1 Textualität – der semiotische Blick auf den szenischen Text

Für die Analyse wird zunächst der Begriff der ›Textualität‹ eingesetzt, der »allgemein die Verfasstheit sprachlicher wie nichtsprachlicher Texte bezeichnet, die als strukturierter Zusammenhang von Zeichen präzisiert werden können.«[22] Denn um überhaupt außersprachliche Phänomene (wie z. B. die Spielweise der Schauspieler oder die Gestaltung des Bühnenraumes) sinnvoll als ›Text‹ bezeichnen zu können, wird eine theoretische Grundlage benötigt, die für die Theaterwissenschaft seit vielen Jahren – insbesondere angestoßen und gefördert durch Erika Fischer-Lichte – erschlossen wird. Der Ansatz der Theatersemiotik erlaubt es, durch die Deutung außersprachlicher Phänomene als ›Zeichen‹, die Lesbarkeit von Ereignissen und ihren Elementen herzustellen, ohne dass diese textlicher Art sein müssten.

Der Begriff Textualität im Anschluss an Fischer-Lichte ist bisher überwiegend für die Aufführungsanalyse verwendet worden. In der vorliegenden Untersuchung muss die Textualität allerdings für die Analyse des gesamten szenischen Textes verfügbar gemacht werden. Dabei ist es hilfreich, dass durch die semiotische Transformation des Ereignisses im Aufführungstext für beide Elemente des szenischen Textes nun die textwissenschaftlichen Analysemethoden zur Verfügung stehen. Doch damit ist die Aufgabe noch nicht gelöst.

Paradoxerweise jedoch wurde im Konzept des Aufführungstextes zugleich eine implizite Orientierung am literarischen Text fortgeschrieben, da dieser als Strukturmodell auch den Blick auf die Aufführungen prägte.[23]

---

22 | Doris Kolesch: Textualität. In: Metzler Lexikon Theatertheorie, S. 332-334, hier S. 332.
23 | Ebd., S. 333.

Es gilt also, den Begriff der Textualität zur performativen Komponente des Theaters hin zu öffnen. Hierfür schließt die moderne Theatersemiotik an die Sprechakttheorie nach John Austin und John Searle an, die Performativität als Bestandteil aller sprachlichen Äußerung ermittelt.

Die szenischen Texte von René Pollesch werden beispielsweise erst während der Proben in der Auseinandersetzung mit den Schauspielern weiterentwickelt und fortlaufend überarbeitet. Pollesch zitiert in seinen Dramentexten aus wissenschaftlichen Texten und verarbeitet die Diskussionen im szenischen Text, bzw. führt sie als Gespräch im Produktionsteam fort. ›Intertextualität‹ beruht auf vorausgehenden Diskursen, die in den szenischen Text integriert werden können. Zitate aus anderen Kontexten (Parteifeier, Redaktionssitzung bei *Focus* etc.) werden beispielsweise von Schlingensief in *Rosebud* bearbeitet, neu verteilt und erweitern so die fiktiven Dialoge der Figuren. Insofern geht es im szenischen Text nicht ausschließlich um Aussagen, sondern um Äußerungen, um den Prozess der Signifikanz und nicht nur um Signifikation.[24]

Textualität bezeichnet hier einen dynamischen, prozessualisierten Textbegriff, der den performativen Charakter betont und

[...] die Relation von Text und Leser hervor[hebt], da Text immer nur im Moment einer Tätigkeit, genauer im Vollzug des kommentierenden, differenzierenden, modifizierenden und abschweifenden Weiterschreibens eines vorhandenen Textes durch den Leser [oder das Produktionsteam, K. N.-R.] entsteht.«[25]

In den Einzelanalysen wird der Begriff der ›Textualität‹ somit in zweierlei Hinsicht angewandt: zum einen in der semiotischen, linearen Analyse, die von einem Text ausgeht, der als analysierbares strukturiertes Gewebe einem Dramentext und einem Inszenierungstext zugrunde liegt, als auch in dem zum Performativen geöffneten Begriff von Textualität.[26]

In dekonstruktivistischer Sicht werden Texte nicht als schriftliche Artikulation einer zuvor stattgefundenen Rede verstanden, nicht als Produkt, sondern als Produktivität, »als signifikante Praxis, die in einem konkreten sozialen und gesellschaftlichen Kontext entsteht.«[27] Im szenischen Text wird mitunter über das Theaterereignis selbst und die theatralen Kommunikationsformen reflektiert. Christopher Balme verwendet den Begriff ›Metadrama‹[28] für Dramentexte, die sich mit dem Theaterprozess selbst befassen. Beispielhaft für das Thematisieren des Produktionsprozesses im Dramentext und im Inszenierungstext sind die szenischen Texte von Christoph Schlingensief und René Pollesch. In Werken von Schlingensief kommt es so permanent zu einer kalkulierten Verunsicherung des Publikums über die Grenzen von Fiktion und Wirklichkeit und zu einer Thematisierung und (ironischen) Offenlegung der Arbeitsweisen

---

24 | Vgl. ebd., S. 334.
25 | Ebd.
26 | Vgl. ebd., S. 332.
27 | Ebd., S. 333.
28 | Vgl. Christopher Balme: Einführung in die Theaterwissenschaft. Berlin 2003, S. 79.

im Theater.[29] René Pollesch gewährt den Zuschauern inszenierte Einblicke in den technischen Produktionsprozess, indem die Vorgänge hinter der Bühne gefilmt und als Projektion auf eine Leinwand übertragen werden. Die theatrale Wahrnehmung und die Bedeutungskonstitution durch die Rezipienten werden hier selbst zum Thema[30] und haben Einfluss auf die Struktur des szenischen Textes, seine ›Textualität‹. Bei den Bemerkungen über den Theaterprozess handelt es sich bei den Werken der Autoren-Regisseure nicht um einen gesonderten Text, sondern um ein dem szenischen Text inhärentes Moment.

### 3.5.2 Performativität – Sprechakte als sprachphilosophische Grundlage

Performativität gehört zu den Charakteristika von theatralen Ereignissen. In der Sprachphilosophie ist sie jedoch erst seit etwa 50 Jahren als allgemeines Merkmal von sprachlichen Äußerungen bekannt. Austin hat in seinem 1962 erschienenen Werk *How to do things with words*[31] eine Theorie der Sprechakte aufgestellt. Er wandte sich gegen die gängige Praxis, Sätze einseitig als Aussagen, die Behauptungen über Sachverhalte machten, aufzufassen. Zunächst wandte er ein, dass konstative (eben diese behauptenden) von performativen Äußerungen (wie: ›ich verspreche, dass …‹ oder ›Sie sind verurteilt zu …‹) zu unterscheiden seien. Im Laufe der gesamten Vorlesungsreihe Austins wird die These jedoch immer klarer und in der elften Vorlesung so artikuliert:

Unsere [an die ursprüngliche Arbeitshypothese, K. N.-R.] anschließende Untersuchung von Tun und Sagen hat deutlich auf das Ergebnis hingewiesen, dass ich immer, wenn ich etwas sage (bloße Ausrufe wie »Verdammt!« und »Au!« vielleicht ausgenommen) sowohl lokutionäre als auch illokutionäre Akte[32] vollziehe […].[33]

›Immer‹, sagt Austin jetzt, eben nicht nur dann, wenn die Performativität einer Äußerung auf der Hand liegt, wie beim Satz: »Ich erkläre die Olympischen

---

**29** | In *Chance 2000*, einem Theaterprojekt zur Bundestagswahl 1998, von Christoph Schlingensief, waren sich die Zuschauer und die Beteiligten oft nicht im Klaren darüber, ob sie gerade an einer Theaterinszenierung zum Wahlkampf oder an einer echten Wahlkampfveranstaltung teilnahmen, da die Partei *Chance 2000* auch real zur Wahl antrat.
**30** | Vgl. Poschmann: Der nicht mehr dramatische Theatertext, S. 111.
**31** | John Langshaw Austin: Zur Theorie der Sprechakte (How to do things with Words.), Stuttgart 1972. Anzumerken ist, dass *How to do things with words* eine posthume Veröffentlichung (im Original 1962) der letzten Vorlesungen Austins ist.
**32** | Lokutionäre Akte bestehen im Wesentlichen im verständlichen Sprechen, im korrekten Formen von Sätzen. Die illokutionären Akte enthalten die performative Komponente. Ein illokutionärer Akt besteht z. B. im Versprechen, im Eröffnen, im Schwören, Bitten, Fragen, Befehlen. Man übernimmt eine bestimmte Rolle für diese Äußerung durch ihren illokutionären Akt. Und diese Rollenübernahme gehört zur Bedeutung der Sätze. Sie ist nicht mehr nur sekundär, sondern für das Verständnis eines Satzes von zentraler Bedeutung. Vgl. ebd., S. 126f.
**33** | Ebd. S. 153.

Spiele für eröffnet«, sondern immer. Die Performativität sei ein Teil der Sprache ganz allgemein, ein Aspekt, der ausnahmslos und nicht nur zu besonderen Gelegenheiten zu berücksichtigen sei. Sie bestehe darin, dass der Sprecher eine Rolle übernehme mit jedem Satz, den er äußert. Der bisher weithin geltende Primat der konstativen Sätze, die eine Bedeutung hätten und etwas zum Ausdruck brächten, sei nicht aufrecht zu erhalten. Das Feststellen, Beschreiben oder Berichten seien eben nur mögliche Rollen, die ein Sprecher übernehmen könne, insofern er Sätze äußere.

Philosophiehistorisch konkurriert die Sprechakttheorie des Engländers Austin, die besonders durch den Amerikaner Searle weitergeführt wurde, mit dekonstruktivistischen und poststrukturalistischen Theorien, wie sie vor allem Jacques Derrida und Michel Foucault zur selben Zeit (seit den 1960er Jahren) in Frankreich entwickelt haben.

Seit der Auseinandersetzung mit der angloamerikanischen ›Speech Act Theory‹ arbeitet Derrida an den performativen Voraussetzungen von Sprache und Schrift wie z. B. der bei Heidegger aufgenommenen Zusage oder im Anschluss an P. de Man, dem Versprechen.[34]

Tatsächlich wurden beide Theorien in der Theaterkunst und Theaterwissenschaft im deutschsprachigen Raum umfassend parallel rezipiert und kaum als Gegenspieler empfunden.

Die Theatersemiotik hat eher die Sprechakttheorie rezipiert, da diese den Begriff Performativität bereitgestellt hat. Gleichzeitig hat aber auch die Kombination aus semiotischer Deutung des (Aufführungs-) Ereignisses als Text mit der performativen Erweiterung des Sprachbegriffs durch die Sprechakttheorie sich als noch nicht vollständig erwiesen. Denn die Textualität ist ein struktutraler Begriff, dem etwas Statisches eigen ist.

Es sind also Performativität und Ereignishaftigkeit, welche für Aufführungen konstitutiv sind und insofern den Begriff der Aufführung wesentlich (mit-) bestimmen. Indem das Theater seit den sechziger Jahren ganz ausdrücklich mit seiner Materialität, Medialität und Semiotizität spielt, spielt es zugleich auch mit den Konzepten von Performativität und Ereignis und redefiniert so den Begriff der Aufführung.[35]

So legt also die Theatersemiotik mit dem zentralen Begriff der Textualität den Grundstein für die Analyse zeitgenössischer szenischer Texte. Dieser Begriff wird erweitert durch ein Verständnis der Performativität von Sprache, das seit der Sprechakttheorie von Austin und Searle sprachphilosophisch anerkannt ist sowie durch die Begriffe Diskursivität und Ereignishaftigkeit der Sprache nach Michel Foucault.

---

**34** | Hans-Dieter Gondek: Textualität; Dekonstruktion. In: Historisches Wörterbuch der Philosophie. 10. Hrsg. von Joachim Ritter u. Karlfried Gründer. Basel 1998, Sp.1045-1050.
**35** | Erika Fischer-Lichte: Ästhetische Erfahrung. Das Semiotische und das Performative. Tübingen u. Basel 2001, S. 328. Materialität, Medialität und Semiotizität gehören nach Fischer-Lichte zu den Kriterien der Textualität.

## 3.5.3 Diskursivität – die Ereignishaftigkeit der Sprechakte

Ging es in der semiotischen Perspektive der Textualität um die Lesbarkeit von Ereignissen, so geht es beim Thema der Diskursivität um das Ereignis der Lesbarkeit oder, noch genauer: um die Ereignishaftigkeit und Realität des Diskurses.

Im zeitgenössischen Theater (besonders für das Theater René Polleschs) wird gegenwärtig vielfach der Begriff ›Diskurs‹ verwendet; ein Begriff, der immerhin so neu ist, dass er im *Historischen Wörterbuch der Philosophie*[36] nicht enthalten ist. Seit den 60er Jahren des vorigen Jahrhunderts etablieren sich in der Philosophie konkurrierende Definitionen von Diskurs. Die in der deutschen Philosophie in den achtziger Jahren viel beachtete Diskursethik der Frankfurter Schule (v. a. Jürgen Habermas und Karl-Otto Apel) verstand unter Diskurs eine öffentliche Debatte, die unter bestimmten demokratischen Rahmenbedingungen geführt wird. Damit bildet dieser Diskursbegriff eher eine politische Theorie der ›idealen Sprechsituation‹ und ist von zeitgenössischen Theaterkünstlern praktisch nicht rezipiert worden. Wesentlich präsenter ist der von Foucault stammende Diskursbegriff, der im Folgenden erörtert werden soll.

In seiner Antrittsvorlesung am *College de France*[37], erläutert Foucault sein gesamtes Forschungsprojekt der folgenden Jahre. Hierbei spielt der Diskurs eine entscheidende Rolle. Foucault nähert sich dem Diskursbegriff aus zwei Richtungen, denen die beiden großen Methodologien entsprechen, die er entwickelt hat: Zunächst erlaubt die ›archäologische‹ Methode die Analyse des Diskurses auf seine sprachliche Struktur hin: »Diskurs wird man eine Menge von Aussagen nennen, insoweit sie zu derselben diskursiven Formation gehören.«[38] Die zentrale sprachliche Einheit, die sich zu einem Diskurs formiert, heißt bei Foucault ›Aussage‹, und sie ist »keine Einheit derselben Art wie der Satz, die Proposition oder der Sprechakt.«[39] Damit grenzt sich Foucault mit einem Schlag gegenüber der Sprechakttheorie ab sowie gegenüber Linguisten und Strukturalisten (›Satz‹) und Logikern oder formalen Analytikern (›Proposition‹). Die Aussage ist kein funktionaler Träger von Bedeutungen oder von Sinn. Sie drückt auch nicht die Intentionen eines Autors oder anderer Urheber aus. Sie ist ein sprachliches Phänomen mit vor allem zwei Eigenschaften: Sie ereignet sich in einem Möglichkeitsfeld, das sie durch ihr

---

**36** | Foucaults wichtigste Schriften (*Die Ordnung der Dinge*, 1966 und *Archäologie des Wissens*, 1969) waren in Frankreich bereits erschienen, wurden jedoch erst 1974 (*Die Ordnung der Dinge*) bzw. 1981 (*Archäologie des Wissens*) auf Deutsch herausgegeben. Vgl. Gondek: Textualität. In: Historisches Wörterbuch der Philosophie. 10, Sp.1045-1050.
**37** | Michel Foucault: Die Ordnung des Diskurses, (Vortrag vom 2. Dezember 1970). Frankfurt a. M. 1991.
**38** | Michel Foucault, : Archäologie des Wissens. Frankfurt a. M. 1981, S. 170.
**39** | Ebd., S. 126.

Sich-Ereignen modifiziert. Foucault spricht vom »assoziierten Gebiet«[40] der Aussage. Dieser Nebenraum ist nicht etwa der ›Kontext‹, denn er bietet keine Interpretationsreserve, keinen enthüllbaren Sinn oder Bezug, der die Aussage erläutert. Der assoziierte Nebenraum ist vielmehr das Nicht-Sein der Aussage, das sie stets mit sich führt. Denn nichts erläutert die Aussage, die sich ereignet. Sie ist reine Positivität, muss nicht begründet und nicht interpretiert werden. Nach ihrem Sich-Ereignen bietet sie weiteren Aussagen die Möglichkeit, sich zu ereignen. Sie bietet die Möglichkeit zur Verkettung, zum Fortschreiben, zur Anknüpfung. Dieser Ablauf ist allerdings nach Foucault nicht sinngesteuert. Ihm ist kein Fortschritt inhärent, er folgt keiner vorgegebenen Richtung. Die zweite Eigenschaft, die Aussagen auszeichnet, ist die Tendenz, sich zu formieren. Aussagen bilden oft Aussagensysteme und Formationen. Diese Formationen, es sind am Ende ›diskursive Formationen‹, folgen Regeln und sind einem Feld aus verschiedenen Einflüssen ausgesetzt. Die Archäologie in Foucaults Sinne legt genau diese Schichten frei: Wie formieren sich Aussagen zu Diskursen, und welchen Regeln folgen diese Diskurse, durch welche Regeln und Determinanten kann man sie beschreiben, welche transversalen Bewegungen sind zu verzeichnen, und wie sieht das Wissensmodell unserer Zeit (bzw. anderer Zeiten) aus?

Die ›Aussage‹ und der Sprechakt sind jedoch vielleicht nicht so weit voneinander entfernt, wie beide Seiten es inmitten der Auseinandersetzung der 1960er und 1970er Jahre sehen wollten. Foucault gesteht Searle gegenüber sogar ein, dass Aussage und Sprechakt identisch seien:

Searle jedoch hat diese vermeintliche Differenz zwischen Sprechakten und Aussagen angezweifelt, indem er in einem Brief an Foucault darauf hinwies, dass auch in der Sprechakttheorie ein Typ von Sprechakt, z. B. eine Feststellung, Teil eines anderen Sprechakts, z. B. eines Versprechens, sein kann. Foucault akzeptierte seinen Einwand: ›Hinsichtlich der Analyse von Sprechakten stimme ich voll mit ihren Bemerkungen überein. Ich hatte unrecht, als ich sagte, dass Aussagen keine Sprechakte seien, aber ich wollte damit deutlich machen, dass ich sie unter einem anderen Gesichtspunkt sah, der sich von Ihrem unterschied‹ (Foucaults Brief an Searle, 15. Mai 1979).[41]

Der Schwerpunkt liegt in Foucaults Theorie beim Ereignis des Diskurses, nicht bei der einzelnen Einheit (›Aussage‹ oder ›Sprechakt‹), während die von der analytischen Sprachphilosophie herkommende Sprechakttheorie versucht, genaue Untersuchungen der verschiedenen einzelnen Sprechakte vorzunehmen.

---

40 | »[…] Merkmal der Aussagefunktion: Sie kann nicht ohne Existenz eines assoziierten Gebiets ausgeübt werden. Das macht aus der Aussage etwas anderes und mehr als eine reine Ansammlung von Zeichen, die zu ihrer Existenz lediglich einer materiellen Stütze bedürften.« Ebd., S. 139.
41 | Hubert L. Dreyfus, Paul Rabinow: Michel Foucault. Jenseits von Strukturalismus und Hermeneutik. Weinheim 1994, S. 314 (Endnote 1 im Kapitel 3 Zu einer Theorie der diskursiven Praxis).

Ein Diskurs ist also zunächst ein sprachliches Phänomen, um das gesellschaftlich gekämpft wird. Zum Zwecke dieses Kampfes wird auf den Diskurs Macht ausgeübt, wird er Prozeduren unterworfen und werden Verbote ausgesprochen. Die Genealogie als zweite von Foucault entwickelte Methode legt nun die Machtstrukturen frei, denen der Diskurs ausgesetzt ist. In *Die Ordnung des Diskurses* nennt Foucault die folgenden Machttechniken, denen Diskurse unterworfen sind: ›Prozeduren der Ausschließung‹ seien z. B. Verbote (»Tabu des Gegenstandes, Ritual der Umstände, bevorzugtes oder ausschließliches Recht des sprechenden Subjekts«[42]). Man darf also nicht über alles sprechen (Tabu des Gegenstandes), nicht zu jeder Gelegenheit und vor jedem (Ritual der Umstände), und es darf nicht jeder das Wort ergreifen (bevorzugtes oder ausschließliches Recht des sprechenden Subjekts). Verbote sind »Ausschließungssysteme«[43], die von außen auf den Diskurs einwirken. »Sie betreffen den Diskurs in seinem Zusammenspiel mit dem Begehren.«[44]

Eine weitere Gruppe von Machttechniken, die auf den Diskurs angewendet werden, sind

[...] interne Prozeduren, mit denen die Diskurse ihre eigene Kontrolle selbst ausüben; Prozeduren, die als Klassifikations-, Anordnungs-, Verteilungsprinzipien wirken. Diesmal geht es darum, eine andere Dimension des Diskurses zu bändigen: die des Ereignisses und des Zufalls.[45]

Diese Prozeduren sind der »Kommentar«[46] und der »Autor«.[47] Foucaults Projekt besteht darin, die Machtstrukturen, denen Diskurse (und Subjekte) ausgesetzt sind, aufzudecken und diskursive sowie ethische Praktiken zu entwickeln, mit diesen Machtstrukturen kreativ und produktiv umzugehen.

Die Diskursivität, die den Sprachbegriff in Richtung des Ereignisses erweitert, sorgt für eine Dimension, die über die Semiotizität der Zeichen und die Performativität von Sprechakten hinausreicht. Die Sprache ist im Ereignis ans Sein gebunden, an das ›verstreute Sein‹ der Sprache und der Dinge, die sich nicht mehr unter eine Totalität bringen lassen, nicht unter die Totalität des Subjekts, nicht unter die Totalität des Lebens. Die Diskursivität der Sprache ist ihre Möglichkeit, sich unabhängig von Intentionen und Ausdrucksvorhaben zu ereignen und dadurch neue Räume zu eröffnen.

Diese sprachlichen Räume, die im Ereignis des Sprechens eröffnet werden, nennt Birkenhauer Bedeutungsräume:

[Es] entstehen Bedeutungsräume, die ihnen als einzelnen Repliken nicht zukommen; das Gesagte erhält einen Radius über die Figuren hinaus. Die Sprache ist nicht mehr funktio-

---

42 | Foucault: Die Ordnung des Diskurses, S. 11.
43 | Ebd., S. 16.
44 | Ebd., S. 17.
45 | Ebd.
46 | Ebd., S. 18 ff.
47 | Ebd., S. 20 ff.

nal eingebunden in den dramatischen Handlungszusammenhang, sondern umgekehrt, das szenische Geschehen wird durch die Sprache verwandelt: Die Worte entfalten ein Eigenleben, laden sich mit unvermuteter Bedeutung auf, sodass aus Sätzen Metaphern werden, die vielfältige Korrespondenzen zwischen den sprachlichen und nichtsprachlichen Elementen der Inszenierung erzeugen.[48]

Das Konzept der Diskursivität von Sprache bleibt, gerade in Bezug auf zeitgenössisches Theater, nicht abstrakt, sondern lässt sich ganz konkret in den Werken der Autoren-Regisseure (und anderer Theaterkünstler) nachweisen. Es wird zu zeigen sein, wie es in den hier ausführlich untersuchten Werken auf der Ebene der sprachlichen Mittel jeweils zu Verschiebungen kommt, die den szenischen Text kennzeichnen.[49]

## 3.6 Die Krise der Repräsentation

Hinter dem Begriff Repräsentation verbirgt sich zunächst eine Bedeutungstheorie, ein grundlegendes Modell vom Aufbau der Erkenntnis des Menschen in der Welt, die ihn umgibt. In *Die Ordnung der Dinge* zeigt Foucault, dass die Repräsentation etwa Ende des 16., Anfang des 17. Jahrhunderts als Wissensmodell des klassischen Zeitalters (d. h. bis zum Ende des 18. Jahrhunderts) das Wissensmodell der Renaissance abgelöst hat.

An der Schwelle des klassischen Zeitalters hört das Zeichen auf, eine Gestalt der Welt zu sein, und es ist nicht länger mit dem verbunden, was es durch die festen und geheimnisvollen Bänder der Ähnlichkeit oder der Affinität markiert.[50]

Zuvor war das Zeichen noch in die Dinge versenkt, Ähnlichkeiten waren die Quelle des Wissens. Die Repräsentation im Zentrum des klassischen Denkens trennt die Zeichen von den Dingen, die Bedeutung liegt nun ganz auf der Seite der Zeichen.

Da sie [die Zeichentheorie im klassischen Zeitalter; K. N.-R.] dem Bezeichneten keine andere Natur als dem Zeichen zugesteht, wird der Sinn nicht mehr als die Totalität der in ihrer Verkettung entfalteten Zeichen sein. Der Sinn wird im vollständigen Tableau der Zeichen gegeben sein.[...] Im klassischen Zeitalter hat die reine Wissenschaft von den Zeichen den Wert des unmittelbaren Diskurses des Bezeichneten.[51]

---

**48** | Birkenhauer: Schauplatz der Sprache, S. 125.
**49** | Vgl. Kap. 3.7.2.d, Kap. 4.2.5.d (Harbeke, *lustgarten*), Kap. 5.2.4.d (Kater/Petras, *HEAVEN zu tristan*), Kap. 6.2.4.c (Schlingensief, *Rosebud*) sowie Kap. 7.2.4.a und 7.2.5.d (Pollesch, *Die Welt zu Gast*).
**50** | Michel Foucault: Die Ordnung der Dinge. Frankfurt a. M. 1974, S. 92.
**51** | Ebd., S. 101.

Einfacher gesagt, der Sinn ist nicht mehr im Sein oder in den ›Dingen‹ verborgen, sondern in ihren Abbildern, den Zeichen und nur dort. Gleichzeitig wird die Theorie der Zeichen sehr komplex; Zeichen werden quantitativ und qualitativ sortiert und angeordnet in großen Tableaus. Neue Wissenschaften entstehen als prototypische Wissenschaften der Klassik, die in diesem Sinne zwischen dem Anfang des 17. Jahrhundertes und dem Ende des 18. Jahrhunderts zu datieren ist.[52] Nach Foucault schließt sich das moderne Wissensmodell an, das sich um die neuzeitliche Subjektivität bildet. Aus Sicht der foucaultschen Archäologie ist die Repräsentation als Wissensmodell demnach nicht aktuell in der Krise, sondern bereits vor 200 Jahren abgelöst worden.

Die Schwelle zwischen Klassik und Modernität (aber die Wörter spielen eine geringe Rolle, sagen wir also von unserer Vorgeschichte zu dem, was uns noch zeitgenössisch ist) ist endgültig überschritten worden, als die Wörter sich nicht mehr mit den Repräsentationen überkreuzten und die Erkenntnis der Dinge nicht mehr spontan rasterten. [...] Künftig, und bis heute, existiert die Sprache von der Repräsentation losgelöst nicht mehr anders als in einer verstreuten Weise.[53]

Das Wissensmodell der Klassik mit der Repräsentation als Herzstück war also das Letzte, das von einer Einheit von Subjekt, Sprache und Welt ausgehen konnte. Die Repräsentation, die im zeitgenössischen Theater in die Krise gerät, ist anderer Art und hängt doch mit dem gerade vorgestellten Wissensmodell der Repräsentation zusammen.

Im Theater besteht die Repräsentation darin, dass die sprachlichen und nicht-sprachlichen Zeichen einer Aufführung in ihrem binnenfiktionalen Bezug gedeutet werden auf einen meist außertheatralen Horizont hin, der gesellschaftlicher, biografischer oder psychologischer Art ist. Der Dialogtext, vielleicht noch illustriert durch die Gestik des Schauspielers, steht für Gefühl oder Handlung einer fiktiven Figur. Der Zuschauer kommt als Rezipient, also als vernunftgemäß urteilendes Subjekt ins Spiel. Seine Aufgabe ist es, im Nachvollzug der Repräsentation die Illusion der Darstellung deutend zu vollenden und die Einheit des urteilenden Subjekts so zu bestätigen. Es ist eines der ästhetischen Merkmale des zeitgenössischen Theaters, sich mit dieser Idee von Repräsentation kritisch auseinanderzusetzen.

Mein Theater ist insofern nicht ganz frei von Repräsentation als es darin Momente gibt, die über die eigene Realität hinausgehen. Aber in dem, was ich Repräsentationstheater nenne, dient dieses Vorgehen normalerweise dazu, die eigene Realität zu vergessen. Alles, was innerhalb der Arbeit mit den Schauspielern und dem Regisseur tatsächlich stattfindet,

---

**52** | »Die letzten Jahre des achtzehnten Jahrhunderts werden durch eine Diskontinuität gebrochen, die mit jener symmetrisch ist, die am Anfang des siebzehnten Jahrhunderts mit dem Denken der Renaissance gebrochen hatte.« Ebd., S. 269.
**53** | Ebd., S. 368.

darf nicht vergessen, sondern muss reflektiert werden – auch die speziellen Realitäten des Zuschauers. Um die geht es im Repräsentationstheater nämlich auch nicht. [54]

Pollesch kritisiert am ›Repräsentationstheater‹ vor allem zwei Punkte: Erstens sei es ästhetisch nicht reflexiv genug und zweitens beziehe sich die Reflexion nicht auf die Realität des Zuschauers, sei also politisch nicht reflexiv genug.

Aber die [Gesetze wie im Urwald; K. N.-R.] herrschen doch draußen. Das ist ja mein Problem. Draußen gibt es Demokratie als irgendeine Folie, aber die eigentlichen Prozesse, die einem da begegnen, sind nicht demokratisch. Sie sind sexistisch, sie sind rassistisch, sie sind von Hierarchien geprägt. Und genau darauf ruhen sich die Probenprozesse aus. Deshalb halte ich Repräsentation für ungeeignet für unsere Probleme.[55]

Es geht Pollesch um die Strukturen und die Prozesse, die ästhetisch-künstlerischen genauso wie die gesellschaftlich-politischen. Eine Ästhetik, die zwar inhaltlich oppositionelle Texte schriebe, aber die Strukturen unreflektiert ließe, könnte Pollesch nur als kollaborierend ansehen.

### 3.7 Inneres und äusseres Kommunikationssystem

Ein Teil der dramaturgischen Analyse berührt die Frage, ob ein Dialog in seinem binnenfiktionalen Bezug aufgeht.

Erst durch eine Analyse von Form und Strategie der Darstellung, welche die theatrale Situation (äußeres Kommunikationssystem) berücksichtigt, wird der Sinn des Theatertextes erhellt, der sich mit dem Sinn des Dargestellten (inneres Kommunikationssystem) nicht länger deckt.[56]

Szenische Texte sind daraufhin zu befragen, wie sie die beiden Achsen des Theaters, die Ebene des fiktionalen Bühnengeschehens und die Ebene der äußeren Kommunikation, jeweils neu akzentuieren. Insofern sind »Inszenierungen als Lektüren zu begreifen, die jenes Potenzial dramatischer Texte realisieren, das eine ausschließlich auf die dramatische Fiktion bezogene Lektüre übergeht: die doppelte Bezogenheit theatralischer Rede.«[57] Die zwei Perspektiven der Kommunikation gelten in der Theatertheorie als Spezifikum der theatralen Kommunikation und werden darin unterschiedlich beschrieben: als Überlagerung von Figuren- und Zuschauerperspektive bzw. als »Überla-

---

[54] Carl Hegemann u. René Pollesch: Neues und gebrauchtes Theater. Ein Gespräch. In: Gnade. Überschreitung und Zurechtweisung. Hrsg. von Jutta Wangemann u. Michael Höppner. Berlin 2005, S. 47-83, hier S. 50f.
[55] Ebd., S. 56.
[56] Poschmann: Der nicht mehr dramatische Theatertext, S. 130.
[57] Birkenhauer: Zwischen Rede und Sprache, S. 20.

gerung von innerem und äußerem Kommunikationssystem«.[58] Hans-Thies Lehmann unterscheidet die innerszenische Achse der Kommunikation und die »dazu querstehende Achse, die die Kommunikation zwischen der Bühne und dem davon (real und strukturell) unterschiedenen Ort des Zuschauers bezeichnet.«[59] Diese Grundstruktur theatraler Darstellung, die doppelte Bezogenheit dramatischer Rede, wird bei Theresia Birkenhauer zum Konstruktionsprinzip der szenischen Texte:

[...] begreift man Inszenierungen als jeweils neue Festlegung dieser Achsen [...] bedeutet [das] für die Lektüre von Dramen, [...] eine spezifische Relation beider Achsen aus ihren textuellen Strukturen erst zu entwickeln. In diesem Fall werden die Dialogtexte nicht mehr ausschließlich innerdramatisch untersucht, im Hinblick auf die dramatis personae – als Reden, die sie charakterisieren [...] – sondern gleichzeitig als Texte, die die dramaturgische Struktur der Darstellung konstituieren.[60]

Birkenhauer führt in ihrem Aufsatz *Zwischen Rede und Sprache* eine Analyse von szenischen Texten vor, die mit der spezifischen Darstellungsstruktur des Theaters, d. h. dem Verhältnis von innerem zum äußerem Kommunikationssystem, der räumlich-zeitlichen Dimension, in der der szenische Text zur Aufführung kommt, im Detail arbeitet. Für die Analyse der szenischen Texte spielt es keine Rolle, ob der Dramentext als Dialogtext, als Textfläche oder in einer anderen schriftlichen Form (z. B. als Inszenierungsprotokoll) gefasst wird. Wesentlich in der Analyse ist vielmehr die Darstellungsstruktur des Theaters, die doppelte Perspektivierung des szenischen Textes. Dramentexte werden nach dem Ansatz von Theresia Birkenhauer dadurch definiert, dass sie für die Bühne des Theaters geschrieben sind, d. h., die Komposition der Texte ist auf die Darstellungsstrukturen des Theaters bezogen. Allerdings sind bei Weitem nicht alle Texte, die zur Aufführung gebracht werden, auch für die Bühne verfasst worden, bei den Dramentexten von Autoren-Regisseuren kann jedoch von einem ›aufführungsbezogenen‹ Schreibprozess ausgegangen werden.

Welches sind nun die spezifischen Darstellungsstrukturen des Theaters? In jeder Inszenierung wird die Achse von der Bühne zum Zuschauerraum neu festgelegt. Wenn Theater als Darstellungsstruktur betrachtet wird, die szenische Texte in spezifischer Weise organisiert, verändert dies den Blick auf den Dramentext und auf den Inszenierungstext.

Diese externe Kommunikation meint nicht einfach den Bezug auf die realen Zuschauer, sondern die Gestaltung dieses Bezuges, »die Perspektivierung des Dargestellten.«[61]

In den szenischen Texten der Autoren-Regisseure ist zu analysieren, inwieweit die Ebene der Zuschauer vom Schreib- und Inszenierungsprozess

---

**58** | Pfister: Das Drama, S. 24.
**59** | Lehmann: Postdramatisches Theater, S. 230.
**60** | Birkenhauer: Schauplatz der Sprache, S. 80. Vgl. auch ebd., S. 89.
**61** | Birkenhauer: Zwischen Rede und Sprache, S. 19.

berücksichtigt wird und damit zu einem Teil der Konzeption des szenischen Textes wird. Schlingensiefs *Rosebud* ist vielleicht das extreme Beispiel für einen szenischen Text, der die äußere Ebene der Kommunikation berücksichtigt, da Schlingensief bereits im Dramentext mit der Ebene der Zuschauer ›spielt‹. Indem er das potenzielle Publikum der Inszenierung, das in der Regel für die Einmaligkeit des Ereignisses der Aufführung verantwortlich gemacht wird, im Dramentext vorwegnimmt, stellt er gerade diese Theaterregel infrage. Schlingensief misstraut dem einmaligen Ereignis, das ein spezifisches Publikum an einem Theaterabend als ›Akteur‹[62] mitgestaltet und setzt daher die Reaktionen des Publikums in der Konzeption des Dramentextes bereits voraus. In Theaterarbeiten René Polleschs werden Spielregeln (beispielsweise, dass die Schauspieler alle Dramentexte ohne Geschlechterzuordnung sprechen) für den Verlauf des Theaterabends bereits im Vorspann mitgeteilt, damit die Zuschauer der Inszenierung folgen können. Autorenregie birgt Möglichkeiten, in vielfältigen Formen im Prozess des Schreibens und Inszenierens mit der äußeren Ebene der Kommunikation zu experimentieren.

Birgit Haas empfiehlt – ebenso wie Hans Peter Bayerdörfer[63] – im Zuge ihrer Auseinandersetzung mit der deutschsprachigen Gegenwartsdramatik eine Auseinandersetzung mit Brechts epischem Theater und dessen Nachwirkungen.[64] Haas nennt als Beispiele für zeitgenössische Dramentexte, die epische Verfahren einsetzen, zwei Theaterarbeiten der Autorenregie, die Produktion *Kredit* (2007), die am Schauspiel Frankfurt unter der Leitung von Jan Neumann entstand und *HEAVEN (zu tristan)* von Armin Petras/Fritz Kater.[65] Stefan Tigges hält »Rückblicke auf die dramatischen und ästhetischen Transformationsprozesse mit der Frage nach Traditionsentkopplungen oder – Ankopplungen [für] unabdingbar«[66], um gegenwärtige Schreib- und Aufführungsstrategien im deutschsprachigen Theater überhaupt analysieren zu können.

Frank M. Raddatz führt in *Brecht frisst Brecht. Neues episches Theater im 21. Jahrhundert*[67] Gespräche mit Theatermachern, die in ihren Arbeiten epische Mittel anwenden und erweitern. Interviewpartner sind unter anderem die Autoren-Regisseure Armin Petras/Fritz Kater, René Pollesch und *Rimini Protokoll*. Die Gespräche, die sich insbesondere mit der Auseinandersetzung und Weiterentwicklung der Theorien des epischen Theaters in der Theaterpraxis beschäftigen, werden in den Einzelanalysen berücksichtigt. Darin werden

---

62 | Erika Fischer-Lichte beschreibt veränderte Rezeptionsstrategien, die in neuen Produktionsweisen vom Zuschauer als ›Akteur‹ eine aktive Teilnahme, einen sinnlichen und körperlichen Rezeptionsvorgang verlangen. Vgl. Fischer-Lichte: Kunst der Aufführung – Aufführung der Kunst, S. 16.
63 | Vgl. Kap. 2. Dramentext und Inszenierungstext.
64 | Vgl. Haas: Editorial. In: Dramenpoetik 2007, S. 26.
65 | Vgl. ebd., S. 28.
66 | Tigges: Dramatische Transformationen. Eine Einführung, S. 11.
67 | Vgl. Frank M. Raddatz: Brecht frisst Brecht. Neues episches Theater im 21. Jahrhundert. Leipzig 2007.

auch Aspekte des epischen, absurden und surrealistischen Theaters berührt, die sich in dem Spannungsfeld von Dramentext und Inszenierungstext bewegen und auf die Ebene der äußeren Kommunikation Einfluss nehmen.

## 3.8 Dramaturgische Analyse des szenischen Textes

Die Kategorien für die dramaturgische Analyse szenischer Texte von Autoren-Regisseuren ergeben sich aus der Möglichkeit der Autoren, im Schreib- und Inszenierungsprozess die zwei Achsen des Theaters zu verschieben und damit die szenischen Texte zu rhythmisieren[68] und die Gesamtkomposition der szenischen Texte stilistisch zu prägen. Um untersuchen zu können, welche Formen von Abweichungen (Verschiebungen) von der Ebene der inneren Kommunikation in den Werken der Autoren-Regisseure vorkommen, soll in den Einzelanalysen zunächst die fiktive Handlungsebene und Figuration, die ›dramatische Form‹ bestimmt werden.

### 3.8.1 Die dramatische Form und ihre kritische Nutzung

Die ›dramatische Form‹ berücksichtigt zunächst die fiktive Handlungsstruktur und Figuration des szenischen Textes. Verschiebungen der dramatischen Form auf den Ebenen der Darstellung, des Raumes, der Zeit und der sprachlichen Mittel führen auf der Ebene der fiktiven Handlung und in der Figurenkonzeption zu einer Abweichung von traditionellen dramaturgischen Verfahren. Eine besondere Auswirkung auf die Verschiebungen haben in der Autorenregie die äußere Ebene der Kommunikation und die Produktionsbedingungen.

---

**68** | Vgl. Kapitel 3.8.3 Der Rhythmus und die Komposition des szenischen Textes.

*Schaubild 2: Dramaturgische Analyse des szenischen Textes*

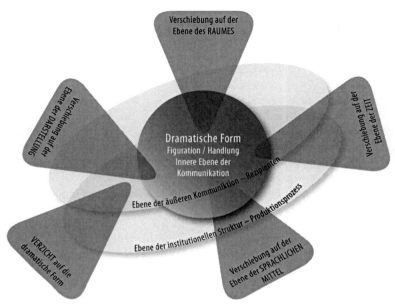

Bei der Betrachtung von szenischen Texten kann nicht länger die dramatische Grundannahme eines fiktionalen Geschehens im inneren Kommunikationssystem zum Ausgangspunkt der Deutung gemacht werden, sondern man muss dem äußeren Kommunikationssystem und damit der Frage nach der spezifischen Funktionsweise der Texte im Theater vermehrt Bedeutung zumessen. Die in der dramaturgischen Analyse von Poschmann herausgestellte dramatische Form berücksichtigt zunächst die fiktive Handlungsstruktur und Figuration des szenischen Textes. Die zu untersuchenden szenischen Texte enthalten sowohl Elemente der klassischen Dramenstruktur als auch Formen von nichtdramatischen Theatertexten und nichtsprachlichen Theaterzeichen, die von der dramatischen Form abweichen. Die ausgewählten Werke führen unterschiedliche Möglichkeiten vor, wie Theatermacher die dramatische Form kritisch nutzen. Nachdem die Fragen nach der Funktionalisierung von Figuration und fiktiver Handlungsebene und nach dem Verhältnis der beiden Kommunikationsebenen zueinander geklärt wurden, ist es möglich, szenische Texte, welche die dramatische Form gekoppelt an konventionelle Fiktionsdarstellung nutzen, von solchen zu unterscheiden, die theatrale Darstellung dekonstruieren und neue Formen der Textualität anbieten. Während zur Analyse der dramatischen Form eine Dramenanalyse, die ihren Ausgangspunkt im inneren Kommunikationssystem (des Dargestellten) nimmt, als geeignetes Mittel erscheint, muss eine dramaturgische Analyse szenischer Texte die Bedeutung des äußeren Kommunikationssystems als raum-zeitliche Kategorie dezidiert bestimmen.[69]

---

**69** | Vgl. Poschmann: Der nicht mehr dramatische Theatertext, S. 296.

## 3.8.2 Kategorien der Verschiebung als Abweichung von der dramatischen Form

Theresia Birkenhauer stellt mit ihrer Untersuchung keine neue Theorie der Dramentext- oder Inszenierungsanalyse auf, vielmehr erprobt sie anhand der Analysen der Dramentexte von Maurice Maeterlinck, Anton Čechov Samuel Beckett und Heiner Müller sowie anhand ausgewählter Inszenierungen, Verfahren, die den strukturellen Einfluss der Ebene der äußeren Kommunikation auf die Werke besonders hervorheben. Durch die vorliegende Untersuchung werden nun die ›Kategorien des Verschiebens‹ zunächst aus den Analysen Birkenhauers herausgelöst und als theaterwissenschaftliche Kategorie für die dramaturgische Analyse (aufgeteilt in die Verschiebungen auf der Ebene der Darstellung, des Raumes, der Zeit und der sprachlichen Mittel) neu aufgestellt, um sie für die Analyse der kritischen Nutzung der dramatischen Form in den Einzelanalysen der Werke der Autoren-Regisseure anwenden zu können.

Die Kategorien werden aus der Untersuchung Birkenhauers unter analysepraktischen Aspekten übernommen. Birkenhauer stellt in ihren Analysen ›Verschiebung‹ als prinzipielle theaterwissenschaftliche Kategorie auf, um damit Abweichungen von der dramatischen Form bestimmen zu können:

> Das Prinzip der Inszenierung sind Verschiebungen, dort, wo im realistischen Schauspiel Verbindungen hergestellt werden. Die Bewegung der Figuren gehorcht nicht ganz dem dramatischen Geschehen, ihr Aussehen nicht vollständig dem realistischen Kontext, die Sprechweisen nicht allein dem Inhalt des Gesagten, die Gesten nicht ausschließlich den behaupteten Situationen.[70]

Auch in dem Sammelband *Theater des Fragments. Performative Strategien im Theater zwischen Antike und Postmoderne* wird ›Verschiebung‹ als theaterwissenschaftliche Kategorie angewandt: Insofern im Theater kulturelle Normen und Diskurse zerteilt und unterbrochen werden, werden Zwischenräume eröffnet, in denen Verschiebungen des Gehörten, Gesehenen und Gefühlten möglich werden.[71] Die Formen dieser ›Arbeit des Verschiebens‹ werden von Birkenhauer insbesondere auf die ›Organisation der sprachlichen Zeichen‹ bezogen.[72] Interessant ist die Untersuchung Birkenhauers für die Analyse der Werke der Autoren-Regisseure insbesondere, weil sie die raum-zeitliche Perspektive in ihrer Bedeutung für die sprachlichen Zeichen im Theaterraum betont. Gerade das Spannungsfeld zwischen Dramentext und Inszenierungstext kann nach zeitlich-räumlichen Aspekten gut untersucht werden. Die ›Arbeit des Verschiebens‹ wird

---

[70] | Birkenhauer: Schauplatz der Sprache, S. 73f.
[71] | Vgl. Gerald Siegmund: Für ein Theater der Auseinandersetzung. In: Theater des Fragments. Performative Strategien im Theater zwischen Antike und Postmoderne. Hrsg. von Anton Bierl u. a. Bielefeld 2009, S. 11-17, hier S. 16.
[72] | »Immer aber wirken diese Verschiebungen auf die Sprache.« Birkenhauer: Schauplatz der Sprache, S. 125.

[...] im Verhältnis der Ebenen, durch die die Form Bühne bestimmt ist [entfaltet] [...]. Auf diese Weise entsteht ein Verhältnis von Sukzession und Verräumlichung, durch das Dialogsequenzen isoliert, Gesten vereinzelt, Handlungsläufe getrennt werden [...] Indem sich die Ansichten auf diese Sätze vervielfältigen, vervielfältigen sich auch deren Konnotationen und Bedeutungen. [...] In diesem Sinne lässt sich die doppelte Perspektivierung als Arbeit der Verschiebung von Dialogtext und fiktionaler Handlung durch das ›in Szenen setzen der Worte‹ mittels des szenischen Textes verstehen.[73]

Theater verfügt als »Kunst der realen Bewegung«[74] über die Möglichkeit der Erzeugung und Verschiebung dynamischer, räumlicher Konstellationen. Verschiebungen finden auf der Ebene der räumlichen und zeitlichen Struktur des Theaters statt und werden durch einen »leichten Abstand zu den Konventionen des Genres, die akzentuierte Differenz zur Spielweise des realistischen Schauspiels – seiner Entsprechungen von Gesten und Stimme, von Körperbild und Sprache –, die nuancierte Irrealisierung des Raumes, der Gesten, der Bewegungen und Diktionen«[75] bewirkt. Diese Formen des Verschiebens, die durch die theatrale Darstellungsstruktur ermöglicht werden, sind in den hier zu untersuchenden Dramentexten und Inszenierungen unterschiedlich. Sie reichen von einer auf der Ebene der sprachlichen Mittel präzise angesetzten Verschiebung von Bedeutungen einzelner Worte in Sabine Harbekes *lustgarten* bis hin zu Schlingensiefs *Rosebud*, einem Werk, in dem sprachliche Äußerungen immer wieder unterbrochen werden, um eine komplexe Komposition aus inszenierten, räumlichen und gestischen Bildern zu gestalten.

Im Folgenden werden daher, als Erweiterung von Birkenhauers Ansatz, neben den raum-zeitlichen Verschiebungen von sprachlichen Zeichen im Theater, auch Verschiebungen der Zeichen der Darstellung, des Raumes und der Zeit untersucht, die in den Werken der Autoren-Regisseure eine Rolle spielen. Es handelt sich bei der Erweiterung der Kategorien dabei lediglich um eine veränderte Perspektive, die von der Einheit des szenischen Textes (Dramentext und Inszenierungstext) ausgeht und sprachliche sowie nichtsprachliche Zeichen berücksichtigt. Die Kategorien der Verschiebung können somit, ausgehend von den Kategorien der Untersuchung Birkenhauers nach den Verschiebungen auf der Ebene der Darstellung, des Raumes, der Zeit und der sprachlichen Mittel neu aufgestellt werden.

Der Begriff der Verschiebung bezeichnete bereits in der Ästhetik des russischen Formalismus »eines der Hauptverfahren der auf Innovation zielenden Avantgardekunst: Ein Element wird aus einem gewohnten Kontext gelöst (dekontextualisiert) und in einen neuen, unerwarteten Kontext eingebettet (rekontextualisiert); ein möglicherweise bekanntes Element kann durch Verschiebung unerwartet auftreten und eine überraschende Wirkung auslösen

---

**73** | Ebd.
**74** | Deleuze bezeichnet das Theater aufgrund des Bühnenraumes als Kunst der ›realen Bewegung‹, in dem Wiederholungen erzeugt werden können. Vgl. Gilles Deleuze: Differenz und Wiederholung. München 1992, S. 26.
**75** | Birkenhauer: Schauplatz der Sprache, S. 122.

(Beispiel Montage)«.[76] Die Kategorie der Verschiebung wird in dieser Untersuchung nicht in der psychoanalytischen Bedeutung verwendet.

An dieser Stelle wird kein lückenloser ›Katalog‹ der Möglichkeiten des Verschiebens in szenischen Texten erstellt werden können, vielmehr gilt es, Möglichkeiten aufzuzeigen, die im Verlauf der konkreten Einzelanalysen spezifiziert und ergänzt werden. Die konkrete Auswahl der Kategorien, die die Verschiebungen auf der Ebene der Darstellung, des Raumes, der Zeit und Sprache genauer bestimmen, werden bei der dramaturgischen Analyse der Werke stets aufs Neue herausgearbeitet:

In jedem Stück ist [...] die Erkundung der Funktionen, die dramatische Rede jenseits ihrer kommunikativen und dialogischen Aufgabe und visuelle Objekte auf der Bühne jenseits ihrer abbildlichen Funktion haben können, eine andere, [...] jedes Stück befragt andere Potenziale sprachlicher und bildlicher Formen.[77]

Zum Einstieg in die dramaturgische Analyse der Verschiebung wird eine Tabelle der aus *Schauplatz der Sprache* herausgearbeiteten Kategorien vorangestellt, die in den konkreten Analysen erweitert werden.

Die Untersuchung der Kategorien der Verschiebung auf den vier Ebenen dient in den Einzelanalysen vor allem dazu, die Relationen zwischen den Zeichen bestimmen zu können, um davon ausgehend Rhythmus und Komposition der Werke herausstellen zu können. Im Folgenden werden (in Anlehnung an die Kategorien, die aus der Untersuchung von Birkenhauer herausgestellt wurden) die Möglichkeiten der Verschiebung skizziert.

| Verschiebungen auf der Ebene der Darstellung |
| --- |
| **Gestörte Korrespondenzen** »[...] gestörte Korrespondenzen [...] im Zusammenspiel von Körper und Stimme, von Geste und Sprache, von Bewegung und Dialog [...]« (S. 72) |
| **Verzicht auf Repräsentation** »[...] durch diese Formung der Schauspieler, die mit dem dramatischen Handlungsverlauf nichts zu tun hat, [wird] ein konventionelles Verhältnis von Körper und Ausdruck umgekehrt. Die körperlichen Bewegungen sind entbunden von der Aufgabe, dramatische Aktionen zu simulieren und das Gesagte gestisch zu illustrieren.« (S. 64) |
| **Epische Darstellungsweisen** »[Die] Spaltung von stummen und sprechenden Figuren, von Kommentierenden und Kommentierten, [gilt] als Paradigma für die Episierung der dramatischen Form.« (S. 84) |
| **Präsenz** »[Die] Präsenz [der Darsteller als] eine auf der Bühne erfahrbare Unmittelbarkeit des Spiels, der Körper, der Stimmen.« (S. 131) »Der Schauspieler sei nicht länger Zeichen für etwas Abwesendes, die dargestellte Figur, sondern seine physische Präsenz als Spieler trete in den Vordergrund, die materielle Wirklichkeit seines Körpers in der Gegenwart der Aufführung selbst.« (S. 239) |

---

76 | Arnold, Heinz-Ludwig u. Heinrich Detering (Hrsg.): Grundzüge der Literaturwissenschaft. 8. Aufl. München 2008, S. 702.
77 | Ebd., S. 207.

### Verschiebungen auf der Ebene des Raumes

**Irrealiserung des Raumes**

»Aufgrund ihrer Unschärfen, Fragmentierungen und Uneindeutigkeiten bietet die visuelle Konfiguration der Szene [die Bühne] einerseits einen zusätzlichen Bezugspunkt für die Imagination des Gehörten [...]. Gleichzeitig bildet [die Bühne] eine Grenze, an der sich die Imagination immer wieder bricht. Gerade weil das visuelle Tableau die im Text thematisierte Situation weder abbildet noch repräsentiert, entsteht ein Raum, in dem Vorstellungen und Projektionen, Imaginiertes und Verstandenes eine Vielzahl nicht festgelegter und beständig wechselnder Relationen eingehen können.« (S. 160)

**Immobilität**

»Eine [...] Akzentuierung der Achse Zuschauer/Bühne [kann] die Sitzordnung der Figuren zur Immobilität [zwingen]« (S. 83)

**Aufhebung der ›Vierten Wand‹**

»[...] die Aufhebung einer eindeutigen Trennung von Innen und Außen hineingenommen in das dramatische Geschehen. Diese Verschränkung bedeutet für den Zuschauer das Ende der vierten Wand und damit einen Verlust der Orientierung, die mit ihr gegeben war, die Erschütterung des gesicherten Abstandes zwischen der Binnenperspektive der Figuren und ihrer eigenen.« (S. 101)

**Abstrakter Bühnenraum**

»Nähe [der] Kompositionen zur bildenden Kunst [...]« (S. 205)
»[...] Emanzipation des Bühnenbildes vom Dekor [...]« (S. 209)

**Kunstraum**

»[...] als Raum der Bühne: einen eigenständigen Raum konzipieren, dessen Komposition weder ausschließlich auf die Handlung bezogen ist, noch lediglich die Funktion hat, symbolisch den Zustand der Figuren zu illustrieren.« (S. 103)

**Nebeneinander**

»Simultaneität, Pausen, Monologe [als] Mittel, die ermöglichen, die Kontinuität des dramatischen Verlaufs zu durchbrechen, so dass eine diskontinuierliche Struktur entsteht [...]. Zu ihnen gehört zunächst das Nebeneinander, das der dreidimensionale Raum ermöglicht, die Simultaneität von Vorgängen. [Damit wird es möglich] Zeitmaße unterschiedlichster Qualität zu kontrastieren [durch die] Struktur der Aufgänge und Abgänge [...] ein szenisches Konstruktionsprinzip, das die Figuren raum-zeitlich organisiert [...].« (S. 113)

Alle Zitate aus den Tabellen ›Verschiebungen auf der Ebene der Darstellung‹, ›Verschiebungen auf der Ebene des Raumes‹, ›Verschiebungen auf der Ebene der Zeit‹ und ›Verschiebungen auf der Ebene der sprachlichen Mittel‹ entstammen Theresia Birkenhauers Untersuchung Schauplatz der Sprache.

## Verschiebungen auf der Ebene der Zeit

### Unterbrechung der fiktiven Zeitstruktur

»[…] außer Kraft gesetzt ist das konventionelle Verhältnis von dramatischer und szenischer Zeit, die Spiegelung eines fiktiven, dramatischen Handlungsverlaufs durch die szenischen Vorgänge.« (S. 58)

»Im Zentrum […] stehen nicht die Zeiterfahrungen, die die Figuren äußern, sondern die Zeitformen, die durch die szenische Konfiguration konstituiert werden, die dem Zuschauer wahrnehmbaren.« (S. 96)

### Immobilität

»Diese Musikalisierung des Sprechens erzeugt eine eigene szenische Zeit im Kontrast zur dramatischen Zeit progressiver Beschleunigung […]. Was auf diese Weise entsteht ist eine eigene Zeitform des Wartens.« (S. 68)

### Simultaneität

»Simultaneität, Pausen, Monologe [als] Mittel, die ermöglichen, die Kontinuität des dramatischen Verlaufs zu durchbrechen, so dass eine diskontinuierliche Struktur entsteht […]. Zu ihnen gehört zunächst das Nebeneinander, das der dreidimensionale Raum ermöglicht, die Simultaneität von Vorgängen. [Damit wird es möglich] Zeitmaße unterschiedlichster Qualität zu kontrastieren [durch die] Struktur der Aufgänge und Abgänge […] ein szenisches Konstruktionsprinzip, das die Figuren raum-zeitlich organisiert […].« (S. 113)

### Verschobene Zeitrechnungen I:
### Rückblenden, Störungen im Kontinuum, in der Sukzession

»[…] rückwärts ver(laufen) […]« (S. 103)

»[…] die Unterbrechung eines Kontinuums, eine Störung.« (S. 106)

»Gleichzeitigkeit von gemeinem ›dramatischen‹ Schluss und ungelöstem Ende […]« (S. 110)

»[…] die raum-zeitlichen Möglichkeiten der Bühne so […] antizipieren, dass die Ordnung der Sukzession durchkreuzt wird durch eine andere, das Nebeneinander [ersetzt wird]. […] der Fluss des dargestellten Geschehens [in einem bestimmten, zu Beginn festgelegten Zeitraum] wird immer wieder punktiert, unterbrochen, angehalten.« (S.113)

### Verschobene Zeitrechnungen II: Pausen

Eine »Pause […] kann auch auf die zeitliche Struktur des szenischen Verlaufs beziehen. Dann bezeichnet sie ein pures Intervall, markiert ein Stillstehen, eine Unterbrechung des szenischen Verlaufs […]. Gehäuft gesetzte Pausen produzieren eine Stauung von Zeit, so dass es zu Momenten des völligen Stillstands kommt […].« (S. 114)

### Verschiebungen auf der Ebene der sprachlichen Mittel

#### Konzentration auf das gesamte sprachliche Geschehen
»[...] Loslösung [des dramatischen Dialogs] aus dem unmittelbaren Bezug auf die Handlung. [...] Diese fehlende körperliche Einbindung des Dialogs verstärkt die Aufmerksamkeit für den gesprochenen Text – sowohl bei den Darstellern wie für die Zuschauer [...]. Erzeugt wird eine Konzentration auf das gesamte sprachliche Geschehen statt auf einzelne Wortgefechte. Nicht der schnelle Wechsel der Repliken, sondern die Musikalität exakter Anschlüsse, die aus Sätzen und Bewegungen ein Gewebe entstehen lässt [...]« (S. 64f.)

#### Trennung von Gesten und sprachlichen Äußerungen
»[...] fehlende körperliche Einbindung des Dialogs verstärkt die Aufmerksamkeit für den gesprochenen Text – sowohl bei den Darstellen wie für die Zuschauer.« (S. 64)

»[...] die Auflösung einer festen Zuordnung von Figur und Text durch die Verteilung des Textes auf verschiedene Stimmen und Sprecher [...].« (S. 248)

#### Kontrast zwischen Immobilität der Figuren und der Mobilität der Sätze
»Nicht die Figuren bewegen sich im Raum, wie sonst im Theater üblich, sondern allein ihre Sätze. Diese jedoch durchqueren ihn ohne eindeutige Richtung auf ein dialogisches Gegenüber und verlieren damit auch ihren eindeutigen semantischen Bezug.
Was thematisch – binnenfiktional – als dysfunktionaler Dialog erscheint, bedeutet gleichzeitig auf der Achse Bühne/Zuschauer, eine Erweiterung der semantischen Konnotationen des Gesagten. Die Sätze verändern ihre Bedeutung, gerade weil ihre figurenbezogene Aussage nicht mehr fraglos ist. Auf diese Weise wird die physische Immobilität [...] durch eine innere Bewegtheit, die die gehörten Sätze für den Zuschauer in dem Maß erhalten, in dem sie ihren eindeutigen Handlungsbezug verlieren.« (S. 82)

#### Profilierung von Stimmen und Sprechweisen
»Die[se] Loslösung der gesprochenen Texte aus dem dialogischen Kontext wird verstärkt durch die Profilierung von Stimmen und Sprechweisen. Der Autonomie des Bewegungsrepertoires der Schauspieler korrespondiert die Autonomie des Sprechens. [...] eine Konzentration auf die Körper und eine Konzentration auf die Rede, aber beides getrennt.« (S. 65)

»[...] die[se] entindividualisierenden Effekte [werden] mit verschiedenen Mitteln hergestellt: durch die Multiplizierung der Sprecher und Stimmen; durch die räumliche Disposition der Figuren [...], die eine Konstellation stärker betont als die Darsteller, die sie einnehmen und durch Formen des Sprechens, die die Spanne halten zwischen einer Aufmerksamkeit für den einzelnen Sprecher und für die Objektivität sprachlicher Strukturen.« (S. 255)

#### Bedeutungsräume
»[...] den Modus des Sprechens [...] nicht figurenbezogen, auf der Ebene der einzelnen Äußerungen, nicht nach den Regeln semantischer Intonation [bearbeiten], sondern auf der Ebene der Inszenierung. Auf diese Weise aber können Bedeutungsräume erzeugt und modelliert werden, die den Sätzen als einzelnen Repliken nicht zukommen, die sie allein als Teil des rhythmischen Gefüges der gesamten Inszenierung erhalten.« (S. 68)

#### Gedankenströme
»[...] dramatische Formen mit Figuren und Szenen [werden] insgesamt als Gedankenströme, als komplexe Faltungen und Aufteilungen von Subjektpositionen [interpretiert].«. (S. 279)

| **Verschiebungen auf der Ebene der sprachlichen Mittel** | **(Fortsetzung)** |
|---|---|

**Störung des Abstandes zwischen der Binnenperspektive der Figuren und der Ebene der Zuschauer**

»Formen szenischer Organisation von Sprache; und jeweils ist die theatrale Darstellungsstruktur die doppelte Perspektivierung des Gezeigten und Gesagten und die Grenze zwischen innen und außen [...] porös. Für den Zuschauer bedeutet dies die Störung des gesicherten Abstands zwischen der Binnenperspektive der Figuren und seiner eigenen.«

»[...] die Differenz zwischen der Perspektive der Sprechenden und der der Zuschauer [bestimmt] die dramatische Situation: exponiert ist ein Sprechen, das von den Zuschauern beobachtet wird. Die Differenz zwischen dem Sagbaren und dem Verborgenen [ist] betont [...] die Spanne zwischen Sagbarem und Sichtbarem, Sprache und Bild.« (S. 84f.)

**Aufmerksamkeit für das Sprechen selbst**

»[...] neben dem konkreten Inhalt [drückt] im Drama das Sprechen auch immer aus, dass gesprochen wird.« (S. 118) »Versuchsanordnungen zur Untersuchung des Sprechens auf der Bühne [...]« (S. 171)

»[...] eine Erfahrung der Sprache selbst, die Konfrontation mit ihrer Undurchsichtigkeit, ihrer Abgründigkeit und Vieldeutigkeit.« (S. 253f.)

**Pausen als Unterbrechungen vom Sprechen**

»Pausen innerhalb der Replik einer Figur markieren Brüche, einen Wechsel der Perspektive von einem Satz zum anderen. [...] Diese Pausen erzeugen Abspaltungen und damit die Unterscheidung einzelner Schichten im Fluss des Gesagten. Auch dies ist eine Struktur des Nebeneinander, mit dem Effekt von Dichte und Mehrschichtigkeit.« (S. 114f.)

**Sukzession und Verräumlichung**

»[...] ein Verhältnis von Sukzession und Verräumlichung, durch das Dialogsequenzen isoliert, Gesten vereinzelt, Handlungsverläufe getrennt werden. Die gesprochenen Sätze werden aus dem dramatischen Kontext gelöst und exponiert, hinein gerückt in einen Raum, der nicht mehr den Sprechenden gehört. Indem sich die Ansichten auf diese Sätze vervielfältigen, vervielfältigen sich auch deren Konnotationen und Bedeutungen. Die Interferenzen von szenischer Textur und Dialog, von repräsentierter Handlung und strukturiertem Darstellungsprozess setzten ein ›Spiel der Wörter‹ im Theater der Sprache in Gang.« (S. 125)

»[...] Wiederholung hier ein Insistieren. Es ist ein Sprechen, das die Sätze nicht interpretiert, sondern sie mit jeder Wiederholung noch einmal nachzeichnet, so dass sie sich wie eine Spur herausheben. Die Sätze werden gesprochen wie ein Hämmern im Kopf, das nicht aufhören will.« (S. 296f.)

### (a) Verschiebung auf der Ebene der Darstellung

Auf der Ebene der Darstellung wird untersucht, ob es im Verhältnis von Körper und Stimme, Geste und Sprache, Bewegung und Dialog zu Verschiebungen kommt, d. h. zu Abweichungen von der Darstellung einer fiktiven Handlung und zur Verkörperung von Rollen. Wenn beispielsweise die Bewegungen der Figur nicht ausschließlich dem dramatischen Geschehen dienen, ihr Aussehen nicht zum fiktiven Kontext passt, die Sprechweisen nicht allein zum Inhalt, die Gesten nicht ausschließlich zu den behaupteten Situationen etc., entsteht ein Raum, in dem die Darstellungsweise ihren funktionalen Bezug verliert oder erweitert: »Schleichende Transformationen, allmähliche Verwandlungen, verzögerte Metamorphosen lassen einen Raum mit eigener Zeit, mit eigenen Gesetzen, mit eigenen Bedeutungen entstehen«[78], der durch die Darstellungsweise eröffnet wird. Die Schauspieler können mit ihrer epischen Spielweise (Gestik, Mimik, Einsatz der Stimme) einer fiktiven Handlung und dem Charakter einer Rollenfigur widersprechen oder ganz auf die Repräsentation einer Rolle verzichten. In Polleschs Theaterarbeiten sprechen die Schauspieler beispielsweise Texte, die in keinem handlungsbezogenen Zusammenhang mit den vom Sprechen getrennten gestischen Bewegungen stehen. In *HEAVEN (zu tristan)* von Armin Petras/Fritz Kater bewirken epische Verfahren (u. a. historische Kommentare, die die Figuren sprechen) eine Trennung von Körper und Stimme, die einen Bruch mit den Darstellungskonventionen des Theaters, seiner Repräsentationsfunktion, bewirken. Die Gesten der Figuren verlieren ihr eindeutiges Bezugssystem.[79] Der Schauspieler ist damit nicht allein Zeichen für etwas Abwesendes, die dargestellte Rolle, sondern tritt als eine physische Präsenz, als Spieler in den Vordergrund, als »die materielle Wirklichkeit seines Körpers in der Gegenwart der Aufführung selbst«.[80] Die Figur wird in den Analysen nicht auf den Rollentext und das Spiel auf der fiktiven Handlungsebene reduziert, sondern umfasst die Präsenz des Schauspielers in der Theaterarbeit, womit auf Formen der Repräsentation, hier der Darstellung eines durchgehenden Charakters durch die Schauspieler verzichtet wird.

### (b) Verschiebungen auf der Ebene des Raumes

Theaterräume zeichnen sich wesentlich dadurch aus, dass man sie in doppelter Bedeutung verstehen kann: als realen Raum für die fiktiv gezeigten Ereignisse, also als Schauplatz der Handlung und ebenso als »Raum verschobener Wahrnehmung, als Bewusstseinsraum«.[81] Verschiebungen auf der Ebene des Raumes erweitern die räumliche Organisation des fiktiven szenischen Geschehens und stehen häufig mit Verschiebungen auf der Ebene der Zeit im Zusammenhang:

---

[78] | Ebd., S. 73.
[79] | Vgl. ebd., S. 243.
[80] | Ebd., S. 239.
[81] | Ebd., S. 60.

Die Mittel, die ermöglichen, die Kontinuität des dramatischen Verlaufs zu durchbrechen, so dass eine diskontinuierliche Struktur entsteht, sind die der Bühne. Zu ihnen gehört zunächst das Nebeneinander, das der dreidimensionale Raum ermöglicht, die Simultaneität von Vorgängen. [Damit wird es möglich,] Zeitmaße unterschiedlichster Qualität zu kontrastieren [durch die] ›Struktur der Aufgänge und Abgänge‹ [...] ein szenisches Konstruktionsprinzip, das die Figuren raum-zeitlich organisiert.[82]

Die Bühne gestaltet sich als ein Raum, der einen zusätzlichen Bezugspunkt für die Imagination des Gehörten bietet, vor allem, wenn der Raum die im Text thematisierten Situationen weder abbildet noch repräsentiert. Es entsteht daraus ein Raum, »in dem Vorstellungen und Projektionen, Imaginiertes und Verstandenes eine Vielzahl nicht festgelegter und beständig wechselnder Relationen eingehen können.«[83] In den Arbeiten der Autoren-Regisseure ist in dem Zusammenhang zu beobachten, dass Sabine Harbeke und Armin Petras abstrakte Räume bevorzugen, um zeitlichen Verschiebungen, wie den Rückblenden in *lustgarten* oder den Projektionen von historischem Material in *HEAVEN (zu tristan)* Platz einzuräumen, die in keinem realen Zusammenhang zur fiktiven Bühnenhandlung stehen. Bühnenelemente, die eine reale Handlung unterstützen, sind in *lustgarten* nicht vorhanden und in *HEAVEN (zu tristan)* durch wenige Objekte ersetzt. Bei Schlingensief und Pollesch werden dagegen durch ihren opulenten Umgang mit Dekorationen und mit den großzügig gestalteten Kunsträumen assoziative Bezugspunkte zum szenischen Text geboten.

### (c) Verschiebungen auf der Ebene der Zeit

Drittens stellt sich die Frage nach der Ebene der Zeit, in welchem Verhältnis die von den Figuren thematisierten Zeiterfahrungen zu den Zeitmodi, die der szenische Text, insbesondere auf der Ebene der äußeren Kommunikation ›vorführt‹, stehen.

Die Aufführungszeit, die auf die Ebene der Zuschauer bezogen ist, spielt neben der Zeit der dramatischen Fiktion eine Rolle. Die enge Verknüpfung von Aufführungszeit und fiktionaler Zeit führt zu minimalen Verrückungen und Irritationen auf einer binnenfiktionalen und auf einer zuschauerbezogenen Achse.[84] Harbeke macht in *lustgarten* präzise Zeitangaben, die in enger Verknüpfung mit den bevorstehenden und vergangenen Ereignissen stehen und auf die Spielweise und die Wahrnehmung der Zuschauer großen Einfluss haben. Pollesch lässt, um zwischen Diskursszenen und unterhaltenden, improvisierten Szenen zu wechseln, Zeit verstreichen und nutzt diese Zeit, um die Zuschauer auf neue Theaterregeln einzustimmen, während Petras die Figuren in *HEAVEN (zu tristan)* ihre Zeit mit ziellosen Handlungen verbringen lässt. Schlingensief hat einen mindestens dreistündigen Theaterabend inszeniert, womit er die Geduld und Wahrnehmung der Zuschauer herausfordert.

---

82 | Ebd., S. 113.
83 | Ebd., S. 160.
84 | Vgl. ebd., S. 119.

Zeitliche Diskontinuität verändert die Struktur der Erzählung wie des Erzählens für das szenische Geschehen. Der Redefluss wird gebremst, bleibt stecken, setzt wieder neu an, stoppt wieder. Tempoverschiebungen können zur Auflösung von handlungslogischen Bezügen und zu epischen Momenten führen. Die zeitliche Abfolge, die Sukzession, ist in der metrischen und syntaktischen Organisation des szenischen Textes abzulesen. Die Überlagerung, die Schichtung und das Nebeneinanderstellen von Versatzstücken aus verschiedenen Zeiten strukturieren den szenischen Text; es entsteht ein Raum mit mehrdimensionaler Bezüglichkeit.[85] Der zeitliche Rhythmus, in dem die verbalen und nonverbalen Zeichen des szenischen Textes aufeinanderfolgen, sich überschneiden oder in der Rückkopplung aneinandergereiht werden, wie es in *lustgarten* der Fall ist, stellt eine Möglichkeit für den zeitlichen Verlauf eines szenischen Textes dar. Kategorien des filmischen Erzählens (Rückblenden, Schnitte) stellen eine gern verwendete Form dar, den szenischen Text zeitlich zu strukturieren.

### (d) Verschiebungen auf der Ebene der sprachlichen Mittel

Sobald nicht mehr klar ist, was von den Sprech- und Nebentexten sowie den Figuren und den Erscheinungen von Raum und Zeit repräsentiert wird, sobald also szenische Signifikanten als mehrdeutige Zeichen eingesetzt werden, transformieren sich diese Sprech- und Nebentexte in gleichberechtigte Komponenten der szenischen Texte. Sprachliche Zeichen können neben dem Handlungszusammenhang auch eine Konzentration auf Stimmen und Sprechweisen erzeugen, die unabhängig von der inhaltlichen Bedeutung der Worte stehen kann. Worte lösen sich so weit vom Gespräch, dass sie über den einen Adressaten in ihrer Bedeutung hinausgehen und zum Teil sogar eine generelle Hilflosigkeit gegenüber dem Gebrauch von Sprache wiedergeben und somit die Aufmerksamkeit auf das Sprechen selbst verlegen. Pausen innerhalb der Repliken einer Figur markieren Brüche, einen Wechsel der Perspektive von einem Satz zum nächsten. Die Extremform der Verschiebung auf der Ebene der sprachlichen Mittel ist das Schweigen.

Diese Pausen erzeugen Abspaltungen und damit die Unterscheidung einzelner Schichten im Fluss des Gesagten. Auch dies ist eine Struktur des Nebeneinanders, mit dem Effekt von Dichte und Mehrschichtigkeit. Schweigen kann auf die Figur bezogen sein, aber auch – als Stille – zur Ebene der Darstellung zählen. Pausen können auch auf die zeitliche Struktur des szenischen Verlaufs bezogen werden, markieren ein Stillstehen, eine Unterbrechung des szenischen Verlaufs.[86]

Mit der Herauslösung und Isolierung des Gesagten aus dem Handlungskontinuum verlieren die Sätze ihren Bezug auf das dramatische Geschehen; sie werden ›ausgestellt‹, im wörtlichen Sinn in Szene gesetzt. Damit entstehen zusätzliche Perspektiven auf das Gesagte, es wird wahrnehmbar als Sprechhandlung.

---

85 | Vgl. ebd., S. 244.
86 | Ebd., S. 114f.

Primär ist möglicherweise nicht mehr der pragmatische Gehalt der Sätze, die Aussage, die die Figuren über ihr Leben, ihre Handlungen machen, sondern ihr performativer Aspekt.[87] Äußerungen von Affekten, wie Lachen und Schreien, können darüber hinaus eine epische Distanz zum Gesagten bewirken. Das Sprechen kann in der Inszenierung unterschiedlich perspektiviert werden, so kann die feste Zuordnung von Figur und Text zugunsten einer Verteilung des Textes auf verschiedene Stimmen erfolgen oder die Sprechweisen können stark differenziert dargestellt werden. Zur Stimmenchoreografie gehören damit neben dem Rhythmus der Sätze auch die Unterbrechung des Sprechens, das Schweigen sowie ein besonderes Herausheben von Stimmen und Sprechweisen. Wiederholungen des Gesagten bewirken ebenso eine Verschiebung der gesprochenen Sätze.[88] Der Fokus liegt hier also auf dem dramatischen Dialog, der aus dem unmittelbaren Bezug zur Handlung herausgelöst wird: »Erzeugt wird durch die Loslösung eine Konzentration auf das gesamte sprachliche Geschehen statt auf einzelne Wortgefechte. Nicht der schnelle Wechsel der Repliken, sondern die Musikalität exakter Anschlüsse, die aus Sätzen und Bewegungen ein Gewebe entstehen lässt«[89], stehen hier im Zentrum der Betrachtung. Auf diese Weise eröffnet sich ein Raum für jenes mit den Sätzen Gesagte, das über den unmittelbaren Handlungszusammenhang hinausgeht. Die Aufmerksamkeit der Zuschauer wird durch die Verschiebungen auf der Ebene der sprachlichen Mittel von der dramatischen Wechselrede der Rollen hin zu dem gesamten sprachlichen Geschehen der Aufführung gelenkt.[90]

Aus den Kategorien der Verschiebung auf der Ebene der Darstellung, des Raumes, der Zeit und der sprachlichen Mittel resultiert der spezifische Rhythmus des szenischen Textes und davon ausgehend kann die Komposition, das ästhetische Prinzip des Werkes herausgestellt werden. Dabei ›durchkreuzt‹ der Rhythmus den Raster, der durch die vier Ebenen der Verschiebung gebildet wird und bezieht die Produktionsweise mit ein.

### 3.8.3 Der Rhythmus und die Komposition des szenischen Textes

Die szenischen Texte von Autoren-Regisseuren sind als raum-zeitliche Texte zu begreifen und integrieren die Mittel der Bühne in besonderer Weise. Aus den Kategorien des Verschiebens, aus der kritischen Nutzung der stabilisierenden Vorgaben der dramatischen Form, resultiert der spezifische Rhythmus der szenischen Texte der Autoren-Regisseure, der im Verlauf einer dramaturgischen Analyse für die ausgewählten Werke bestimmt wird, um davon ausgehend die spezifische Komposition des jeweiligen Werks beschreiben zu können. Rhythmus wird hier zur zentralen Analysekategorie, die die vermittelnde Kommunikationsebene mit einbezieht und – ausgehend von der dramatischen Form – die Verschiebungen (z. B. Pausen, Störungen, Unterbrechungen) im

---

[87] | Vgl. ebd., S. 116.
[88] | Ebd., S. 248.
[89] | Ebd., S. 65.
[90] | Vgl. ebd., S. 72.

szenischen Text einbezieht. Dabei ›durchkreuzt‹ der Rhythmus den Raster, der durch die vier Ebenen der Verschiebung gebildet wird (vgl. Schaubild 3). Mithilfe der zentralen Kategorie Rhythmus kann das ästhetische Prinzip, die spezifische Komposition des szenischen Textes herausgestellt werden.

*Schaubild 3: Der Rhythmus durchkreuzt die vier Ebenen*

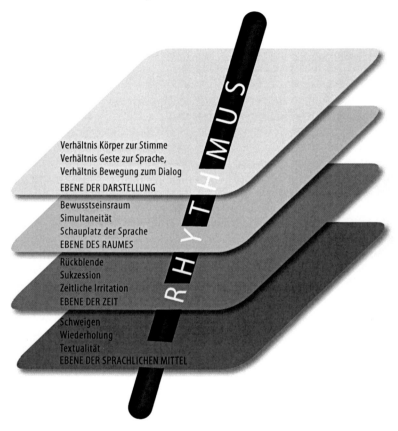

Nach Patrice Pavis verleiht die Inszenierung durch ihre Wahl eines bestimmten Rhythmus dem szenischen Text einen spezifischen Sinn.

Rhythmus wird von ihm definiert als leitendes Organisationsprinzip[91] und kann unterschiedliche Funktionen erfüllen. In der dramaturgischen Analyse

---

**91** | Auch Erika Fischer-Lichte definiert Rhythmus als ein leitendes Organisationsprinzip von Inszenierungen, als grundlegendes dramaturgisches Prinzip: »Welche Elemente wann, in welcher Form und für welche Dauer in Erscheinung treten, hängt wesentlich vom Rhythmus der jeweiligen Aufführung ab.« (S. 239) Fischer-Lichte beschreibt weiter, dass Rhythmus dazu führen könne, »dass die Aufführung in ihrem Verlauf irgendeiner Handlungs- oder Psychologik folgt oder anderen Arten kausaler Verknüpfung.« Diese Untersuchung folgt jedoch der Definition von Rhythmus von Patrice Pavis, der Rhythmus sowohl innerhalb der

ergibt sich die transversale Kategorie ›Rhythmus‹ aus den Verschiebungen auf den Ebenen der Darstellung, des Raumes, der Zeit und der sprachlichen Mittel. Rhythmus bedeutet einen Wechsel zwischen Voraussagbarem und Unerwartetem, zwischen Regelmäßigkeit und Unterbrechung und bezieht dabei den Austausch zwischen der Ebene der Rezipienten mit derjenigen der Akteure mit ein. Transversal bedeutet hier, im Anschluss an Foucaults Diskursanalyse, dass der Rhythmus sich nicht auf der jeweiligen Analyseebene einstellt, sondern erst dann, wenn quer (›transversal‹) durch diese Analyseebenen hindurch der Rhythmus herausgelesen wird. Der Begriff ›Rhythmus‹ – nach Pavis – muss insofern eine Erweiterung erlangen, indem Rhythmus nicht mehr nur als ein »begriffliches Instrument zu betrachten [ist], das eine aktive Lektüre des Textes ermöglicht und den Übergang des Textes auf die Bühne in der Inszenierungsarbeit zu erklären erlaubt«[92], sondern alle Theaterzeichen des szenischen Textes als gleichwertige ansieht. Pavis liest »alle diese verschiedenen Rhythmen der szenischen Systeme einer Aufführung [...] nur im Rahmen der Fabel«[93], während in dieser Untersuchung der Rhythmus des szenischen Textes v.a. außerhalb der Fabel, in der Abweichung von der dramatischen Form zu suchen ist.

Der entscheidende methodische Unterschied besteht darin, dass Pavis bei der Untersuchung des Rhythmus den Dramentext als Ausgangspunkt für die Anordnung der Theaterzeichen betrachtet, die durch eine Inszenierung hinzukommen. In der dramaturgischen Analyse der szenischen Texte wird der Rhythmus jedoch auf den Ebenen der Verschiebung, d. h. dort untersucht, wo der szenische Text von der dramatischen Form abweicht. Auf den Ebenen der Verschiebung lässt sich die Komposition des Textes, die Besonderheiten, die im szenischen Text, vor allem innerhalb des Produktionszusammenhangs bestehen, untersuchen. Über den Rhythmus kann beschrieben werden, wie die Theaterzeichen zueinander im Verhältnis stehen und wie sie kombiniert werden können.

Um die Komposition eines Werkes zu bestimmen, ist Rhythmus als zentrale, transversale Kategorie auf allen Ebenen des szenischen Textes angesiedelt, nicht allein auf der Ebene des Zeitablaufs und der Dauer des szenischen Textes. Im Spannungsfeld vom Dramentext zur Inszenierung ist der Rhythmus nachvollziehbar in der Wahrnehmung verschiedener Dichotomien: Schweigen und Sprechen, Geschwindigkeit und Langsamkeit, Determination und Indetermination.[94] Rhythmus ist darüber hinaus in den gestischen und räumlichen Wirkungen der Schauspieler (z. B. im Arrangement der Schau-

---

narrativen, fiktiven Ebene betrachtet, als auch den Rhythmus untersucht, der Verschiebungen auf der vermittelnden Ebene der Aufführung und das Zusammenwirken beider Organisationsprinzipien, beschreibt. Vgl.: Erika Fischer-Lichte: Rhythmus als Organisationsprinzip von Aufführungen. In: Aus dem Takt. Rhythmus in Kunst, Kultur und Natur. Hrsg. von Christa Brüstle u. a. Bielefeld 2005, S. 235-247, hier S. 239 und S. 246.
**92** | Pavis: Semiotik der Theaterrezeption. S. 89.
**93** | Ebd. S. 97.
**94** | Vgl. ebd., S. 95.

spieler auf der Bühne oder der Arbeit am Gestus) zu untersuchen: »Die Veränderungen stellen die physische Repräsentation des Rhythmus der Inszenierung dar.«[95] Es kann untersucht werden, ob die Struktur des körperlichen Verhaltens im Raum kongruent zu derjenigen der gesprochenen Sprache ist. Die Stimme des Schauspielers kann als starker Modulator des gesamten Textes gelten: So können die Stimmfärbung und die Möglichkeit, Sprachliches mit Außersprachlichem zu verbinden, aufschlussreich für die Analyse sein. Die Komposition der Inszenierung, von Pavis als »globaler Rhythmus«[96] bezeichnet, ergibt sich daraus, dass sich die spezifischen Rhythmen aller szenischen Systeme (Beleuchtung, Gestik, Musik, Kostüme etc.) in Bezug zum Rahmen der fiktiven Handlung organisieren:

> In der Wahrnehmung der Unterschiede in der Geschwindigkeit, der Phasenverschiebungen, der Umschaltungen, der Hierarchien unter ihnen besteht die eigentliche (logische und narrative) ordnende Arbeit der Inszenierung, die auch der Zuschauer auf der Ebene der äußeren Kommunikation leistet.[97]

Der Rhythmus ist ein umfassend strukturierendes Prinzip von Text und Inszenierung, das hier insbesondere die Ebene der äußeren Kommunikation einbezieht und ist daher für die Analyse der Komposition der szenischen Texte der Autoren-Regisseure ausgesprochen wertvoll.

Durch Formen des Verschiebens werden die Verbindungen zwischen räumlichen, darstellerischen und sprachlichen Mitteln zu Elementen des szenischen Gefüges der Inszenierung, zu Elementen der Komposition. Die Bedingung für eine Strukturierung der szenischen Vorgänge ist eine Bühne, in der Bewegungen auch losgelöst von abbildlichen Zuschreibungen wahrgenommen werden können.[98] Die Bühne ermöglicht eine spezifische Komposition von visuellen und sprachlichen oder auch musikalischen und akustischen Zeichen:

> Inszenierungen können ein Verhältnis von Sprache und Bühne wieder in den Blick rücken, das unbeachtet bleibt bei einer ausschließlichen Fixierung auf den binnendramatischen Kosmos, sei es in praktizierten Aufführungskonventionen, sei es in der theoretischen Perspektive.[99]

In der Analyse der Komposition des szenischen Textes ist zu berücksichtigen, dass in jedem szenischen Text die Art, wie dort die verschiedenen Funktionen von dramatischer Rede erkundet wird, eine andere ist. Um die Erweiterungen der dramaturgischen Analyse szenischer Texte durch die zentralen Kategorien Rhythmus und Verschiebungen zu kennzeichnen,

---

95 | Ebd., S, 95.
96 | Ebd., S. 97f.
97 | Ebd., S. 98.
98 | Vgl. Birkenhauer: Schauplatz der Sprache, S. 59.
99 | Ebd., S. 91.

wird dem Fragenkatalog zur Inszenierungsanalyse[100], ein für die dramaturgische Analyse überarbeiteter Katalog gegenübergestellt. Der Fragenkatalog erleichtert es, in Einzelanalysen die ästhetischen Prinzipien herauszuarbeiten und bei jedem szenische Text die führenden Zeichenebenen zu bestimmen.

Um von der konkreten Analyse den Blick für generelle Entwicklungen im zeitgenössischen Theater zu öffnen, bedarf es eines Verfahrens, das die Ergebnisse der Einzelanalysen, die jeweiligen ästhetischen Prinzipien der vier Werke in den größeren Zusammenhang ästhetischer Strömungen stellt, die für den Untersuchungszeitraum stilbildend sind. Im Bezug zu den Ergebnissen, die sich aus den Einzelanalysen ergeben, werden am Ende dieses Kapitels dramaturgische Verfahren aufgestellt.

### 3.8.4 Erweiterter Fragenkatalog zur dramaturgischen Analyse szenischer Texte (nach Patrice Pavis[101])

Der erweiterte Fragenkatalog ist nicht ausschließlich auf szenische Texte von Autoren-Regisseuren anzuwenden, vielmehr soll die Aufmerksamkeit in den Fragen auf das Spannungsfeld zwischen Dramentext und Inszenierungstext gelenkt werden, unter besonderer Berücksichtigung der äußeren Ebene der Kommunikation, der Produktionsbedingungen und der Abweichungen von der dramatischen Form. Aus diesem Grund wurden die Fragen zum Zuschauer mit Fragen zur Bedeutung der Ebene der äußeren Kommunikation für die Sinnkonstitution ergänzt. Ebenso werden Fragen nach der schriftlichen Fixierung des Dramentextes gestellt und nach ihrer Bedeutung für die Inszenierungstexte. Die Frage nach der dramatischen Form wird im ersten Teil des Fragen-Katalogs gestellt, um daraufhin die Verschiebungen auf den Ebenen der Darstellung (hier sowohl die Spielweise als auch die Kostüme betreffend), der des Raumes (auch des ›Bedeutungsraumes‹) und der komplett hinzugefügten Ebene der Zeit und der Ebene der sprachlichen Mittel zu untersuchen. Die Fragen zur Beleuchtung und Musik wurden ebenso wie die Kostüme als einzelne Kategorien stehen gelassen, um die Autonomie der jeweiligen Kunstform zu betonen. Die Kategorie ›Rhythmus‹ wurde ergänzt und die Fragen zum ›globalen Diskurs der Inszenierung‹ an den Schluss des Katalogs gestellt, um in der Frage nach dem ästhetischen Prinzip die Ergebnisse auswerten zu können.[102]

---

**100** | Dieser Katalog bezieht Kategorien aus zwei Versionen des ›Fragebogens zur Inszenierungsanalyse‹ von/ nach Patrice Pavis mit ein. 1. Pavis: Semiotik der Theaterrezeption, S.100-107. und 2. Balme: Einführung in die Theaterwissenschaft, S.89. Der in Kap. 10.5 abgedruckte Katalog ist aus dem Band von Patrice Pavis entnommen.
**101** | Vgl. Kap. 10.5 Der Fragenkatalog zur Aufführungsanalyse von Patrice Pavis und die überarbeitete Fassung für eine dramaturgische Analyse.
**102** | Der Fragenkatalog wurde gemeinsam mit Studenten des Seminars *Theorie und Praxis des modernen Dramas* im Wintersemester 2009/2010 an der Universität Hamburg erarbeitet und diskutiert.

## 3.8.5 Dramaturgische Verfahren

Hans-Thies Lehmann hat in seinem Vortrag *Dramaturgie nach dem Drama*[103] die Schwierigkeit benannt, Kategorien für die Interpretation zeitgenössischer Kunstwerke aufzustellen und den Begriff ›Dramaturgie‹ als übergeordnete Kategorie der Beschreibung vorgeschlagen. Wie manifestiert sich das veränderte Verhältnis von Dramentext und Inszenierungstext, von Sprache und Raum, in den dramaturgischen Strukturen der Theaterkonzepte von Autoren-Regisseuren? Lehmann geht dabei nicht (wie oft angenommen) von einer progressiven Entfernung von Theater und Literatur aus, sondern schlägt eine veränderte Lesart dramatischer Texte vor, für die er einen erweiterten Begriff von Dramaturgie heranzieht. Nach wie vor bezöge sich Dramaturgie auch auf dramaturgische Strukturen der dramatischen Literatur, jedoch sei er mittlerweile auch auf Kunstwerke anzuwenden, die ebenso mit performativen Mitteln arbeiten und durch eine Akzentverschiebung zur Ebene der äußeren Kommunikation[104] gekennzeichnet seien.

Der Begriff der ›dramaturgischen Strategien‹ oder ›dramaturgischen Verfahren‹ eignet sich zur ästhetischen Bestimmung der Autorenregie und den damit zusammenhängenden Tendenzen im Theater, insbesondere dem Verhältnis von Dramentext und Inszenierungstext, zu Beginn des 21. Jahrhunderts aus folgenden Gründen:

1. Im Begriff der Dramaturgie ist bereits eine Distanzierung enthalten, d. h., Dramaturgie bedeutet stets eine intellektuelle Auseinandersetzung mit dem theatralen Ereignis, sowohl auf der Ebene der Produktion als auch auf der Ebene der Rezeption. Epische Mittel finden sich durchgehend in den Arbeiten der Autoren-Regisseure.
2. Dramaturgie berücksichtigt in besonderer Weise das Publikum und zwar bereits in der Konzeption des Theaterereignisses selbst, das heißt, die Reflexion auf ein zu erwartendes und vorwegzunehmendes Wahrnehmungs- und Rezeptionsgeschehen auf der Seite des Publikums steht im Zentrum. In der Autorenregie ist eine »Reorientierung auf die Theatron-Achse zwischen Akteuren und Publikum«[105] zu beobachten.

---

**103** | Hans-Thies Lehmann: Dramaturgie nach dem Drama, Vortrag am 20.1.2010 an der Universität Hamburg. In: www.hamburgische-dramaturgien.de (gesehen am 21.1.2010).
**104** | Dieses erweiterte Verständnis von Dramaturgie, insbesondere in Hinblick auf die Ebene der äußeren Kommunikation, greift Birkenhauer auf: »[Es] handelt sich hier um Theaterformen, in denen das Verhältnis der beiden Achsen, die Binnenperspektive der Figurenrede und die auf den Zuschauer bezogene Perspektive, explizit neu bestimmt wird. [...] die dramatische Struktur impliziert zugleich eine szenische Konstruktion, die das Gesagte und den Vorgang des Sprechens aus der Binnenperspektive der dramatis personae löst und damit operiert, dass und wie das Sprechen der Figuren von Zuschauern wahrgenommen wird.« Birkenhauer: Schauplatz der Sprache, S. 89.
**105** | Vgl. Lehmann: Dramaturgie nach dem Drama. Vortrag.

3. Dramaturgie bezieht konzeptionelle Überlegungen ein, die dem Vollzug einer theatralen Handlung vorausgehen. Dramaturgie kann als Reflexion über die Bau- und Wirkungsweise theatraler Kunstwerke gelten und ist als Kategorie für die Werke der Autoren-Regisseure, die alle eine dramaturgische Konzeption aufweisen, die auch über den Verlauf des dramatischen Textes hinaus geht, geeignet.

4. Der Begriff Dramaturgie verweist in seiner ursprünglichen Bedeutung (griechisch: dramatourgia: eine Handlung aufführen) auf die Beziehung zwischen den beiden Bereichen Text (im weitesten Sinne) und Aufführung, um die es im Spannungsfeld von Dramentext und Inszenierungstext, das die Autorenregie in besonderer Weise kennzeichnet, in zentraler Weise geht. Dabei verweist Dramaturgie gleichermaßen auf formale und inhaltliche Erfordernisse und Gegebenheiten, deren Transformationen und deren mögliche Funktion und Wirksamkeit in einem Aufführungsgeschehen.

5. Der Begriff Dramaturgie hat selbst eine Erweiterung erfahren, die sich auf die künstlerische Form der Autorenregie anwenden lässt: Während zum einen die Arbeit an Dramentexten und Inszenierungskonzepten für deren Umsetzung in eine Inszenierung bedeutend sind, wird der Begriff mit der Betonung performativer Dimensionen im Theater mittlerweile auch zur Beschreibung der ›visuellen Dramaturgie‹, als ›Dramaturgie des Raumes‹ oder als ›Dramaturgie der Zeit‹ angewendet. Dramaturgie beschäftigt sich demzufolge »mit den unterschiedlichsten Logiken sämtlicher theatraler Elemente und deren möglichem Zusammenspiel«[106], d. h., Relationen werden zwischen den Zeichen, aber auch zwischen Werk, Produktionsprozess und Ebene der äußeren Kommunikation in besonderer Weise berücksichtigt.

6. Dramaturgie bezieht stets den Produktionsprozess und die Bedingungen der Theaterinstitutionen mit in die Entstehung eines Werkes ein.

Im Schlussteil der Untersuchung werden infolge der Einzelanalysen dramaturgische Verfahren aus der theaterwissenschaftlichen Forschungsliteratur entwickelt[107], mit deren Hilfe die Arbeiten der Autoren-Regisseure auch im Kontext der ästhetischen Entwicklungen zu Beginn des 21. Jahrhunderts qualifiziert werden können.

### 3.8.6 Zusammenfassung der Methodik

Im szenischen Text, bestehend aus dem Dramentext und dem Inszenierungstext, manifestiert sich das ästhetische Prinzip, die Komposition, die vergleichend in den folgenden Analysen der Werke der Autoren-Regisseure herauszustellen ist. Im ersten Schritt geht es darum, das in den szenischen Texten entworfene System ästhetischer Kommunikation auszuweisen. Dazu wird die dramatische Form des szenischen Textes auf die Kategorien von Figuration und fiktiver Handlungsebene hin befragt und die in Bezug auf die

---

**106** | Christel Weiler: Dramaturgie. In: Metzler Lexikon Theatertheorie, S. 80-83, hier S. 81.
**107** | Vgl. Kap. 8.4 Dramaturgische Verfahren

Ebene der äußeren Kommunikation entwickelten Theaterzeichen werden aufgezeigt. Im zweiten Schritt wird mit Blick auf die Theaterpraxis und den Einfluss der Theaterinstitution die Arbeitsweise der Autoren-Regisseure herausgearbeitet, indem der szenische Text auf seine Verschiebungen hin untersucht wird. Der dynamische Prozess, innerhalb dessen die szenischen Texte entstehen, wird somit einbezogen. Im dritten Schritt wird, ausgehend von der Analyse der Verschiebungen auf der Ebene von Darstellung, Raum, Zeit und sprachlichen Mitteln, der die Ebenen transversal durchkreuzende Rhythmus des szenischen Textes beschrieben und werden die ästhetischen Kompositionsprinzipien der szenischen Texte dargestellt. Es geht im Herausarbeiten der Komposition des szenischen Textes um das Erfassen der im szenischen Text entworfenen Kommunikationsprozesse.[108] Die Untersuchung der dramatischen Form und der Kommunikationsebenen ermöglicht eine vergleichende Analyse typischer Stilmittel von Autorenregie, die im Anschluss an die Einzelanalysen eine systematische Übersicht zu den Stilmitteln der Autorenregie ermöglicht. Abschließend werden im Schlussteil der Arbeit dramaturgische Verfahren vorgestellt, die die ästhetischen Prinzipien der Autorenregie in den Kontext künstlerischer Verfahren des zeitgenössischen Theaters zu Beginn des 21. Jahrhunderts stellen.

Die Reihenfolge der Einzelanalysen ergibt sich aus dem Grad der Abweichung zur dramatischen Form. Der Aufbau der dramaturgischen Analysen zu Sabine Harbekes *lustgarten*, Armin Petras/Fritz Katers *HEAVEN (zu tristan)*, Christoph Schlingensiefs *Rosebud* und René Polleschs *Die Welt zu Gast bei reichen Eltern* ergibt sich aus der Orientierung an dem hier entwickelten Modell einer dramaturgischen Analyse, ausgehend von den ›Abweichungen von der dramatischen Form‹.

---

**108** | »Der Theatertext wird [...] als Entwurf eines in Raum und Zeit situierten, kommunikativen Textgeschehens verstanden, dessen Mechanismen – und nicht: dessen diskursive Bedeutung – die Analyse zu erschließen hat, soweit dies aus dem Text möglich ist.« Poschmann: Der nicht mehr dramatische Theatertext, S. 51.

# 4 Die Autorin-Regisseurin Sabine Harbeke

Zum Auftakt der Einzelanalysen wird die dramaturgische Analyse am szenischen Text *lustgarten* von Sabine Harbeke erprobt. Harbeke orientiert sich darin an der dramatischen Form, jedoch sind Verschiebungen insbesondere auf der Ebene der sprachlichen Mittel, aber auch auf den Ebenen der Darstellung, des Raumes und der Zeit zu erkennen, die eine Auswirkung auf die Komposition des szenischen Textes haben. Um die Arbeitsweise und die von Harbeke angewandten Stilmittel deutlicher herausstellen zu können, werden auch andere szenische Texte der Autorin-Regisseurin herangezogen. Zunächst soll eine kurze Werkbiografie einen Überblick über die künstlerische Arbeit von Harbeke bis zum Januar 2010 geben.

## 4.1 Ausbildung und Werkbiografie[1]

Die Autorin und Regisseurin Sabine Harbeke, geb. 1965, schreibt und inszeniert seit 1999 Theaterstücke. Nach dem Sportlehrerstudium in Zürich und dem Studium der Visuellen Kommunikation an der Hochschule für Gestaltung und Kunst in Luzern (von 1991-1995) zog sie von 1996-2002 nach New York. Dort arbeitete sie zunächst als Filmtechnikerin, studierte bis 1998 Filmregie an der *School of Visual Arts* und drehte fiktionale und dokumentarische Kurzfilme (*new york, frühmorgens* [1996/97], *brothers in law* [1997], *june* [1998], *seefeld* [1999]). Das Medium Film hat auf ihre Theaterarbeit einen sehr starken Einfluss, die filmischen Mittel werden in der Analyse von *lustgarten* besonders berücksichtigt. 1998 wurde Harbeke Mitglied der *Playwrights and Directors Unit* des *Actor's Studio*. Ihre erste literarische Veröffentlichung war eine Sammlung von Kurzgeschichten, die 1996 unter dem Titel *alltagsgeschichten* erschien, 1999 schrieb und inszenierte sie (mit amerikanischen und deutschen Schauspielern) den szenischen Text *god exists* für das *Hope and Glory Festival* in Zürich. Die damalige künstlerische Leitung des Theaters am Neumarkt, Otto Kukla und Crescentia Dünßer, vergaben in den folgenden

---

[1] | Vgl. Kap. 10 Im Anhang ist eine Liste der Dramentexte und Inszenierungen (mit den Uraufführungsterminen) Sabine Harbekes aufgeführt.

Spielzeiten an die Regisseurin vier Auftragsstücke, die in ihrer Regie uraufgeführt wurden: In der Spielzeit 2000/2001 *wünschen hilft*, 2001/2002 *schnee im april*, 2002/2003 *der himmel ist weiß* und im Dezember 2003 *lustgarten*. Am 12. März 2004 wurde *nur noch heute*, ein Drama, das auf Kurzgeschichten von Raymond Carver basiert, am Theaterhaus Gessnerallee in Zürich in der Regie von Barbara David Brüesch uraufgeführt. Harbeke übernahm für die Inszenierung die Dramaturgie. Ihren deutsch-englischen Text *und jetzt/ and now* brachte die Autorin am 20. Oktober 2004 in eigener Regie mit deutschen und amerikanischen Schauspielern am Thalia Theater Hamburg (Thalia in der Gaußstraße) zur Uraufführung. Die vom Goethe Institut unterstützte Produktion gastierte im November 2004 im New Yorker Bricstudio. Als Auftragswerk für die *Frankfurter Positionen 2006*[2] verfasste sie den Dramentext *nachts ist es anders*, der von Ensemblemitgliedern des Thalia Theaters in einer szenischen Lesung in Frankfurt vorgestellt wurde. In Bern führte Harbeke im Oktober 2006 für die Schweizer Erstaufführung die Regie, nachdem Christine Schneider kurz zuvor am Nationaltheater Mannheim die deutschsprachige Uraufführung[3] inszeniert hatte. Seither hat sie weitere Auftragsstücke geschrieben und inszeniert: *schonzeit* 2006 für das Schauspiel Kiel, *trotzdem* 2007 für das Bochumer Schauspielhaus, *mundschutz* 2008 für das Theater Basel. Die Uraufführung von *jetzt und alles* fand am 25.4.2009 am Theater Basel in Zusammenarbeit mit dem Regisseur und Theaterpädagogen Martin Frank statt. Für das Schauspiel Kiel hat Harbeke mit *11°, windstill* eine Fortsetzung von *schonzeit* geschrieben und inszeniert, deren Uraufführung am 16. Januar 2010 stattfand.

Sabine Harbeke inszeniert selten Stücke anderer Autoren, zuletzt *Nach Damaskus*[4] nach August Strindberg im Studio des Schauspiels Kiel. Das Stück *Eurydike* von Sarah Ruhl hat Harbeke für den Fischer Verlag aus dem Englischen ins Deutsche übersetzt. Harbeke hat Hörspiele zu *schnee im april*, 2003, und zu *lustgarten*, 2004, gestaltet. Seit dem Wintersemester 2009/10 arbeitet sie als leitende Regiedozentin an der Zürcher Hochschule der Künste, Department Darstellende Künste und Film.

---

**2** | Das Projekt ist eine Initiative der BHF-BANK-Stiftung, die – unter Einbeziehung einer unabhängigen Fachjury – Aufträge zur Erstellung neuer Werke an Künstler erteilt. In einem etwa zweijährigen Turnus wird versucht, »mit den Mitteln verschiedener Sparten der Künste, sowie mit begleitenden und analytischen Statements eine Positionsbestimmung zu dem sich vollziehenden gesellschaftlichen Wandel und zu den Veränderungen in der Lebenswelt zu formulieren.« www.frankfurterpositionen.de (gesehen am 3.5.2010)

**3** | Sabine Harbeke: nachts ist es anders. UA Nationaltheater Mannheim, 6.10.2006. Regie: Christine Schneider. Schweizer Erstaufführung. Theater Bern, 22.10 2006. Regie: Sabine Harbeke (Stückauftrag der Frankfurter Positionen, 2006).

**4** | *Nach Damaskus* nach August Strindberg. Premiere, 1.10.2008 am Schauspielhaus Kiel. Regie: Sabine Harbeke.

## 4.1.1 Veröffentlichungen[5]

Die Dramentexte von Sabine Harbeke werden vom Fischer Verlag vertreten und erscheinen in regelmäßiger Folge im jährlich herausgegebenen Sammelband *Theater Theater. Aktuelle Stücke*: (*der himmel ist weiß* [Bd.13], *lustgarten* [Bd. 15], *schnee im april* [Bd. 12], *schonzeit* [Bd.18]. Der Dramentext *und jetzt/and now* wurde im Programmheft der Theaterstiftung der Region Baden-Württemberg mit Texten und Materialien 2007 veröffentlicht. Die unveröffentlichten Fassungen von *wünschen hilft, nur noch heute, mundschutz, jetzt und alles* und *11°, windstill* sind ebenfalls über den Fischer Verlag zu bestellen[6]; der Dramentext zu *god exists* wird nicht vom Verlag vertreten und ist nur über die Autorin[7] zu erhalten.

## 4.2 Dramaturgische Analyse des szenischen Textes *lustgarten*

Für die dramaturgische Analyse des szenischen Textes *lustgarten* wird zunächst der Prozess des aufführungsbezogenen Schreibens nachgezeichnet, um anschließend die schriftliche Fixierung des Dramentextes zu beschreiben, die bereits Auskünfte über die Konzeption des Inszenierungstextes geben kann. Die kritische Nutzung der dramatischen Form wird auf den vier Ebenen der Verschiebung untersucht, um davon ausgehend Rhythmus und Komposition des szenischen Textes bestimmen zu können.

### 4.2.1 Der Produktionsprozess: Dramentext und Inszenierungstext

Der Dramentext *lustgarten* wurde von Sabine Harbeke im März 2003 in Berlin verfasst. Ein regionaler Hinweis auf den Ort des Entstehens ist der Titel des Dramentextes: Der ›Lustgarten‹ bezeichnet eine gestaltete Grünanlage auf der Museumsinsel im Berliner Bezirk Mitte, die ursprünglich zum Berliner Schloss gehörte. Die Uraufführung von *lustgarten* fand am 6.12.2003 im Theater am Neumarkt in Zürich statt; an diesem Datum wurde auch die der Analyse zugrunde liegende Aufzeichnung erstellt.

Harbeke wollte nach der Zürcher Inszenierung ihres Dramentextes *der himmel ist weiß*, in dem eine Frau in drei verschiedenen Lebensaltern und in ihren wechselnden Beziehungen gezeigt wird, nun ein »Männerstück«[8] schreiben.

---

5 | Vgl. Kap 11 Literatur- und Aufführungsverzeichnis.
6 | Kontakt: S. Fischer Verlag, Theater & Medien, Hedderichstraße 114, 60596 Frankfurt a. M., Dr. Barbara Neu, www.fischertheater.de/page/kontakt.
7 | sabine.harbeke@zhdk.ch, vgl. Kontaktdaten im Anhang.
8 | Mit Sabine Harbeke hat die Verfasserin am 14.9.2007 ein Gespräch in Bochum geführt, aus dem Äußerungen zu ihrer Arbeit in die Analyse einbezogen werden. Das Gespräch wurde auf Band aufgezeichnet und Ausschnitte daraus wurden veröffentlicht. Vgl.: Karin Nis-

Im Kontext des beginnenden Irakkrieges[9] verfolgte Harbeke die Gespräche zwischen George W. Bush und Tony Blair und entwickelte daraus die Idee für das Gespräch zwischen den Figuren Mertens und Krause nach einer gemeinsam begangenen Gewalttat. Die Medienberichterstattung über den Irakkrieg hatte Einfluss auf die Entstehung des szenischen Textes und wurde während der Proben mit den Schauspielern ausgiebig diskutiert.[10] In der Möglichkeit einer direkten Umsetzung von aktuellen Ereignissen im szenischen Text zeigt sich ein Vorteil der Autorenregie. In *lustgarten* wurde in den Proben vor allem der szenische Text von Ingrid Lutz in der Diskussion mit der Schauspielerin Ursula Reiter verändert. Im Dramentext wird beispielsweise nach dem Gespräch die Geschichte der Soldatin Jessica Lynch erwähnt[11], deren inszenierte Rettung 2003 für einen von den Medien über Monate mit verfolgten Skandal gesorgt hatte.[12] Harbeke thematisiert in einer aufgezeichneten Probe am Neumarkt Theater vom 28.11.2003, dass sie Ende März den Text geschrieben habe und Ursula Reiter nun aktuelle Sätze hinzunehmen sollte: »Fünf Sätze zur Kriegssituation. Krieg wird nicht als Hauptthema genommen, trotzdem ist es ein ganz wichtiges Thema für den gesamten Abend. Es werden fünf Sätze gesucht, die stimmen, die die Ebene Krieg transportieren an dem Abend.«[13] Zwischen dem Schreib- und Inszenierungsprozess von *schnee im april* lag – um ein weiteres Beispiel zu nennen – der Terroranschlag am 11. September 2001 und Harbeke thematisierte in den

---

sen-Rizvani: ich glaube dir den haarschnitt, das hemd, deine liebenswürdigkeit, aber den satz nicht. Ein Gespräch mit Sabine Harbeke. In: Radikal weiblich?, S. 25-33. Speziell zu Fragen der Autorenregie wurde im Mai 2010 ein Mail-Interview geführt, das in Kap. 10.1 im Anhang abgedruckt ist.

**9** | Am 21. Februar 2003 gab der US-Verteidigungsminister Donald Rumsfeld bekannt, dass die Stärke der Truppen in der Golfregion nun für einen Angriff auf den Irak ausreiche. Vgl. http://de.wikipedia.org/wiki/Irak-Krieg (gesehen am 10.2.2009).

**10** | Die Proben von *lustgarten* wurden aufgezeichnet und befinden sich im Videoarchiv Sabine Harbekes. Angaben zu der Probenarbeit, zu Diskussionen und Interviews mit den Schauspielern sind den Aufzeichnungen entnommen.

**11** | »die meisten Soldaten sind noch nicht mal 22 / diese jessica lynch ist 19« Sabine Harbeke: lustgarten. In: Theater Theater. Aktuelle Stücke. 15. Frankfurt a. M. 2005, S. 291-331, hier S. 324.

**12** | Jessica Lynch war Teil der 507th Instandsetzungskompanie der US Army, die am 23. März 2003 während ihres Kriegseinsatzes in einen militärischen Hinterhalt geriet. Elf Soldaten kamen dabei ums Leben, sechs weitere gerieten in irakische Kriegsgefangenschaft. Da Lynch auf Grund ihrer Verletzungen von den anderen Gefangenen getrennt wurde, befreite in einer gesonderten Aktion eine US-Spezialeinheit Jessica Lynch aus einem Krankenhaus in Nasiriyya am 2. April 2003. Die Befreiungsaktion hatte für großes Aufsehen bei der US-Presse gesorgt. Kurz nach Jessica Lynchs Befreiung wurden vom US-Militär dramatisch wirkende Filmaufnahmen der Kommandoaktion für die Medien freigegeben, die vom Magazin Monitor später als inszeniertes Propagandamaterial herausgestellt wurde. Vgl.: http://de.wikipedia.org/wiki/Jessica_Lynch (gesehen am 12.2.2009).

**13** | Sabine Harbeke bei Gesprächen auf der Probe zu *lustgarten* am 28.11.2003. Aufzeichnung aus dem Privatarchiv von Sabine Harbeke.

Proben die Schwierigkeit mit dem aktuellen Ereignis umzugehen und wie es in den szenischen Text, der zudem in New York spielte, zu integrieren sei.

Harbeke entwickelt die Figuren ihrer szenischen Texte, die (mit Ausnahme von *nur noch heute* und *nachts ist es anders*) alle als Auftragswerke für Theater entstanden sind, in Hinblick auf bestimmte Schauspieler[14], deren Besetzung sie in der Regel schon während des Schreibprozesses kennt: »Die Arbeit mit den Schauspielern ist zentral. Sie sind diejenigen, die meine Texte beleben. Die bei diesem Prozess entstehende Reibung lässt eine Emotionalität entstehen, die den Zuschauer mit einbezieht.«[15] Die Schauspieler erarbeiteten während der Proben ihr eigenes Bild der Figuren und führten dazu in *lustgarten* in ihrer Figur ein Interview mit Harbeke, um einen Subtext für die Figur zu entwickeln. So wurden Krause (Bartosz Kolonko) und Mertens (Andreas Storm) in den Interviews[16] nach ihrer gemeinsamen Freundschaft gefragt, wer der Ideengeber und der Anstifter für die Tat gewesen sei, wie sie den anderen einschätzten und wie für sie die Freundschaft unter diesen Umständen weitergehen könne. Die Schauspieler füllen für sich im Gespräch inhaltliche Lücken, die Harbeke in dem Dramentext belässt und stellen so ihren eigenen Bezug zu der Geschichte her. Man kann in der Aufzeichnung der Interviews[17] verfolgen, wie die Schauspieler die einzelnen Episoden (z. B. zum Verhältnis von Mertens und Krause) für sich klären.[18] Auch die Schauspieler stellen Fragen an die Autorin, wie sie sich den Ausgang der Geschichte vorstellt:

Bartosz Kolonko: Sind wir zum Auto zurückgegangen? Sabine Harbeke: Ich glaube nicht, in meiner Vorstellung. Du kannst es eigentlich niemandem erzählen. Wenn sie gestorben wäre, hättet ihr es erfahren. Mir gefällt die Variante, dass ihr nie mehr etwas von ihr erfahren habt.[19]

Die Gespräche dienen dazu, dass die Schauspieler für sich klären, wie sie sich die Figuren und die Geschichte denken. Die von den Schauspielern entworfenen Subtexte hatten jedoch keine unmittelbare Auswirkung auf den dramatischen Text, nur selten wurden einzelne Worte ausgetauscht, was eher mit dem Rhythmus des Sprechens und mit der genauen Klärung einer Bedeutung, als mit dem Einfluss der Schauspieler auf die sprachliche Charakterisierung der

---

14 | Vgl. Kap. 10.1 Mail-Interview mit Harbeke.
15 | Michael Sommer u. Sabine Harbeke: Gespräch über *nur noch heute*. In: http://theater.ulm.de/archiv/spielzeit-06-07/documents/einblicke-texte/nurnochheute/nur_noch_heute_materialien.pdf (gesehen am: 5.3.2008).
16 | Auch die Probengespräche mit den drei Schauspielern wurden aufgezeichnet und finden sich im Videoarchiv von Sabine Harbeke.
17 | Aufzeichnung zu einer Probe zu *lustgarten*, o.D. (Privatarchiv Sabine Harbekes).
18 | Bartosz Kolonko antwortete so auf die Frage Harbekes, wie Krause auf die Idee gekommen sei, die Frau für eine nicht absehbare Zeit im Kofferraum einzusperren: »Ich wollte auch einmal eine Idee haben, die Mertens vielleicht umhaut, erstaunt. Es war auch eine Neugier, wie ist das Gefühl. Es ist so einfach, es steckt so viel dahinter und es ist doch so groß.« Ebd.
19 | Ebd.

Figur zu tun hatte. So wird in einer Probenaufzeichnung die Bedeutung der Worte ›durchgestreckt‹ oder ›durchgesteckt‹ diskutiert und wie sich die Bedeutung der Szene dadurch verändern würde. Harbeke unterscheidet bei den Proben, welche Reaktionen gespielt, welche ausgesprochen und welche weiter differenziert werden. Das szenische Spiel der Schauspieler entspricht weitestgehend den im Dramentext notierten Vorgängen, auch in den Nebentexten:

[...] in einer frühen Probenphase [arbeitet] Harbeke mit den Schauspielern Befindlichkeit und Biografie der Figuren und ihre Beziehungen heraus – unabhängig von der Vorlage. Diese ersten Erkundungen speisen und beleben später den verdichteten Text, ohne ihn zu verändern; so verbinden sich Harbekes Vorlage und die Vorstellungen der Darsteller zu etwas Drittem.[20]

Durch die dichte Partitur der Worte, Betonungen und Unterbrechungen steckt Harbeke einen engen Rahmen ab, in dem sich die Schauspieler in der Gestaltung des sprachlichen Ausdrucks der Figur bewegen müssen. Die stimmlichen Betonungen und die Haltungen herauszuarbeiten, aus der heraus die Worte gesprochen werden, bedeutet die Hauptarbeit der Schauspieler und der Regie bei den Proben: Harbeke gibt durch die schriftlichen Markierungen im Dramentext den Sprechrhythmus vor.[21]

*Ursula Reiter als Ingrid Lutz (li.) und Sabine Harbeke im Probengespräch.*

Foto: Peter Walder

---

**20** | Simone von Büren: Liebe und Schuld in der Mittagspause. *der himmel ist weiss* am Theater Neumarkt. In: Neue Zürcher Zeitung am Sonntag, 26.1.2003.
**21** | Vgl. Kap 4.2.5.d Verschiebungen auf der Ebene der sprachlichen Mittel.

Für Auftragswerke wie *schonzeit* am Schauspiel Kiel oder *trotzdem* am Bochumer Schauspielhaus hat Harbeke vor Ort recherchiert und zunächst ›Sprachmaterial‹ aus der jeweiligen Region (auf Wochenmärkten, in Läden, am Hafen etc.) notiert, das mit in die Gestaltung des Dramentextes integriert wurde. In Kiel hat sie für ihre szenischen Texte *schonzeit* (2006) und *11°, windstill* (2010) mehrere Wochen die norddeutsche Zurückhaltung, den Humor und regionale Besonderheiten studiert und ihre Notizen beim Schreiben des Dramentextes hinzugezogen:»Harbeke: Die Figuren sind schon zu 90 Prozent meine Kreationen, aber die Details kommen von hier.«[22] Harbeke sieht das Inszenieren ihrer eigenen Dramentexte als ›Belohnung‹ und Abschluss ihrer Arbeit an einem Theaterprojekt:

Das Schreiben ist immer eine sehr einsame Arbeit. Den Stoff dann selbst mit den Schauspielern in Szene zu setzen ist einerseits die Belohnung fürs Schreiben und andererseits kann ich die Geschichte abschließen, indem ich sie neu erzähle. [23]

Harbeke legt den Fokus ihrer Regiearbeit auf die Sprachbehandlung. Sie schreibt präzise Dramentexte, die an Partituren erinnern und korrigiert für die Inszenierung meist nur Nuancen an Sätzen oder Worten. Ihre Dramentexte sind zwar im dramaturgischen Aufbau an visueller Fantasie (v.a. auch die Erfahrungen Harbekes aus der Ausbildung und Arbeit mit Film) orientiert, jedoch sind durchaus Inszenierungen denkbar, die eine inszenatorisch offenere Version zeigen. In ihrer Inszenierung *trotzdem* wird zum Beispiel eine Interpretation des Dramentextes vermisst, der ein »lose zusammenhängendes Szenenkonglomerat«[24] darstelle, in dem »sechs Figuren auf die Bühne [gestellt werden], deren Lebenswege sich überschneiden und zufällige Begegnungsknoten bilden.«[25] Andererseits wird der charakteristische kühl-präzise Stil, den Harbeke bereits mit dem Dramentext ausgearbeitet hat, durch ihre Arbeit als Regisseurin erst im Raum erfahrbar, was in anderen Regiearbeiten, die die Stärke der Dramentexte in der Sprachgestaltung nicht berücksichtigen, verloren zu gehen droht. In einer Aufführung von *lustgarten* in der Regie von Tina Geißinger an der Nebenspielstätte des Schauspiel Nürnbergs wird in den Kritiken so kaum auf die Ebene der sprachlichen Mittel eingegangen, sondern herausgestellt, dass die Handlung lückenhaft erzählt wurde: »Geißinger gelingt es trotz sensibler Figurenführung nicht wirklich, den überkonstruierten Text zu erden.«[26] Harbeke setzt in ihrer Inszenierung einen Schwerpunkt auf

---

**22** | Oliver Stenzel: Das brüchige Leben. Gespräch mit Sabine Harbeke über die Inszenierung *schonzeit* in Kiel. Kieler Nachrichten, 14.9.2006.
**23** | Nissen-Rizvani: Interview mit Sabine Harbeke in Bochum am 14.9.2007. Tonbandaufnahme.
**24** | Hans-Christoph Zimmermann: *trotzdem* von Sabine Harbeke in Bochum. Theater der Zeit 62 (2007) H. 12, S. 42-43, hier S. 43.
**25** | Silvia Stammen: Klopfzeichen aus der Matratzengruft. Halbstark: Claudius Lünstedts *Musst boxen* und Sabine Harbekes *lustgarten* – neue Stücke am Schauspiel Nürnberg. In: Süddeutsche Zeitung, 28.12.2004.
**26** | Ebd.

die Kommunikation selbst, auf die Regeln der gesprochenen Sprache, die in Fremdinszenierungen zumeist nicht im Zentrum stehen.

#### 4.2.2 Zur schriftlichen Fixierung des Dramentextes *lustgarten*

Mit der konsequenten Kleinschreibung ihrer Dramentexte möchte Harbeke eine »Gleichberechtigung der Worte«[27] erreichen, wie sie ihr aus der englischen Sprache vertraut ist. In einer Legende stellt Harbeke dem schriftlich fixierten Dramentext Textzeichen voran, die sie zur Strukturierung des Dramentextes mit Pausen, überlappendem Sprechen oder Schweigen einsetzt.[28] Die kursiv gedruckten Regieanweisungen, die sich auf einzelne Gesten, Blicke und vor allem Momente, in denen gelacht wird, beziehen, werden in Harbekes Inszenierung entsprechend szenisch umgesetzt, d. h., der Dramentext kann als genaue Spielvorlage für die Inszenierung Harbekes angesehen werden. Harbeke kennzeichnet den Dramentext durch Interpunktionen, insbesondere Punkte und Fragezeichen, die meist unvollständige Sätze abschließen und die die Betonung durch die Schauspieler präzise vorgeben.

#### 4.2.3 Dramatische Form: Figuration und fiktive Handlungsebene

*lustgarten* setzt sich aus drei Szenen zusammen: dem Dialog zwischen Mertens und Krause, dem Monolog von Ingrid Lutz und als dritter, abschließender Szene dem von Mertens und Krause kurz angestimmten Karaokesong. Eine Handlung wird durch eine – von Manfred Pfister als ›Geschehen‹ bezeichnete[29] – fiktive Situation ersetzt, in der Mertens und Krause die Ereignisse des Vorabends reflektieren und in der Ingrid Lutz, beim Warten auf ihre Schwester, über die Beziehung zu ihr nachdenkt. Die Situationen, die der szenische Text wiedergibt, umkreisen in einem Zustand der Reflexion und des Wartens vergangene und in Aussicht stehende Ereignisse. Die vorangegangenen Ereignisse lassen sich aus dem Dialog von Mertens und Krause und dem Monolog von Ingrid Lutz rekonstruieren: »Alles Wesentliche ereignet sich vorher oder nachher.«[30]

Mertens und Krause haben eine Frau durch eine Annonce, mit der sie Mitreisende Richtung Calais gesucht hat, kennen gelernt. Nachts haben sie mit ihr in einer Karaoke-Bar gefeiert. Die beiden lachen viel, aber in der Er-

---

**27** | Nissen-Rizvani: ich glaube dir den haarschnitt, das hemd, deine liebenswürdigkeit, aber den satz nicht, S. 26.
**28** | Vgl. Kap. 4.2.5.d Verschiebungen auf der Ebene der sprachlichen Mittel.
**29** | »›Geschehen‹ [...] trifft zu auf Geschichten oder Teile von Geschichten, in denen entweder die menschlichen Subjekte unfähig zu einer intentionalen Wahl sind oder die Situation sich jeder Veränderung entzieht [...]. Solche handlungslosen Dramen finden sich besonders in der Moderne häufig, und diese Handlungslosigkeit, diese Reduktion der Handlung auf Geschehen, ist eine der wichtigsten strukturellen Transformationen des Dramas der Moderne. [...] Das deutlichste und bekannteste Beispiel für diese Reduktion der Geschichte auf Geschehensabläufe stellen Dramen Samuel Becketts dar.« Pfister: Das Drama, S. 270f.
**30** | Irene Widmer: Die Bösartigkeit des Banalen, Schaffhauser Nachrichten, 9.12.2003.

innerung an die vergangene Nacht vergeht es ihnen. Sie sehen auf die Uhr: schon sechs Stunden ist es her, dass sie die insulinbedürftige Frau im Kofferraum ihres Wagens, eingeschlossen mit ihrem Collie, zurückgelassen haben. Sie haben der Frau gesagt, dass sie um drei Uhr wiederkommen werden.

Ingrid Lutz hasst ihre Schwester. Sie erzählt, wie ihre Schwester eigenwillig und exzentrisch immer ihren Weg gegangen ist, während sie selbst in ihrem Leben viel mehr Mühe hatte. Die Schwester hat einen wohlhabenden Taxiunternehmer geheiratet und als Ingrid mit ihren beiden Kindern, Alexa und Leonid, zum Weihnachtsfest vor drei Jahren zu Besuch bei ihr war, hatte sie sogar Schlangen, mit denen sie die Kinder erschreckt hat. Weihnachten endete dann bei Comicfilmen im Hotel, und seitdem hat sie die Schwester nicht mehr wieder gesehen. Der Mann hat ihre Schwester verlassen, und jetzt will die Schwester noch einmal neu anfangen, mit über vierzig, einfach weggehen in ein anderes Land. Den Hund muss sie hier lassen, wegen der Quarantäne. Die Schwester müsste eigentlich längst da sein. Die Hauptfigur in *lustgarten* ist die Frau im Kofferraum, die Schwester von Ingrid Lutz, die nicht auftritt und im Figurenverzeichnis namentlich nicht genannt[31] wird. Sie wird lediglich durch die Fremdperspektive[32] der anderen Figuren charakterisiert. Mertens und Krause, dargestellt von den Ensemblemitgliedern des Theaters am Neumarkt, Andreas Storm und Bartosz Kolonko, werden im Figurenverzeichnis nur bei ihrem Nachnamen, »mertens« und »krause«, genannt und so als Typen[33] gekennzeichnet. Ingrid Lutz (dargestellt von Ursula Reiter) begegnet Mertens und Krause im Stückverlauf nicht, sondern erzählt monologisch im Rückblick von ihrer Schwester.

Man kann in *lustgarten* von einer fiktiven Handlungsebene ausgehen, die sich jedoch darauf beschränkt, dass Mertens und Krause über den vergangenen Abend reflektieren und während ihres Gesprächs alltägliche Handlungen begehen, wie etwa den Kokoskuchen zu essen. Ingrid Lutz' Handlung ist auf das Warten auf die Schwester beschränkt und auf das Aussprechen der Gedanken, die ihr dabei durch den Kopf gehen. Harbeke behält in *lustgarten* die Ebene der Figuration aufrecht: Mertens und Krause und auch Ingrid Lutz werden von den Schauspielern als fiktive Figuren dargestellt. Die Figuren werden weniger durch ihre Handlung als durch ihr Sprechen charakterisiert. Die Handlung und die Charakteristik der Figuren setzen sich erst auf der Ebene der äußeren Kommunikation für den Zuschauer zusammen.

---

31 | Harbeke gibt der Figur nur für die Probenarbeit einen Namen: Nathalie. Im szenischen Text möchte sie die Figur jedoch namenlos belassen, um die Figur ausschließlich aus den Fremdperspektiven von Mertens und Krause, von Ingrid Lutz und der der Zuschauer entstehen zu lassen.

32 | Vgl. Pfister: Das Drama, S. 252f.

33 | Pfister unterscheidet ›Typ‹ und ›Individuum‹. Der ›Typ‹ ist durch einen Satz von Eigenschaften gekennzeichnet und abstrahiert vom Individuellen, um ein überindividuelles Allgemeines repräsentieren zu können. Beim ›Individuum‹ steht das Einmalige, Unwiederholbare im Vordergrund und eine Fülle charakterisierender Details zeichnet die Figur mehrdimensional auf vielen Ebenen aus. Vgl. Pfister: Das Drama, S. 245.

### 4.2.4 Die Ebene der äußeren Kommunikation

Der Zuschauer kann das Ereignis des Vorabends bis zur Gegenwart der Handlung aus den Versatzstücken des szenischen Textes zusammensetzen, die in kurzen, nicht chronologischen Rückblenden aus dem Gespräch zwischen Mertens und Krause und aus dem Monolog von Ingrid Lutz hervorgehen.[34] Die Rezipienten bekommen ausschließlich aus den Fremdkommentaren der anderen drei Figuren Informationen über das Aussehen und den Charakter der Frau und müssen sich aus zum Teil widersprüchlichen Aussagen selbst ein Bild zusammensetzen. Beim Zuschauer wird beispielsweise in der ersten Szene das Bild einer Diabetikerin gezeichnet, die nach einer durchfeierten Nacht von ihren beiden Mitreisenden brutal im Kofferraum ihres Wagens zurückgelassen wird, auch wenn Krause und Mertens zur eigenen Entlastung permanent auf eine Mitbeteiligung der Frau anspielen.[35] Ingrid Lutz erzählt, dass ihre Schwester ihrer Tochter Alexa eine Schlange um die Schultern gelegt hat und stellt sie somit auch als Täterin dar. Ein komplexes Bild der Frau als einer mehrdimensionalen Figur[36] entsteht in seiner Widersprüchlichkeit in der Fantasie der Zuschauer.

Den Assoziationen des Rezipienten wird es ebenfalls überlassen, zu entscheiden, inwieweit die Frau auf die Handlung Einfluss genommen hat, wie die Handlung endet, bzw. weiter verläuft: Harbeke weist die Verantwortung für den Ausgang der Geschichte von sich, sie will als Autorin nicht entscheiden, ob die Frau im Kofferraum stirbt.[37] Der Fantasie der Zuschauer und der Kritiker bleibt es überlassen, ob die beiden Männer zum Auto zurückkehren, ob die Frau überlebt, ob es zu einem Zusammentreffen der Schwestern kommt oder wie es mit der Freundschaft von Mertens und Krause nach der Tat weiter gehen kann: »*lustgarten* hält sich im Letzten bedeckt. Bis zum Ende wird

---

**34** | »Inhaltlich, aber auch formal: *lustgarten* ist ein Stück in Splittern geworden.« Tobi Müller: Sabine Harbeke am Theater Neumarkt. Im Zentrum klafft die Lücke. In: züritipp, 4.12.2003.

**35** | »mertens: [...] jetzt hör mal zu. es war ihre idee. [...] sie wollte es ausprobieren. – / krause: ja? / mertens: ganz bestimmt. / krause: hmm. / mertens: sie mag es. / krause kann ich mir nicht vorstellen. / mertens: glaube mir. – sie hat am anfang nicht geschrien. / krause: nicht? / mertens: zuerst war es ganz still, erinnerst du dich nicht? / krause: hmm, ja... doch.« In: Harbeke: lustgarten, S. 298f.

**36** | »Eine mehrdimensionale Figur [wird] durch einen komplexen Satz an Merkmalen definiert, die auf den verschiedensten Ebenen liegen und z. B. ihren biografischen Hintergrund, ihre psychische Disposition, ihr zwischenmenschliches Verhalten unterschiedlicher Figuren gegenüber, ihre Reaktionen auf unterschiedliche Situationen und ihre ideologische Orientierung betreffen können.« Pfister: Das Drama, S. 243.

**37** | »Ich als Autorin möchte nicht dafür verantwortlich sein, dass die Frau im Wagen umkommt.« Sabine Harbeke bei einer Probenbesprechung von *lustgarten* im Dezember 2003 am Theater am Neumarkt, private Aufzeichnung.

nicht klar, ob im Auto überlebt wird oder nicht. Ein dramaturgischer Trick, der irritieren kann.«[38]

Harbeke versucht, die Zuschauer durch das maßlose Lachen von Mertens und Krause am Stückbeginn und durch witzige Sprachspiele[39] zunächst auf einen unterhaltsamen, komischen Theaterabend einzustimmen. Das Lachen vergeht den Zuschauern im Verlauf des Theaterereignisses umso mehr, je detaillierter die gewalttätigen Vorgänge enthüllt werden.

Die Rezipienten bleiben räumlich vom fiktiven Bühnengeschehen getrennt; es kommt zu keiner Auflösung oder Überschreitung der Trennung zwischen dem Bühnenraum und dem Zuschauerraum.

### 4.2.5 Kritische Nutzung der dramatischen Form

Harbekes szenische Texte sind zunächst durch eine konventionelle dramatische Form charakterisiert, jedoch wird im szenischen Text eine zusätzliche Ebene eröffnet, die nicht ausschließlich im Handlungszusammenhang zu erschließen ist. In der präzisen Anordnung der Worte, die Harbeke ›modellierend‹[40] einsetzt und in Äußerungen, die sich an ein äußeres Kommunikationssystem wenden, zeigt sich eine subtile ›Unterwanderung‹ der dramatischen Form. Wenn Marie in *nachts ist es anders* zu ihrem Bruder Martin unvermittelt im Gespräch sagt: »den letzten satz habe ich dir nicht geglaubt.«[41] entzieht diese Äußerung dem gerade stattfindenden fiktiven Dialog der Figuren den Boden und thematisiert die Glaubwürdigkeit des Sprechens selbst.

Diese Formen des szenischen Schreibens weisen auf eine kritische Nutzung der dramatischen Form hin, die insbesondere auf der Ebene der sprachlichen Mittel, aber auch als Verschiebung auf der Ebene der Darstellung, der Zeit und des Raumes und in den folgenden Kapiteln unter Zuhilfenahme der Kategorien von Theresia Birkenhauer und Patrice Pavis analysiert werden. Für alle Kategorien spielt die spezifische Darstellungsstruktur eine Rolle: die ›doppelte Perspektivierung‹ des dramatischen Sprechens. Bei den genannten Kategorien wird zu berücksichtigen sein, wie sich das veränderte Verhältnis von

---

**38** | Torbjörn Bergflödt: Karaoke mit Folgen. In: Südkurier, 9.12.2003.
**39** | Vgl. Kap. 4.2.5.d Verschiebungen auf der Ebene der sprachlichen Mittel.
**40** | »Ich zehre zwar von Alltagssituationen, beobachte und höre zu, aber letztendlich ist die Sprache meiner Stücke eine geschliffene und reduzierte. Ein Konzentrat. [...] Ich habe jeden Text lange auf Genauigkeit und Rhythmus überprüft, ihn behauen und geschliffen wie eine Skulptur, so dass er in sich Bestand hat, und ändere während der Inszenierung nicht Grundsätzliches.« Nissen-Rizvani: ich glaube dir den haarschnitt, das hemd, deine liebenswürdigkeit, aber den satz nicht, S. 27f.
**41** | »marie: warte mal. warte. den letzten satz habe ich dir nicht geglaubt. / martin: hmm? / marie: sag den satz doch einfach noch mal. / martin: welchen Satz? / marie: »ich wäre besser nicht gekommen.« / martin: wie bitte? / marie: ich glaube dir den haarschnitt, das hemd, deine liebenswürdigkeit, aber den satz nicht. / martin: das sagst du, um mich zu verunsichern. / marie: nein, ist so. / martin: das kannst du nicht einfach so sagen. / marie: doch. / martin: nein.« In: Harbeke: nachts ist es anders, S. 50.

Text und Bühne, von sprachlichen Mitteln und Raum wiederum in den szenischen Strukturen der Theaterkonzepte der vier ausgewählten Autoren-Regisseure im Vergleich manifestiert.[42] Es werden im szenischen Text transversale Rhythmen erkennbar, die die Komposition des szenischen Textes bestimmen.

## (a) Verschiebung auf der Ebene der Darstellung

### Zustand des Ausharrens

Mit den Schauspielern beginnt Harbeke die Probenphase in der Regel mit einer ›Familienaufstellung‹[43], d. h., sie klärt zunächst räumlich den Abstand, in dem sich die Figuren in ihren Beziehungen zueinander befinden. Es zeigt sich bereits zum Probenbeginn ein Beziehungsmodell, in dem die Figuren aufeinandertreffen, »um die konzentrierte Konfrontation von Figuren in fein abgezirkelten Räumen, um ein verdichtetes Miteinander in Raum und Zeit.«[44]

Die Figuren überraschen weniger durch ihre äußere Erscheinung und durch die Kostüme[45], als durch ihren Zustand, der sowohl ihre Gestik, als auch ihren Sprachgebrauch beeinflusst. Die Figuren werden nicht in einer gemeinsam vollzogenen Handlung, sondern bei der Reflexion vergangener und zukünftiger Ereignisse gezeigt. Es ist bei Harbekes Figuren oft der Zustand ›dazwischen‹ vor oder nach dem Ereignis, der in den Situationen im Vordergrund steht. In *schonzeit* unterhält sich die krebskranke Gisela mit der arbeitslosen Gudrun. Gisela wird bald ihre Tätigkeit als Imbiss-Verkäuferin aufgeben müssen, während Gudrun einen Einstieg in die Gesellschaft sucht. Die Figuren sind überfordert von dem Druck der existenziellen Ereignisse und befinden sich zur Zeit der Stückhandlung in einer ›Schonzeit‹ bevor sie wieder Entscheidungen treffen und handeln müssen. Vergleichbar ist die Situation im Wartezimmer des Krankenhauses in *nachts ist es anders*: Die Operation der übergewichtigen Tochter von Jürgen Stoob gilt es erst abzuwarten und der Vater muss die Atmosphäre des Krankenhauses verkraften, in dem er bei der Geburt seiner Tochter damals seine Frau verloren hat. Seine Gereiztheit überträgt sich sogar auf den Kaffeeautomaten, der nur bei ihm nicht funktioniert. Seine Mutter, Irma Stoob, ist auch mitgekommen, doch kann Jürgen ihre Demenz nicht ertragen und verabreicht ihr Schlaftabletten, sodass sie den

---

42 | Vgl. Birkenhauer: Schauplatz der Sprache, S. 89.

43 | Die Familienaufstellung bezeichnet eine Form der Psychotherapie nach Bert Hellinger, bei der der Patient Personen in einen für ihn passenden Abstand zu sich selbst im Raum anordnen kann. Diese Form der ›räumlichen Aufstellung‹ übernimmt Harbeke bei der ersten Probe zur Erkundung der Beziehungen zwischen den Figuren. Vgl. www.hellinger.com (gesehen am 1.3.2010).

44 | Nina Peters: Abgezirkelte Lebenswelten. In: Stück-Werk 4. Deutschschweizer Dramatik. Hrsg. von Veronika Sellier. Berlin 2004, S. 69-73, hier S. 70.

45 | Die Kostüme von Lilot Hegi wurden jedoch erst für den Inszenierungstext entworfen und ausgewählt und sind im Dramentext nicht beschrieben. Ingrid Lutz tritt stark geschminkt mit Perücke auf, während Mertens als dicklicher, etwas ungepflegter ›Nerd‹ in der Freundschaft zu dem attraktiven Krause den Ton angibt.

gesamten Aufenthalt im Wartezimmer über schläft. Dieser Zustand des Ausharrens, Wartens, des Überdenkens oder Verdrängens der eigenen Lebenssituation kennzeichnet die Figuren in den szenischen Texten von Sabine Harbeke und prägt die Gespräche, das Stocken und die Übersprungshandlungen, die ihren Auslöser in der Gesamtsituation haben, in der sich die Figur gerade befindet und die sie zu bewältigen sucht: »Immer bewohnen Harbekes Figuren – Geistern gleich – den Riss zwischen Vergangenheit und gewünschter Gegenwart; Erinnerung und Fiktion bestimmen ihr Handeln, das ihnen vor allem ein Reden ist.«[46] In den szenischen Texten Harbekes stehen »Prozesse nach oder vor dem Drama im Mittelpunkt, über das, was geschieht, wenn das dramatische Finale längst überschritten ist.«[47] Das gegenwärtige Agieren der Figuren ist beeinträchtigt durch vergangene oder bevorstehende Ereignisse, nur selten sehen ihnen die Zuschauer bei unmittelbaren Handlungen zu.

## Peripetien

Nina Peters erkennt in allen Figuren Harbekes ein Gewaltpotenzial, destruktive Energien: »Da hilft keine disziplinierte Sprache, kein bürgerliches Setting. An einem gewissen Punkt kippt die Situation, und es gibt kein Zurück mehr.«[48] Die Figuren Mertens und Krause in *lustgarten* haben in der Begegnung mit der Frau diesen Moment überschritten und können nun nicht mehr hinter ihre Tat, die ihr Leben unwiderruflich verändern wird, zurücktreten:

krause: es ist krieg.
mertens: ja. ja. nein. ja. ich meine ja, sicher, das ist scheisse. ich weiss. trotzdem. stell dir vor, sie hätte noch stundenlang/so weiter
krause: sie hat mich genervt.
mertens: handeln. im moment/agieren
krause: plötzlich hatte/ich
mertens: du musstest es tun. entweder oder.[...]
krause: ich. ich wollte nur spass machen. du hast plötzlich ihre beine/gepackt[49]

Harbeke beschreibt das Prinzip des szenischen Textes *lustgarten* bei einem Probengespräch als einen Prozess der schrittweisen Grenzüberschreitung: »Das Prinzip, wie der Abend gebaut ist: man dreht sich, es gibt noch eins, noch eins und dann ist es ein Schritt zu weit. Das finde ich eine sehr reale Situation.«[50] Harbeke fokussiert mit ihren szenischen Texten einschneidende Momente in einer Existenz, die den Figuren ein Weitermachen wie zuvor nicht ermöglichen. In *und jetzt/and now* lässt Harbeke dreizehn Typen auftreten, Stellvertreter für Personen, deren Leben durch den Terroranschlag am 11. September 2001 aus den Fugen geraten ist: Eine Frau hat bei dem Terror-

---

46 | Müller: Sabine Harbeke am Theater Neumarkt, o. S.
47 | Birkenhauer: Schauplatz der Sprache, S. 110.
48 | Peters: Abgezirkelte Lebenswelten, S. 70.
49 | Harbeke: lustgarten, S. 303.
50 | Aufzeichnung zu einer Probe zu *lustgarten* vom Dezember 2003 (Privatarchiv Harbeke).

anschlag zugleich ihren Mann und ihren Liebhaber verloren; ein Mann, Fensterputzer von Beruf, hat zum Andenken einen Altar aufgebaut und versucht die Luft, den Geruch des Staubes, in leeren Flaschen einzufangen; eine Tochter hat ihrem Vater zum Geburtstag ein Flugticket nach New York geschenkt und plagt sich mit Schuldgefühlen, ihr Vater liegt im Koma. Die stets drohende Instabilität und die Auswirkung, die politische und private Ereignisse auf die existenzielle Situation der Figuren haben können, interessiert die Autorin-Regisseurin, und sie nimmt sie in szenischen Versuchsanordnungen ›unter die Lupe‹:

> Subtil beschreibt Harbeke die Überforderung durch die eigenen Gefühle, die Hilflosigkeit im Umgang mit den Zuständen anderer und die latente, unvermittelt aufflackernde Aggression. Sie beschreibt die Zerrissenheit der Figuren zwischen Wut und Mitleid, der Sehnsucht nach Anteilnahme und die Angst vor Nähe. Sie thematisiert den Verlust von Beziehung, Gedächtnis und Gesundheit und lässt im Spannungsfeld zwischen intimen Gefühlen und öffentlichem Raum ungewöhnliche Interaktionen, unerwartete Begegnungen und absurde Verhaltensmuster entstehen.[51]

Harbeke gibt in *lustgarten* nur wenige Anweisungen zum gestischen Spiel, wenn sie es tut, spiegelt sich darin die Unruhe der Figuren: «dann hört krause auf zu lachen, wird ungeduldig, wendet sich ab, mertens versucht sich zu beherrschen, es gelingt ihm mässig [...] krauses unruhe flackert ab und zu auf, in seinem körper, in seiner stimme.»[52] Harbeke arbeitet mit den Schauspielern die gestischen Momente präzise heraus, die die schwierig zu fassenden Kippmomente der Figuren ausdrücken können.

### Simultaneität

Harbeke interessieren Parallelwelten, Lebensentwürfe, die unvereinbar nebeneinander existieren und lenkt damit das Interesse der Rezipienten auf mehrere Perspektiven und Sichtweisen. In *lustgarten* trennen unvereinbare Lebensmodelle die Schwestern: Ingrid Lutz ist verheiratet, hat zwei Kinder und ist berufstätig, während ihre Schwester kinderlos, geschieden und exzentrisch stets Mut zu Neuanfängen aufbringt.[53] Mertens und Krause scheinen sich – zumin-

---

**51** | Simone von Büren: Zwischen Wut und Mitleid. Zweimal *nachts ist es anders* von ihr selbst in Bern und von Alexander Nerlich in Basel. In: Musik Theater, 1.2.2007.
**52** | Harbeke: lustgarten., S. 293 und 295.
**53** | In *schnee im april* stellt Harbeke in der ersten Szene das Paar Glenn und Amy vor, als sie gerade Glenns 43. Geburtstag feiern und durch den Besuch des unbekannten Scott, der sich als vermeintlicher Halbbruder Glenns in ihr Leben ›einschleicht‹, auf die verdeckten Probleme in ihrer Beziehung gestoßen werden. Im szenischen Wechsel zeigt Harbeke die Nachbarin in ihrem Leben als Single bei der Ausübung ihrer alltäglichen Rituale. Zwischen den beiden unterschiedlichen Lebensentwürfen gibt es im szenischen Text keinerlei Berührungspunkte: ›Man blickt von außen auf das Bruchstück eines New Yorker Wohnhauses, in dessen einem Teil eine junge Frau wohnt, sich an- und auszieht, sich schminkt, ein Bad nimmt, telefoniert, Fernsehen schaut, zu Bett geht und aufsteht, aber niemals in Kontakt

dest in der bisherigen Freundschaft – zu ergänzen: Mertens als der Stratege, der bestimmt, was als Nächstes getan wird und eine Beschützerfunktion für Krause übernimmt. Krause, befreundet mit Vera, genießt die Möglichkeit, sich stets an Mertens orientieren zu können, hat jedoch mit der Gewalttat Handlungen vollzogen, die sogar den zunächst ›abgebrühter‹ wirkenden Mertens überraschen. Krause hat der Frau die Uhr abgenommen, die Klappe des Kofferraums und die Fenster geschlossen und damit das Leben der Frau aufs Spiel gesetzt. Ein bis dahin in der Freundschaft unerkanntes Gewaltpotenzial zeigt sich im raschen Wechsel der Suche nach einer verlorenen Vertrautheit und der Abgrenzung voneinander im Gespräch von Mertens und Krause.

*Mertens (Andreas Storm, li.) und Krause (Bartosz Kolonko)*

Foto: Peter Walder

In *lustgarten* drücken sich die Verschiebungen auf der Ebene der Darstellung vor allem im Kontrast des Zustandes, von dem aus die Figuren agieren zu ihren auf der Bühne tatsächlich geäußerten Gesten und Worten aus. Das Warten, die Unsicherheit, Überreiztheit und Nervosität der Figuren können nicht alleine aus dem fiktiven Handlungszusammenhang erschlossen werden, sondern fügen sich für den Zuschauer erst durch das komplexe Bild der Ereignisse und gesellschaftlichen Zusammenhänge, die nur bruchstückhaft und nicht chronologisch vor allem in den Reflexionen der Figuren enthüllt werden, zusammen. Die Figuren Harbekes haben alle mit Situationen zu kämpfen, die sie überfordern, zu denen sie sich verhalten müssen und die sie, wenn sie es auch permanent versuchen, nicht verdrängen können. Nur bruchstückhaft, aber mit Präzision zeigt Harbeke einzelne Gesten und Worte, die die Konflikte

zu dem Ehepaar auf der anderen Seite der Wand tritt, wo sich die eigentliche ›Theaterhandlung‹ abspielt.‹ Charles Linsmayer: Voyeuristischer Blick auf tödliche Langeweile. Im Zürcher Neumarkt-Theater ist das neue Stück von Sabine Harbeke, *schnee im april*, unter der Regie der Autorin zur Uraufführung gelangt. Der Bund Bern, 22.12.2001.

der Figuren in sich tragen und verraten. Mertens beispielsweise kompensiert seine zunächst versteckte Nervosität mit dem Verlangen nach Essen, während Krause ›flatterhaft‹ und unruhig auf seine freundlichen Angebote reagiert, beide lachen viel und doch hat sich in der alten Freundschaft etwas unheilbar verschoben, ist aus dem Lot geraten. Der Zustand, in dem sich die Figuren befinden, ist für sie schwer auszuhalten, und doch entwickeln sie vor allem daraus ihre Kraft und ihren Ausdruck, den Harbeke im szenischen Text exakt, fast sezierend festlegt. Dem Zuschauer erschließen sich die komplexen Einflüsse, die den Zustand der Figur ausmachen, ›kriminologisch‹ erst im Verlauf des Stückes, und es bleiben stets Lücken, die der Fantasie der Rezipienten überlassen werden. Die Schauspieler entwickeln während der Proben von *lustgarten* einen Subtext, der das von Harbeke entworfene Modell ausfüllt. Die Autorin-Regisseurin komponiert mit Figurenkonstellationen Räume, die Platz bieten für parallel gezeigte Lebensmodelle. Die Zuschauer haben die Möglichkeit aus mehreren Perspektiven, die Harbeke auf eine Figur und deren Lebensentwurf eröffnet, auszuwählen und zu vergleichen.

Harbeke gestaltet auf der Ebene der Darstellung eine Skizze der Figuren, die Details der Figur deutlich zeigt, aber Lücken für die Fantasie der Schauspieler und der Rezipienten lässt.

## (b) Verschiebungen auf der Ebene des Raumes

### Abstrakte, öffentliche Räume

Die Bühne hat in fast allen Inszenierungen Harbekes einen geringen Abstand zum Zuschauerraum. Maximal 160 Zuschauer haben im Theater am Neumarkt Platz. In anderen Inszenierungen (*und jetzt/and now* im Thalia Theater in der Gaußstraße, *schonzeit* in einer Halle am Nordhafen des Nord-Ostsee-Kanals) arbeitet Harbeke gerne mit Videofilmen, die den Hintergrund des Bühnengeschehens bilden und die projizierten abstrakten Räume, Landschafts- oder Stadtaufnahmen in einen nur lose assoziierten Zusammenhang mit dem Bühnengeschehen stellen.[54]

Im Gegensatz zu genauen Zeitangaben spart Harbeke im Dramentext *lustgarten* mit konkreten Hinweisen über die Gestaltung des Bühnenbilds. In der Inszenierung wird lediglich eine weiße Wand gezeigt, auf der in der ersten Szene eine abstrakte Kohleskizze sichtbar ist und als Hintergrund für den Monolog von Ingrid Lutz – wie auf einer Leinwand – ein blauer Farbfleck auf die Wand gemalt wurde: Abstrakte, offene Räume, die mit öffentlichen Orten assoziiert werden können. In *lustgarten* handelt es sich in der ersten Szene voraussichtlich (wie sich aus den Dialogszenen schließen lässt) um einen Straßenrand, an dem Mertens und Krause warten und in der zweiten Szene um einen Rastplatz, an dem Ingrid Lutz kurz angehalten hat, um ihre Schwester zu treffen. Auch in

---

**54** | Die Bühnenbilder und Videofilme in den Inszenierungen *und jetzt/and now, schonzeit, mundschutz, jetzt und alles* und *11°, windstill* hat Peter Walder gestaltet. In *der himmel ist weiß, lustgarten* und *nachts ist es anders* hat Harbeke mit der Bühnen- und Kostümbildnerin Lilot Hegi zusammen gearbeitet.

*nachts ist es anders* wählt Harbeke mit dem Wartezimmer des Krankenhauses einen öffentlichen Ort. Die Personen sind nicht durch eine private Atmosphäre geschützt oder charakterisiert; vielmehr sind sie aufgrund der räumlichen Nähe im Warteraum permanent mit fremden Schicksalen konfrontiert. Das Wartezimmer in *nachts ist es anders* stellt auch einen ›Bewusstseinsraum‹[55] dar, es ist ein Ort, noch dazu in der Nacht, an dem sich die Figuren mit grundlegenden Fragen ihrer Existenz konfrontiert sehen. Der Raum dient hier nicht primär als Handlungsraum, vielmehr bietet er den Rahmen für Momente des Innehaltens, des Nachdenkens, in denen Verdrängtes, verdeckte Gefühle an die Oberfläche gelangen können. Samstagnachts, im Krankenhaus, befinden sich die Figuren erschöpft an einem Ort, an dem sie mit Erinnerungen, Tod und Krankheit konfrontiert sind. Die Figuren lassen in dieser Extremsituation Emotionen zu, die sie im Alltag verdecken oder unterdrücken.

**Immobilität**
Birkenhauer bezeichnet eine Möglichkeit der räumlichen Verschiebung beim Zusammentreffen von Figuren als eine »Choreografie des Wartens«[56], die sich anstelle einer handlungsbezogenen Bewegung der Figuren im Raum ereignet. Mertens und Krause ›kreisen‹ im Gespräch umeinander, eröffnen so einen Raum, in dem sich innere Vorgänge abspielen und bruchstückhaft offenbaren können. Ingrid Lutz bewegt sich in ihrem Monolog, abgesehen von einigen Gesten, mit denen sie das gefärbte Haar aus der Stirn streicht, nicht von der Stelle. Die Figuren schaffen in der Reflexion eine von einer spezifischen Handlung entbundene Bewegung im Raum. Der Warteraum in *nachts ist es anders* bietet als öffentlicher Ort die Möglichkeit, dass auch am stattfindenden Dialog unbeteiligte Personen einbezogen werden.

Offene, abstrakte Räume, die nicht unmittelbar reale Handlungsspielräume eröffnen, stehen in engem Zusammenhang mit den Verschiebungen der Zeit, da diese räumliche Konstellationen wesentlich mit bestimmen.

**(c) Verschiebungen auf der Ebene der Zeit**

**Präzision und Sukzession**
Harbeke gibt in ihren Dramentexten exakte Zeitangaben. In *lustgarten* wird die Zeitspanne von dreizehn Stunden erwähnt, die Zeit bis drei Uhr, die Krause und Mertens der Frau genannt haben, nach deren Ablauf sie sie wieder aus dem Kofferraum befreien wollten. Die Zeit läuft, während Krause und Mertens reden und dabei auch überlegen, dass es noch zeitliche Variationen innerhalb des als Wette formulierten Zeitfensters geben könnte:

---

**55** | Birkenhauer gebraucht den Begriff ›Bewusstseinsraum‹ für einen »Raum verschobener Wahrnehmungen«, der einem Innenraum (beispielsweise einer Hotelhalle), dem Schauplatz für eine fiktive Handlung, eine zweite Bedeutung verleiht. Vgl. Birkenhauer: Schauplatz der Sprache, S. 60.
**56** | Ebd., S. 62.

krause: wir haben gesagt, bis drei uhr. [...] es könnte ja morgens sein. nachts um drei. wir würden unser wort nicht brechen. wir haben gesagt, bis um drei. das ist alles, was wir gesagt haben. das weiss ich noch ganz genau. bis um drei. [...] nicht bis mittags um drei. bis um drei. also könnte es auch nachts um drei sein. – 24 Stunden.[57]

Ingrid Lutz ist um elf Uhr vormittags mit ihrer Schwester verabredet, sie weiß, dass ihre Schwester, routiniert durch die regelmäßige Behandlung mit Insulin, immer pünktlich ist und bedauert, dass sie nun nicht wie sonst die Elfuhrnachrichten mit Berichterstattungen aus dem Kriegsgebiet hören kann.[58] Das Gespräch von Mertens und Krause findet, eindeutig fixiert durch einen Blick Krauses auf die Uhr, die er der Frau abgenommen hat, um kurz vor neun statt: »krause: kurz vor neun. jetzt sind es knappe sechs stunden. quasi halbzeit.«[59] Mertens ist schon länger wach, während Krause gerade erst – verkatert – aufgestanden ist. Es bleiben zwischen dem Gespräch der Freunde und dem Monolog der Schwester an der Raststätte ein bis zwei Stunden Zeitunterschied. Das Karaoke-Singen der dritten Szene bedeutet eine kurze Rückblende auf den vergangenen Abend. Harbeke gibt einen präzisen Zeitrahmen, in dem sich die Zustände der Figuren zeigen.

Auch die Tageszeit ist in den szenischen Texten Harbekes bezeichnend für den Zustand, in dem sich die Figuren befinden: Mertens und Krause haben nur kurz, vermutlich draußen geschlafen, sind übermüdet und durch die Ereignisse der Nacht überfordert. Eigentlich sind sie auf dem Weg an ihren Urlaubsort, aber das Ereignis vom Vortag wird die zehntägige Reise und die Freundschaft überschatten und hinterlässt erste Spuren in dem morgendlichen Gespräch. In *nachts ist es anders* ist dem Dramentext die Regieanweisung »samstagnacht, 23.18«[60] als exakte Zeitangabe vorangestellt, d. h. die Figuren, die im Warteraum zusammentreffen, sind übermüdet und mit dem späten Aufenthalt im Krankenhaus am Wochenende voraussichtlich überrascht worden. Die Figuren befinden sich also bereits, was die Tageszeit betrifft, in einer Extremsituation.

Vergleichbar mit den Dramen Samuel Becketts und Harold Pinters, die Harbeke als ihre Vorbilder nennt,[61] rückt die Zeit in ihrem Fortschreiten, die das Älterwerden und den Tod einschließt, in den Fokus der szenischen Texte. Die Endlichkeit menschlicher Existenz und die Unumkehrbarkeit der eigenen Entscheidungen im Zusammenhang mit bestimmten Lebensphasen, bilden die existenzielle Kehrseite der Alltäglichkeit. Harbeke gibt im Figurenverzeichnis der dramatischen Texte häufig genaue Altersangaben und steckt einen eng gefassten Rahmen, in dem sich die Konflikte der Figuren abspie-

---

**57** | Harbeke: lustgarten, S. 318.
**58** | Vgl. ebd., S. 326.
**59** | Ebd., S. 308.
**60** | Vgl. Harbeke: nachts ist es anders, S. 8.
**61** | Nissen-Rizvani: Interview mit Sabine Harbeke in Bochum am 14.9.2007, Tonbandaufnahme.

len und auf den sie sich beziehen.[62] Die Figuren können der eigenen Lebenszeit, ebenso wie den Konsequenzen, die ein zu einem bestimmten Zeitpunkt unwiderruflich stattfindendes Ereignis (wie die Gewalttat in *lustgarten* oder der Terroranschlag am 11. September) mit sich bringt, nicht entrinnen. Für die Diabetikerin läuft eine andere, medizinische Uhr ab, nach der sie regelmäßig und pünktlich Insulinspritzen benötigt. In *nachts ist es anders* ergibt sich ein Großteil der Überforderung der Figuren aus der Nachtzeit, in der sie sich notgedrungen im Wartezimmer der Intensivstation einfinden. Die Figuren lehnen sich mitunter jedoch auch gegen eine Determinierung durch zeitliche Vorgaben auf. Krause will nicht schlafen, nicht essen, er will nachdenken und er will möglichst den gesetzten Zeitrahmen wieder öffnen. Die (Lebens-)Zeit ist jedoch ›auszuhalten‹, von ihr erzählt Harbeke durch ihre Figuren.

### Historisch-politischer Kontext

Das Verhalten der Figuren in *lustgarten* ist im zeitlichen Kontext des Irakkriegs zu sehen, der die politische Situation kennzeichnet, in der sich der szenische Text ereignet und in dem er von Harbeke verfasst wurde. Ingrid Lutz hört Nachrichten und verfolgt den Krieg in der Presse, wann immer es ihre Arbeit und die Familie zulassen. Sie ist fasziniert von den Ereignissen und fast süchtig nach Informationen vom Kriegsschauplatz. Für Mertens und Krause ist der Irakkrieg ebenfalls präsent, auch wenn er nur einmal im Gespräch direkt erwähnt wird:

mertens: du hast gehandelt. das ist das wichtigste.
krause: na ja.
mertens: doch.
krause: ich weiss nicht.
mertens: doch, das ist es, handeln. reden können viele. handeln. ist in der politik genau gleich.
krause: es ist krieg.
mertens: ja. ja. nein. ja. ich meine ja, sicher, das ist scheisse. ich weiss. trotzdem. stell dir vor, sie hätte stundenlang/so weiter
krause: sie hat mich genervt.[63]

Die Autorin stellt eine Verbindung her zwischen den gewalttätigen Ereignissen des Irakkrieges, die in den tagtäglich übermittelten Medienberichten zum Alltag gehörten, und der individuellen Gewaltbereitschaft der beiden Männer. Auch Ingrid Lutz macht aus ihrem Hass gegenüber der Schwester kein Geheimnis: Als Kind habe sie sich öfter vorgestellt, der Schwester könne durch-

---

[62] | Die Lebenszeit spielt für die existenzielle Situation, in der sich die Figuren befinden, eine entscheidende Rolle: Amy ist mit 37 Jahren kinderlos, Glenn ist mit seinen 43 Jahren als frei arbeitender Musiker nicht etabliert. In *der himmel ist weiss* wird eine Frau in verschiedenen Lebensaltern (mit 23, 37 und 51) gezeigt, in denen sie ihren jeweiligen ›Lebensabschnittspartnern‹ Jan Helfer (23), Paul Frigge (35) und Eb Sanders (57) begegnet.
[63] | Harbeke: lustgarten, S. 303.

aus ein Unfall zustoßen, »nicht schlimm, nein, aber doch so [...] etwas, das sie schon ein bisschen entstellt«[64], damit sie nicht immer als die Hässlichere, Untalentiertere dasteht.

Mertens und Krause haben ihr Gewaltpotenzial in jeder einzelnen Grenzüberschreitung gezeigt und sind – bis hin zum Schließen der Kofferraumtür und dem Abnehmen der Uhr durch Krause – in der Brutalität immer weiter gegangen. Sie versuchen sich von ihrer Schuld mit dem Hinweis, es hätte sich doch nur um ein Spiel gehandelt, zu entlasten.[65] Die Wut und Überreiztheit der Figuren drückt sich auch in den alltäglichen Handlungen aus: so essen Mertens und Krause den Kokoskuchen, den sie von der Frau bekommen oder einfach genommen haben. Der Gewaltakt wird beim Verzehr des Kuchens symbolisch nochmals wiederholt. Aus einem harmlosen Schulterklopfen im Verlauf des Gesprächs der Freunde ergibt sich schnell eine ernstere Rangelei: «mertens schlägt krause auf die schulter. krause schlägt zurück. eine kurze, ernste rangelei entsteht. krause behält die oberhand, er lacht. mertens schaut ihn distanziert an.«[66] Der Kontext des Irakkrieges perspektiviert die Gewaltbereitschaft der Figuren neu, in den Sätzen ist der Kriegszustand gegenwärtig, auch wenn es in der konkreten Situation um andere – zwischenmenschliche – Vorgänge geht.

Verschiebungen auf der Ebene der Zeit zeigen sich in Zuständen, die sich nicht ausschließlich aus dem Handlungszusammenhang, sondern aus der präzise konstruierten Zeitachse ergeben. Die exakten zeitlichen Angaben (Zeitspanne, Tageszeit, Alter) stehen in Bezug zu den emotionalen Zuständen und Kippmomenten, in denen sich die Figuren befinden. Die Ebene der Zeit im szenischen Text wird von der fiktiven Zeit der Handlung abgelöst und ›spannt‹ die Figuren in einen zeitlich-räumlichen Rahmen, der sie in der Regel überfordert.

### (d) Verschiebungen auf der Ebene der sprachlichen Mittel

**Regeln der gesprochenen Sprache:
Simultaneität, Schweigen und Übersprechen**

Die Figuren in Harbekes szenischen Texten fallen sich in ihrer Gereiztheit gegenseitig ins Wort, wie es in gesprochener Sprache auch häufig der Fall ist.[67] Harbeke hat dafür in der dem Dramentext vorangestellten Legende ein Satzzeichen eingeführt: »ein schrägstrich (/) im text markiert den beginn des si-

---

64 | Ebd., S. 327.
65 | »mertens: ja, das ist es auch, ja, das ist es, ein spiel.« Ebd., S. 304.
66 | Ebd., S. 316.
67 | »Die Spieler reden wie wir im Bus oder Café, sprunghaft, überspringend, zusammenhängend auf einer tiefen Schicht. In diesen Sprüngen und Lücken spielt Harbeke, und wir verstehen besser, als uns lieb sein kann.« Günther Fässler: Krieg ist der Stoff dieses Theaterglücks. In: Neue Luzerner Zeitung, 11.12.2003.

multanen sprechens«[68]. Mit den in der Form präzise markierten Unterbrechungen mitten im gesprochenen Satz drückt Harbeke aus, dass die Figuren in der Regel nicht geduldig warten, bis der Gesprächspartner einen Satz beendet hat, sondern häufig die Replik vorzeitig unterbrechen, um den eigenen Standpunkt zu formulieren. Harbeke setzt für ›die Struktur mündlichen Sprechens‹ Satzzeichen ein, die den Schauspielern den Sprachrhythmus vorgeben. Durch das ›überlappende‹ Sprechen kommt es zu einem erhöhten Sprechtempo, das in *lustgarten* auch für die gesteigerte Nervosität der Figuren steht.

Harbeke markiert Pausen ebenfalls im Dramentext und differenziert: Mit dem Wort ›schweigen‹ kennzeichnet sie das gemeinsame Schweigen von Figuren. Pausen, die eine Figur innerhalb ihrer Aussagen macht, kennzeichnet Harbeke mit einem Gedankenstrich.[69] Dieses Verstummen mitten in einem Satz bedeutet Momente der Stille, auch der Überforderung, die eine Auswirkung auf den Sprachfluss bekommen: Das Sprechen wird abgebrochen, stockt. Ein ›beredtes‹ Schweigen steht für eine Emotion, die nicht offen ausgedrückt wird; werden kann. Wenn ein Gedankenstrich notiert ist, entsteht eine Pause, weil jemand innehält, über etwas nachdenkt, weil jemand ein Angebot zum Sprechen macht, das nicht angenommen wird. Hier handelt nur einer, beim «Schweigen» handeln beide. Die wörtliche Kennzeichnung, »schweigen«, bedeutet ein längeres Schweigen als ein Gedankenstrich (»–«).

Auch ein Teil des szenischen Textes in *lustgarten* hat ›Kommunikation‹ selbst zum Thema, d. h., »die dramatische Struktur [impliziert] zugleich eine szenische Konstruktion, die das Gesagte und den Vorgang des Sprechens aus der Binnenperspektive der dramatis personae löst und damit operiert, dass und wie das Sprechen der Figuren von Zuschauern wahrgenommen wird.«[70] In diesen Passagen gibt Harbeke Einblick in ihre Arbeitsweise, ihren Umgang mit sprachlichen Mitteln und nimmt darin Bezug auf die Zuschauer, die auf die Thematisierung der Ebene der Kommunikation mit Belustigung reagieren. Die ihnen vertrauten Regeln des Sprechens werden von Harbeke ausgestellt und bekannte Mechanismen der Kommunikation offen gelegt: »die auf den Zuschauer bezogene Achse der theatralen Rede, die in den dramatischen Texten sonst verdeckt ist und implizit bleibt, [wird] deutlich eingeschrieben in die dramaturgische Komposition.«[71] Birkenhauer betont, dass von den Verschiebungen auf der Ebene der sprachlichen Mittel nicht allein dramatische Texturen und inszenatorische Formen betroffen sind, sondern vor allem die Sprachwahrnehmung des Zuschauers: »ist diese Transformation doch auch so zu beschreiben, dass die Bühne zu einem Ort wird, an dem mit jeder Inszenierung neue Sprachspiele entstehen.«[72]

---

68 | Harbeke: lustgarten, S. 292.
69 | »ein zwischen den zeilen frei stehender gedankenstrich (–) steht für eine zäsur.« In: Ebd., S. 292.
70 | Birkenhauer: Schauplatz der Sprache, S. 89.
71 | Ebd., S. 90.
72 | Ebd., S. 321.

Mehrmals betonen Mertens und Krause, dass sie mit der Frau am vergangenen Abend lediglich ein Spiel gespielt haben und versuchen auch weiterhin, mit Wortspielen, die ihre Dialoge kennzeichnen, den Anschein der Leichtigkeit und Unbeschwertheit zu signalisieren:

> Das Verhalten von Krause und Mertens im ersten Teil hat vorgeführt, mit welchen Strategien auf eine möglicherweise fatal ausgehende ›Entgleisung‹, im Privatleben oder in der Politik, reagiert wird: mit Verdrängung, Verharmlosung, Schuldzuweisung, Leugnung.[73]

Die Worte werden nach anderen Regeln als den handlungsbezogenen gewechselt. In Sprachspielen werden Aspekte der sprachlichen Mittel sichtbar, die durch eine traditionelle, dramatisch-dialogische Sicht verdeckt sind.[74] Neben der Ebene der fiktiven Handlung wird in *lustgarten* und in anderen szenischen Texten von Sabine Harbeke eine Ebene eröffnet, auf der Sprachverwendung nach ihren eigenen Regeln kritisch hinterfragt wird. Mit der Herauslösung des Gesagten aus dem Handlungskontinuum verlieren die Sätze ihren eindeutigen Bezug auf das dramatische Geschehen; sie werden ausgestellt[75], »in Szene gesetzt«. Primär ist nun nicht mehr der propositionale Gehalt der Sätze, die Aussage, die die Figuren über ihr Leben, ihre Handlungen machen, sondern ihr performativer Aspekt.[76] Bereits die Eröffnung des morgendlichen Gesprächs zwischen Mertens und Krause verläuft nicht wie in der Freundschaft gewohnt und die Abweichung im Sprechen, unabhängig vom Inhalt des Gesagten, wird von den Figuren wahrgenommen und zeigt an, dass etwas in der Kommunikation nicht stimmt:

mertens: ich habe mir die haare geschnitten.
krause: das habe ich gesehen.
mertens: wieso sagst du dann nichts? – wieso?
krause: weil ich es schon gestern gesehen habe.
mertens: und wieso hast du gestern nichts gesagt?
krause: was denn?
mertens: irgendetwas. hast du die haare geschnitten?
krause: das habe ich ja gesehen.
mertens: eben.

---

**73** | Marlene Halter: Strategiespiele nach Entgleisungen. Uraufführung Harbekes *lustgarten* am Theater Neumarkt. Aargauer Zeitung, 8.12.2003.
**74** | Vgl. Birkenhauer: Schauplatz der Sprache, S. 90f.
**75** | »Die Idee einer Ausstellung von Sprache scheint paradox. Dennoch hat man spätestens seit den Theatertexten von Gertrude Stein das Exempel, wie Sprache durch Techniken der wiederholenden Variation, der Entkoppelung von unmittelbar einleuchtenden semantischen Verknüpfungen, durch Privilegierung formaler Arrangements nach syntaktischen und musikalischen Prinzipien (Klangähnlichkeit, Alliterationen, rhythmische Analogien) die immanente teleologische Sinnrichtung und Zeitlichkeit einbüßt und sich einem ausgestellten Objekt angleichen kann.« Lehmann: Postdramatisches Theater, S. 266.
**76** | Vgl. Birkenhauer: Schauplatz der Sprache, S. 116.

krause: eben.
mertens: dann sagt man doch was.
krause: ja?
mertens: ja.
–
man fragt. hast du die haare geschnitten? oder: du hast die haare geschnitten. geschnitten, nicht: du hast die haare geschnitten. geschnitten. geschnitten. nach oben ziehen. die betonung. du hast die haare geschnitten. geschnitten. offenes ende. der beginn eines gesprächs. verstehst du?
krause: ja.
mertens: ja.
krause: ja.
mertens: ja, also. kommunikation ermöglichen.[77]

Die Figuren reflektieren über die Kommunikation, die Bedeutung eines Satzes, der ausgesprochen oder unterlassen wird. Krause beruft sich, als es um die Schuldfrage geht, auf die inhaltliche Gültigkeit der Sätze, die im Gespräch mit der Frau gefallen sind, Krause habe die Frau lediglich beim Wort genommen.[78] Mertens stellt die Möglichkeiten heraus, die Kommunikation bietet, um sich abzulenken, um sich von unangenehmen Gedanken zu befreien. Für Mertens bedeutet ein gekonnter Umgang mit Sprache schlicht eine »Konzentrationssache«[79] und die Möglichkeit, Gedanken in eine andere Richtung zu lenken:

krause: ich kann an nichts anderes denken.
mertens: das musst du lernen. wirklich. es ist wichtig, dass du dich gedanklich in unabhängige räume zurückziehen kannst. [...]
mertens: wegdenken. davon wegdenken.
krause: mh.
mertens: du darfst dich nicht in einen gedanken verkrallen.[80]

Krause versucht zwar ebenfalls, seinen Sprachgebrauch aus einer Distanz zu beurteilen, verrät jedoch in dem gehetzten Aneinanderreihen von Erklärungen seine Unruhe, die im Kontrast zu Mertens' Abgeklärtheit steht.

mertens: du hast hingehört.
krause: nein. ich wollte sie nicht hören und habe sie gehört. ich habe nicht hingehört, ich habe weggehört. zumindest habe ich es versucht. ich habe versucht wegzuhören und habe sie gehört. ich wollte weghören. geht nicht. man kann nicht weghören. das geht nicht.

---

77 | Harbeke: lustgarten, S. 296.
78 | »krause: ich habe sie beim wort genommen? / mertens: das hast du, ja, das / krause: ich erinnere mich vage. / mertens: du hast sie beim wort genommen.« Ebd., S. 302.
79 | Ebd., S. 298.
80 | Ebd., S. 314 und 317.

weghören, wenn man etwas hört. man kann wegschauen, aber nicht weghören. verstehst du, ich wollte weghören.[81]

Harbeke thematisiert in den Dialogen der Figuren die Struktur von Kommunikation selbst und nutzt die Möglichkeit von Wiederholungen und Tempowechseln beim Sprechen zugleich, um den Schauspielern Freiräume für einen emotionalen Ausdruck in dem dichten ›Sprachgewebe‹ einzuräumen. Für Krauses angespannte Grundstimmung besitzt der emotionale Ausdruck, in dem er die wiederholt gesprochenen Sätze gehetzt aneinander reiht, mehr Bezug zur fiktiven Handlung des begangenen Gewaltverbrechens als der Inhalt des Gesagten. Auch Ingrid Lutz reflektiert über die Bedeutung von Worten, horcht dem Klang eines Wortes, einer besonderen Betonung, die ihre Schwester gebraucht hat, hinterher: »gewappnet, sie fühle sich gewappnet hat sie gesagt«[82]. Harbeke erfindet darüber hinaus sprachliche Wendungen (»mertens: du darfst dich nicht in einem gedanken verkrallen«[83]) und eröffnet damit bildlich eine Auseinandersetzung mit den Möglichkeiten der gesprochenen Sprache.

### Stumme Figuren und paralinguistische Zeichen

Mit Vorliebe lässt Harbeke in ihren szenischen Texten stumme Figuren auftreten.[84] Auch in *lustgarten* spricht die Hauptfigur nicht und wird so zur Projektionsfläche für die drei auftretenden Figuren und für die Zuschauer. Mertens und Krause erinnern sich zum Ende der ersten Szene lediglich an ihre Stimme:

krause: ich mochte ihre stimme.
–
gestern nacht, als sie gesungen hat.
mertens: hmm. dann sag doch mag.
krause: ich mag ihre stimme.
mertens: dann ist ja gut.
krause: ja.
mertens: ja.
krause: hmm. Ja.

---

**81** | Ebd., S. 297.
**82** | Ebd., S. 325.
**83** | Ebd., S. 317.
**84** | In *wünschen hilft* tritt der stumme Samuel zwischen die sich im Haus der verstorbenen Mutter wieder treffenden Geschwister und löst durch seine Anwesenheit bei Gesprächen Irritationen aus: Gespräche verebben, stocken oder das Spiel der Figuren wird durch den Einsatz von Gebärdensprache ausdrucksvoller. Das Blumenmädchen in *nachts ist es anders* folgt schweigend im Wartezimmer den intimen Gesprächen, verkauft ihre Blumen, macht Fotos und erzielt durch ihr Mitleid auslösendes Schweigen höhere Einnahmen. Eine Figur des stummen Beobachters oder auch Archivars wird von Harbeke gerne in ihre szenischen Texte integriert: Matthias in *wünschen hilft* dokumentiert Geräusche mit Tonaufnahmen, »ein anderer Mann«, in *und jetzt/and now* schreibt Gedichte, die er zum Verkauf anbietet.

mertens: ja.
krause: ja.
mertens: ja.⁸⁵

Birkenhauer stellt in Inszenierungsverfahren die Möglichkeit heraus, »die Aufmerksamkeit [...] vom Dialog auf nichtverbale Elemente (akustische Signale, Schweigen, Nonsens-Sätze)«⁸⁶ zu leiten. Paralinguistische Zeichen stehen immer im Zusammenhang mit der Kommunikationssituation. Es handelt sich bei paralinguistischen Zeichen um Laute, die weder als linguistische, musikalische oder vokale Zeichen für vom Menschen stammende Laute stehen, wie Lachen, Weinen oder Äußerungen wie ›Hm‹.⁸⁷

Harbeke ersetzt in ihren szenischen Texten durch Lieder und Gesang oft sprachliche Äußerungen: Das Karaokelied wird von Mertens und Krause angestimmt, wenn sie nicht mehr wissen, wie sie sich ablenken sollen und wird als Rückblende in der dritten Szene angestimmt.⁸⁸ Paralinguistische Zeichen kennzeichnen Harbekes szenische Texte, so neben dem unaufhörlichen Weinen von Weber in *nachts ist es anders*, das lang andauernde Lachen von Mertens und Krause als irritierender Einstieg in ihr morgendliches Gespräch.⁸⁹ Füllwörter im Sprechen, vor allem ›ja‹ werden in *lustgarten* zum Platzhalter für ›unfertige‹ Gedanken, unerzählte Ereignisse⁹⁰ und für Unaussprechliches, Verborgenes und nehmen durch die Betonung der Schauspieler die verschiedensten Bedeutungen an:

mertens: du hast gehorcht.
krause: gehorcht? wohl kaum.
mertens: dann hast du eben hingehört.
krause: sie schrie.
mertens: ja.
krause: ja.
mertens: ja.

---

85 | Harbeke: lustgarten, S. 320.
86 | Birkenhauer: Schauplatz der Sprache, S. 95.
87 | Fischer-Lichte: Paralinguistische Zeichen. In: Dies.: Semiotik des Theaters. 1, S. 36-47, hier S. 38f.
88 | Das Blumenmädchen in *nachts ist es anders* singt am Morgen ein Lied, nachdem sie die Menschen eine Nacht lang stumm beobachtet hat. Irma Stoob »singt leise und brüchig ›que sera, sera‹« (Harbeke: nachts ist es anders, S. 29), um den weinenden Weber zu trösten. Das Gespräch über Alltagserlebnisse und Erinnerungen der Figuren in *und jetzt/and now* vor dem Hintergrund des Terroranschlags am 11. September, endet in der Sprachlosigkeit: »später / einer singt. zwei tanzen. eine frau lacht, trinkt. zwei männer weinen.« Harbeke: und jetzt/ and now, S.63.
89 | »krause und mertens lachen, drei minuten lang. ihr lachen ist ansteckend. mertens verrenkt sich, macht stehend zusammengekauerte positionen vor, krause lacht.« Harbeke: lustgarten, S. 293.
90 | Vgl. Peters: Abgezirkelte Lebenswelten, S. 72.

krause: ja.
mertens: ja. hätte ich auch.
krause: ja, klar.
–
wir waren bestimmt einen halben kilometer entfernt, und ich habe sie immer noch gehört.[91]

Das wiederholte ›Ja‹ kann zwar anhand der Betonung auf eine jeweilige Bedeutung (Zustimmung, Distanzierung etc.) zurückgeführt werden, stellt aber auch ein rhythmisches Element in dem Gespräch dar, das von der konkreten Handlung unabhängig gesehen werden kann.[92]

## Gedankenströme

Die Figuren Mertens und Krause bewegen sich auf einer Dialogebene, die sich aus der Überforderung durch die Gesamtsituation, ihrem Schwanken zwischen einem Schuldeingeständnis und dem Versuch, stolz auf ihre Handlungen zu sein, ergibt. Die Stimmung zwischen den Freunden ist gereizt, alte Geschichten (die Beziehung von Krause zu Vera, das Verhältnis von Mertens zu seiner Mutter) werden nur gestreift und wieder verworfen. Themen, die nicht in den inhaltlichen Zusammenhang des Gesprächs gehören, werden ohne Ankündigung wie eine ›gedankliche Übersprunghandlung‹ thematisiert und geben damit ebenfalls einen Eindruck von der genauen Beobachtung, die Harbeke an die Struktur von Kommunikation ansetzt, vor allem, wenn es in den Gesprächen darum geht, Themen ausweichen zu wollen. Mertens reflektiert über die Gedankensprünge von Krause:

krause: bis 5000.
mertens: ja, versuch das mal. schwierig, sehr, sehr schwierig. ich kann das, noch heute. geht nur, wenn du dir jede zahl visuell vorstellst, sonst fällst du raus, garantiert.
krause: braucht sie nicht eine insulinspritze?
mertens: das mag ich. das mag ich an dir. nicht, dass du nicht zuhörst, du machst gedankensprünge, assoziierst, bist sofort bei etwas anderem.
krause: ja?
mertens: bestimmt, da sind wir uns ähnlich.
krause: weiss nicht.
mertens: sicher.
krause: vielleicht.
mertens: immer wach im gespräch, aufmerksam. gedankensprünge machen nicht alle. du schon.
krause: hmm.
mertens: deshalb mag ich dich, du bist intelligent.[93]

---

**91** | Harbeke: lustgarten, S. 297.
**92** | Vgl. Kap. 4.3. Präzision und Überforderung: Rhythmus und Komposition des szenischen Textes *lustgarten*.
**93** | Harbeke: lustgarten, S. 309f.

Die Dialoge von Mertens und Krause und der Monolog von Ingrid Lutz berühren nur die Oberfläche von Gefühlen und Konflikten, die unausgesprochen im Inneren der Figuren ausgetragen werden: »Oft sind die Worte nur die Spitze des Eisberges, was darunter liegt muss aber immer mitschweben, damit die Figuren geheimnisvoll und auch gefährlich bleiben.«[94] Harbeke lässt die Figuren in ihren Stücken alltägliche, einfache Sätze sprechen. Zugleich sind die Dialoge sehr dicht und verknappt. Die Sätze klingen zuweilen ›verloren‹, ohne Anschluss an eine Situation und zeigen so mehr von dem um Orientierung ringenden Sprecher, als sie benennen. Die Figuren in Harbekes szenischen Texten sind von einem »Verlust an Verlässlichkeit«[95], der Erosion einer Ordnung bedroht. Mertens und Krause spüren, wie sich ihre Freundschaft langsam auflöst, wie durch die kleinen Verschiebungen in der Kommunikation die gewohnte Vertrautheit schwindet. Es werden Ereignisse thematisiert, die für die Figuren existenzielle Konsequenzen haben und die zu einschneidend sind, um unmittelbar von den Figuren ausgedrückt werden zu können. »Sie kauen an Sprachscherben«[96] – so die Einschätzung der Kritikerin Alexandra Kedves. Harbeke schafft mit der präzisen raum-zeitlichen Inszenierung sprachliche Räume, die Birkenhauer als ›Bedeutungsräume‹ bezeichnet:

Auf diese Weise wird mit dem Sprechen zugleich die Sprache selbst wahrgenommen. Es sind die inszenatorischen Verfahren, die hier als Verschiebung zusammengefasst wurden, die jene Bewegung auslösen, in der gesprochene Worte ihre ›erste‹ Bedeutung verlieren.[97]

Harbeke interpretiert in ihren Theaterarbeiten nicht ausschließlich Figurencharakteristiken und Handlungsfäden eines Textes. Sie spricht von einem ›produktiven Misstrauen der Sprache‹[98] sowie den Möglichkeiten und Grenzen des sprachlichen Ausdrucks gegenüber, durch den auch die Figuren permanent bedroht seien.

Die Autorin-Regisseurin erreicht mit ihren szenischen Texten (auch durch den Einsatz der paralinguistischen Zeichen, des Schweigens und der Lieder),

---

**94** | Miriam Ehlers u. Sabine Harbeke: Ein Gespräch über den Zustand der Überforderung und den Verlust der Verlässlichkeit. In: Programmheft Theater Basel. Spielzeit 2006/2007. Sabine Harbeke: nachts ist anders. Regie: Alexander Nerlich, 8.12.2006. Redaktion Miriam Ehlers, S.4-10, hier S. 8.
**95** | Nissen-Rizvani: Interview mit Sabine Harbeke am 14.9.2007.
**96** | »Erste Szene; Zwei junge Männer, eine Reisetasche, ein Koffer, am Straßenrand. Sie kauen an Sprachscherben wie: ›Eis?‹ – ›Hmm?‹ – ›Ein Eis?‹ – ›Danke‹ – ›Ja?‹ – ›Nein Danke‹. Scherbe für Scherbe setzt sich ein Puzzle zusammen, das Vergangenheit heißt oder wenigstens die letzten Stunden. [...] Dieser Teil von Sabine Harbekes *lustgarten* ist geradezu ein Textparadies, das von den Schrecken und Schlüpfrigkeiten des Kaum-Gesagten vibriert. Da setzt ein Nichts, ein Nebenbei immer noch ein Gräuel auf [...] Sprachkunstwerk vom Papier [...] Glanzstück aus Knappheit und Präzision.« In: Alexandra Kedves: Wer krepiert im Kofferraum? In: Neue Züricher Zeitung, 8.12.2003.
**97** | Birkenhauer: Schauplatz der Sprache, S. 125.
**98** | Vgl. Kap. 10.1 Mail-Interview mit Sabine Harbeke.

dass die Aufmerksamkeit der Schauspieler und der Rezipienten auf die Kommunikation selbst gelenkt wird. Birkenhauer beschreibt die Bühne als einen ›Schauplatz der Sprache‹, auf der neben der »Befragung der Sprache zugleich deren Grenzzonen – das Schweigen, das Verstummen, die Lücken im Text – hör- und wahrnehmbar«[99] werden. Harbeke beobachtet und ›seziert‹ in ihren szenischen Texten entsprechend die Regeln gesprochener Sprache und gestaltet daraus eine präzise Partitur des szenischen Textes, der während der Proben zwar von den Schauspielern ›belebt‹, in seiner Struktur jedoch kaum noch verändert wird. Marlene Streeruwitz schreibt in ihrer Einleitung zu dem Sammelband *Roter Reis*, in dem auch Harbekes in ihrer Schreibwerkstatt entstandener Text, *der himmel ist weiß* veröffentlicht ist, dass es im Schreibprozess darum gehe, »zu einer eigenen Sprache zu kommen [...], d. h. den Raum der vereinbarten Sprache zu verlassen, [...] um einen eigenen Kosmos zu erschaffen.«[100] Harbeke versucht mit ihrer präzisen Schreibweise ›das Andere‹[101] als weitere Möglichkeit von Sprache vor allem in der Struktur der gesprochenen Sprache selbst zu suchen.

### 4.3 Präzision und Überforderung: Rhythmus und Komposition des szenischen Textes *Lustgarten*

In *lustgarten* werden zentrale Arbeitsweisen der Autorin-Regisseurin Sabine Harbeke deutlich, die den Rhythmus ihrer szenischen Texte bestimmen. Ihr Schreib- und Inszenierungsprozess ist stark geprägt von ihrer filmischen Ausbildung einerseits und andererseits von einer wortkargen Präzision, die sie bereits beim Schreiben des Dramentextes herauskristallisiert und für die Ebene der Rezeption öffnet.

Sabine Harbeke ist eine Spurenlegerin. Sie platziert Sätze, manchmal auch nur Begriffe in ihren Texten, die ihre Wirkung erst später entfalten werden. Nichts ist dem Zufall überlassen, was den Stücken eine Dichte gibt und dem Leser/Zuschauer Konzentration abfordert.[102]

Harbeke erarbeitete für *lustgarten* bereits im Dramentext ein »System der rhythmischen Notierung«[103], um den dramatischen Text für das Spiel auf der Bühne zu strukturieren. Der Rhythmus des Sprechens ist durch die Partitur des Textes sehr genau vorgegeben.[104] Hans-Thies Lehmann gebraucht in *Postdramatisches Theater* den Begriff der ›Text-Zeit‹, die durch »die Art und Weise

---

**99** | Birkenhauer: Schauplatz der Sprache, S. 321.
**100** | Marlene Streeruwitz: Vorwort. In: Roter Reis. Vier Theatertexte aus der Schweiz. Hrsg. von Stefan Koslowski. Berlin 2003, S. 8-9, hier S. 8.
**101** | »nach der Reflexion des Eigenen und damit Sichtbarmachung eines möglichen Anderen muss festgestellt werden, ob das Andere eine Möglichkeit des Textes ist.« Ebd., S. 9.
**102** | Peters: Abgezirkelte Lebenswelten, S. 71.
**103** | Pavis: Semiotik der Theaterrezeption, S. 92.
**104** | Vgl. Kap. 10.1 Mail-Interview mit Sabine Harbeke.

der Zusammenstellung der Sätze, ihren Rhythmus, ihre Länge und Kürze, syntaktische Komplexität und Pausen durch Punkte und Satzzeichen ein eigenes Tempo des Textes, einen Rhythmus aus Verzögerung und Beschleunigung«[105] schafft. Innerhalb des zeitlichen und räumlichen Verlaufs einer Aufführung können die einzelnen isolierten Sequenzen in Beziehung treten, »ihre reziproken Bezüge für den Zuschauer entfalten, kann die Komposition des Ganzen retrospektiv erkennbar werden.«[106] Harbeke arbeitet, um die Präzision im szenischen Text zu erreichen mit dem Verfahren der Reduktion: »Beim Schreiben entwirft sie Biografien von Figuren, die in ihren Reden aber nur Bruchstücke von sich preisgeben. Ihre Sprache ist komprimiert und komponiert.«[107] Für die Arbeit mit den Schauspielern bleibt nur ein reduziertes Vokabular, jedoch erarbeiten sich die Schauspieler ein reiches emotionales Ausdrucksvermögen für die jeweilige Figur: »Die Worte sind nur die Spitze des Eisbergs.«[108] Die Figuren in Harbekes szenischen Texten werden mit ihren Handlungen, mit Existenzängsten und auch mit den exakten zeitlichen Bedingungen, die ihnen der szenische Text vorgibt, im Kunstraum in einen permanenten Zustand der Überforderung versetzt. Diese Überforderung teilt sich dem Zuschauer über die Gesten und den Sprachgebrauch der Figuren mit.

### 4.3.1 Filmisches Erzählen: Rückblende, Nahaufnahme, Montage

Die Struktur des szenischen Textes mit der unregelmäßigen Wiederholung erzählter Passagen, der Wiederaufnahme bestimmter Begriffe (»Ja«) oder dem stockenden Sprechen, hat den Effekt, dass einzelne Sequenzen und Motive wie punktuell belichtete Sequenzen eines Films herausgehoben werden, dazu gehören auch die Situationen der Sprachlosigkeit und Stummheit, fortgesetzt mit solchen plötzlichen Sprechens (oder Lachens), zusätzlich verstärkt durch die rhythmische Organisation des Gesprochenen, durch regelmäßige Stopps.[109]

Oberfläche und Struktur. Hier liegen die Talente der Autorin, die ihr Regieauge wie ein Kameraauge einsetzen will. Harbeke ist die steady camera als Seismograph, die Bewegungen registriert, die im Grunde Erschütterungen sind. Sie geht auf Distanz, um Nähe herzustellen.[110]

Harbeke wendet ihre Erfahrungen aus der Ausbildung im Filmschnitt und bei der Produktion von Kurzfilmen an und verbindet diese Arbeitsweisen mit der Theaterarbeit. Epische Elemente werden ebenfalls in Anlehnung an Techni-

---

105 | Lehmann: Postdramatisches Theater, S. 310.
106 | Birkenhauer: Schauplatz der Sprache, S. 113.
107 | Miriam Ehlers: *nachts ist es anders* von Sabine Harbeke. In: Theaterzeitung Stadt Theater Bern. September/ Oktober 2006. Nr. 11, Rückseite.
108 | Ehlers u. Harbeke: Ein Gespräch über den Zustand der Überforderung und den Verlust der Verlässlichkeit, S. 8.
109 | Vgl. Birkenhauer: Schauplatz der Sprache, S. 159.
110 | Daniele Muscionico: der himmel ist weiss. In: Neue Zürcher Zeitung, 1.2.2003.

ken des Filmens (Rückblende, Schnitt, Nahaufnahmen, Montage) eingesetzt, ohne dass die Geschlossenheit der dargestellten fiktionalen Welt dadurch aufgebrochen werden würde.[111] In *lustgarten* dienen Rückblenden und Wiederholungen zur Rekonstruktion der vergangenen Handlung und zur Nahaufnahme der Figuren. Die drei auftretenden Figuren stehen bereits durch ihr frontales Spiel im schmalen Bühnenraum im Fokus. Die Aufmerksamkeit des Zuschauers wird auf ausdrucksvolle Details der Figuren, auf ihre Gesten, die Mimik oder die Worte konzentriert. Es gibt keine Ablenkung durch Dekorationen und atmosphärisch gestaltete Räume. Die kühlen, offenen Räume verstärken den Eindruck eines Modells, einer dreidimensionalen Versuchsanordnung, die im Ausschnitt und in der Nahaufnahme gezeigt wird.

Harbeke entwirft mit *lustgarten* eine Versuchsanordnung von Figuren im Raum mit kargen Bühnenelementen und innerhalb eines exakten zeitlichen Rahmens.

> Ein kleiner Kosmos der Vergeblichkeit, in dem sich Sabine Harbeke [...] als theatralische Feinzeichnerin erweist, eine, die im fragilen Stimmungsgeflecht leiseste Schwankungen wahrnimmt und herauspräpariert.[112]

Birkenhauer beschreibt die raum-zeitlichen Möglichkeiten der Bühne, indem sie herausstellt, »dass die Ordnung der Sukzession durchkreuzt wird durch eine andere, das Nebeneinander, dass der Fluss des Geschehens immer wieder unterbrochen wird.«[113] Harbeke entwirft entsprechend mit *lustgarten* Situationen, die sich wie ein Mosaik zu einem Gesamtbild zusammenfügen lassen. Dabei nutzt sie Techniken des Filmschnitts, um Ereignisse, die vor Beginn des Dramas geschehen sind, für den Zuschauer durch Rückblicke erfahrbar zu machen:

> Auf diese Weise entstehen getrennte Sequenzen, unverbundene Dialoge, vereinzelte Gesten, die jeweils wie gerahmt und isoliert aussehen. Dieses Konstruktionsprinzip aber ist ein räumliches: eines der Trennung, der Einschließung. Statt eines verbundenen Zusammenhangs – ein Mosaik einzelner Szenen, statt linearer Entwicklungen – plötzliche Risse.[114]

Zu den konstruktiven Elementen von Harbekes Erzählweise gehört die Montage.[115] Ereignisse und Entwicklungen werden nicht linear erzählt oder gezeigt, sondern mit Schnitten und Zeitsprüngen. Zugleich prägt die Montage auf einer anderen Ebene auch das Selbstverhältnis der Figuren. Sie montieren sich ihre Gegenwart aus Versatzstücken von Möglichkeiten und Illusionen,

---

111 | Vgl. Poschmann: Der nicht mehr dramatische Theatertext, S. 68.
112 | Ruth Bender: Beharrliche Banalitäten. Kieler Schauspielhaus startet mit der Uraufführung von Sabine Harbekes *schonzeit* in die neue Spielzeit. Kieler Nachrichten, 18.9.2006.
113 | Birkenhauer: Schauplatz der Sprache, S. 113.
114 | Ebd., S. 113.
115 | Vgl. Karin Nissen-Rizvani: Zwischen Montage und Modellieren: In: Text und Materialien. Theaterstiftung der Region Baden-Württemberg. Redaktion Sonja Kiefer-Blickensdorfer. Baden 2007, S. 64-67, hier S. 64f.

Selbstentwürfen und Lügen. Die Biografien der Figuren wirkten im Gegensatz zur psychologischen Auffassung der Figuren in Harbekes frühen Stücken (*god exists* und *wünschen hilft*) nicht determinierend, sondern ergeben sich erst aus den nachgezeichneten Handlungen und Entscheidungen der Figuren. So rücken die kleinen Ereignisse in den Mittelpunkt, die sogenannte Banalität.[116] Vom Film habe sie den detaillierten Blick, die psychologische Herangehensweise und sie sei eine Autorin, »die ihre Geschichten visuell erzählt, schon beim Schreiben sehe sie die Szenen plastisch vor [sich]«, so charakterisiert Harbeke selbst ihre vom Film geprägte Arbeitsweise.[117] Darüber hinaus sei sie durch die Ausbildung im Film mit dem ›Autorenfilm‹ vertraut, in dem man selbstverständlich für alle Aggregatzustände des Stoffes verantwortlich sei.[118]

### 4.3.2  Surreale Erzählebene

In den jüngsten Theaterarbeiten entwirft Harbeke eine zusätzliche surreale Ebene des Erzählens. In *schonzeit* wird der Spielraum immer wieder durch Spielelemente (eine Figur, die durch den Raum rudert, ein Kinderspiel, das auf den Bühnenboden gemalt wird) erweitert, die lediglich in assoziativer Verbindung mit dem Handlungszusammenhang stehen. Diese parallel zum Geschehen ablaufende surreale Ebene verweist ebenso wie die in sich geschlossenen, nebeneinandergestellten Szenen, auf das Arbeiten mit Filmschnitten. Harbeke versucht möglichst, Auf- und Abtritte der Schauspieler innerhalb der Szenen zu vermeiden, oft erfindet sie Raumlösungen (wie das Wartezimmer in *nachts ist es anders,* die parallel aufgebauten Räume von Amy und Glenn und der Nachbarin in *schnee im april* oder den abstrakten Raum in *lustgarten*), die parallele Abläufe in einem Raum zulassen. Harbeke erweitert so in ihren jüngsten Theaterarbeiten den präzisen ›Hyperrealismus‹[119] mit grotesken Zwischenspielen. In *lustgarten* bleibt die Erzählebene jedoch noch an die Figuren gekoppelt. Ohne inneren und ohne gesellschaftlichen Halt können jedoch auch die einfachsten Handlungen und Entscheidungen bereits den Keim des Absurden in sich tragen und aufs Scheitern zusteuern. Mertens' nicht en-

---

**116** | »Es ist diese Signatur der Filmemacherin, die sich unverwechselbar durch ihre Texte und Inszenierungen zieht und sie im Theater als Autorin und Regisseurin auszeichnet. Der Einfluss des Films ist allgegenwärtig: Im raschen Hin-und Herschneiden zwischen simultanen subjektiven Realitäten in *schnee im april* oder verschiedenen Zeitebenen in *der himmel ist weiss*, in der Präzision ihrer Bilder, im quasidokumentarischen Charakter ihrer Inszenierungen, in ihrer verdichteten Sprache. Wie auf der Leinwand möchte Harbeke auf der Bühne dokumentarisch wirkende Bilder schaffen, die eine konzentrierte und überhöhte Realität darstellen. [...] Wie sich die Kamera auf bestimmte Ausschnitte richtet, so fokussieren Harbekes Texte exakt auf Details, Orte und Situationen. Je genauer sie hinsieht, desto mehr kann sie erzählen, da die Komplexität des Lebens für sie in der scheinbaren Banalität des Alltags zum Ausdruck kommt.« von Büren: Liebe und Schuld in der Mittagspause, S. 56.
**117** | Philipp Gut: schnee im april. Halber Bruder, doppelter Blick. In: züritipp, 14.12.2001.
**118** | Vgl. Kap. 10.1. Mail-Interview mit Sabine Harbeke.
**119** | Vgl. Peters: Abgezirkelte Lebenswelten, S. 69.

den wollende Frage nach dem Essen und Trinken wird zu Beginn von *lustgarten* zu einem absurden Wortspiel.[120]

Harbeke setzt der Krisensituation, in der sich die Figuren befinden, schwarzen Humor entgegen: »Und selbst Pessimismus, Absurdität und Schwärze ragen ein bisschen ins Stück hinein. Ja, auch eine Assoziation an Beckett-Rituale erscheint nicht abwegig.«[121] Dieser Humor blitzt manchmal durch die präzise geformten Strukturen des szenischen Textes hindurch und »wirkt [auf das Publikum] wohltuend«.[122] Das Publikum von *lustgarten* reagiert mit Gelächter auf die makaberen Wendungen, die die Wortspiele bestimmen.

### 4.3.3 Sprache im Zentrum

*lustgarten* wurde auch als Hörspiel veröffentlicht, was darauf hinweist, dass der visuelle Aspekt in diesem szenischen Text hinter den sprachlichen Qualitäten zurücktritt.

Ein Geflecht von immer denselben Wendungen und Begriffen durchzieht den Text, die Sätze bilden eher eine ›Denkbewegung‹ als einen Dialog. Harbeke arbeitet in allen ihren szenischen Texten mit einem knappen Set von Worten und Wortfolgen, das in Variationen punktuell wieder aufgenommen wird, vergleichbar mit einem musikalischen Motiv. Mit der konsequenten Kleinschreibung schafft sie die Möglichkeit, durch Rhythmen eigene Schwerpunkte zu setzen. Die Figuren gewinnen mit Wiederholungen von Sätzen, paralinguistischen Wendungen oder Pausen Zeit und scheinen während des Sprechens auf eine Veränderung des gegenwärtigen Zustands zu warten.

Harbeke führt Versuchsanordnungen vor, die dem Zuschauer die Entscheidung überlassen, wie die Geschichte weiter verlaufen soll. Ihre Präzision, das ›hyperrealistische‹ Verfahren des Sezierens und Modellierens, stehen im Kontrast zur surrealen Erzählebene der neueren szenischen Texte, aber vor allem im Kontrast zu der Überforderung, der die Figuren permanent ausgesetzt sind. Harbeke nutzt die Möglichkeit der Autorenregie, bereits im Dramentext den Inszenierungstext anzulegen und ihn in der Probenarbeit mit den Schauspielern zu ›überprüfen‹ und im Detail zu korrigieren.

Der besondere Reiz in dem szenischen Text *lustgarten* liegt im dramaturgischen Aufbau, darin, dass die Hauptfigur sich selbst nicht äußert, sondern ausschließlich über die Fremdbeschreibungen charakterisiert wird.

---

120 | mertens: eis? / krause: hmm? / mertens: ein eis? / krause: danke. / mertens: ja? / krause: nein danke. / mertens: du könntest eins haben. just in diesem moment. / krause: just. / mertens lächelt. mertens: kleine aufmunterung. Just. – na? / krause: nein danke. / mertens: bier? ich hole dir gerne eins. / krause: zu früh. / mertens: früh? das letzte ist nicht so lange her. / krause: ich weiss. / mertens: eben. / krause: danke. Nein danke. krause lächelt. nicht nötig. / mertens: nicht? / krause: nein. / mertens: na gut. – und was tun wir jetzt? / krause: nichts.« In: Harbeke: lustgarten, S. 294.
121 | Torbjörn Bergflödt: Karaoke-Singen mit Folgeunfall. In: Thurgauer Zeitung, 8.12.2003.
122 | Marga Wolff: Super Blick auf Ground Zero. In: die tageszeitung, 22.10.2004.

## 4.4 Sabine Harbekes Bezug zur Theaterinstitution

Die Institution Theater ermöglicht es Harbeke, durch ein Doppelengagement als Regisseurin und Autorin, ein höheres Einkommen aus der freien Theaterarbeit zu erzielen.

Harbeke ist als Frau unter den Autoren-Regisseuren immer noch eine Ausnahme, sie spricht selber von einer »Machtballung«[123], mit der vor allem ältere, männliche Kollegen nicht sofort zurecht kämen. Zum anderen geht es Harbeke um die Vereinbarkeit von Beruf und Familie. Sie erhält Doppelverträge für den Stückauftrag und die Regie. Harbeke weiß zumeist schon während des Schreibprozesses, wer in den szenischen Texten spielt. Es ergibt sich für sie die Möglichkeit, kontinuierlich mit Schauspielern eines Ensembles, auch in fortgesetzten Produktionen zu arbeiten. Für den Schreibprozess verlässt Harbeke jedoch das Theater und zieht sich in ihr Atelier zurück, in dem sie einen Dramentext entwirft, der im Probenprozess mit den Schauspielern weitgehend unverändert umgesetzt wird.

---

**123** | Nissen-Rizvani: ich glaube dir den haarschnitt, das hemd, deine liebenswürdigkeit, aber den satz nicht, S. 31.

## 5 Der Autor-Regisseur Armin Petras/Fritz Kater

Armin Petras/Fritz Kater[1] und sein szenischer Text *HEAVEN (zu tristan)* stehen nach Sabine Harbekes *lustgarten* im Mittelpunkt der dramaturgischen Analyse. Auch Petras sieht die fiktive Handlung weiterhin als einen Schwerpunkt im Sprechtheater an, auch wenn der Einsatz nonverbaler Zeichen für seine Theaterarbeiten wesentlich ist: »Das Theater ist auf jeden Fall als semiotischer Prozess zu verstehen. Die Sprache ist nicht gleichwertig, im Sprechtheater ist sie das Primat, weil sie die Geschichte transportiert.«[2] Wie Petras mit der kritischen Nutzung der dramatischen Form verfährt und welche Auswirkungen dies auf den transversalen Rhythmus und die Komposition des szenischen Textes hat, wird im Folgenden untersucht. Zunächst wird Petras in einer kurzen Werkbiografie vorgestellt.

### 5.1 Ausbildung und Werkbiografie[3]

Armin Petras wurde 1964 in Meschede geboren und übersiedelte mit seinen Eltern 1969 in die DDR.[4] 1985-87 studierte er Schauspielregie an der Berliner Hochschule für Schauspielkunst Ernst Busch. Neben seiner Tätigkeit als Regieassistent am Deutschen Theater Berlin gründete er die freie Theatergruppe *Medea-Ost*. 1988 übersiedelte Petras nach West-Berlin, wo er sein Off-

---

1 | Im Folgenden wird der Name ›Petras‹ für den Autor-Regisseur Armin Petras/Fritz Kater geschrieben.
2 | Vgl. Kap. 10.2 Mail-Interview mit Armin Petras.
3 | Eine Liste der Inszenierungen, für die Armin Petras die Regie der Texte seines Alter Egos Fritz Kater übernommen hat, findet sich im Anhang. Vgl. Kap. 11 Literatur- und Aufführungsverzeichnis.
4 | Der Spiegelredakteur Wolfgang Höbel fragte Petras, aus welchen Gründen die Eltern des Regisseurs mit ihrem damals sechsjährigen Sohn in die DDR übersiedelten, was für diese Zeit sehr ungewöhnlich war. Doch Petras blockte ab: Er könne sich an nichts erinnern, »und ich habe nie danach gefragt«. Wolfgang Höbel u. Armin Petras: Die Neugier aufs Biografische. In: http://wissen.spiegel.de/wissen/image/show.html?did=29284669&aref=image035/E0 348/ROSPX200301200030003.PDF&thumb=false (gesehen am 8.12.2009).

Theater unter dem Namen *Medea-West* weiterführte. Als Regieassistent am TAT[5] in Frankfurt a. M. und an den Münchener Kammerspielen beeinflussten ihn die Regiehandschriften der flämischen Regisseure Jan Fabre und Jan Lauwers[6]: »im flämischen Theater hatte man [...] eine Theatersprache entwickelt, in der die einzelnen Elemente, wie Sprache, Tanz, Bild etc., voneinander getrennt sind.«[7] Ab 1992 inszenierte Armin Petras als freier Regisseur, von 1996-99 fest am Schauspiel Leipzig, während er gleichzeitig die Oberspielleitung am Theater Nordhausen übernommen hatte. 1999 wurde Armin Petras Schauspieldirektor in Kassel und arbeitete als freier Regisseur in Frankfurt a. M. 2001 wurde der erste Teil der *Harvest-Trilogie*[8], *Fight city. vineta*, zum Start der Intendanz von Ulrich Khuon am Thalia Theater in Hamburg und zur Neueröffnung der experimentellen Spielstätte für zeitgenössische Theaterformen am Thalia in der Gaußstraße am 15.9.2001 aufgeführt.[9] Die *Harvest-Trilogie* setzt sich aus den drei Dramentexten *vineta (oder wassersucht), zeit zu lieben und zeit zu sterben* und *we are camera* zusammen. Die drei Dramentexte thematisieren den Verlust und die erneute Suche nach Heimat. Einzelne Lebensläufe von ›Grenzgängern‹ zwischen Ost und West werden gezeigt, die sich mit einer veränderten gesellschaftlichen Realität zu arrangieren haben und daran zu scheitern drohen. Petras stellt darin das soziale Leben in Ostdeutschland in den Vordergrund, das auch den Hintergrund für *HEAVEN (zu tristan)* kennzeichnet. Es folgte die Uraufführung des Auftragswerks *zeit zu lieben und zeit zu sterben* 2002 am Thalia in der Gaußstraße mit einer Nominierung für das Berliner Theatertreffen 2003 und der Auszeichnung mit dem Mülheimer Theaterpreis 2003. Mit *we are camera/jasonmaterial* (UA Thalia Theater in der Gaußstraße, 6.12.2003) wurde Petras zum Berliner Theatertreffen und wiederum zu den Mülheimer Theatertagen (2004) eingeladen.

Die Harvest-Trilogie thematisiert Ostbiografien; während *zeit zu lieben und zeit zu sterben* in den 70er Jahren von den Träumen der Jugendlichen und

---

**5 |** Das TAT (Theater am Turm) war zunächst ein eigenständiges Städtisches Theater in Frankfurt für zeitgenössisches, experimentelles Theater mit Sitz im Volksbildungsheim am Eschenheimer Tor. 1995 wurde das TAT den Städtischen Bühnen Frankfurt, im Bockenheimer Depot, angegliedert, jedoch 2004 aus Kostengründen geschlossen.
**6 |** Georg Weinand stellt die Theaterarbeit der flämischen Regisseure Jan Lauwers und Jan Fabres im Kontext der Belgischen Theaterlandschaft vor. Vgl. Georg Weinand: Theaterlandschaft Belgien. Die Sprache der Anderen. In: www.nachtkritik-spieltriebe3.de/index.php/de/laender/belgien?showall=1 (gesehen am 31.8.09).
**7 |** Frank Raddatz u. Armin Petras: Ich habe in Brecht einen Partner gefunden. Ein Gespräch. In: Frank M. Raddatz: Brecht frisst Brecht. Neues episches Theater im 21. Jahrhundert. Leipzig 2007, S. 185- 194, hier S. 186.
**8 |** Vgl. Gabriele Dürbeck: Die fremde Heimat. Ost-West/West-Ost-Grenzgänger in der Harvest-Trilogie von Fritz Kater. Script zum Vortrag, gehalten an der Universität Hamburg im Sommersemester 2007, am 24.5.2007.
**9 |** Die Ringuraufführungen fanden unter dem Titel *vineta (oder wassersucht)* am 18.5.2001 an den Freien Kammerspielen Magdeburg (Regie: Wolf Bunge) und am Schauspiel Leipzig (Regie: Markus Dietze) statt.

deren gescheiterten Ost-Lebensentwürfen erzählt, handelt *Fight city. vineta* von dem Boxer Steve, der nach der Wende an die Erfolge seiner Boxerkarriere in Ostdeutschland anzuschließen versucht, jedoch mit den Veränderungen in seiner alten Heimat nicht zurechtkommt. In der deutsch-deutschen Agenten- und Familiengeschichte, *we are camera*, unternimmt eine ostdeutsche Familie auf der Flucht vor der Stasivergangenheit eine Reise nach Finnland.

*3 von 5 Millionen* (UA 15.1.2005, Deutsches Theater Berlin) wurde ebenfalls bei den Mülheimer Theatertagen (2005) nominiert. 2003 und 2004 wurde Petras bei der Kritikerumfrage von *Theater heute* zum Autor des Jahres gewählt. 2005 erhielt Petras den Leipziger Theaterpreis, der durch den Freundeskreis des Schauspiels Leipzig e.V. für besondere künstlerische Ergebnisse von Theatermachern jährlich verliehen wird.

Seit der Spielzeit 2006/2007 leitet Armin Petras das Maxim Gorki Theater in Berlin und inszeniert weiterhin auch als freier Regisseur vor allem in Frankfurt a. M. und bis Ende der Spielzeit 2008/2009 am Thalia Theater Hamburg. 2008 erhielt Armin Petras den Else-Lasker-Schüler-Preis, den höchstdotierten deutschen Dramatikerpreis, für sein Gesamtwerk.

### 5.1.1 Der Regisseur Armin Petras und der Autor Fritz Kater

Armin Petras hat seine Dramentexte bisher mit nur zwei Ausnahmen, *Mala Zementbaum* und *Rose*[10], unter dem Pseudonym Fritz Kater verfasst. Über *Mala Zementbaum*, einen Dramentext, den Petras gemeinsam mit Thomas Lawinky verfasst hat, sprach Petras bei einem Publikumsgespräch im Anschluss an die Aufführung am Thalia in der Gaußstraße im Rahmen der Autorentheatertage Hamburg am 1.6.2007. Petras erwähnte, dass er den Dramentext aufgrund des starken Bezugs zu seiner Biografie nicht selber inszeniert habe. Der Text wurde in *Theater heute*[11] unter dem Autor-Namen Armin Petras abgedruckt. Milan Peschel hat bei der Inszenierung am Maxim Gorki Theater (UA 9.2.2007) Regie geführt.

Die Bearbeitungen von Texten anderer Autoren veröffentlichte Petras mit einer Ausnahme, *3 von 5 Millionen,* nach einem Roman von Leonhard Frank, unter dem Namen Armin Petras und bezeichnet sich dabei selbst als Co-Autor.[12] *3 von 5 Millionen* ist nur im ersten Teil eine Adaption, der zweite und dritte Teil sind eigenständig.[13] Petras unterstreicht die doppelte Perspektive

---

**10** | Arbeiten am Thalia Theater fanden während der Intendanz von Ulrich Khuon (2001-2009) regelmäßig am Thalia in der Gaußstraße statt. Die letzte Inszenierung von Petras im Rahmen der Autorentheatertage Hamburg 2009 war *Rose* (UA, Thalia in der Gaußstraße, 25.4.2009). Auch dieser Dramentext ist unter dem Autor-Namen Armin Petras erschienen.
**11** | Armin Petras u. Thomas Lawinky: Mala Zementbaum. In: Theater heute 48 (2007) 2, S. 53-59.
**12** | Karin Fischer u. Armin Petras: Rummelplatz der Geschichte und Geschichten. Ein Gespräch. Beitrag des Deutschlandradios vom 31.5.2009. In: www.dradio.de/dlf/sendungen/kulturfragen/974478/ (gehört am 11.8.2009).
**13** | Vgl. Kap. 10.2 Mail-Interview mit Armin Petras.

seiner künstlerischen Tätigkeit als Autor und Regisseur, indem er gerne zwei Biografien angibt. Für Fritz Kater hat Petras eine DDR-Biografie erfunden: Fritz Kater wurde nach der fiktiven Biografie 1966 in Bad Kleinen geboren und hat nach dem Umzug nach Ost-Berlin und dem Wehrdienst eine Lehre als Fernsehmechaniker abgeschlossen. Nach der Ausreise 1987 (sic!) in die BRD beginnt er neben Gelegenheitsarbeiten die freie Arbeit als Autor. Fritz Kater ist verheiratet und hat drei Kinder.[14] Unter dem Namen Fritz Kater schreibt Petras seit 1993 Theaterstücke unter anderem im Auftrag des Kleisttheaters Frankfurt/Oder und des Theaters Nordhausen.[15]

Auf Fritz Kater, den deutschen Gewerkschafter, Verleger und Herausgeber der Zeitung *Der Syndikalist* und Anarchosyndikalist, geboren 1861 in Barleben (nahe Magdeburg), gestorben im Mai 1945 in Berlin, nimmt Petras keinen direkten Bezug.

Die Dramentexte von Fritz Kater wurden bis 2001 vom *Drei Masken Verlag* vertreten, die Rechte für die Bearbeitungen anderer Texte durch den Co-Autor Armin Petras liegen nach wie vor (mit der Ausnahme des Dramentextes *3 von 5 Millionen*) ausschließlich beim *Drei Masken Verlag*. Seit 2002 vertritt der Henschel Verlag die Rechte für alle Dramentexte von Fritz Kater, angefangen mit dem zweiten Teil der *Harvest-Trilogie, zeit zu lieben und zeit zu sterben*. Seit seiner Tätigkeit als Intendant des Maxim Gorki Theaters (seit der Spielzeit 2006/2007) hat Petras sich auf die Adaption von Texten anderer Autoren konzentriert.[16] Im Auftrag der Autorenwerkstatt 2009, einer Kooperation des Maxim Gorki Theaters mit Wissenschaftlern, die in Wittenberge und den europäischen Vergleichsregionen zum Thema ›ÜBER LEBEN IM UMBRUCH‹ recherchieren, schrieb Petras jedoch unter dem Pseudonym Fritz Kater einen neuen Dramentext, *We are blood*, der sich als Fortführung von *HEAVEN (zu tristan)* mit dem Strukturwandel der neuen Bundesländer, diesmal mit Neubrandenburg, »dem Ausverkauf dieser einzigartigen Biosphärenlandschaft«[17], auseinandersetzt. *We are blood* wurde am 5. Mai 2010 am Maxim Gorki Theater uraufgeführt.[18] Im Frühjahr 2010 fand eine Autorenwerkstatt am Maxim Gorki Theater statt, bei der erste Ergebnisse des erneuten Austausches zwischen Wissenschaftlern und Künstlern diskutiert wurden und mehrere Auf-

---

14 | Vgl. Fritz Kater: Die Werte des Tausches. In: Sonderstück. 30 Jahre Mülheimer Theatertage. Ein Jubiläumsbuch von *Theater heute* und *Stücke 2005*. Hrsg. von Eva Behrendt, S. 8-9 und S. 88-89, hier S. 9. Vgl. auch biografische Angaben zu Fritz Kater in: http://www.gorki.de/-/menschen/26898 (gesehen am 11.8.2009).
15 | Vgl. Kap. 11 Literatur- und Aufführungsverzeichnis.
16 | Für die vorliegende Untersuchung zur Autorenregie werden ausschließlich Dramentexte thematisiert, die Petras unter dem Pseudonym Fritz Kater verfasst hat, eine Übersicht der Adaptionen und Bühnenfassungen von Texten anderer Autoren findet sich in: www.dreimaskenverlag.de/katalog/autorliste.php?mod=tlist&op=view&id=179 (gesehen am 12.8.2009).
17 | Vgl. www.gorki.de/-/premieren/550021 (gesehen am 15.5.2010)
18 | Vgl. www.ueberlebenimumbruch.de/index.php?page_id=5 (gesehen am 15.5.2010).

tragsstücke gezeigt wurden. Im Juli 2008 gastierte bereits *HEAVEN (zu tristan)* im Rahmen des Projekts in Wittenberge.

Die Frage, ob es da noch etwas über die offizielle Lebensskizze hinaus über Fritz Kater zu erfahren gebe, verneint Petras. Von einem Rollenspiel zwischen Schreiber- und Regisseur-Identität will Petras ebenso wenig wissen: »Ich bin ich. Soll heißen: Kater ist eine Textgeburt und seine Identität reicht als solche nicht weiter als der Schreibakt selbst. Für eine Hermeneutik über seine Werke hinaus steht dieser Autor nicht zur Verfügung.«[19] Bedeutung hat die Trennung von Autor und Regisseur ausschließlich für den Produktionsprozess, von der Entstehung des Dramentextes bis zur Spielvorlage, von den Proben bis zur Gestaltung des Inszenierungstextes.[20] Petras betont die Autonomie der einzelnen Arbeitsschritte, indem er bereits für die personelle Verantwortung getrennte Namen einsetzt: »Fritz Kater schreibt. Armin Petras inszeniert. Die beiden Vorgänge haben nichts miteinander zu tun.«[21]

## 5.1.2 Veröffentlichungen[22]

Die Dramentexte von Armin Petras/Fritz Kater wurden in regelmäßiger Folge in den Fachzeitschriften *Theater heute* (*zeit zu lieben und zeit zu sterben* [2002], *we are camera/Jasonmaterial* [2004], *3 von 5 Millionen* [2005], *Mala Zementbaum* [2007], *HEAVEN (zu tristan)* [2007]) und *Theater der Zeit* (*vineta (oder wassersucht* [2001], *Tanzen!* [2006]) abgedruckt. *zeit zu lieben und zeit zu sterben* wurde zusätzlich in *Spectaculum* veröffentlicht. Die Anthologie *Ejakulat aus Stacheldraht* enthält acht Dramentexte von Fritz Kater und ist in der Reihe *Dialog* erschienen. Armin Petras führte, mit Ausnahme von *vineta (oder wassersucht)* und *Abalon, one nite in Bangkok* bei allen Uraufführungen der Dramentexte, die er unter dem Pseudonym Fritz Kater verfasst hat, Regie. Der Dramentext *Abalon, one nite in Bangkok* ist als Auftragswerk für die *Frankfurter Positionen* in einem Sammelband[23] veröffentlicht und von Peter Kastenmüller uraufgeführt worden.[24] Auch bei den beiden Verlagen, die die Rechte von Petras' Dramentexten und Bearbeitungen vertreten, zeigt sich die deutliche Trennung, die Petras in der schriftstellerischen und inszenatorischen Arbeit aufrecht erhält. Die Setzung des Pseudonyms wird vom

---

**19** | Christian Rakow: Fritz Kater – der erste gesamtdeutsche Realist im Drama nach 1900. In: www.nachtkritik-stuecke08.de/index.php/stueckdossier2/autorenportrait (gesehen am 21.8.2009).
**20** | Vgl. Kap. 5.2.1 Der Produktionsprozess: Vom Dramentext zur Spielvorlage.
**21** | Vgl. Kap. 10.2 Mail-Interview mit Armin Petras.
**22** | Vgl. Kap. 11 Literatur- und Aufführungsverzeichnis.
**23** | Fritz Kater: Abalon, one nite in Bangkok. In: Gut ist, was gefällt. Versuche über die zeitgenössische Urteilskraft. Vier Theaterstücke. Hrsg. von der BHF-Bank-Stiftung in Kooperation mit Schauspiel Frankfurt. Frankfurt 2006, S. 123-165.
**24** | Fritz Kater: Abalon, one nite in Bangkok. UA Schauspiel Frankfurt, Kleines Haus, 8.1.2006. Regie: Peter Kastenmüller.

Henschel Theaterverlag und dem Drei Masken Verlag, wenn auch ironisch kommentiert, übernommen.[25]

## 5.2 Dramaturgische Analyse des szenischen Textes HEAVEN (zu tristan)

Für die dramaturgische Analyse werden zunächst die dramatische Form des szenischen Textes HEAVEN, die Figuration und die Ebene der fiktiven Handlung analysiert. Im zweiten Schritt werden die Ebenen der Verschiebung im szenischen Text betrachtet, um den Rhythmus, der sich transversal aus den Verschiebungen zueinander ergibt, und damit die Komposition des Werkes HEAVEN herauszuarbeiten zu können. Die Ebene der äußeren Kommunikation sowie die Produktionsbedingungen haben dabei besonderen Einfluss auf die Komposition.

Um die kritische Nutzung der dramatischen Form analysieren zu können, ist es für die Analyse des szenischen Textes HEAVEN wichtig, mit der Spielvorlage[26] zu arbeiten, da sich hier – ausgehend vom Dramentext – Abweichungen zeigen. Beim Vergleich des Dramentextes mit der Spielvorlage bekommt man zugleich Hinweise auf die Arbeitsweise des Autor-Regisseurs Petras und so zugleich auf die Produktionsweise im Kontext der Theaterinstitution.

### 5.2.1  Der Produktionsprozess: Vom Dramentext zur Spielvorlage

Die Uraufführung *HEAVEN (zu tristan)*[27] ist eine Koproduktion des Maxim Gorki Theaters und des Schauspiels Frankfurt und feierte am 12. September 2007 in Frankfurt Premiere. Die Berliner Premiere wurde am 17. November 2007 im Maxim Gorki Theater gezeigt. Ursprünglich war HEAVEN für die Ruhrtriennale 2006 konzipiert worden, Festivalleiter Jürgen Flimm befand den Dramentext jedoch für nicht aufführungswürdig.

Der überarbeitete Dramentext HEAVEN wurde – zur Genugtuung Petras' – für den Mülheimer Stückepreis 2008 nominiert. Als beste Berliner Aufführung des Jahres 2007 erhielt HEAVEN den von der Berliner Morgenpost ausgeschriebenen Friedrich-Luft-Preis. Die Jury begründete ihr Votum mit den Worten:

> Fritz Kater schafft es mit diesem ›Ost-Stück‹, das gesellschaftliche Konflikte erzählt, ein Stück deutsch-deutscher Gegenwart in den Fokus der Geschichten zu rücken, ohne in Klischees zu verfallen. Als Armin Petras gelingt dem Autor eine Inszenierung, die auch das fragmentarische, bruchstückhafte der Erzählung in sowohl packende wie poetische Bilder

---

25 | Vgl. www.henschel.de und www.dreimaskenverlag.de/katalog/autorliste.php?mod= aview&op=view&id=107 (gesehen am 12.8.2009).
26 | Für die Erstellung einer Spielvorlage wurden für die Untersuchung die Aufzeichnung vom 21.11.2007 mit dem in: Theater heute 48 (2007) H. 10, Beilage, S. 2-15. abgedruckten Dramentext verglichen.
27 | Im Folgenden wird der Titel mit HEAVEN abgekürzt.

fasst und eindrucksvolle schauspielerische Leistungen provoziert, die die Zuschauer in ihren Bann ziehen.[28]

*HEAVEN* spielt in Wolfen, in einer Region, die durch Abwanderung von Betrieben, den Abriss von überschüssigem Wohnraum und den Wegzug der jungen Generation geprägt ist. Anhand einzelner Biografien werden die Auswirkungen des Rückbaus, die damit zusammenhängenden Verluste von Heimat, Erinnerung und Perspektive von Petras mit jeder Szene erneut erzählt. Christian Rakow sieht in *HEAVEN* »eine über die ostdeutsche Befindlichkeit hinausreichende Mentalitätsstudie für jegliche Regionen rapiden sozialen Wandels, in denen Orientierungsverluste den Blick nach vorn verdunkeln.«[29] Petras benennt im Gespräch mit Christine Wahl das zentrale Thema von *HEAVEN* als das der sterbenden Städte in Ostdeutschland sowie eine »bösartige Idee«, die hinter jedem seiner Theaterabende stecke:

[…] die Bösartigkeit besteht vielleicht darin, dass ich sage: Leute, Ostler, Betroffene – das Leben ist so! Es gibt gar nichts anderes als Abschiede im Endeffekt. Und umgedreht – also für die anderen Leute, die das alles doof finden – würde ich sagen: Leute, das ist nicht der blöde Osten, das sind nicht nur die paar Idioten, sondern in jedem Stoff in Leuna oder in Wolfen ist ein Tristan-Mythos versteckt: Liebe tut immer weh. Und de facto stirbt in Deutschland Kultur, sterben Menschen, sterben ganz viele Beziehungen, weil einfach ein Drittel Land kulturell im Stich gelassen wird.[30]

Petras hat zur Recherche für *HEAVEN* im Sommer 2007 in Sachsen-Anhalt gecampt.[31] Die Spielvorlage, die für die Analyse (nach der Aufzeichnung der Inszenierung von *HEAVEN* vom 21.11.2007) vorab erstellt wurde, unterscheidet sich stark vom Dramentext, behält jedoch die Aufteilung in Szenen bei, lediglich die zweite Szene wurde gestrichen. Die ›Raben‹ werden in der Spielvorlage durch einen Raben (gespielt von Max Simonischek) dargestellt, ansonsten bleibt das im Dramentext angekündigte Personal[32] bestehen.

Zu Petras' Regiestil gehört es, viel Raum für die Improvisation der Schauspieler, die er oft über Jahre aus der gemeinsamen Arbeit kennt, zu belassen. Die Spielfassung spiegelt daher auch den starken Einfluss einzelner Schauspie-

---

**28** | Stefan Kirschner: Gorki-Theater macht das Rennen. Armin Petras' Inszenierung *HEAVEN* bekommt den Friedrich-Luft-Preis. Berliner Morgenpost, 9.2.2008.
**29** | Rakow: Fritz Kater – der erste gesamtdeutsche Realist im Drama nach 1900.
**30** | Christine Wahl: Liebe tut immer weh. Gorki-Intendant Armin Petras über sein Theater anderthalb Jahre nach dem Neustart – und über sein neues Stück *HEAVEN*. In: tip Berlin, o.D.
**31** | Petras spricht im Interview mit Christine Wahl davon, dass er grundsätzlich nur Sachen machen könne, von denen er das Gefühl habe, sie durchdrungen zu haben. Aus diesem Grund fahre Petras, wenn er ein Stück schreibe oder inszeniere gerne an den Ort des Geschehens. Vgl. Ebd.
**32** | Pfister definiert das Personal als die Summe der auftretenden Figuren. Das Personal schließt jene Figuren aus, die nur in den Repliken sprachlich thematisiert, jedoch nie szenisch präsentiert werden. Vgl. Pfister: Das Drama, S. 225.

ler auf den Dramentext wider. Während z. B. die Texte von Robert (Ronald Kukulies) zwar gekürzt, aber kaum umgestellt werden, wurden Szenen von Königsforst (Peter Kurth) und Helga (Susanne Böwe) komplett überarbeitet: Der Monolog von Helga in Szene 6, *helga allein zu haus*[33], wird beispielsweise in der Spielvorlage zwischen Königsforst und Helga dialogisch aufgeteilt. Petras betont im Mail-Interview, dass es sich bei den Texten immer nur um Vorlagen für die Szenen handelte und etwa die Hälfte eines Dramentextes während der Proben gestrichen werde: »Entweder sie funktionieren oder sie funktionieren nicht. In *HEAVEN* ließ sich zum Beispiel ein für Helga gedachter Monolog besser als Dialog mit Königsforst spielen.«[34]

*Der Regisseur Armin Petras bei den Proben.*

Foto: Bettina Stöß

Der Regisseur Armin Petras liest die Dramentexte von Fritz Kater für die Inszenierung neu, vergleichbar mit seiner Lektüre von Texten anderer Autoren und erhält sich so die Freiheit, während des Probenprozesses, in Zusammenarbeit mit dem Produktionsteam, zahlreiche Änderungen am Dramentext vornehmen zu können.

Im Falle Kater/Petras bedeutet die Aufteilung der Kompetenzbereiche eine Befreiung des Regisseurs zum originären Künstler. Stets behauptet Petras das Bühnenereignis in seinem Eigenwert gegen die Ansprüche der dramatischen Vorlage. Selbst in Uraufführungen fehlen teilweise ganze Textblöcke, sentimental anmutende Passagen sind ironisch umgewertet. Ein spielerischer Grundgestus dominiert, wo Kater Schwermut zulässt.[35]

---

**33** | Fritz Kater: HEAVEN, S. 4.
**34** | Vgl. Kap. 10.2 Mail-Interview mit Armin Petras.
**35** | Rakow: Fritz Kater – der erste gesamtdeutsche Realist im Drama nach 1900, o. S.

Franz Wille bezeichnet Petras als ›Regietherapeut‹[36], der den »tendenziell trostlosen«[37] Dramentexten von Petras/Kater eine tragikomische Ebene abgewinnt und dafür z.T. stark in den Dramentext eingreift, kürzt, umstellt und den Schauspielern viel Raum für Improvisationen zugesteht. Ähnlich stellt Dagmar Borrmann die »höchst fruchtbare Symbiose« von Autor und Regisseur heraus:

> Fritz Kater kann so schreiben, wie er schreibt, weil er weiß, Armin Petras wird das nicht vom Blatt inszenieren. Er kann emotional sein und gelegentlich den hohen Ton riskieren, da wird der Petras mit seiner Theatersprache dermaßen dazwischen fahren, den Text aufwirbeln und die Bilder zerpixeln, dass nichts mehr so ist, wie es dastand. Der Regisseur Petras kann dem Autor Kater vertrauen, weil er keine Oberflächenbilder liefert, sondern Geschichten, die in einem geschichtlichen Boden wurzeln und sich darum von seiner spielgeilen, fröhlichen Theatersprache nicht gleich umblasen lassen.[38]

Petras selbst betont seine konservative Haltung, wenn es um die Geschichte geht, die er erzählt, in die er dann jedoch als Regisseur ›hineinschlagen‹ könne, um weitere Schichten herauszufinden.[39] Im Umgang mit dem Dramentext zeigt sich hier bereits eine große Differenz zur Arbeitsweise von Sabine Harbeke: Während Petras die Dramentexte als Material betrachtet, das bei den Proben stark verändert wird, gibt Harbeke mit dem Dramentext bereits das präzise Modell der Inszenierung vor. Beide Autoren entfernen sich jedoch nicht von der Fabel und der Repräsentation der Figuren durch die Schauspieler.

### 5.2.2 Die schriftliche Fixierung des Dramentextes *HEAVEN (zu tristan)*

Petras bevorzugt für seine Dramentexte in der Regel – ebenso wie Harbeke – die Kleinschreibung. Ausnahmen sind der Titel *HEAVEN (zu tristan)*, die Figurennamen sowie nichtdramatische Texte[40], zum Beispiel historische Be-

---

**36** | »Fritz Kater hat einen guten Bekannten, den Regisseur und Intendant des Berliner Maxim Gorki Theaters, Armin Petras. Er begegnet dem Autor mit zugewandter Respektlosigkeit und dreht ihm gelegentlich das Wort im Mund herum, bis Katers Menschenpark aufblüht: der ideale Therapeut.« Franz Wille: Das Lied der Heimat. In: Theater heute 48 (2007) H. 10, S. 24-25, hier S. 24.

**37** | Ebd.

**38** | Dagmar Borrmann : Heimat remixed oder Alles, was ich sagen kann, wohnt in meinem Schmerz. Der Autor Fritz Kater. In: Theater heute Jahrbuch. Redaktion Eva Behrend u. a. Berlin 2003, S. 96-99, hier S. 96.

**39** | Katrin Bettina Müller: Körper lügen weniger als Worte. Armin Petras im Gespräch mit Bettina Müller. In: Spectaculum 75. Frankfurt a. M. 2004, S. 251-255, hier S. 252. Weitere Änderungen vom Dramentext zur Spielvorlage werden insbesondere in Kap. 5.2.4 Kritische Nutzung der dramatischen Form analysiert.

**40** | Gerda Poschmann sieht in »nichtdramatische[n] Passagen, zusätzliches, das Stückgeschehen kommentierendes Textmaterial«, das keinen Hinweis auf dessen theatrale Umsetzung gibt – »abgesehen vom Schriftschnitt, der es nahe legt, kursiv gedruckte Passagen als

züge, die in den Dramentext integriert sind.⁴¹ Da diese Schreibweise jedoch keiner durchgängigen und inhaltlichen Regel folgt und Petras zudem auf Interpunktionen durchgängig verzichtet, kann die Großschreibung auch als Hinweis auf die Betonung der Sätze und Worte durch die Schauspieler gelesen werden. Die Absätze, die die Repliken im Dramentext trennen, richten sich nicht nach dem Satzende, sondern folgen einer lyrischen Versform. Während Harbeke die ›Gleichberechtigung‹ der Worte mit der Kleinschreibung herausstellen möchte, signalisiert Petras damit, dass es sich um eine Vorlage handelt, die für die Bühne offen gehalten wird, um im Produktionsprozess weiter bearbeitet zu werden.

Die kursiv geschriebenen Überschriften der nummerierten 21 Szenen bezeichnen entweder den Ort des Geschehens »1 (*auf der bühne ein neubauhaus, das sich aus seiner asche langsam wieder zusammensetzt*)«, »3 *silberhöhe*«⁴² oder die Situation, die im Mittelpunkt der Szene steht: »4 *der auszug*«⁴³, »7 *reste*«⁴⁴. Darüber hinaus gibt es Titel, die die Stimmung⁴⁵ wiedergeben. So wird die Szene, in der Helga und Königsforst sich entschließen, Selbstmord zu begehen, als »10 *boulevard of broken dreams*« bezeichnet, oder Königsforsts Monolog vor der Verführung von Simone, die ihn seine Stelle als Psychiater kostet, wird mit »14 *Granatapfelbaum*«⁴⁶ betitelt.

Die schriftlich gefasste, offene Form des Dramentextes von Fritz Kater belässt dem Regisseur Petras viel Spielraum für die Regie.

### 5.2.3 Dramatische Form: Fiktive Handlungsebene und Figuration

In *HEAVEN* stehen einzelne Bewohner der Stadt Wolfen im Zentrum der fiktiven Handlungsebene. Für sie gibt es keine Zukunftsperspektive in der wirtschaftlich brachliegenden Stadt Wolfen: Helga (Susanne Böwe) hat durch die Schließung der Filmfabrik Wolfen⁴⁷ ihren Arbeitsplatz verloren, Anders Ad-

---

Bühnenanweisungen, Normalschrift als zu sprechenden Text aufzufassen.« Poschmann: Der nicht mehr dramatische Theatertext, S. 256.
41 | Vgl. Kapitel 5.2.4.a Verschiebungen auf der Ebene der Darstellung.
42 | Fritz Kater: HEAVEN, S. 2.
43 | Ebd., S. 3.
44 | Ebd., S. 5.
45 | Max-Manuel Tönnis analysiert in seiner Magisterarbeit die Nebentexte von *Fight city vineta* als »Ausgangspunkt für die Imagination der Szene«. Der Verlust des illusionsfördernden Abbildungscharakters und somit die Einführung eines vermittelnden Kommunikationssystems, des fiktiven Erzählers, werden in den Nebentexten dargestellt. Max-Manuel Tönnis: Theatrale Funktion der Sprache im postdramatischen Theater am Beispiel der Stücke von Fritz Kater. Universität Hamburg 2007. Unveröffentlichte Magisterarbeit, S. 41.
46 | Fritz Kater: HEAVEN, S. 12.
47 | Das Berliner Unternehmen AGFA (Actien-Gesellschaft-für-Anilin-Fabrikation) hatte 1897 als Produktionsstandort für seine Farben-, Foto- und Filmproduktion die Fabrik in Wolfen ausgewählt. Ab Juli 1910 begann in einem großzügigen Neubau die Filmproduktion. Im Jahr 1989/90 waren in der bis dahin kontinuierlich expandierenden Filmfabrik 14500 Ar-

lercreutz (Max Simonischek) sieht als Architekt keine berufliche Perspektive in Wolfen und reist nach Los Angeles. Seine Freundin Simone (Fritzi Haberlandt) kommt über seine Abreise nicht hinweg und sucht nach mehreren gescheiterten Selbstmordversuchen den Psychologen und Ehemann von Helga, Königsforst (Peter Kurth), auf. Ihr Bruder Micha (Juliane Pempelfort) verbringt seine Zeit mit Alkohol, lauter Musik und Nichtstun. Sarah (Yvon Jansen), die Tochter von Helga und Königsforst, versucht als arbeitslose Cellistin in den alten Bundesländern einen Job zu finden und verliebt sich auf einer Raststätte in Anders. Anders ist in Amerika an einer tödlichen Tropenkrankheit erkrankt und kehrt in seine Heimat Wolfen zurück, um in den Armen von Simone zu sterben. Robert (Ronald Kukulies) hält als treuer Kumpel zu Simone und Micha. Der Lebenskünstler liebt Simone und plant einen Weinberg anzulegen, für den er bereits den geeigneten Werbeslogan für die Region mit dem damaligen Sitz der größten Filmfabrik entwickelt hat (»Wein aus Wolfen, damit die Chemie stimmt«[48]). Robert muss trotz seines unerschütterlichen Idealismus wie alle anderen erleben, dass seine Träume von einer lebenswerten Existenz in Wolfen nicht umzusetzen sind. Die Weinstöcke, die er im stillgelegten Freibad einpflanzen wollte, werden zu früh geliefert und werden in der Kälte eingehen.[49] In Trauerkleidung stehen die Bewohner am Schluss vereint unter dem Sternenhimmel und ziehen ein schwarzes Tuch über das weiße Haus, das zum Abriss bereitsteht. Auf der fiktiven Handlungsebene erzählt Petras die Schicksale der Bewohner von Wolfen, die mit dem kontinuierlichen Abbau in der Region, verknüpft sind sowie von der Auflösung von Familienzusammenhängen, die von ihrer psychisch-sozialen Situation überfordert sind. Er hinterfragt die Fähigkeit der Menschen, mit grundlegenden Veränderungen umzugehen und erzählt vom Zusammenbruch von Beziehungen und der Perspektivlosigkeit von Generationen.

### 5.2.4 Kritische Nutzung der dramatischen Form

Abweichungen vom Standard der dramatischen Form im szenischen Text von *HEAVEN* wirken sich insbesondere auf die Ebene der Darstellung, die Ebene des Raumes und der Zeit und auf die Ebene der sprachlichen Mittel aus. Die Formen des Verschiebens werden im Einzelnen untersucht, um davon ausgehend die Komposition des szenischen Textes *HEAVEN* erfassen zu können.

---

beitnehmer beschäftigt. Am 20. Mai 1994 musste das Werk Konkurs anmelden. Vgl. Andrea Koschwitz: Glossar zur Filmfabrik Wolfen. In: Programmheft Maxim Gorki Theater Berlin. 2007/2008. Nr. 2. Fritz Kater: HEAVEN (zu tristan). Redaktion: Andrea Koschwitz, o. S.
**48** | Fritz Kater: HEAVEN, S. 12.
**49** | »die bringen die weinstöcke / geht doch nicht / können sie doch nicht machen / viel zu früh / geht alles kaputt«. Ebd., S. 15.

## (a) Verschiebungen auf der Ebene der Darstellung

**Epische Spielweise**

Petras' Figuren sind mehr Erzähler als Handelnde. Der szenische Text beginnt (nach der Kürzung der ersten – dialogischen – Szene aus dem Dramentext) mit dem Monolog von Anders. Im Prolog an das Publikum beschreibt Anders Adlercreutz (im Dramentext, Szene 3, *silberhöhe*) wie es um Wolfen steht:

sterbende städte werden von den bewohnern
als verlängerung ihrer eigenen körperteile
empfunden sie selbst fühlen sich krank
verunsichert in ihrer existenz bedroht
plattmachen ist hier keine metapher
sondern das gefühl der dagebliebenen[50]

Anders sitzt während seiner Rede frontal zum Publikum, an der Bühnenkante und stellt direkte Fragen an die Zuschauer: »wie soll dein haus deine stadt in zehn fünfzehn jahren aussehen dein leben dein land.«[51]

Das monologische Sprechen der Figuren dominiert auch in den Dialogszenen durch die überwiegend biografischen Erzählungen und die eingebundenen Texte über religiöse Ereignisse (den Auszug aus Ägypten, den Garten Eden, die Zehn Plagen) und über historische Personen (Marietta Blau, Giordano Bruno, Johannes Kepler, Marie Curie, Nikolaus Kopernikus, Novalis, Tycho Brahe, Victor Hess) [52], die mit den Figurenreden verknüpft sind. Helga erzählt so – neben Geschichten aus ihrem Leben – aus der Biografie der Physikerin Marietta Blau (1864-1970) und Königsforst über das Leben des österreichischen Physikers Victor Hess (1883-1964). Der Titel des szenischen Textes, *HEAVEN*, bezeichnet einerseits den Himmel, andererseits die Insel Hven, auf der es das erste astronomische Laboratorium gab, in dem Langzeituntersuchungen durch Astronomen vorgenommen wurden. Es stehen Geschichten von Menschen im Vordergrund, die sich in Umbruchsituationen befinden, die Abstiegsängste haben. Marietta Blau wird als historische Gegenfigur zur Laborantin Helga hinzugezogen. Helga wird vom Autor Fritz Kater – so beschreibt es die Produktionsdramaturgin von *HEAVEN*, Andrea Koschwitz[53] – durch den Bezug zur historischen Figur eine überindividuelle Größe zugestanden.

---

**50** | Ebd., S. 2.
**51** | Ebd., S. 3.
**52** | Alle im szenischen Text erwähnten religiösen und biografischen Bezüge werden im Programmheft definiert und in einem Glossar alphabetisch aufgelistet. Im Rahmen der Analyse werden nur Erklärungen angegeben, die im direkten Zusammenhang mit der Analyse des szenischen Textes des Autor-Regisseurs Petras stehen. Vgl. Programmheft Maxim Gorki Theater Berlin. Spielzeit 2007/2008. Nr. 2. Fritz Kater: HEAVEN (zu tristan). Redaktion: Andrea Koschwitz.
**53** | *HEAVEN* wurde im Rahmen der Autorentheatertage in Hamburg am 1.6.2008 im Thalia Theater gezeigt. Es fand als Rahmenprogramm zur Aufführung eine Einführung (von Andrea

Es gibt in den Biografien von Helga und Marietta Blau Parallelen: beide sind gleich alt, als sie ihren Arbeitsplatz und damit Anerkennung in der Gesellschaft verlieren[54], und beide werden von ihren Partnern verlassen. Helga berichtet von der Forschungstätigkeit der Jüdin Marietta Blau und von deren ausbleibendem wissenschaftlichen Erfolg, während Helga aus der Filmfabrik in Wolfen entlassen wurde. Indem Petras die parallel erzählten Biografien unkommentiert nebeneinanderstellt, überlässt er es den Zuschauern, diese zu verknüpfen. Petras liefert historisches Material und erzählende Figuren, die durch die Konfrontation mit Texten, die zunächst nicht in Bezug zur fiktiven Handlung stehen, auf eine komplexere Ebene gestellt werden.

Die Musik aus der Oper *Tristan und Isolde* von Richard Wagner (UA 10.6.1865 in München) wird als Motiv eingespielt, wenn es um die unglückliche Liebe von Simone und Anders geht. Auch hier wird die alltägliche Geschichte der Wolfener mit der großen Liebesgeschichte des mittelalterlichen Epos um Tristan und Isolde verknüpft. Petras interessiert die existenzielle Liebesgeschichte, die über das Individuelle hinausweist. Mit der Erwähnung der Naturphilosophie Novalis' wird auf die romantische Tradition der Region Bezug genommen: »Kater greift die Zerrissenheit der Natur auf, die sich von den Menschen zurückholt, was die Zivilisation zerstört hat.«[55] Andrea Koschwitz benannte in der Einführung zu *HEAVEN* das Verfahren, nichtdramatische Texte mit Figurenrede zu verknüpfen als eine Form der besonderen, vergrößerten Aufmerksamkeit, die Petras damit dem Schicksal der Figuren aus der Ostprovinz Wolfen zukommen lassen wolle. Der Versuch Petras', durch das Einbeziehen der historischen Ereignisse und Personen die Figuren aus Wolfen aufzuwerten, stößt in der Bewertung der Inszenierung auch auf Kritik. So kritisierte die Jury des Mülheimer Stückepreises eine Austauschbarkeit des ›Zettelkastens‹ der historischen Bezüge, den Petras für *HEAVEN* zu breit und damit auch beliebig angelegt habe[56]; für Katrin Bettina Müller bleibt »der Griff nach dem Großen, das Heranziehen anderer, historischer Horizonte, die das eigene Unglück relativieren, oder auch die Anspielung auf den Tristan-Mythos schon im Titel« lediglich ein ›angeklebter‹ Versuch.[57] Petras wechselt bei der Figurengestaltung von der selbstbezüglichen Figurenrede ohne Überleitung zu der Erzählung der Fremdtexte. Durch die Unterbrechung der Figurenrede,

---

Koschwitz) und ein Nachgespräch (mit Armin Petras, Andrea Koschwitz, Claus Cäsar und dem Ensemble von *HEAVEN*) statt.
54 | »marietta blau z. b. war genauso alt wie jetzt ich als sie europa verlassen musste / SIE ARBEITETE IN WIEN ENDE DER ZWANZIGER / ihre doktorarbeit lag schon 10 jahre zurück und sie war immer noch als hilfskraft angestellt« Fritz Kater: HEAVEN, S. 3.
55 | Andrea Koschwitz in der Einführung zur Aufführung von *HEAVEN (zu tristan)* im Rahmen der Autorentheatertage 2008 am Thalia Theater Hamburg, am 1.6.2008.
56 | Die Internetkonferenz der Mülheimer Stücketage fand am 24.5.08 statt. In: www.stuecke.de gibt es kein Archiv der Internetkonferenzen.
57 | Katrin Bettina Müller: Dem Abriss trotzen. Schrumpfende Städte, weite Gedanken. *HEAVEN (zu tristan)* von Armin Petras im Maxim Gorki Theater versucht, den Himmel zu stürmen. In: die tageszeitung Berlin, 19.11.2007, S. 23.

die im szenischen Text oft von Projektionen überblendet wird, wird eine epische Distanz der Figuren zum fiktiven Handlungsverlauf aufgebaut, eine Darstellungsweise, bei der der Schauspieler – so Bertolt Brecht in seinen Schriften zum Theater – »alles tun müsse, um sich als zwischen Beschauer und Vorgang stehend bemerkbar zu machen.«[58] Die Geschichte, die Figurenbiografie, wird in der Rede der Figuren und in deren Gesten ›bearbeitet‹. Bertolt Brecht hat dafür den Begriff des ›Gestus‹[59] eingesetzt, der nicht die individuelle Haltung eines Menschen kennzeichnet, sondern die von der Gesellschaft geprägte, überindividuelle Geste. In Szene 4, *der auszug*, beschreibt Königsforst das Denkmal, das als Abbild von seiner Frau vor der Filmfabrik positioniert wurde und Helga stellt die Skulptur nach, während Königsforst beschreibt:

KÖNIGSFORST: drüben die filmfabrik es war der frauenreichste betrieb in ganz europa
14000 standen jeden tag dort in der dunkelheit
wirklich hatten viele einen hellen teint wie finninnen fast
und das denkmal vor der tür war meine frau
das haben sie jetzt auch weggemacht
warum weiß eigentlich keiner
es war schon seltsam
all die jahre das original altern zu sehen
während das abbild aus granit jung blieb bis zuletzt
mit dem kopftuch und dem kittel aus stein auf dem weg zum arbeitsplatz
ein lächeln im gesicht[60]

Der Gestus ergibt sich bei Petras durch die Übersetzung der Geschichte in eine Inszenierung, die er als einen vor allem ›materiellen Prozess‹ bezeichnet:

---

**58** | Bertolt Brecht erläuterte die epische Darstellungsweise anhand der zweiten Szene aus *Mutter* (der Dramatisierung nach Maxim Gorkis gleichnamigen Roman), die zwei deutlich von der Regie herauszuarbeitende und voneinander zu trennende äußere Vorgänge enthalten: »Der Schauspieler dieses einer nichtaristotelischen Dramatik dienenden epischen Theaters wird [...] alles tun müssen, um sich als *zwischen* Beschauer und Vorgang stehend bemerkbar zu machen. Auch dieses Sichbemerkbar-Machen macht die Wirkung zu der angestrebt mittelbaren.« In: Bertolt Brecht: Epische Darstellungsweise. In: Ders.: Schriften zum Theater, S. 41-46, hier S. 42f.

**59** | »Unter Gestus soll [hier] nicht Gestikulieren verstanden sein; es handelt sich nicht um unterstreichende oder erläuternde Handbewegungen, es handelt sich um Gesamthaltungen. Gestisch ist eine Sprache, wenn sie auf dem Gestus beruht, bestimmte Haltungen des Sprechenden anzeigt, die dieser anderen Menschen gegenüber einnimmt. [...] Nicht jeder Gestus ist ein gesellschaftlicher Gestus [...] Der Arbeitsgestus ist zweifellos ein gesellschaftlicher Gestus, da die auf die Bewältigung der Natur gerichtete menschliche Tätigkeit eine Angelegenheit der Gesellschaft, eine Angelegenheit zwischen Menschen ist.« Brecht: Über gestische Musik. In: Ders.: Schriften zum Theater, S. 252-255, hier S. 252f. Vgl. auch Kap. 3.6.1.a Das epische Theater.

**60** | Fritz Kater: HEAVEN, S. 3.

Der Gestus des Schauspielers, um den es Brecht geht, entsteht in diesem Prozess mehr als ein Nebenprodukt, das sich aus der Reibung am Material entwickelt. Ein Holzfäller probiert zehn verschiedene Äxte aus und begreift plötzlich, wie er mit der richtigen Axt zuschlagen muss. Der Gestus ist also Produkt und nicht Stilmittel.[61]

Petras nutzt in der Inszenierung Mittel des epischen Theaters, um die Figuren in ihrer sozialen Situation zeigen zu können, dennoch, und darin unterscheidet sich Petras vom Stil des epischen Theaters Brechts, belässt er den Schauspielern viel Freiheit zum Slapstick und unterhaltsamen Spiel für die und mit den Zuschauern. In Szene 10, *boulevard of broken dreams* spielt Peter Kurth beispielsweise minutenlang mit dem als Geschenk verpackten und schwierig zu öffnenden Päckchen, in dem sich die Tabletten für den Selbstmordversuch befinden, und vermittelt dem Publikum damit eine Stimmung von Tragik und Komik zugleich. Das Spiel mit den Vogelstimmen, mit dem Fritzi Haberlandt die Therapiesitzung bei Königsforst (12 hilfe) eröffnet, gerät zur unterhaltsamen ›Nummer‹ für die Zuschauer ebenso wie Roberts virtuos ausgespielte Ideen, das Freibad neu zu beleben, indem er Plastikflaschen zur Finanzierung sammelt oder den Bühnenboden anbohrt, um das Grundwasser anzuzapfen. Neben der Ebene der fiktiven Handlungsstränge[62] wird hier durchgehend eine dem Publikum zugewandte Haltung von den Schauspielern eingenommen. Insbesondere Fritzi Haberlandt und Peter Kurth führten durchgehend ein augenzwinkerndes Spiel mit dem Publikum.[63]

Bertolt Brecht vertritt in *Das Kleine Organon für das Theater* die Ansicht, dass auch das epische Theater der Unterhaltung[64] dienen solle. In diesem Sinne reicht das Spektrum der Spielweisen in *HEAVEN* von Slapstick bis zur Pantomime, von naturalistischem Spiel bis zum brechtschen Gestus.

### Nonverbale und surreale Darstellungsmittel

Kennzeichnend für den Regiestil von Petras ist das expressive, an Comicfiguren erinnernde Spiel der Darsteller, wobei in *HEAVEN* im Vergleich zu frü-

---

61 | Raddatz u. Petras: Ich habe in Brecht einen Partner gefunden, S. 189.
62 | Auf der Ebene der fiktiven Handlung werden als ›Handlungsstränge‹ der Auszug von Helga und Königsforst aus ihrer Wohnung vor dem Abriss, Anders' Abschied von Simone und Robert, die Versuche Roberts, Simone und Micha mit seinen Plänen für eine Existenzgründung in Wolfen zu begeistern, Helgas und Königsforsts Selbstmordversuch, Michas Tod, die Therapiestunde von Simone bei Königsforst, die Schwangerschaft Simones, Sarahs Reisen zu den Vorspielterminen, Königsforsts Versuch, bei seiner Tochter Sarah ein Exil zu finden sowie Anders Rückkehr nach Wolfen erzählt.
63 | In der Aufführung von *HEAVEN* im Juni 2008 im Rahmen der Autorentheatertage Hamburg spielten Fritzi Haberlandt und Peter Kurth zugleich mit dem ihnen aus ihrem früheren festen Engagement am Thalia Theater vertrauten Hamburger Publikum und schafften, ohne die Ebene der fiktiven Handlung gänzlich zu verlassen, eine ironische Spielebene mit dem Hamburger Publikum, die sich in einer gesteigerten Spielfreude ausdrückte.
64 | Vgl. Brecht: Kleines Organon für das Theater. In: Ders.: Schriften zum Theater, S. 128-173, hier S. 130ff.

heren Inszenierungen Slapstick nur teilweise die Darstellungsweise prägt. So wird Königsforst, nachdem er sich von dem gescheiterten Selbstmordversuch erholt hat, zum brüllenden, sich körperlich aus den Fesseln seiner Kleidung sprengenden Mann. Simone und Robert veranstalten in Szene 15, *glück*, bei ihrem Wiedersehen, eine Choreografie aus Tanz, Sekttrinken und Rauchen. Micha reagiert auf den Auftritt des Raben mit wilden, verzweifelten Gesten und kehrt die Flaschen mit einer aggressiven Geste beiseite. Die Darsteller erhalten in der Regie Petras' Raum für improvisiertes, körperliches Spiel, sie sind es, die mit ihrer Spielenergie und -fantasie den Bogen zwischen Dramentext, szenischem Spiel und den Zuschauern spannen. Petras sieht in der körperlichen Ausdrucksform der Darsteller ein zentrales, wenn nicht das ›führende‹ Spielelement: »[…] vor dem Text kommt der Körper […] Körper lügen weniger als Worte.«[65]

Nichtsprachliche Spielelemente wie die laut eingespielte Musik oder die Projektionen ersetzen neben dem körperlichen Spiel im szenischen Text die sprachliche Kommunikation. Dennoch versteht Petras sprachliche Zeichen als führende Theaterzeichen, die die Geschichte transportierten, auch der Verzicht auf Sprache (die Sprachlosigkeit von Micha) verweise auf das Primat der Sprache.[66]

Micha ist im szenischen Text auf der Bühne zumeist gemeinsam mit Robert und Simone zu sehen, nicht wie im Dramentext angelegt, im Gespräch mit Helga und Königsforst. Durch diese Veränderung der Konfiguration[67] kommt es zu einer Veränderung des Beziehungsnetzes. Verstärkt wird die Isolation Michas vor allem in Szene 8, *corax*, in der Micha zunächst stumm neben Helga sitzt und sie den Angriff des Raben, der Micha bei lauter Musik gegen die Wand schleudert, nicht wahrnimmt. Die Qual Michas wird – für andere Figuren unsichtbar – nonverbal zum Ausdruck gebracht. Die Raben, sowohl durch die Darstellungsweise durch Max Simonischek als auch die Projektionen der Rabenschwärme, eröffnen zusätzlich eine surreale Ebene: Raben symbolisieren ›Todesvögel‹, die das Leben von Micha angreifen. Michas trostloser, stagnierender Alltag zerstört ihn auch psychisch, ohne äußere Gewalteinwirkung. Obwohl im Text die Todesursache Michas von Simone benannt wird (»meinen bruder haben seine kumpels mit dem baseballschläger erschlagen zu ferienende[68]«), wird sein Tod als Bühnengeschehen in einem surrealen Bild dargestellt. Der Rabe kommt in Szene 16, *inferno*, in der der gesamte Dramentext gestrichen wurde, mit einem Rollstuhl auf die Bühne gefahren. In dem Moment, als Rabe und Micha sich berühren, verdecken Projektionen von

---

**65** | Im Interview äußert Petras, dass bei den Proben noch vor dem Text der Körper komme und dass er solange mit den Schauspielern arbeite, bis er dem Körper glauben könne. Vgl. Müller: Körper lügen weniger als Worte, S. 253.
**66** | Vgl. Kap. 10.2 Mail-Interview mit Armin Petras.
**67** | Als Konfiguration bezeichnet Pfister die Teilmenge des Personals, die in einem bestimmten Textabschnitt auf der Bühne präsent ist; durch den Wechsel der Konfiguration wird ein neuer Auftritt eingeleitet. Vgl. Pfister: Das Drama, S. 235.
**68** | Fritz Kater: HEAVEN, S. 14.

schwarzen, dichten Rabenschwärmen[69] die gesamte Szene und Micha sackt nach einem wilden, körperlichen Spiel leblos auf dem Rollstuhl zusammen. Der Rabe taucht auch in Szene 9, *die rast*, in Sarahs Erzählungen auf.[70] Max Simonischek tritt als Rabe auf und bietet Sarah in einer weiteren surrealen Szene an, mit ihm zu fliegen. Der Rabe kommt, um die ›Reste‹, zu holen, das, was sonst zurückgelassen wird.

Die epischen, nonverbalen und surrealen Darstellungsmittel, die den Dramentext auf der Ebene der Darstellung erweitern oder ersetzen, wirken in der Inszenierung als Sinnbild für den Existenzverlust, den die Figuren durch den Abbau der Neuen Bundesländer und den damit einhergehenden Identitätsverlust erleiden, und eröffnen ein Spielgeschehen jenseits oder zum Teil konträr zur fiktiven Handlung. Während Harbeke auf der Ebene der Darstellung die Überforderung, unter der die Figuren stehen, bereits im Dramentext durch Überschneidungen von gesprochenen Sätzen markiert und mit dem Mittel der Reduktion arbeitet, erweitert Petras die Perspektive auf die Figuren, indem er Fremdtexte integriert und mit epischen Darstellungsweisen, wie dem Gestus arbeitet: »Für Grundabsichten werden verschiedene mythologische und dramatische Werkzeuge gesucht.«[71]

### (b) Verschiebungen auf der Ebene des Raumes

#### Die epische Bühne: Mobilität und Reduktion

Der Raum in *HEAVEN* ist karg ausgestattet: In der Mitte, auf der Drehbühne, ist ein schlichtes weißes, kubusförmiges Gebäude, eine Art Plattenbau, platziert, dessen Wände als Projektionsfläche dienen. Als Eingang steht lediglich eine schmale, vertikale Öffnung[72] zur Verfügung, durch die meist Simone kriechend auf- und abtritt. Die Szenen spielen oft vor dem Gebäude. Über das flache Dach wird zu Beginn der Inszenierung eine Matratze von Helga und Königsforst ›gehievt‹, die neben dem Gebäude zum zentralen, mobilen Spielelement des Bühnengeschehens wird. Die Matratze symbolisiert sowohl den übrig gebliebenen Hausstand nach Helgas und Königsforsts Auszug als auch in Szene 12 *hilfe* die ›Liege‹ für die Therapiestunde von Simone. Ein weiteres

---

**69** | In der Inszenierung wurden für die Projektionen, die im Zusammenhang mit den Alpträumen und dem Tod von Micha gezeigt werden, Rabenschwärme gefilmt. Gunnar Decker zieht in seiner Kritik eine Parallele zu Van Goghs Gemälde *Weizenfeld mit Krähen,* das einen dunklen Schwarm Raben zeigt und das Van Gogh kurz vor seinem Tod gemalt hat. Vgl. Gunnar Decker: Landschaft mit Krähen, Neues Deutschland, 19.11.2007.

**70** | »eine krähe oder n rabe / vater sagt der rabe ist noch was holen gegangen / und nicht rechtzeitig zur arche noah / zurückgekommen und hat sich dann schwarz geärgert dass sie weg war / waren einfach alle weg in ein besseres leben und haben die hier gelassen / deswegen fressen die auch die reste« Fritz Kater: HEAVEN, S. 7.

**71** | Vgl. Kap. 10.2 Mail-Interview mit Armin Petras.

**72** | Nur für eine Szene zwischen Königsforst und seiner Tochter Sarah (17 *asyl*) wird das mobile Gebäude mit vertikalen Eingangstüren eingerichtet. Bis zu diesem Zeitpunkt dienen die großflächigen weißen Wände insbesondere als Leinwand für Video- und Filmeinspielungen.

mobiles Bühnenelement, die Gasflasche, wird von Helga und Königsforst bei ihrem Selbstmordversuch eingesetzt und zugleich von Simone und Robert benutzt, um – mithilfe des Heliums – ihre Stimme zu verstellen.[73]

Petras beschreibt in *Brecht frisst Brecht* im Gespräch mit Frank M. Raddatz seine Arbeitsweise in Bezug auf den Bühnenraum zusammenfassend als einen fortwährenden Prozess der Reduktion: Ausgehend von realistischen Räumen wird bei den Proben zunehmend auf Dekorationen und Requisiten verzichtet, sodass Räume und Situationen mit wenigen Objekten angedeutet werden können:

> Für jedes Stück lässt sich immer wieder eine neue Variante finden, wie mit den Bildern umgegangen wird, mit dem epischen Material. Das kann ein Video sein, das kann mal Musik sein, das kann mal komplett still sein. [...]. Erst steht ein richtiges Doppelbett auf der Bühne, und dann heißt es: ›Oh, Gott! Das ist alles naturalistisch.‹ Als nächstes schmeißen wir alles raus, was wir nicht unbedingt brauchen, und es bleibt nur ein Holzgestell übrig. Doch das macht Spaß, wenn plötzlich Luft auf der Bühne ist, eine Leere.[74]

Der Bühnenraum wird mit wenigen Raumelementen für jede Szene neu definiert. In diesem Verfahren zeigt sich wiederum eine Parallele zur epischen Bühne, die Bertolt Brecht in *Mittelbare Wirkung der epischen Bühne*[75] beschreibt. Brecht versuchte mit Bühnenelementen wie Spruchtafeln, eine kommentierende Ebene zu schaffen: »Die Bühne zeigt also nicht nur in Andeutungen wirkliche Räume, sondern auch durch Texte und Bilddokumente die große geistige Bewegung, in der die Vorgänge sich abspielten.«[76] Es wird keine wirkliche Örtlichkeit vorgetäuscht, sondern die Dekoration[77] ›zitiert‹ reale Räume. Gegenstände und Möbel werden lediglich angedeutet und sind – das wird in der Regie von Petras auf die Spitze getrieben – mobil einsetzbar.

### Kunstraum und Bewusstseinsraum

Die flächigen Bühnenelemente (Hauswand, Matratze) dienen in *HEAVEN* als Leinwand für Projektionen, doch werden diese bei Petras über die kommentierende Funktion hinaus auch zu einem ästhetischen Element des Büh-

---

**73** | Vgl. Kap. 5.2.4.d Verschiebungen auf der Ebene der Sprache.
**74** | Raddatz u. Petras: Ich habe in Brecht einen Partner gefunden. S. 189.
**75** | Vgl. Brecht: Mittelbare Wirkung des epischen Theaters, Anmerkungen zur *Mutter*, In: Ders.: Schriften zum Theater, S. 37- 59.
**76** | Ebd., S. 37f.
**77** | Erika Fischer-Lichte verwendet den Begriff ›Dekoration‹, für Zeichen, die den Raum, in dem Schauspieler sich befinden genauer bezeichnen, während der Bühnenraum den gesamten Raum bedeutet: »jeder auf der Grundlage eines kulturellen Codes mögliche denkbare Raum kann von der Dekoration als Ort, an dem X sich aufhält, bedeutet werden. Dabei mag die Dekoration diesen Ort lediglich vage bezeichnen als auch präzise charakterisieren wollen, ihn stilisierend oder detailgetreu beschreiben – wie sie diese Funktion jeweils realisiert, hängt vom zugrunde liegenden theatralischen Code ab.« Fischer-Lichte: Semiotik des Theaters. 1, S. 144f.

nenraums. Farben charakterisieren den Bühnenraum und die Kostüme: Die Wolfener tragen einfache Kleidung in gedeckten, zumeist braunen und beigen Farbtönen, der düstere Bühnenraum wird lediglich durch die rötlich und blau flackernden Projektionen, die Michas Innenperspektive und die historischen Kommentare überblenden, in ein farbiges Licht getaucht. Die in den szenischen Text eingebundenen Biografien von Marietta Blau, Victor Hess, Tycho Brahe u. a. werden mit Videobildern von deren Porträts und von kosmischen Bildern oder grafischen Abbildungen, die im Zusammenhang mit deren Forschungstätigkeit stehen, in das szenische Spiel eingeblendet. Der fiktive Bühnenraum, der als Spielort für die Situationen der agierenden Figuren dient, wird so auch zu einem ›Bewusstseinsraum‹ erweitert, in dem an Orte und Personen der Vergangenheit erinnert wird, während sich die fiktive Handlung weiterhin in Wolfen abspielt. Auch die erzählenden Figuren tauchen in das Licht und die Bilder der Projektionen. So notiert Petras im Programmheft als Motto für die Inszenierung: »erleben wir uns als in die welt geschleudert oder als teil des ganzen?«[78], und er versucht die ›Einbettung‹ der Figuren in einen über ihre individuelle Biografie hinausreichenden Zusammenhang auch optisch zu verdeutlichen. Am Schluss gesteht Petras den Figuren im Kontrast zu ihren trostlosen alltäglichen Erfahrungen wie dem Verlust des Wohnortes, der Arbeit, der Beziehung zumindest einen Platz in einem größeren Zusammenhang, unter der Weite des Kosmos (*HEAVEN*), zu. Auffallend ist in *HEAVEN* die Ortlosigkeit aller Figuren: Sarah und Anders sind stets unterwegs, auf der Reise und begegnen sich auf einer Raststätte, Helga und Königsforst haben ihr gemeinsames Zuhause und damit auch den Zusammenhalt in ihrer Beziehung verloren, Robert, Simone und Micha treffen sich stets draußen, im stillgelegten Freibad, auf der Straße oder zu Michas Beerdigung auf dem Friedhof. Die Figuren sind ausschließlich an öffentlichen, nicht an privaten Orten anzutreffen, sind auf der Suche nach ihrer Heimat und möchten doch am liebsten ganz woanders sein. So schreit Simone, nachdem sich ihr Traum, Anders nach Amerika zu folgen, als Illusion herausstellt, in den Wolfener (Bühnen-) Himmel: »das ist nicht wahr / das darf nicht wahr sein / ich will hier weg[79]«. Ähnlich wie Harbeke bevorzugt Petras reduzierte, öffentliche Räume, in denen die Figuren ohne den Schutz des Zuhauses auskommen müssen. Die Reduktion des Bühnenraums enthält bei Petras darüber hinaus eine theatrale Funktion, da einzelne Bühnenelemente mehrere Funktionen in den Szenen übernehmen und von den Schauspielern spielerisch genutzt werden. Der Bühnenraum in *HEAVEN* wird zu einem ›Spielfeld‹ für Assoziationen, vor allem auch für das Publikum.

---

**78** | Vgl. Programmheft Maxim Gorki Theater Berlin. Spielzeit 2007/2008. Nr. 2. Fritz Kater: HEAVEN (zu tristan), Rückseite. Und: Helga in Szene 10, *boulevard of broken dreams*: »ich erlebe mich nicht als in die welt geschleudert / ich erlebe mich als teil eines ganzen / in der natur zählt bei der abrechnung nur wie hast du mitgemacht im reigen.« Fritz Kater: HEAVEN, S. 8.
**79** | Ebd., S. 15.

## (c) Verschiebungen auf der Ebene der Zeit

**Tempowechsel**

Die Spannung zwischen zeitlich großen Bögen und knappem, konzentriertem Spiel mit dem konkreten Gegenstand zeichnet Petras' Regiestil in der Arbeit mit den Darstellern aus.

Verschiebungen auf der Ebene der Zeit kennzeichnen in *HEAVEN* insbesondere tragikkomische Situationen. Peter Kurth spielt in Szene 10, *boulevard of broken dreams*, minutenlang mit dem schwierig zu öffnenden Geschenkband des Päckchens, in dem die Tabletten eingepackt sind, bis das Publikum zu lachen beginnt. Der letzte Schritt vor dem Selbstmordversuch wird von Helga plötzlich, abrupt durchgeführt und das Publikum durchlebt einen Spannungsbogen von der Tragik des lange geplanten Selbstmordversuchs des Paares, das für sich keine Perspektive mehr sieht, hin zum anrührenden Spiel Königsforsts, mit dem er versucht die Zeit mit kleinlichen Tätigkeiten bis ins Unendliche zu dehnen, um den schwerwiegenden Entschluss hinauszuzögern:

> Erst verheddert er das Geschenkband, zerreißt nach hundert Versuchen ein zweites, fetzt dann fahrig eine Schicht des lachsroten Papiers beiseite, wickelt plötzlich zeitlupenlangsam das gerettete Band zum perfekten Knäuel, reißt wieder täppisch am Papier. Ein angejahrter Mann, Schlapperanzug, Schlips, Bauch, braucht quälend lange, bis er ein Päckchen geöffnet hat – und das Publikum schaut ihm und seiner durch langes Ehegrau im Warten geschulten Frau hingerissen zu, kichert, lacht, erkennt sich wieder.[80]

Auch in Szene 15, *glück*, nimmt sich Robert die nötige Zeit zum Nachdenken, ob er die Vaterschaft für Simones ungeborenes Kind übernehmen soll. Sein Monolog dient hier vor allem dazu, die Zeit verstreichen zu lassen, um schließlich wieder zu der Frage zurückzukommen. Petras kennzeichnet das Tempo der Inszenierung auch durch nutzlos verstreichende Zeit. Der Grund für eine möglichst produktive Einteilung der Zeit ist den Figuren, die in keinen gesellschaftlichen Handlungszusammenhängen mehr stehen, verloren gegangen: »Viel zu tun auf der Bühne hat keiner mehr von denen, denen wir da beim Leiden zusehen, und ihre Körper stehen oft etwas unterbeschäftigt in der Gegend rum.«[81] Micha kennzeichnet hier den Extrempunkt von Stagnation, indem er sich kaum noch bewegt, stumm neben der Bierflasche hockt, laute Musik hört und nicht kommuniziert. Da es nichts Sinnvolles, auf die fiktive Handlung Bezogenes, mehr zu tun gibt, können die Darsteller die Zeit für das unterhaltsame Zwischenspiel mit dem Publikum nutzen. Simone lässt sich Zeit für die Imitation der Vogelstimmen auf Hiddensee und Fritzi Haberlandt hat Gelegenheit, ihr komisches Talent zur Freude des Publikums, trotz der Tragik der Gesamtsituation, auszuspielen.

---

**80** | Dieter Bartetzko: Der Osten ist tot. In: Frankfurter Allgemeine Zeitung, 14.9.2007.
**81** | Müller: Dem Abriss trotzen, S. 23.

Eher untypisch für Petras entwickeln sich die Personen ruhig und langsam. Über drei Stunden gelingt es dem Regisseur, unzählige Stränge zusammenzubinden, Theorie-Sprache und emotionale Verlorenheit der Figuren zu kombinieren.[...] [die] Sichtbarmachung kleinster Emotionen [...] führt zu einer für Petras untypischen Inszenierung, die ganz ruhig und zärtlich die Personen entwickelt, beschädigte Existenzen unter dem Sternenhimmel der Romantik.[82]

Petras, der gewöhnlich in hohem Tempo inszeniert und schnelle Wechsel innerhalb der Szenen bevorzugt, wie etwa in seiner Inszenierung von *zeit zu lieben und zeit zu sterben*, lässt sich hier Zeit für die Entfaltung der Figuren und für die Stagnation, in der sich die Figuren befinden.

### Rückblende

Petras arbeitet mit Rückblenden. Zu Beginn wird in der Videoeinspielung ein abgerissenes Neubauhaus langsam wieder zusammengesetzt, das zum Ende wieder einstürzen wird. In diesem rückblickenden Rahmen finden die Szenen statt, die im monologischen Sprechen auch von vergangenen Ereignissen, biografischen Erinnerungen erzählen: »es ist eine Spurensuche im Labyrinth der eigenen Biografie«[83], schreibt Gunnar Decker in seiner Kritik zu *HEAVEN*. Es wirkt, als wären zur Analyse der schrumpfenden Stadt Wolfen die zerstörten Einzelteile noch einmal zusammengesetzt worden.[84]

Dem Fortschritt setzt Kater Figuren entgegen, die nur eine Blickrichtung haben: Rückwärts. Der große Knall bildet sich in den privaten Beziehungen ab. [...] Simone wird plötzlich lebhaft, wenn sie Kindheitserinnerungen ausgräbt. Gesicht und Hände erblühen, sie tiriliert und jubiliert. Die Gegenwart aber lässt sie verstummen.[85]

Die Figuren schauen zurück, ziehen Bilanz, da der Blick nach vorne keine Perspektive verspricht.
    Petras arbeitet als Regisseur bevorzugt mit zeitlichen Elementen, mit Überblendungen, Pausen und Störungen, die den Rhythmus der Inszenierung wesentlich bestimmen und die den Dramentext, der diese zeitlichen Einheiten nicht vorgibt, neu strukturieren.[86] Petras hat nach eigenen Angaben bisher

---

**82** | Christian Gambert: Zerstörung von heimatlichen Lebensräumen. Armin Petras inszeniert sein neues Stück *HEAVEN (zu tristan)* am Schauspiel Frankfurt, 13.9.2007. In: www.dradio.de/dlf/sendungen/kulturheute/669887/drucken/ (gesehen am 26.8.09).
**83** | Decker: Landschaft mit Krähen, S. 11.
**84** | »Armin Petras spult diesen Film vom Zusammenbruch Ost, der aussieht wie der Crash der Twin Tower am 11.9., im ersten Video programmatisch rückwärts: Die auseinander geflogenen Teile werden zwecks Analyse wieder zusammengesetzt.« Gambert: Zerstörung von heimatlichen Lebensräumen. In: www.dradio.de/dlf/sendungen/kulturheute/669887/drucken/ (gesehen am 26.8.09).
**85** | Esther Boldt: Mit Blickrichtung gestern dem Fortschritt entgegen. In: www.nachtkritik.de/index2.php?option=com_content&task=view&id=422&pop... (gesehen am 6.9.2009).
**86** | Vgl. Kap. 5.3. Episches Theater im 21. Jahrhundert: Rhythmus und Komposition des szenischen Textes *HEAVEN (zu tristan)*.

noch keine Opern inszeniert, da hier eine bestimmte zeitliche Einheit in der Partitur vorgegeben sei. Er müsse als Regisseur den Rhythmus der Inszenierung jedoch in der Probenarbeit mit den Schauspielern neu strukturieren können.[87] Der Dramentext *HEAVEN* ist zum Teil als Prosatext und zum Teil in Versform schriftlich fixiert, worin sich lediglich Hinweise zum Sprechtempo und für die Betonung der Darsteller zeigen. Harbeke legt den zeitlichen Rhythmus des szenischen Textes, die Pausen und Störungen, bereits mit dem Dramentext fest, während Petras den zeitlichen Rhythmus des szenischen Textes erst in der Probenphase, gemeinsam mit den Schauspielern entwickelt. Obwohl Petras viele epische Elemente integriert, entwickelt er keine Inszenierungen mit zeitlich präzise festgelegten Abläufen.

### (d) Verschiebungen auf der Ebene der sprachlichen Mittel

**Schreiben als Sampling**

Einerseits verfolgt Petras im Dramentext *HEAVEN* eine fiktive Handlungsebene, mehr als er es in der Harvest-Trilogie gezeigt hat, andererseits belässt er eine Durchlässigkeit für verschiedene Textformen: »Fritz Kater ist als Dramatiker ein DJ, sein Schreiben ist Sampling«[88], so charakterisiert Petra Kohse den Schreibstil des Autors: »Mal hört man Brecht, immer wieder Heiner Müller, teilweise auch Romantisches, das zuweilen bis über die Pathosgrenze hinausgeht.«[89] Der Dramentext, in dem sich die Biografien der Wolfener mit den Geschichten über historische Personen und literarischen Bezügen verknüpfen, wird zu einem »Textfluss ohne Punkt und Komma, wie ein Treiben von Erinnerung durch verschiedene Köpfe.«[90] Petras behält stets den Umriss der Fabel aufrecht, den er, zur Verstärkung der Grundsituationen mit anderem Textmaterial ›auffüllt‹.

**Äußerungen über Sprechweisen**

Die Figuren reflektieren im szenischen Text über die Art und Weise, wie sie sprechen. So kommentiert Helga ihre Erzählweise: »wir gehören zusammen wie / ach bilder sind doch auch nur worte / ich kann ihn fühlen jedenfalls den schmerz von ihm.«[91] Bei seinem Abschied von Simone äußert Anders die Schwierigkeit, Worte für Empfindungen einzusetzen: «[…] sag was / irgendwas / findest du es nicht auch lächerlich dass wir unsere gefühle durch worte ausdrücken sollen.«[92] Petras lässt die Figuren mitunter zusammenfassende Kommentare zu ihrer Situation abgeben. So gibt Simone Königsforst – im

---

[87] | Vgl. Raddatz u. Petras: Ich habe in Brecht einen Partner gefunden, S. 193.
[88] | Petra Kohse: Schreiben ist Sampling. In: Neue deutschsprachige Dramatik. Stück-Werk 3. Arbeitsbuch. Hrsg. von Christel Weiler u. Harald Müller. Berlin 2001, S. 81-83, hier S. 82.
[89] | Ebd.
[90] | Müller: Körper lügen weniger als Worte, S. 252.
[91] | Fritz Kater: HEAVEN., S. 3.
[92] | Ebd., S. 4.

Widerspruch zu ihrer zuvor gezeigten labilen, wortkargen Haltung – eine erstaunlich klare Auskunft über ihr Krankheitsbild:

wissen sie ich habe eine posttraumatische depression
das passiert wenn menschen andere menschen verlieren oder auch wenn sich gesellschaftliche konstellationen plötzlich unerwartet zum negativen wenden das kann sensible menschen völlig aus der bahn werfen[93]

Diese transpsychologischen[94] Äußerungen verweisen zusätzlich auf die Stimme des Autors, der, auch unabhängig von der Figurenrede, Kommentare in den Dramentext integriert. In Szene 20, *tristan returns*, gibt Petras seine Einschätzung zum Verlauf der Geschichte von *HEAVEN*:«(die geschichte wiederholt sich, wenn auch in bescheidener art. vielleicht hat sie dazugelernt, ich glaube nicht. je mehr sich die dinge verändern, umso ähnlicher werden sie sich.)«[95] Kommentierende Autor-Rede schafft neben der epischen Darstellungsweise und epischen Bühnenelementen eine Distanz für das Publikum zur fiktiven Handlung und Figuration.

## Schweigen

Micha spricht im Verlauf des gesamten szenischen Textes nicht. Die ›verweigerte‹ Sprache gibt einen Eindruck von dem verzweifelten Innenleben des Jungen. Micha kommuniziert nicht sprachlich, sondern ausschließlich über die Körpersprache oder über nonverbale Zeichen.

Als es Simone nicht möglich ist, am Telefon mit Anders zu sprechen, drückt ihr Schweigen die Verzweiflung darüber aus, die der Weggang von Anders für sie bedeutet. Birkenhauer beschreibt das Schweigen, das Verstummen im szenischen Text als einen Vorgang, der »Lücken im Text hör- und wahrnehmbar«[96] macht. Die Rede selbst wird hier thematisiert, indem die begrenzten Möglichkeiten gezeigt werden, eine unfassbare Situation sprachlich zu artikulieren.

---

**93** | Ebd., S. 10.
**94** | Manfred Pfister bezeichnet die Fähigkeit der Figuren, über ihre psychische Verfassung Auskunft zu geben, als ›transpsychologisch‹. »Unter einer transpsychologisch konzipierten Figur verstehen wir demnach eine Figur, deren Selbstverständnis über das Maß des psychologisch plausiblen hinausgeht, deren völlig rationaler und bewusster Eigenkommentar sie nicht mehr implizit als völlig rational und bewusst charakterisieren kann, sondern vielmehr auf eine episch vermittelnde Kommentarinstanz verweist, die ›durch sie hindurch‹ die Figur in ein vorgegebenes Wertgefüge einordnet. Die subjektiv begrenzte Perspektive der Figur wird hier also im Sinn einer a-perspektivischen Dramenstruktur durchbrochen, indem die Figur ihr Wesen mit einer Explizität und Bewusstheit ausspricht, über die sie gar nicht verfügen kann.« Pfister: Das Drama, S. 248.
**95** | Fritz Kater: HEAVEN, S. 14.
**96** | Birkenhauer: Schauplatz der Sprache, S. 321.

### Trennung von Körper und Sprache

In HEAVEN setzt Petras zur Verschiebung des sprachlichen Ausdrucks das stimmverzerrende Helium ein, durch dessen Einsatz der Klang der Stimmen von Ronald Kukulies (Robert) und Fritzi Haberlandt (Simone) verzerrt und höher wird. Die Stimmen der Sprechenden scheinen hier wie Comicsprache vom Körper der Schauspieler getrennt zu sein, was bei den Zuschauern Erstaunen und Belustigung hervorruft.[97] Lediglich durch die Veränderung der Stimme der Schauspieler werden Erinnerungen an die Kindheit, an die Jugend geweckt. Petras inszeniert nur durch den ›materiellen‹ Einsatz von Helium einen Abstand zwischen Sprechen und Sprache.[98]

*Mit Helium verzerren Robert (Ronald Kukulies) und Simone (Fritzi Haberlandt) ihre Stimmen. Juliane Pempelfort im Hintergrund als Micha.*

Foto: Bettina Stöß

Petra Kohse beschreibt die Auswirkung, die das Unglück, der Verlust des Arbeitsplatzes und der sozialen Beziehungen auf die Sprechweisen der Figuren Petras' besitzen, als »eine eigene Sprache, eine lyrische, rhythmische, immer wieder große Sprünge machende«[99], als den sprachlichen Ausdruck eines Zustandes ohne Verbindlichkeiten. Petras äußert im Interview mit Bettina Müller seinen Vorbehalt als Regisseur gegenüber dem sprachlichen Ausdruck:

---

**97** | Folgende Texte von Szene 7, *reste*, die sich auf Jugenderlebnisse beziehen, werden von Robert und Simone mit veränderter Stimme gesprochen. Vgl. Fritz Kater: HEAVEN, S. 5: »Simone: in der vierten bin ich einfach rüber zun jungs in die dusche« bis » »hab nie kapiert wo die jungs ihre schwänze in den turnhosen lassen.«
**98** | Birkenhauer: Schauplatz der Sprache, S. 210.
**99** | Kohse: Schreiben ist Sampling, S. 82.

Mit dem Sprechen heute ist es nicht mehr so einfach. Der Sprechakt als solcher, der ist so vergiftet und zerstört, so verniedlicht und verkleinert; deshalb muss man immer wieder gucken, wo kann die Sprache Kraft her bekommen [...]. An Punkten, wo ich mit dem Text nicht mehr weiter komme, egal ob der Autor Friedrich Hebbel oder Fritz Kater heißt, muss von einer anderen Ebene etwas kommen.[100]

Petras beschäftigt sich mit Texten »geradezu klassisch«[101], nimmt sich jedoch als Regisseur die Freiheit (wie er es auch gegenüber anderen Autoren tut), sprachliche Zeichen durch andere Theaterzeichen zu ersetzten, Lücken und Störungen auf der fiktiven Ebene der Handlung zu schaffen, und bestimmt mit diesem Verfahren wesentlich den Rhythmus des szenischen Textes und dessen Komposition. In Harbekes Inszenierungen bleiben die sprachlichen Zeichen dagegen durchgehend führend, da sie den Rhythmus des Sprechens bestimmen, der in *lustgarten* die Komposition des szenischen Textes bestimmt. Erst in neueren Inszenierungen integriert sie – meist jedoch als getrennte Szenen – surreale, nonverbale Stilelemente.[102] Petras thematisiert nicht – wie Harbeke – ein Misstrauen gegenüber der Sprache, sondern inszeniert Situationen der Verzweiflung oder Stagnation, in denen die Sprache versagt, und setzt dazu insbesondere nonverbalen Zeichen ein. Beide Autoren-Regisseure setzten jedoch ›schweigen‹ und ›Pausen‹ ein, um Konflikte der Figuren zum Ausdruck zu bringen. Das Ersetzen von sprachlichen Zeichen durch gestische und räumliche Zeichen ist für Petras Theaterarbeit stilbildend.

## 5.3 Episches Theater im 21. Jahrhundert: Rhythmus und Komposition des szenischen Textes *Heaven (zu Tristan)*

Petras hat über die drei Stunden dauernde Aufführung die Handlungsstränge, die historischen und literarischen Bezüge und die nonverbalen, gestischen und räumlichen Zeichen in einem epischen Bühnenraum rhythmisiert.

Die Bewegung, die das Stück umschließt und die jeden Akt lenkt, die Bewegung, die die Szenen des Aktes unterscheidet und zerteilt, die die Dialoge präzisiert, die die Logik des Textes begründet, die Takt und Pause aufwingt und begrenzt; diese Bewegung, die vom gesprochenen Wort zur Bewegung im engeren Sinn (als Bewegung im Raum) geht und die, indem sie sich leiten lässt vom Wort und von der räumlichen Bewegung, die Grundlinien des Dekors vorzeichnet und die Farbskala festlegt, diese Bewegung ist nichts anderes als der Rhythmus.[103]

---

100 | Müller: Körper lügen weniger als Worte, S. 253.
101 | Raddatz u. Petras: Ich habe in Brecht einen Partner gefunden, S. 187.
102 | In *11°, windstill*, am Schauspielhaus Kiel, integriert Harbeke einen Traum in die Handlung, in der sie sprachliche Zeichen mit nonverbalen Zeichen kombiniert, jedoch sprachliche Zeichen nicht durch nonverbale Zeichen ersetzt.
103 | Pavis: Semiotik der Theaterrezeption, S. 98.

Die Komposition des szenischen Textes *HEAVEN* wird im Folgenden anhand der Rhythmen untersucht, die sich aus den zuvor herausgearbeiteten Verschiebungen auf den Ebenen von Darstellung, Raum, Zeit und der sprachlichen Mittel ergeben haben.

### 5.3.1 Rhythmus

Der Rhythmus des szenischen Textes *HEAVEN* zeigt sich nicht nur im Verhältnis von Zeit und Handlung, sondern auch in der Kombination und im Kontrast der Theaterzeichen zueinander und in deren Bezug zur Ebene der äußeren Kommunikation.

Als ›Rhythmus‹ bezeichnet Pavis verschiedene Tempi und Strukturierungsweisen, die den szenischen Text unterbrechen, das Neben- und Übereinander verlaufen von Bewegungen im weitesten Sinne, beispielsweise das Überblenden von Musik und Projektionen, das auch gegen den zeitlichen Rhythmus einer Handlung verläuft. Rhythmen bestimmen die Komposition von *HEAVEN*, jedoch tritt ein Zeichen zumeist in den Szenen hervor, übernimmt – wie Petras es im Gespräch mit Bettina Müller beschreibt – die Führung.[104] Beispielsweise bestimmt in der Szene, in der Helium die Stimmen von Fritzi Haberlandt und Robert Kukulies verzerrt, die Stimmqualität den Rhythmus der gesamten Szene, auch wenn andere Theaterzeichen hinzukommen (das expressive gestische Spiel der beiden Darsteller). In Szene 16, *inferno*, sind die akustischen Zeichen, die laute Musikeinspielung, bestimmend für den Rhythmus der Szene und werden durch die farbig flackernden Projektionen noch verstärkt. Der Dramentext wurde komplett gestrichen, d. h., das Streichen der sprachlichen Äußerungen der Figur Michas kann auch als Zeichen für die Auslöschung einer Person gelesen werden, die sich wiederum in der dargestellten Brutalität des nonverbalen Spiels zeigt. Dadurch, dass Petras als Autor-Regisseur sowohl den Dramentext verfasst hat, als auch in seiner Funktion als Regisseur die räumlichen, gestischen und akustischen Zeichen arrangiert, kann er die Abfolge der Zeichen variabel gestalten:

> [...] die Idee des epischen Theaters und der Verfremdung [bildet] das Zentrum meiner Arbeit. Das bedeutet immer, zu bestimmen, was das Wichtige in einer Inszenierung ist. Und zwar im Sinne Brechts, der sagt, statt die Wirklichkeit abzubilden, muss gezeigt werden, wie die Wirklichkeit eigentlich beschaffen ist, indem die Welt als eine veränderbare gezeigt wird. Das heißt eben auch, kontinuierlich an den Mitteln zu arbeiten und sich ständig zu fragen: Wie zeige ich was, wie verhalten sich Kommentar und Dialog zueinander, die sich permanent abwechseln, was sagt der Text, was sagt die Gestik? Mit Brecht muss man sich also stets bewusst sein, dass es verschiedene Ebenen des Zeigens gibt.[105]

Eine charakteristische ›Bewegung‹ des szenischen Textes, die sich zur Ebene der äußeren Kommunikation öffnet, hat sich bei der dramaturgischen Analyse

---

**104** | Vgl. Müller: Körper lügen weniger als Worte, S. 253.
**105** | Raddatz u. Petras: Ich habe in Brecht einen Partner gefunden, S. 186.

von *HEAVEN* auf den Ebenen der Verschiebung von Darstellung, Raum, Zeit und sprachlichen Mitteln in Kontrasten, Brüchen und Überblendungen von Theaterzeichen gezeigt und lässt sich nach den folgenden Kategorien zusammenfassend analysieren.

### (a) Kontraste

Kontraste im szenischen Text drücken sich in konträren Situationen und Spielelementen (verbal-nonverbal, tragisch-komisch, bedeutend-trivial, real-surreal) aus. Komische Situationen wechseln mit tragischen mehrmals innerhalb einer Szene. Die Darsteller wechseln vom slapstickhaften, ausgelassenen Spiel mit konkreten Spielelementen zu kurzen, zielgerichteten Aktionen. Einen weiteren Kontrast bildet die Gegenüberstellung von historisch oder literarisch bedeutenden Ereignissen oder Werken mit den Figuren aus Wolfen nach der Wende. Königsforst erzählt beispielsweise in Szene 10, *boulevard of broken dreams*, von der Entfremdungstheorie Karl Marx' und von Dante Alighieris *Göttlicher Komödie*, indem er die komplexen Zusammenhänge mithilfe seiner – über die Hand gestülpten – Socken plastisch nachspielt. Helga holt ihn zusätzlich mit dem Satz: »ja vati deswegen sind wir ja hier« auf den Boden der Tatsachen in Wolfen zurück.

### (b) Ersetzen von Theaterzeichen

Auffallend ist, dass große Abschnitte des Dramentextes im szenischen Text durch nonverbale, gestische und räumliche Zeichen ersetzt werden. Diese Regietechnik verweist ebenfalls auf einen nicht-hierarchischen, autonomen[106] Gebrauch der Theaterzeichen, sodass Petras nach seinen, vor allem auch rhythmischen Vorstellungen Theaterzeichen verschieben kann. Michael Börgerding charakterisiert dazu die Durchlässigkeit der Dramentexte Petras' »für die Schauspieler, für Licht, Musik, für Gefühle, Erinnerungen, Übertragungen«[107]:

> Statt eines Abschlusses haben seine Stücke innere Schwellen, die zu einem Zögern, einem Stolpern führen, einem Immer-wieder-Aufstehen […] der Autor Kater glaubt nicht an ein Ganzes, auch nicht an einen Abschluss, sondern seine Texte behaupten Anderes: Bewegung, Verflüssigung, Momentaufnahme, Referenz, Fremdheit und Lakonie. Sie sind schnell, sehr schnell: ein Satz und eine Situation oder eine Figur ist umrissen. Figurenrede und Regieanweisungen, Szenenkommentare, Erzählerhaltungen wie Ortsangaben wechseln ständig. […] Eine Welt entsteht aus Konstruktionen und aus dem Spiel mit Versatzstücken. Aus dem, was täglich abfällt.

---

**106** | «Für mich ist Theater eine Mischkunst, und alle Dinge, die ich auf die Bühne bringe, müssen etwas stringent erzählen. Bei mir wird es nie eine Musik geben, die nur ein Gefühl verstärkt, sondern das muss immer eine eigene Qualität haben. Deshalb spreche ich gerne von der Autonomie der Künste. Der Mensch auf der Bühne, die Musik, das Licht, jedes Element kann die Führung übernehmen.« Müller u. Petras: Körper lügen weniger als Worte, S. 253.

**107** | Michael Börgerding: If one thing matters, everything matters. In: Fritz Kater: Ejakulat aus Stacheldraht. Redaktion: Julia Niehaus. Theater der Zeit. Dialog 4. Berlin 2003, S. 6-7, hier S. 7.

Sie ermöglichen dadurch Lücken, Lücken und Möglichkeiten für die Regie und für die Schauspieler. Es sind Texte, die wissen, dass auf den Proben etwas dazu kommen wird und muss.[108]

Zur Komposition von *HEAVEN* gehören neben Kontrasten und dem Ersetzen von Theaterzeichen auch die Grundatmosphäre, die die Szenen auszeichnet: Es lässt sich durchgehend eine Stimmung von Ort- und Haltlosigkeit, die sich auch in einer lückenhaften Anordnung der Theaterzeichen ausdrückt, die ›Brüche‹[109] im szenischen Text zulässt, erkennen.

### (c)  Brüche und Störungen

Helga charakterisiert ihr Leben als »eine reihe von brüchen«[110] und benennt damit zugleich den Charakter der Komposition des szenischen Textes. Das Nicht-Vollständige zeigt sich in der Ruhelosigkeit, in der sich alle Figuren befinden. Es gibt für die Figuren keinen Halt, sowohl räumlich als auch in sozialen Bindungen, in der Familie, bei Freunden und bei der Arbeitsstelle finden die Figuren nicht die ersehnte Heimat. Das Motiv der Halt- und Ortlosigkeit prägt auch den rhythmischen Umgang des Regisseurs mit den Bühnenelementen: in den flirrenden Projektionen, die den Tod von Micha begleiten, in den tragikomischen Momenten, wenn die Figuren versuchen, ihre innere Überforderung im Zaum zu halten, indem sie sich an ganz konkreten Gegenständen festhalten, wie zum Schutz. Helga hält sich an der Leberwurststulle, Königsforst am Bändchen des Pakets, Robert an den Plastikflaschen fest. Micha gelingt es nicht mehr, sich auf eine Handlung, einen Gegenstand zu konzentrieren: Bei ihm kommt die Wut über die Perspektivlosigkeit, der er ausgesetzt ist, eruptiv zum Ausdruck: Er kehrt aggressiv die Flaschen zusammen, beschallt sich mit lauter Musik und trinkt Alkohol.

Stets ist diesen Helden die Heimat unauffindbar oder problematisch, aber die Welt da draußen irgendwie auch nicht das Richtige. Und weil dieses Gefühl einer permanenten Ruhe- und Ortlosigkeit ein durchaus modernes und in der realistischen Literatur seit, sagen wir, Wilhelm Raabes »Pfisters Mühle« (1884) bestens gepflegtes ist, bleiben Katers Stücke auch keineswegs an ihrem ostdeutschen Nährboden kleben.[111]

Die Figuren sind durchaus bereit, den Ort zu wechseln. Simone würde Anders nach Amerika folgen, kann jedoch wegen ihres Bruders und ihrer psychi-

---

**108** | Ebd.
**109** | Pavis nennt den ›Bruch‹ als eine Ebene, auf der der Rhythmus einer Aufführung gut zu untersuchen sei: «Die Praxis des Bruches, der Diskontinuität, des Verfremdungseffekts [...] begünstigen die Wahrnehmung der Unterbrechungen in der Aufführung: die rhythmischen Synkopen werden dadurch [...] sichtbar.« Pavis: Semiotik der Theaterrezeption, S. 96.
**110** | »ich habe kein weltbild ich habe nur eine reihe / von brüchen in mir gesammelt an die ich glaube / weil sie mein körper sind / meine leeren brüste von sarah / meine narbe vom kaiserschnitt / meine grauen haare aus der nacht nachdem sie / das werk geschlossen haben.« In: Fritz Kater: HEAVEN, S. 5.
**111** | Rakow: Fritz Kater – der erste gesamtdeutsche Realist im Drama nach 1900. In: www.nachtkritik-stuecke08.de/index.php/stueckdossier2/autorenportrait (gesehen am 21.8.2009).

schen Verfassung nicht reisen und Königsforst hat keine Idee, wohin er gehen könnte: »ich werde nicht gebraucht mit dem was ich kann / und wenn das so ist habe ich gar kein problem wegzugehen / ich weiß nur nicht wohin«[112]. Die Repliken der Einzelfiguren verlieren hier »ihre wesentliche dramatische Standortgebundenheit«, da nicht mehr eine Figur redet, die auf eine Antwort wartet, »sondern sie eine [...] Stimmung [wiedergibt], die in den Seelen aller herrscht. Ihre Aufteilung in einzelne ›Repliken‹ entspricht keinem Gespräch [...] sie spiegelt einzig das Nervös-Schillernde der Ungewissheit.«[113] Dagmar Borrmann stellt in ihrem Essay, den sie zum Anlass der Auszeichnung Petras' zum Autor des Jahres 2003 verfasst hat, die »Abbruchkanten von Geschichten und Lebenswegen«, die Petras beschreibt, heraus sowie »de[n] genaue[n] Blick auf den Punkt, wo Sicherheiten verloren gehen und stattdessen Schmerz und Verunsicherung einsetzen.«[114]

Das Verfahren, durch Brüche und Lücken den ›wunden‹ Punkt auszusparen, kombiniert Petras mit der Regietechnik der ›Überblendung‹. Dabei werden von der fiktiven Handlung unabhängige Ebenen zugefügt (wie die Biografien der historischen und literarischen Personen oder wissenschaftliche und musikalische Motive), um neue Facetten zu eröffnen. Petras zeigt mit dem szenischen Text *HEAVEN* zahlreiche Perspektiven, die das Thema ›Heimatverlust‹ im Osten berühren und die sich im Bühnenraum ›kreuzen‹. Birkenhauer beschreibt »die[se] Raumzeit der Kunst« [115] an Theaterarbeiten von Heiner Müller:

Dieser Begriff von Erinnerung korrespondiert [mit] dem Medium, in dem sie sich realisiert, der Sprache [...]. [Die Erinnerung ist], [...] wie die Sprache, ohne eindeutigen Ursprung, gehört, wie sie, einem Bereich des ›Zwischen‹ an, zwischen Individuellem und Kollektiven, zwischen Subjektivität und Geschichte. Dieser Zwischenraum ist [...] der Ort der Kunst.[116]

Petras versucht durch ein ›Netzwerk‹ aus Perspektiven ein komplexes Bild von Erinnerungen zu gestalten, indem jedoch stets Lücken in der Erinnerung bleiben, die die Zuschauer füllen können.

### (d) Überblendungen

Petras geht der zentralen Frage einer Inszenierung (in *HEAVEN* der nach den Auswirkungen des Schrumpfens der Städte in den Neuen Bundesländern auf die Betroffenen) mithilfe des Prinzips der Überblendung nach. Dazu gestaltet er in *HEAVEN* zusätzlich eine surreale Erzählebene, um die Innenperspektive der Figuren verdeutlichen zu können. Diese surreale Spielebene, mit der der

---

112 | Fritz Kater: HEAVEN, S. 4.
113 | Peter Szondi: Theorie des modernen Dramas. In: Ders.: Schriften 1. Hrsg. von Jean Bollack u. a. Frankfurt a. M. 1987, S. 11-148, hier S. 57.
114 | Borrmann: Heimat remixed oder Alles, was ich sagen kann, wohnt in meinem Schmerz, S. 97.
115 | Birkenhauer: Schauplatz der Sprache, S. 229f.
116 | Ebd.

Tod von Micha gezeigt wird, eröffnet somit ein komplexeres Bild (hier des labilen, psychischen Zustandes von Micha). Petras nutzt darüber hinaus Projektionen, Videoeinspielungen und Musik zur räumlichen und akustischen Überblendung der Gesamtsituation, mit der die Komposition der Inszenierung charakterisiert wird.

Die Überblendung der Handlung mit historischen Ereignissen verstärkt den Eindruck einer Zustandsbeschreibung. In Rückblenden werden die Ursachen und Konsequenzen eines Verlustes auf einer parallelen Erzählebene untersucht. Petras beschreibt in *HEAVEN* eher Zustände als Handlungen und seine Konzeption ist auch darin mit dem epischen Theater Brechts verwandt:

> Das epische Theater [...] behält davon, dass es Theater ist, ununterbrochen ein lebendiges und produktives Bewusstsein. Dieses Bewusstsein befähigt es, die Elemente des Wirklichen im Sinne einer Versuchsanordnung zu behandeln und am Ende, nicht am Anfang dieses Versuchs stehen die Zustände. Sie werden also dem Zuschauer nicht nahe gebracht, sondern von ihm entfernt. [117]

Bereits der Titel *HEAVEN* verweist auf dieses dramaturgische, zu den Assoziationen der Rezipienten auf der Ebene der äußeren Kommunikation geöffnete Grundprinzip, mit dem einerseits auf die dänische Insel Hven oder den ›Garten Eden‹ verwiesen wird, um andererseits den alltäglichen, tristen Ereignissen in Wolfen die Weite des Himmels gegenüberzustellen.[118] Von der Dimension des Himmels lenkt Petras den Blick auf Details, die Lebensumstände, Gefühle und Ängste der Wolfener. Die Zuschauer behalten die Freiheit, sich die ihnen passend erscheinenden Zusammenhänge zu knüpfen. Ebenen, die Petras im Dramentext unkommentiert und ohne Interpunktion nebeneinanderstellt (wie die historischen Biografien und Ereignisse, die Anmerkungen des Autors in den Nebentexten), werden im Inszenierungstext szenisch eingebunden. So perspektiviert Petras beispielsweise Dialoge der Figuren, indem er die Stimme ›materiell‹, durch den Einsatz von Helium, vom Körper klanglich ›löst‹ oder indem er die historischen Texte durch die farbliche Überblendung der gesamten Szene visuell verknüpft.

Fasst man die beschriebenen Verschiebungen der Theaterzeichen bei *HEAVEN* und die damit zusammenhängenden Irritationen zusammen, gibt es zahlreiche Momente im szenischen Text, in denen die Repliken ihren eindeutigen Bezug zur fiktiven Handlung verlieren, »die Aufmerksamkeit [des Rezipienten, [K. N.-R.] verschiebt sich von der dramatischen Wechselrede auf das gesamte sprachliche Geschehen«[119], auf den stagnierenden Zustand, den Petras beschreibt.

---

**117** | Walter Benjamin: Was ist das epische Theater? (I). In: Ders.: Gesammelte Schriften. Hrsg. von Rolf Tiedemann u. Hermann Schweppenhäuser. Frankfurt a. M. 1991, S. 519-531, hier S. 522.
**118** | Heaven= engl. ›göttlicher‹ Himmel, Erlösungsort nach dem Tod.
**119** | Birkenhauer: Schauplatz der Sprache, S. 72.

Petras lässt die Zuschauer als ›Co-Autoren‹ die im szenischen Text ›ausgelegten‹ epischen Fährten zu einer Komposition zusammensetzen. Die Arbeit an den Theaterzeichen, das Schaffen der Kontraste, Brüche, das Ersetzen von Theaterzeichen und die Überblendungen erfolgen somit stets in Bezug zum Zuschauer auf der Ebene der äußeren Kommunikation.

### 5.3.2 Komposition auf der Ebene der äußeren Kommunikation

Die Abweichungen von der dramatischen Form, die Überraschung, die diese Momente der Störung der fiktiven Handlungsebene beim Zuschauer erzeugen, verstärken in Petras' Regie oftmals die Tragikomik einer Situation. Peter Kurth versucht vergeblich, mit großer Kraftanstrengung den Hahn an der Gasflasche aufzudrehen, während Helga sofort das kleine, entscheidende Ventil öffnet. Der Selbstauslöser der Kamera für das letzte Foto zu zweit ist immer zu früh, Helga und Königsforst sind noch nicht für das Bild positioniert. Die Fabel, das heißt das Vorhaben, sich das Leben zu nehmen, wird hier zwar weiter erzählt, jedoch schaffen die Darsteller mit ihrem, aus Improvisationen bei den Proben entstandenem, Spiel eine Ebene, die sich zum Zuschauer öffnet. Der Bezug auf das Außen der Zuschauer wird mit den komischen Spielsituationen ein Teil der dramaturgischen Konstruktion der szenischen Texte:

> Hier impliziert die dramatische Situation zugleich eine szenische Konstruktion, die das Gesagte und den Vorgang des Sprechens aus der Binnenperspektive der dramatis personae löst und damit operiert, dass und wie das Sprechen der Figuren von Zuschauern wahrgenommen wird.[120]

Ein Hinweis für die Bedeutung der äußeren Ebene der Kommunikation lässt sich auch hier finden, wenn man Petras' Arbeitsweise mit der Tradition des epischen Theaters nach Bertolt Brecht in Bezug setzt. Bei Petras lassen sich jedoch auch Veränderungen und Erweiterungen des epischen Theaters erkennen, die im Folgenden herausgestellt werden sollen: Petras erweitert das von Brecht entwickelte epische Theater insbesondere durch die Art der Öffnung der Handlungsebene zum Rezipienten hin. Erst auf der Ebene des Rezipienten können die – während des Probenprozesses kontrastreich und reduziert angedeuteten – Teilelemente zusammengesetzt werden. Petras überlässt den unvollständigen, lückenhaften szenischen Text den Zuschauern, die als Co-Autoren die verbalen und nonverbalen Mittel zu einem szenischen Text verbinden:

> Für mich ist das [die Zuschauer, die die getrennten Einzelteile einer Inszenierung zusammensetzen, K. N.-R.] das Zentrum oder die Idee von Theater, und das kommt Brecht sehr nahe oder ist zumindest meine Auffassung von Brecht, dass erst im Auge oder im Kopf des Zuschauers eine Inszenierung vollständig wird und keinesfalls vorher […]. Toll ist, wenn ich im

---

**120** | Ebd., S. 89.

Zuschauerraum genötigt werde, und das passiert via Verfremdung, mir etwas zu übersetzen und dadurch zu einem eigenen zu machen. [121]

Hierin liegt eine Parallele mit Harbekes Theaterarbeit, die die Vervollständigung der szenischen Texte den Zuschauern überlässt. Petras liefert reduzierte Bühnenräume und Erzählstränge, die er durch Rückblenden nochmals verschiebt, sodass genügend Raum und ›Lücken‹ für die Zuschauer bleiben, sich den szenischen Text selbst zusammenzufügen. Mitunter wird dieses Verfahren kritisiert, da es dazu führe, dass die szenischen Texte nicht mehr nachvollziehbar seien und zu viele Bezüge verknüpft werden müssten:

Kater-Petras [...] sitzt mitten im deutschen Elend, traut sich aber nicht, gradlinig und empört davon zu erzählen. So entsteht, durchschossen von Splittern der Weltliteratur und Soziologie, eine zerfetzte fahrige Szenenfolge. Dass der Zuschauer dabei auch noch dauernd raten muss, wer nun gerade wo und was aus welchen Gründen handelt, zeugt nicht vom Rätsel der Menschennatur, sondern von der Ratlosigkeit des Autor-Regisseurs.[122]

Um diese Überforderung des Zuschauers mit vielfältigen Referenzen[123] scheint es Petras jedoch zu gehen. Er bietet Material und dieses soll genug Assoziationsfelder sowohl für das Produktionsteam als auch für die Zuschauer eröffnen. Petras entfernt sich hier durch seine Regiemethoden von der Theorie des epischen Theaters Brechts: Die Schauspieler spielen expressiv und improvisieren, während bei Brecht eine stilisierte, bei den Proben bis in die einzelne Geste festgelegte Spielweise herrscht, und Petras liefert Material, über das der Zuschauer ebenso wie die Schauspieler nicht nur reflektieren, sondern das er selbst erst zum szenischen Text zusammensetzen kann.

Für die Komposition des szenischen Textes *HEAVEN* bleibt trotz vieler Verschiebungen und Irritationen im Gebrauch der Theaterzeichen die fiktive Handlungsebene, die Fabel im Vordergrund. Nur in wenigen Momenten verlässt Petras im szenischen Text ganz die Handlung. So bleibt beispielsweise die Art und Weise, in der Micha stirbt, im szenischen Text offen: Es wird eine surreale Szene inszeniert und Petras verzichtet auf eine realistische Erklärung. Doch auch hier bleiben Hinweise für den aufmerksamen Zuschauer bzw. Zuhörer. Auf dem Friedhof äußert Simone gegenüber Anders in einem Satz die Umstände, unter denen Micha umgekommen ist[124], doch Petras verzichtet auf eine entsprechende szenische Umsetzung.

---

**121** | Raddatz u. Petras: Ich habe in Brecht einen Partner gefunden, S. 187.
**122** | Bartetzko: Der Osten ist tot, o. S.
**123** | »Petras ist kein Vollender. Er hat wie immer viel unterzubringen und hält sich mit narrativer Kohärenz nicht auf.« Ulrich Seidler: Wolfen bekommt ein Kind. Vom Schrumpfleben: *HEAVEN (zu tristan)* von Armin Petras/Fritz Kater im Maxim-Gorki-Theater. Berliner Zeitung, 19.11.2007.
**124** | »meinen bruder haben seine kumpels mit den baseballschlägern erschlagen zu ferienende« Fritz Kater: HEAVEN, S. 14.

Harbeke überlässt die Vervollständigung der Inszenierung ebenfalls den Zuschauern, nur erreicht sie diese Öffnung zur Ebene der äußeren Kommunikation mit anderen Mitteln als Petras: Während Harbeke die Abweichungen von der dramatischen Form in den Dramentext integriert, erkundet Petras die Spielebene mit der Ebene der Rezipienten erst während des Probenprozesses. Wo bei Harbeke an den einzelnen Sätzen modelliert wird, setzt Petras mit einem ›breiten Pinsel‹ an:

Harbeke vertraut der Kraft ihrer Geschichten, deshalb beschränkt sie sich beim Inszenieren auf szenische Anordnungen. Die Beschränkung der Mittel wirkt wohltuend unpathetisch, zugleich anspruchs- bis glanzlos. Sabine Harbeke/Sabine Harbeke ist der Antipode zu Armin Petras/Fritz Kater. Wo Petras in grellen Farben malt, da holt Harbeke das Deckweiß hervor. Und malt die Welt vor unseren Augen aus.[125]

## 5.4 Armin Petras und die Theaterinstitution

Petras thematisiert in den szenischen Texten auch das Theatermachen selbst. Im Prolog von *HEAVEN* verknüpft die Figur Anders die Sehnsucht nach einem lebenswerten Ort mit der Utopie, die Theaterarbeit (für den Autor) bedeutet:

wir brauchen träume von den orten in denen wir leben wollen
wie
theater träume aus deinem leben macht
muss
architektur aus deinen träumen leben schaffen[126]

Anders Adlercreutz äußert im Dramentext (in der Spielvorlage gestrichen), dass seine Motivation zu erzählen aus der Trauer entstehe und ist auch hier die Figur, die entsprechende Hinweise auf die Motivation des Autors Fritz Kater für das Schreiben gibt:

Anders
vergesst
das programm der traurigkeit
atmen als erzählen
ich kann mich nicht wehren[127]

Petras nutzt die Möglichkeit, die er als Autor-Regisseur hat, auch die beschriebenen und vorgeführten Situationen zu kommentieren und seine Einschät-

---

**125** | Hella Kemper: Zweisprachige Variationen über ein Fanal der Sprachlosigkeit. Uraufführung am Theater in der Gaußstraße: *und jetzt and now.* Die Welt, 29.10.2004.
**126** | Fritz Kater HEAVEN (zu tristan), S. 3.
**127** | Ebd., S. 4.

zungen in den szenischen Text einzubinden und so »sehr nah an seine [...] Figuren« heranzukommen: »Der Erzähler war dabei, und er berichtet, ›wie es war‹.«[128] Petras verzichtet darauf, sich von den Figuren zu distanzieren, vielmehr nutzt er epische Mittel, um ihnen eine größere Komplexität und Größe zuzugestehen:

> Der bewusste Verzicht auf auktoriale Erhabenheit, auf den typisch deutsch anmutenden Filter zwischen Erzählung und Erzähltem, ist nicht nur ein dramaturgischer Trick, sondern ein ganz entscheidendes Wirkungsmoment der Stücke von Fritz Kater. So macht er [...] aus dem Präteritum des Erzählens keine Draufsicht, weder in der Verklärung des Vergangenen noch im besserwisserischen Blick von oben herab. Noch wo sie [die Figuren] an sich selbst scheitern, macht er aus ihnen keine Popanze. Das gibt den Texten Authentizität und Wärme.[129]

Die Freiheit als Autor-Regisseur, die eigenen Texte im Probenprozess bearbeiten und bewerten zu können und als Intendant des Maxim Gorki Theaters mit Schauspielern zusammenarbeiten zu können, mit denen zum Teil lange Arbeitsbeziehungen bestehen, beschreibt eine Art ›Theaterlabor‹, in dem die Möglichkeit besteht, die Dramentexte direkt mit der Regie-Praxis zu konfrontieren. Bertolt Brecht nutzte diese Möglichkeit als Intendant des damaligen Theaters am Schiffbauer Damm (heute Berliner Ensemble) ebenfalls. Viele von Brechts theoretischen Schriften zum Theater, insbesondere *Das Kleine Organon für das Theater*, sind parallel zur praktischen Theaterarbeit entstanden. Petras' Theaterarbeit zeichnet sich durch ein enormes Tempo und permanente Ortswechsel aus: Während er an einem Auftragswerk schreibt, inszeniert er zumeist am Maxim Gorki Theater neben einem weiteren freien Regieauftrag:

> Trotz [...] Leitungsfunktion bleibt er seiner Produktionsmaxime treu: Unruhig reiht sich Inszenierung an Inszenierung, begleitet von permanenten Gastinszenierungen, teilweise an verschiedenen Häusern gleichzeitig. Damit ist Petras Vorreiter einer neuen Mobilität, die die Topographie einer gemeinsamen Zeit an einem gemeinsamen Ort immer weiter ausdünnt. Man verbindet sich eher über Denk- und Darstellungsräume als über ein Haus.[130]

Diese ›Überblendung‹ im Arbeitsprozess schafft ihm die Möglichkeit, schnell auf Änderungen im Ensemble, in der ästhetischen und inhaltlichen Ausrichtung der jeweiligen Theaterinstitutionen und auch unmittelbar auf die Reaktionen des Publikums in der nächsten Produktion einzugehen. Petras hat die Möglichkeit, langfristig Projekte zu planen, da er nach der im August 2009 erfolgten Vertragsverlängerung eine Planungssicherheit bis 2016 (mit der Option auf eine weitere Verlängerung um 5 Jahre) hat. Die Erfahrungen aus der alltäglichen, praktischen Theaterarbeit können unmittelbar in die Arbeit

---

**128** | Borrmann: heimat remixed, S. 97.
**129** | Ebd., S. 97.
**130** | Jörg Buddenberg: Armin Petras. Dekonstruktion und Heimattheater. In: Werk-Stück. Regisseure im Porträt. Hrsg. von Irene Bazinger u. Anja Dürrschmidt. Berlin 2003, S. 114-119, hier S. 116.

am szenischen Text einfließen. Die Machtposition innerhalb des Theaters ermöglicht ihm diesen Spielraum, seine Arbeit als Autor und Regisseur immer weiter zu entwickeln und in dem jeweiligen, von ihm weitgehend unabhängig zu wählenden Produktionsteam zu erproben. Petras beschreibt in einem Sammelband, der vom Deutschen Bühnenverein herausgegeben wurde, Veränderungen der deutschen Theaterlandschaft und die Notwendigkeit, »die reale Lebenssituation der jeweiligen Zuschauergruppe in Augenschein zu nehmen.«[131]

Dabei bleibt Petras jedoch, was den Dramentext betrifft, »fast konservativ«, er sagt selbst, dass im Gegensatz zu anderen Theatermachern, die vom Film oder von der Musik kommen, er vom Schreiben ausgehe und somit ein starkes Interesse am verbalen Text in seinen szenischen Texten erkennbar sei.[132] Petras experimentiert eher in der Regie-Praxis, in der Verwendung, im Kontrast und in der Kombination der Theaterzeichen. Petras möchte mit seinen Theaterstücken der Widersprüchlichkeit von Figuren und Zuständen gemeinsam mit dem Produktionsteam und den Zuschauern nachgehen.[133] Neben den deutlichen Bezügen zur Theatertheorie Brechts im Gebrauch der Theatermittel (der Arbeit mit dem Gestus, mit dem Verfremdungseffekt, die Beschreibung eines Zustandes, die Aufrechterhaltung der Distanz des Darstellers zur Figurenrede etc.) wird zwar sehr spielerisch, aber dennoch unverkennbar eine moralische Haltung Petras' sichtbar, die die in Vergessenheit geratenen ostdeutschen Lebensentwürfe herausstellt. Petras schöpft die Möglichkeiten und Freiheiten, die ihm seine Tätigkeit als Autor, Regisseur und Intendant an Theaterinstitutionen und im Probenprozess gibt, voll aus, indem er die jahrelange Tätigkeit innerhalb der Institutionen dazu genutzt hat und vermutlich weiter nutzen wird, dauerhafte Arbeitsverhältnisse zu knüpfen:

> Petras hat sich [...] schon früh eine Überlebensstrategie gebastelt. So hat er seinen Wert nicht an der Größe der Häuser bemessen, an denen er arbeitet. Er hat Verbündete gesucht, Intendanten, Schauspieler, Dramaturgen und Bühnenbildner, die ihm vertrauen, die sich für seine Themen interessieren und bereit sind, ein Spiel mit einem ungewissen Ausgang zu riskieren. In Nordhausen und in Hamburg, in Leipzig, Kassel, Mannheim und in Frankfurt hat er sie gefunden. Arbeitsheimaten als Schutzraum.[134]

Mit diesen Produktionsteams erforscht Petras theatralisch Themenfelder, die einen deutlichen Bezug zu den Verhältnissen in Ostdeutschland besitzen.

---

**131** | Armin Petras: Das Theater und die Stadt. In: Muss Theater sein? Hrsg. vom Deutschen Bühnenverein. Köln 2003. S. 39-43, hier S. 43.
**132** | Vgl. Raddatz u. Petras: Ich habe in Brecht einen Partner gefunden, S. 187.
**133** | Vg. ebd., S. 190.
**134** | Borrmann: heimat remixed, S. 99.

# 6 Der Autor-Regisseur Christoph Schlingensief

Christoph Schlingensief spielte in seiner künstlerischen Arbeit mit der Rezeptionshaltung; der eigenen, der des Publikums und der der Kritiker und Medienberichterstatter. Er imitierte Regiestile anderer Regisseure, zitierte aus Filmen, Kritiken und realen Ereignissen, sagte die Zuschauerreaktionen und Kritikerstimmen voraus und komponierte aus diesen Elementen ein Werk mit eigenen dramaturgischen Gesetzen. Für die Analyse des szenischen Textes *Rosebud* wird – ebenso wie bei den ausgewählten Werken von Harbeke und Petras – neben dem Dramentext auch der Inszenierungstext herangezogen. Der szenische Text *Rosebud* weist neben einer konventionellen, dramatischen Form, die Figuren und Handlung auf der Ebene des inneren Kommunikationssystems beibehält, auf der Ebene der äußeren Kommunikation Abweichungen der dramatischen Form auf. Um das ästhetische Prinzip von Schlingensiefs *Rosebud* bestimmen zu können, werden – ausgehend von der dramatischen Form – die Verschiebungen auf den Ebenen des Raumes und der Zeit, der Darstellung und der sprachlichen Mittel nach den Kategorien von Birkenhauer und Pavis, unter besonderer Berücksichtigung der Ebene der äußeren Kommunikation, analysiert. Christoph Schlingensief erzählt mit *Rosebud* ebenfalls eine Fabel, jedoch steht sie nicht mehr, wie es bei Harbeke und Petras der Fall ist, im Vordergrund der Theaterarbeit. Der Ablauf der folgenden dramaturgischen Analyse hat sich daher geändert: Der Rhythmus der Inszenierung ergibt sich vor allem durch die Ebene der Rezeption und die Reflexion über die Theaterbedingungen, deswegen werden sie in der dramaturgischen Analyse bereits vor der Analyse der Verschiebungen untersucht. Die räumlichen und zeitlichen Verschiebungen werden im Zusammenhang zudem vor den Verschiebungen auf der Ebene der Darstellung analysiert, da die Raum- und Zeitkonzeption einen starken Einfluss auf die Ebene der Darstellung und der sprachlichen Mittel hat.

Die vorangestellte, ausschnitthafte Werkbiografie zeigt bereits den Einfluss von Film und bildender Kunst sowie den Bezug zum öffentlichen Raum, zu den politischen und gesellschaftlichen Bezugssystemen (Bundestagswahl, Rechtsradikalismus, Superstar-Castingshows) auf Schlingensiefs Theaterarbeiten. Immer bezog Schlingensief die Reaktion des (zum Teil auch unfreiwilligen) Publikums und der Medienberichterstattung und deren Auswirkung auf den Verlauf von (künstlerischen) Ereignissen mit in seine Theaterarbeit ein. In *Rosebud* hatte Schlingensief sich mit der Reflexion über Verfahren der Rezeption jedoch in den Theaterraum und von der öffentlichen Bühne zurückgezogen.

## 6.1 Ausbildung und Werkbiografie[1]

Christoph Schlingensief, geb. 1960 in Oberhausen, arbeitete als Film- Theater- und Opernregisseur, Drehbuch- und Theaterautor sowie als Aktionskünstler; zusätzlich realisierte er Hörspiele, Installationen und Ausstellungen.[2]

Schlingensief wurde an der Münchener Hochschule für Fernsehen und Film abgelehnt und studierte stattdessen ab 1981 Germanistik, Philosophie und Kunstgeschichte in München, arbeitete als Kameraassistent des Experimentalfilmers Werner Nekes und drehte Kurzfilme. Die *Trilogie zur Filmkritik*. *Film als Neurose* (1983/84) setzt sich aus zwei Kurzfilmen und dem ersten Film in Spielfilmlänge, *Tanguska – die Kisten sind da* (1984), zusammen. Mit *Menu total* (1986), *Egomania* (1986) und *Mutters Maske* (1987) folgten Filme, die von der Fachpresse beachtet, jedoch nicht im Kino gezeigt wurden.[3] Erst mit der *Deutschlandtrilogie* (*100 Jahre Adolf Hitler – Die letzte Stunde im Führerbunker* [1989], *Das deutsche Kettensägenmassaker* [1990], *Terror 2000 – Intensivstation Deutschland* [1992]) erlangte Schlingensief Popularität als Filmregisseur. Die Filme polarisierten mit einer drastischen Erzählweise und Splatter-Szenen zur deutschen Geschichte. Mit der Persiflage auf den deutschen Gegenwartsfilm, *Die 120 Tage von Bottrop*, verabschiedete sich Schlingensief 1997 zunächst vom Film und realisierte an der Volksbühne am Rosa-Luxemburg-Platz Theaterinszenierungen, für die er in der Regel auch als Autor verantwortlich war. Nach seinem Debüt als Theaterregisseur mit *100 Jahre CDU – Spiel ohne Grenzen*, 1993, brachte Schlingensief als Hausregisseur unter anderem die Inszenierung *Rocky Dutschke'68* (UA 17. Mai 1996) heraus.

---

**1 |** Vgl. Kap. 11 Literatur- und Aufführungsverzeichnis. Mit dieser Arbeit wird keine lückenlose Übersicht über die Werke von Christoph Schlingensief gegeben, sondern einzelne Werke, die im Zusammenhang mit der Analyse von Schlingensiefs Arbeiten als Autor-Regisseur stehen, ausgewählt. Eine ausführliche Werkbiografie findet sich im Internet *www.schlingensief.com* unter ›Arbeiten‹ sowie biografische Daten unter Jörg von Horst: Christoph Schlingensief. In: *www.schlingensief.com* (gesehen am 30.9.08) und Robert Kutschera: Christoph Schlingensief, Microsoft® Encarta® Online-Enzyklopädie 2007. In: http://de.encarta.Msn.com/encnet/RefPages/RefArticle.aspx?refid=721545295 (gesehen am 27.1.2009). Catherina Gilles gibt ebenfalls eine gute Übersicht über die Theaterarbeiten von Schlingensief. In: Catherina Gilles: Kunst und Nichtkunst. Das Theater von Christoph Schlingensief. Würzburg 2009.
**2 |** Schlingensief lässt sich von der Schweizer Galerie Hauser und Wirth vertreten.
**3 |** Vgl. Frieder Schlaich: Christoph Schlingensief und seine Filme. Ein Interview. Filmgalerie 451. 2004.

In der Inszenierung über die 68er Revolte und den Studenten und Polit-Aktivisten Rudi Dutschke wirkten neben Berufsschauspielern zum ersten Mal auch Laiendarsteller sowie Darsteller mit einer Behinderung mit. 2002 markierte *Rosebud* Schlingensiefs letzte Autorentheaterinszenierung als Hausregisseur an der Volksbühne. Unter seltenen Inszenierungen von Stücken anderer Autoren erregte vor allem seine Regie des dramatischen Textes *Bambiland* von Elfriede Jelinek (Premiere: 12.12.2003, Wiener Burgtheater) über den Irakkrieg Aufsehen.[4] 1997 realisierte Schlingensief in Kooperation mit dem Hamburger Schauspielhaus das Projekt *Passion Impossible – 7 Tage Notruf für Deutschland* zum großen Teil außerhalb des Theaterraums, in der Hamburger Innenstadt. Bei den Wiener Festwochen 2000 fand unter dem Titel *Bitte liebt Österreich!* ein Projekt statt, das in Anlehnung an das RTL-Big-Brother Format zwölf Asylbewerber in Containern zur Schau stellte, die per Internet-Abstimmung für die Abschiebung aus Österreich ausgewählt wurden. Die Inszenierung *Hamlet* am Schauspielhaus Zürich, 2001, erarbeitete Schlingensief mit ausstiegswilligen Rechtsradikalen. Als Aktionskünstler, abseits von der Theaterbühne, trat Schlingensief 1997 auf der *documenta X* mit der Performance *Mein Fett, mein Filz, mein Hase – 48 Stunden, Überleben für Deutschland* an die Öffentlichkeit und wurde verhaftet, da er ein Plakat mit der Aufschrift ›Tötet Helmut Kohl‹ hatte anbringen lassen. 1998 gründete er die Partei *Chance 2000*, mit der er unter dem Slogan ›Scheitern als Chance‹ bei der Bundestagswahl 1998 antrat.

2005 fand *Church of Fear* während des katholischen Weltjugendtags in Köln in einem eigenen Kirchengebäude (unter dem Dach des Museums Ludwig) statt. 2008 zeigte Schlingensief eine erweiterte Fassung unter dem Titel *Eine Kirche der Angst vor dem Fremden in mir* im Rahmen der Ruhr-Triennale.

Auf dem Reykjavik Art Festival 2005 präsentierte Schlingensief den ersten Teil seines Gesamtkunstwerks *Der Animatograph*, eine Drehbühne, auf der mit filmischen, theatralen und aktionistischen Elementen die wesentlichen Stränge seines Werks zusammenlaufen. Drei weitere Teile des *Animatographen* folgten, so der Open-Air-Parcour *Odins Parsipark* (Neuhardenberg bei Berlin, 2005), das Requiem auf den narrativen Film *The African Twin Towers* (Namibia, 2005/2006) und die Theaterinstallation wider das Theater *Area 7 – eine Matthäusexpedition* (Burgtheater Wien, 2006). An dieser Arbeit zeigt sich Schlingensiefs Interesse, seine eigene Arbeit zu dokumentieren und Themen auch in anderen Kunstformen, hier als Installation, fortzuführen. Mit *Kaprow City* an der Volksbühne, einer labyrinthischen Drehbühneninstallation zu Ehren des Happeningbegründers Allan Kaprow, nahm Schlingensief vor-

---

4 | »[...] eine tolle und rüde dramaturgische Rallye durch das wuchernde Bilderarsenal des Christoph Schlingensief, einer nach außen gekehrten Identitätsbefragung, die gleichzeitig eine Befragung des Theaters mit den Mitteln des Films ist, und umgekehrt. [...] Film-Abspann und Aus. Keine Verneigungen. Wien war sichtlich verstört.« Stephan Hilpold: Messias bitte kommen, Frankfurter Rundschau, 15.12.2003. In: http://www.rowohlt.de/sixcms/media.php/200/jelinek_bambiland_FR_15-12-03.26040.pdf (gesehen am 17.1.2009), vgl. weitere Pressestimmen: www.schlingensief.com (gesehen am 17.1.2009).

erst Abschied von der Volksbühne. Bei der *Biennale 2011* sollte Schlingensief den Deutschen Pavillon gestalten und für Oktober 2010 war an der Berliner Staatsoper zum Neustart der Intendanz von Jürgen Flimm, die Uraufführung der Oper *Metanoia – Über das Denken hinaus* von Jens Joneleit geplant. Christoph Schlinfgensief ist im August 2010 gestorben.

Für das Fernsehen entwarf Schlingensief Formate, die mit den Erwartungshaltungen der Zuschauer spielten: 1997 moderierte er *Schlingensief – Talk 2000* unter dem Motto: »Jeder in Deutschland kann Talkmaster werden.«[5] Für MTV drehte Schlingensief *U 3000* in einer Berliner U-Bahn unter spontaner Beteiligung der Fahrgäste. Auf die Superstar-Castingshows bezog sich die bei VIVA ausgestrahlte sechsteilige Serie *Freakstars 3000*: Künstler mit Behinderung konkurrierten vor einer Jury, zu der Schlingensief selbst gehörte, darum, in die Band *Freakstars 3000* aufgenommen zu werden.

Erfolg als Opernregisseur feierte er 2004 mit Richard Wagners *Parzifal* bei den Bayreuther Festspielen. 2007 kam anlässlich der Wagner-Festspiele in Manaus *Der fliegende Holländer* als eine Volksoper, unter Einbeziehung lokaler afro-amerikanischer Religionspraktiken zur Aufführung, die ihren Ausgang in den Ruinen eines im brasilianischen Regenwald gelegenen Klosters und auf den Straßen nahm, bevor die Inszenierung auf die Bühne des Teatro Amazonas Manaus zurückkehrte. Innerhalb von 14 Tagen realisierte Schlingensief, ebenfalls 2007, die Operngeisterbahn *Trem Fantasma*. Bei Dreharbeiten in Nepal sammelte Schlingensief 2007/2008 Filmmaterial für die Oper *Die heilige Johanna* von Walter Braunfels, die er im April 2008 – jedoch nur mit konzeptionellen Anweisungen aus dem Krankenhaus in Vertretung – inszenieren ließ. Nach einer schweren Krebserkrankung trat Schlingensief mit einer Neugestaltung von *Church of Fear* im September 2008 im Rahmen der Ruhr Triennale wieder an die Öffentlichkeit. Schlingensief führte 2009 etliche Reisen nach Afrika durch, um seine Idee, ein Festspielhaus in Afrika zu eröffnen, voranzutreiben. Im Januar 2010 fand die Grundsteinlegung in Burkina Faso statt. Bei zahlreichen Auftritten an Theatern, bei denen er aus seinem *Tagebuch einer Krebserkrankung*[6] las und Diashows durchführte sowie bei Talkshowbesuchen rief Schlingensief zu Spenden für das Projekt auf, das unter anderem von dem Architekten Francis Kéré und dem Schriftsteller Henning Mankell unterstützt wurde und auch nach Schlingensiefs Tod weiter gefördert wird. Mit einer ›begleitende Forschungsarbeit‹[7] mit einem Team aus Burkina Faso und Deutschland, *Via Intolleranza II*, frei nach der Oper von Luigi Nono, gastierte Schlingensief 2010 in Brüssel, Hamburg, Wien und München.

Schlingensief inszenierte zwar nach 2001 vor allem Opern und entwarf Installationen und Projekte im Grenzbereich zur Bildenden Kunst, jedoch verfolgte er mit *Mea Culpa* wieder die Inszenierung eigener Texte. Der erste Teil der Trilogie *Mea Culpa*, die Schlingensief 2009 für das Wiener Burgtheater geschrieben und inszeniert hatte, wurde zum Berliner Theatertreffen eingela-

---

**5** | Matthias Schödel (Hrsg.): Christoph Schlingensief: Talk 2000. Wien u. München 1998, S.6f.
**6** | Vgl. Christoph Schlingensief: So schön wie hier kann's im Himmel gar nicht sein! Köln 2009.
**7** | www.schlingensief.com.

den. *Mea Culpa* wurde 2009 für den Nestroy Preis nominiert, der Dramentext basiert auf Tagebucheintragungen Schlingensiefs.

### 6.1.1 Veröffentlichungen

Der Verlag Kiepenheuer & Witsch wirbt für die Neuerscheinung von *Rosebud* mit dem ersten in Buchform veröffentlichten Stück von Christoph Schlingensief.[8] In der Tat gleichen die (nicht veröffentlichten) Spielfassungen[9] weiterer Inszenierungen Schlingensiefs kaum einem Dramentext mit Figurenverzeichnis, Haupt und Nebentext, wie es bei *Rosebud* der Fall ist: *Rocky Dutschke'68*[10] besitzt zwar ein Figurenverzeichnis, der Dramentext enthält jedoch lediglich skizzierte Spielanweisungen: Während die ersten Szenen mit Regieanweisungen und Figurenrede noch ausführlich aufgezeichnet sind, reduzieren sich die Angaben ab Szene 11 auf knappe Dialoge und Situationsbeschreibungen. Zu Beginn der Inszenierung *Chance 2000* haben Christoph Schlingensief und der damalige Chefdramaturg der Volksbühne, Carl Hegemann, ein alphabetisch sortiertes Register mit Notizen, Texten und Materialien zur Parteigründung von *Chance 2000* herausgegeben, das zugleich Textelemente aus der Inszenierung enthält. Für das Hörspiel *Rosebud* erhielt Schlingensief am 23.7.2003 den Hörspielpreis der Kriegsblinden. Sein Radio-Debüt *Rocky Dutschke'68* von 1997 wurde mit dem Prix Europa ausgezeichnet. Für die Inszenierungen *Schlingensief! Notruf für Deutschland!* (1997), *talk 2000* (1998), *Chance 2000* (1998), *Ausländer raus* (2000) und *Nazis rein / Nazis raus* (2002) wurden nachträglich Texte und Materialien in Sammelbänden veröffentlicht.[11]

Schlingensief verfasste zahlreiche Drehbücher (für *Terror 2000* und *United Trash* in Zusammenarbeit mit Oscar Roehler) und bezog diese Drehbücher bzw. Ausschnitte aus den Filmen häufig in seine Theaterarbeit mit ein. Zu *Rocky Dutschke'68* und *Rosebud* hat Schlingensief Hörspiele produziert, die als eigenständige Werke ausgezeichnet wurden. Die Internetseite *www.schlingensief.com* stellt eine konzeptionelle Plattform für das Werk von Schlingensief dar und dokumentiert und archiviert zeitnah seine Arbeiten mit umfangreichem Zusatzmaterial: Trailern, Bildern, Hörspielen und Kritiken. Die Internetseite gibt einen Eindruck von dem Tempo, in dem Schlingensief künstlerische Arbeiten konzipiert, realisiert und dokumentiert.

---

**8** | Vgl. Christoph Schlingensief: Rosebud – Das Original. Köln 2002, S. 3.
**9** | Spielfassungen zu weiteren Inszenierungen von Christoph Schlingensief befinden sich im Archiv der Volksbühne am Rosa-Luxemburg-Platz, Linienstr. 227, 10178 Berlin, das von Barbara Schultz (barbara.schultz@volksbuehne-berlin.de) betreut wird.
**10** | Christoph Schlingensief: Rocky Dutschke'68. Spielfassung vom 17.5.1996, der Premiere an der Volksbühne am Rosa-Luxemburg-Platz, Archiv Volksbühne am Rosa-Luxemburg-Platz.
**11** | Vgl. Kap. 11 Literatur- und Aufführungsverzeichnis.

## 6.2 Dramaturgische Analyse des szenischen Textes *Rosebud*

Bei dem Dramentext *Rosebud – Das Original* handelt es sich um das Protokoll der Uraufführung vom 21.12.2001 an der Volksbühne am Rosa-Luxemburg-Platz, ergänzt mit zahlreichen Erläuterungen des Autors Schlingensief. Der Dramentext und die Aufzeichnung der Aufführung vom 13.1.2002 eignen sich aufgrund der detaillierten Dokumentation und guten Aufzeichnungsqualität besonders für die Analyse der Arbeitsweisen und Stilmittel des Autor-Regisseurs Schlingensief. Das Protokoll stimmt mit der für die Analyse vorliegenden Aufzeichnung nicht im Wortlaut überein. Schon im Inszenierungsprotokoll zeigt sich eine spezifische Möglichkeit der Autorenregie, die Schlingensief nutzt: Der Autor kommentiert und ergänzt den Dramentext, gibt Erläuterungen zur Inszenierung und eröffnet eine zusätzliche Ebene für die Leser, auf der der Prozess der Theaterarbeit und die Institution Theater reflektiert werden. Bereits im Schriftbild des Dramentextes kann man Hinweise auf die Ebenen der inneren und äußeren Kommunikation herauslesen.

### 6.2.1 Zur schriftlichen Fixierung des Dramentextes *Rosebud*

Der Dramentext *Rosebud* wurde in einem Materialband mit Szenenbildern, einem Vorwort mit Leseanweisungen von Christoph Schlingensief, einleitenden Texten von Carl Hegemann und Dietrich Diederichsen zur künstlerischen Arbeit von Schlingensief sowie im Anhang mit einer Kritik von Sibylle Wirsing herausgegeben. Der Dramentext besteht aus 28 betitelten Szenen bzw. Bildern[12] und einem Prolog. Die Kommentare von Christoph Schlingensief, die sich unter anderem auf die Bühne, das Rezeptionsverhalten des Publikums und das der Kritiker beziehen sowie Bemerkungen zu Theaterstrukturen beinhalten, sind fett und kursiv markiert. Die kursiv notierten Regieanweisungen, die detailliert Auskunft über Musikeinspielungen, Bühnenbild und das nonverbale Spiel geben[13], stehen der Figurenrede gegenüber. In der Inszenierung geschriene Passagen sind in Großbuchstaben abgedruckt. Wissenschaftliche, zum Teil aus dem Internet eingefügte Erklärungen (die Beschreibung

---

12 | Bereits die Bezeichnung der 28 Szenen als ›Bilder‹ hebt im Dramentext die Bedeutung des Visuellen und Räumlichen in der Theaterarbeit Schlingensiefs hervor.

13 | Regieanweisungen werden im Folgenden auch als Didaskalien bezeichnet: »Didaskalien legen nicht nur das Erscheinungsbild der Schauspieler in Maske und Kostüm und ihre Aktionen (in Angaben zu kinesischen, mimischen, gestischen und proxemischen Zeichen) fest, sondern auch die Zeichen des Raumes, zu denen der Bühnenraum, Dekoration und Requisiten und das Licht gehören und nonverbale akustische Zeichen wie Geräusche und Musik. Während bei Dramen weitgehend davon ausgegangen wird, die Regieanweisungen seien, anders als der Haupttext, nur als unverbindliche Empfehlungen zu betrachten über die sich der Regisseur hinwegsetzen könne, tragen hier die entworfenen Bühnenvorgänge wesentlich zur Wirkung bei.« Poschmann: Der nicht mehr dramatische Theatertext, S. 157.

von Rosmers Krankheit IPP, Induratio Penis Plastica[14] und die Definitionen zum Tourette-Syndrom[15]) sind in einer kleineren Schriftgröße eingefügt, ebenso wie der integrierte Text aus dem Schaubühnenmanifest.[16] Eine noch kleinere Schriftgröße wird gewählt für die Sätze der Figur Margit: »Sehen Sie, Kroll, das ist die Qualität des Theaters. Hier kann man Dinge tun, die draußen schon lange keinen mehr interessieren.«[17], die im Originalprotokoll zur Hervorhebung mehrfach wiederholt werden. Auf der Bühne spricht Sophie Rois die Sätze jedoch nur ein Mal.

Passagen, die während der Aufführung von Christoph Schlingensief improvisiert werden, sind grau unterlegt. Die Improvisationen beziehen sich nicht auf die Premiere, da Schlingensief erst bei einer der folgenden Vorstellungen mitgespielt hat, die Abschnitte sind dem Premierenprotokoll nachträglich hinzugefügt worden. Das gesamte 17. Bild *Der Kommissar kommt*[18] ist in kaum mehr leserlicher Schriftgröße abgedruckt mit der Begründung des Autors: »Die folgende Szene ist das Peinlichste, was *Rosebud* überhaupt zu bieten hat. Nicht wegen der Darsteller, sondern wegen der völligen Asynchronität zwischen dem, was Theater ist, und dem, was die Leute dafür halten.«[19] Einige Einträge sind in einer großen, fett gedruckten Schriftgröße abgedruckt, zum Beispiel auf S.105: »FAKTEN; FAKTEN; FAKTEN«, ein von allen Beteiligten emotional ausgerufener Text, der sich auf den Terroranschlag vom 11. September 2001 bezieht sowie eine Referenz auf die Selbstwerbung der Zeitschrift *Focus* darstellt. Das Schriftbild gibt bereits Aufschluss über die Kommunikationsebenen des szenischen Textes und unterscheidet optisch die fiktive Ebene der Handlung von den Didaskalien und der Ebene, auf der die Theaterinstitution thematisiert wird.

Der Dramentext bzw. das Inszenierungsprotokoll und die Aufzeichnung der Aufführung stellen die Grundlage für die folgende Analyse des szenischen Textes *Rosebud* dar.

### 6.2.2 Dramatische Form: Fiktive Handlungsebene und Figuration

Schlingensief erzählt auf der fiktiven Handlungsebene die Geschichte des Zeitungsherausgebers Peter Rosmer, der mit dem liberalen Politiker Guido Kroll eine Zeitung gründet. Um Schlagzeilen zu produzieren, lässt er sich auf kriminelle Machenschaften, die Entführung und Ermordung der Kanzlergattin Doris, ein und zieht sich schließlich – an Peniskrebs erkrankt – ins Privatleben zurück.

Unter zahlreichen Referenzen und Zitaten sollen hier zunächst nur einige genannt werden: Der Film *Citizen Kane* von Orson Welles, in dem der Auf-

---

14 | Vgl. Schlingensief: Rosebud, S. 67.
15 | Ebd., S. 78f.
16 | Vgl. ebd., S. 72f.
17 | Ebd., S. 76f.
18 | Vgl. ebd., S. 133ff.
19 | Ebd., S. 133. Vgl. ebd. S. 133-136.

stieg und Fall des US-Zeitungsmagnaten Charles Foster Kane nachgezeichnet wird, bildet eine Vorlage für die Geschichte um Peter Rosmers' Erfahrungen als Zeitungsherausgeber der neu gegründeten *Zeitung am Sonntag (ZAS)*. Der Titel *Rosebud* bedeutet eine Referenz an die Schlüsselszene des Films.[20] Christoph Schlingensief hat 2001 auf den ›Berliner Seiten‹ der FAZ regelmäßig Kolumnen veröffentlicht und seine gewonnenen Eindrücke aus der Medienwelt in *Rosebud* verarbeitet. Darüber hinaus ist der Anschlag vom 11. September 2001 auf das World Trade Center in New York durch die eingespielten Flugzeuggeräusche, die von den in die Twin Towers krachenden Flugzeugen stammen, ständig präsent. Die Ebene der fiktiven Handlung wird im Verlauf des szenischen Textes aufrecht erhalten, jedoch permanent verschoben, was in der dramaturgischen Analyse auf den Ebenen des Raumes und der Zeit, der Darstellung und der Sprache gezeigt werden wird.

Der Dramentext enthält ein Figurenverzeichnis, das Figurennamen aus dem Drama *Rosmersholm* von Henrik Ibsen zitiert: Rosmer, gespielt von Volker Spengler, und Kroll, gespielt von Martin Wuttke, wobei sich die Vornamen und Berufsangaben: Peter Rosmer (Verleger, Ex-MdB) und Guido Kroll (MdB) von der Ibsen-Vorlage unterscheiden. Weitere Figuren sind: Margit, Rosmers Frau und Ex-Terroristin (Sophie Rois); Susi, die Adoptivtochter der Rosmers aus Japan (Sachiko Hara-Franke); Gernot, ihr Sohn und Pornoproduzent (Marc Hosemann); Gerhard, der Kanzler (der damalige Bundeskanzler Gerhard Schröder wird – wie schon in Berliner Republik[21] – von Bernhard Schütz imitiert); die Kanzlergattin und Journalistin Doris (Margarita Broich) und die Figur des Staatssekretärs Isidor (Günter Schanzmann), die aus der Inszenierung *Der Jude von Malta* von Peter Zadek (Premiere am 14.1.2001 am Wiener Burgtheater) zitiert wird. Der Dramaturg des Deutschen Theaters, vormals Journalist, Roland Koberg wird zum Vorbild für die Figur des Rolli Koberg, ehemaliger Journalist, jetzt Autor, Dramaturg und Theaterkritiker (gespielt von Fabian Hinrichs alternierend mit Christoph Schlingensief und in der Vorstellung am 4.1.2002 einmalig auch von Roland Koberg selbst dargestellt).

Die Figuren sind Teil einer fiktiven Handlung, verweisen jedoch alle auf eine Referenz: Für Koberg, den Bundeskanzler, die Kanzlergattin, deren Adoptivkind und den an den FDP-Politiker Guido Westerwelle erinnernden Guido Kroll gibt es reale Vorbilder. Ulrike Meinhof und ihr Ehemann Klaus Rainer Röhl sind Vorbilder für die Figur der Ex-Terroristin Margit und für Peter Rosmer. Die Figur des Heisenberg, gespielt von Werner Brecht, spielt auf den Physiknobelpreisträger Werner Heisenberg an, der um 1930 eine Theorie über den Aufbau der Atomkerne entwickelte.

---

**20** | Charles Foster Kane steht in dieser Szene als Junge mit einem Schlitten im Schneesturm, nachdem er erfährt, dass ihn seine Eltern ins Internat schicken werden. Auf dem Schlitten ist der Schriftzug ›Rosebud‹ eingraviert und symbolisiert die Einsamkeit des Titelhelden.
**21** | Christoph Schlingensief: Berliner Republik. UA Berlin, Volksbühne am Rosa-Luxemburg-Platz, 17.3.1999.

Darüber hinaus verweisen die Figuren Rosmer, Kroll, Margit und Isidor auch auf Theaterfiguren in Inszenierungen Peter Zadeks, die imitiert werden. Die Verschiebungen auf der Ebene der Darstellung, u. a. durch die Imitation, werden ausführlich in der dramaturgischen Analyse dargestellt.

### 6.2.3 Die Ebene der äußeren Kommunikation

Die dramaturgische Analyse bezieht die Ebene der äußeren Kommunikation mit ein, von der aus die dramatische Form neu perspektiviert wird. Schlingensief baut im szenischen Text Hindernisse und Störungen für das Verständnis des szenischen Textes durch die Rezipienten ein, die in der dramaturgischen Analyse als Verschiebungen analysiert werden. Das grundlegende Prinzip der Repräsentation wird von Schlingensief auf diese Weise sabotiert, die Konventionalität dramatischer Theatralität wird bewusst gemacht und auf sich selbst zurückgewendet.[22] Eine Inhaltsangabe der fiktionalen Handlung ginge an der Botschaft des szenischen Textes *Rosebud* weit vorbei, die von der Form der Vermittlung nicht zu trennen ist. Die Reflexion des Arbeitsprozesses und der Rezeption wird selbst zum Inhalt des szenischen Textes[23] und als Kommentar Schlingensiefs für die Leser offen gelegt. Bevor mit der dramaturgischen Analyse die Komposition des szenischen Textes *Rosebud* näher bestimmt wird, soll die Auseinandersetzung des Autors mit den Rezipienten und der Theaterinstitution, betrachtet werden.

### (a) Rezipienten: Leser, Zuschauer und Kritiker

Schlingensief wendet sich mit dem Protokoll der Inszenierung *Rosebud* direkt an die Leser, das heißt, er bezieht nicht nur die Zuschauer der Inszenierung in seine Überlegungen und damit den Dramentext mit ein, bzw. sagt – als Autor – deren Reaktionen voraus, sondern gibt dezidierte Leseanweisungen: »Ich wünsche Ihnen viel Arbeit mit diesem Theaterstück. Lesen Sie, inszenieren Sie, schreiben Sie es um oder ihren Namen drunter.«[24] An anderer Stelle fordert er die Leser zum Mitmachen auf: »Kroll wird von Marschmusik unterbrochen (Liberty-Marsch). Singen Sie mal mit!«[25] Schlingensief macht die Leser zu seinen direkten Ansprechpartnern, denen er seinen Ärger über die vorgefertigte Rezeptionshaltung des Berliner Publikums mitteilt und denen er seine Meinung, zum Beispiel über die Veränderungen durch den Anschlag am 11.9.2001[26], als epische Instanz, als Erzählerstimme, darlegt.

---

22 | Vgl. Poschmann: Der nicht mehr dramatische Theatertext, S. 129.
23 | Vgl. ebd., S. 136.
24 | Schlingensief: Rosebud: S. 11.
25 | Ebd., S. 51.
26 | »Die Spaßgesellschaft hat am 11. September begonnen! Schon vor dem 11.9. war die Welt im Eimer. Nur leider sind seit dem 11.9. einige Leute stärker geworden, die uns erzählen wollen, was jetzt noch geht und was nicht. Genau vor diesen Leuten müssen wir unsere Knarren ziehen und von unten schießen. [...] Der Anlass des 11.9. war ein privater. Deshalb sollten

Schlingensief notiert im Dramentext *Rosebud* das Rezeptionsverhalten des Publikums und der Kritiker: »Tosender Applaus des begeisterten Premierenpublikums, das sich über die von ihm geforderte Einheit von Wiedererkennung, Affirmation, Zertrümmerung und berlinrepublikanischer Besserwisserei freut.«[27]

Erika Fischer-Lichte stellt eine Aufführung als Ereignis des Augenblicks vor einem bei jeder Vorstellung einzigartigen Publikum, in der Spannung zwischen Bühne und Zuschauerraum, heraus.[28] In *Rosebud* wird der Aufführung nun vom Autor-Regisseur Schlingensief ihre Ereignishaftigkeit und Einmaligkeit abgesprochen: Es gebe – so der Autor Schlingensief – keine Überraschungen, keine unvorhersehbaren Reaktionen des Publikums der Berliner Volksbühne mehr. Schlingensief gibt für die Assoziationen, die das Publikum zu Flugzeuggeräuschen, die mehrmals in der Inszenierung zu hören sind, Prozentzahlen an, um den Gedanken der Voraussehbarkeit der Reaktionen des Publikums auf die Spitze zu treiben:

Dieses Tonzitat wurde von fast 80% des Publikums erkannt und als eindeutig verurteilt. Noch während der Premiere wurde das Geräusch gegen das Geräusch einer Cessna ausgetauscht. In diesem Moment erkannten es nur noch 20% der Anwesenden. Erst Wochen später, als ein 15-Jähriger in den USA mit seinem Flugzeug in ein Bürogebäude krachte, verstanden es wieder 80% der noch immer anwesenden Zuschauer und empfanden dasselbe Geräusch als interessant und aufrichtig.[29]

Auch die Reaktion der Kritiker legt Schlingensief in seinem Kommentar vorab fest:

Noch sind alle Kritiker dabei und denken, dass es sich hier endlich wieder um Provokation im provokationsunfähigen Theaterraum handelt. Andreas Kilb (FAZ) lacht. Rüdiger Schaper (*der tagesspiegel*) klatscht. Der Junge Welt-Redakteur nickt genüsslich.[30]

Vergleichbar mit der Kunst der Avantgardisten der surrealistischen Bewegung werden im Originalprotokoll von *Rosebud* die Reaktionen des Publikums in den Dramentext integriert, sodass Rezeption und Produktion eine Einheit bilden. Franziska Schößler beschreibt in ihrer Untersuchung über die politischen Aktionen von Christoph Schlingensief Verbindungen der surrealistischen Bewegung zu Schlingensiefs Stil: »Schlingensief wird in die Druckfassung seines Stückes *Rosebud* die Reaktionen des Premierenpublikums ebenfalls integrieren bzw. fingieren, denn Rezeption und Produktion bilden in der avantgardis-

---

die, die jetzt wissen, was zu tun ist, niemals vergessen, dass auch sie privat entscheiden und sich nicht wundern, wenn wir an ihren Entscheidungen nicht teilnehmen wollen.« Ebd., S. 52.
**27** | Ebd., S. 36.
**28** | Vgl. Erika Fischer-Lichte: Einleitende Thesen zum Aufführungsbegriff. In: Kunst der Aufführung – Aufführung der Kunst, S. 11-26, hier, S. 14f.
**29** | Schlingensief: Rosebud, S. 48f.
**30** | Ebd., S. 36.

tischen Poetik eine Einheit.«[31] Zu beachten ist für die dramaturgische Analyse des szenischen Textes jedoch, dass nur einige ironische Kommentare des Autors auch in den Inszenierungstext eingebunden wurden und daher zwar für den Dramentext, jedoch nicht für den Text der Inszenierung von Bedeutung sind.

An der Internetseite *www.schlingensief.com* ist auffallend, dass das Archiv der künstlerischen Arbeiten von Schlingensief die Kritik der Presse umfangreich mit dokumentiert. Prägende Elemente von Schlingensiefs künstlerischer Arbeit sind die Reflexion und die Verarbeitung der Rezeption seiner Arbeiten bereits während des künstlerischen Prozesses. *Rosebud* spiegelt das Thema ›Rezeption‹ in der Handlung und in den Kommentaren, jedoch nicht durch das Einbeziehen des Publikums in die Aufführung als Akteur.[32] In *Rosebud* vermeidet Schlingensief den Einbezug des Rezipienten, auf den er in seinen vorherigen Theaterarbeiten zentralen Wert gelegt hat. Theatermittel, die den Zuschauer einbeziehen und die das Volksbühnenpublikum von den zeitgemäßen Inszenierungen Schlingensiefs erwartet, lässt der Regisseur somit bewusst außen vor und erreicht durch die für seine Theaterarbeit ungewohnt konventionellen Einsatz der räumlichen Mittel eine Irritation bei den Rezipienten, die sich, wie Franziska Schößler herausstellt, in negativen Kritiken ausdrückt:

> Als Genre der Distanz verstößt die Komödie (*Rosebud*, K. N.-R.) gegen die Strategie der Unentscheidbarkeit (zwischen Ernst und Spiel, Leben und Kunst), die die (Selbst-) Provokationen Schlingensiefs sonst grundierte. Dieser Umstand mag zu der massiven Kritik an dem Stück beigetragen haben.[33]

Schlingensief formuliert eine vergleichbare Einschätzung im Kommentar zu *Rosebud* in einer vorweggenommenen Kritik zur *Rosebud*-Premiere: »*Rosebud* trat aus der Ironiezone heraus und wurde härter, als geplant war. Allmählich bekam man Angst, dass die Provokation aus purer Nichtprovokation bestand.«[34] *Rosebud – Das Original* ist selbst der ›Kommentar‹ des Rezipienten Schlingensief, unter anderem zu dem Film *Citizen Kane*, zu der Inszenierung *Rosmersholm* von Peter Zadek und zum Publikum der Berliner Volksbühne am Rosa-Luxemburg-Platz.

### (b) Institution Theater und Produktionsprozess

Neben Kommentaren zur Rezeption wird die Haltung, die Schlingensief mit *Rosebud* zur Theaterarbeit einnahm, zum zentralen Thema. Schlingensief re-

---

**31** | Vgl. Franziska Schößler: Wahlverwandtschaften: Der Surrealismus und die politischen Aktionen von Christoph Schlingensief. In: Politisches Theater nach 1968. Hrsg. von Ingrid Gilcher-Holtey u. a. Frankfurt a. M. u. New York 2006, S. 269-293, hier S. 280.
**32** | Erika Fischer-Lichte beschreibt den Statuswechsel des Zuschauers, der bei der Beteiligung am Theaterereignis selbst zum Akteur wird. Vgl. Fischer-Lichte: Einleitende Thesen zum Aufführungsbegriff, S. 25.
**33** | Vgl. Schößler: Wahlverwandtschaften, S. 291f.
**34** | Schlingensief: Rosebud, S. 95.

flektierte in *Rosebud* das Theater als Institution und als Kunstform und nutzte dazu als Autor seine Kenntnisse der Theaterpraxis aus der Regiearbeit.

Zu Schlingensiefs Produktionsbedingungen gehörte, dass er projektbezogen arbeitete, zusammen mit einer offenen, aber durch Kontinuität ausgezeichneten Gruppe von Personen. Zum Kern des Regieteams gehörten bei zahlreichen Produktionen die Dramaturgen Matthias Lilienthal, Carl Hegemann, Robert Koall und Henning Nass, der Lichtregisseur Voxi Bärenklau und die Kostümbildnerinnen Tabea Braun und Aino Laberenz. Schlingensief arbeitete ebenso kontinuierlich mit Schauspielern, die zum Teil aus Filmen von Rainer Werner Fassbinder bekannt sind (Irm Hermann, Margit Carstensen, Volker Spengler, Udo Kier) und verwies damit auf Fassbinder und sein Werk als bedeutender deutscher Nachkriegsregisseur und maßgebenden Vertreter des ›Deutschen Films‹.[35] Die Volksbühnen-Schauspieler Bernhard Schütz, Sophie Rois und Martin Wuttke gehörten neben befreundeten Laien (u. a. Dr. Dietrich Kuhlbrodt, Werner Brecht, Kerstin Grassmann, Familie Garzaner, Achim von Paczensky, Helga Stöwhase) zum Kern der freien Gruppe, zu der immer wieder neue Personen dazukamen. Schlingensiefs Team kannte dessen Arbeitsweise, dass er sich stets die Möglichkeit offen ließ, auch noch während der Aufführungen die zuvor geprobten Szenen zu verändern, zu durchkreuzen oder als Gesamtprozess zu reflektieren. In Bild 4 *Sich am hier und jetzt berauschen! – Ein Leben ohne Drogen?*[36] tritt die Ex-Terroristin Margit auf die Bühne, die weiterhin in der RAF-Welt der 70er Jahre lebt und keinen neuen Ansatzpunkt für ihre politische Haltung gefunden hat. Sie flüchtet sich in Drogen. Schlingensief zeigte die Terroristin als ›Fossil‹ eines überholten Zeitgeistes und beschrieb damit den aktuellen Verlust einer politischen Haltung, der sich auch in der künstlerischen Arbeit ausdrückte. In der Rolle des Rolli Koberg beklagte er, dass er seinen Traum von einer Kulturrevolution mittlerweile aufgegeben habe:

> Ich wollte an dieser Stelle schon lange eine Kulturrevolution. Dreimal habe ich es gefordert, aber bereits beim vierten Mal habe ich mir selbst zugehört. Eine Kulturrevolution wird es nicht geben! Allerhöchstens einen Krieg der Kulturen. Und das wäre keine Revolution.[37]

Schlingensief zeichnete auf der Bühne das Bild des resignierten Kulturarbeiters, der verlassen vor dem Vorhang zurückbleibt, da seine künstlerische Arbeit durch die voreingenommenen Haltungen der Vertreter der Theaterinstitution und der Rezipienten blockiert wird:

---

**35** | Im ›Wahlkampfzirkus 98‹ der Inszenierung *Chance 2000* wurde ein Plakat mit dem Porträt Fassbinders hoch gehalten und der Laiendarsteller Mario Garzaner trat in mehreren Produktionen Schlingensief als Fassbinder auf.
**36** | Vgl. Schlingensief: Rosebud, S. 55.
**37** | Ebd., S. 89.

Castorf hat mich auch wie einen Arsch behandelt letztes Jahr! Da waren Hirntote wichtiger als ich! Da ging's doch darum, dass die große Fantasie aufs Trapez kommt. Auch heute Abend sind viele in den falschen Eingang reingelaufen. Weil sie dachten, es geht hier um Provokation! Es geht um das, was man für Provokation gehalten hat! Wir alle sind nicht mehr in der Lage, uns provozieren zu lassen. Wir sind alle durchgeimpft, die ganze Gesellschaft![38]

Dem Theatermacher Schlingensief war dabei durchaus bewusst, dass er selbst zu dem von ihm kritisierten Personenkreis aus Berlin Mitte zählte und er unterbrach immer wieder seine Klagen über die Rezipienten: »Und ihr wisst gar nicht, wie sehr ich euch dafür verachte, dass ihr immer wieder mitmacht. Aber ich liebe euch auch dafür. Weil ich auch immer wieder mitmache.«[39]

Bevor Schlingensief 2002, im Anschluss an die erste Aufführungsreihe von *Rosebud* mit seinem neuen Campingbus in Urlaub fahren wollte und davon auch die Zuschauer von *Rosebud* in Kenntnis setzte, zog er Bilanz, betonte das Private und fragte sich nach der eigenen Motivation, *Rosebud* zu inszenieren: »Oder ist es bloß ein eigenes Aufzählen, um wieder mal Ordnung zu bekommen? So eine Art Quintessenz?«[40] Bereits die Titel der Bilder wirken wie eine Übersicht von Schlingensiefs vergangenen und zu dem Zeitpunkt geplanten künstlerischen Projekten: *Church of Fear* (*Rosebud*, S. 64) hatte am 21. September 2008 in Duisburg Premiere, d. h. Schlingensief nutzte die Möglichkeit, mit dem szenischen Text auf die eigene Arbeit zu verweisen und sich in der eigenen Arbeit zu orientieren; das gleiche galt für die geplanten Projekte: *Nieder mit der FDP! - Projekt 18 ½* (*Rosebud*, S. 68), *Porn to be Wagner* (*Rosebud*, S. 100) oder *Atta Atta* (*Rosebud*, S. 157).

Schlingensief nutzte den szenischen Text *Rosebud* auch dazu, seine Position als Künstler in seiner Arbeit und in der Gesellschaft zu reflektieren, um sich über die eigenen künstlerischen Perspektiven und Mittel Klarheit zu verschaffen und verließ dazu permanent die narrative, fiktive Ebene. Er thematisierte die Grenzen der Ausdrucksformen des Theaters und die Grenzen der Rezeption im Theater:

Theater lebt von der schönen Utopie: Ein Gedanke hat eine Sprengkraft! Natürlich stimmt das, es kommt aber darauf an, wo man den Gedanken denkt und vor allen Dingen wann! Um 19.30 Uhr oder 20.00 Uhr im BE oder in der Volksbühne jedenfalls nicht.[41]

Im szenischen Text *Rosebud* wird die Reflexion über die Institution und die eigene Theaterarbeit schwerpunktmäßig thematisiert und hat eine reale Konsequenz: Schlingensief hatte nach *Rosebud* nur noch als freier Künstler, nicht mehr als fest angestellter Hausregisseur für die Volksbühne und andere Institutionen gearbeitet.

---

**38** | Ebd., S.113f.
**39** | Ebd., S. 115.
**40** | Ebd., S. 60.
**41** | Ebd., S. 53.

## 6.2.4 Kritische Nutzung der dramatischen Form

Wie beeinflussen Verschiebungen auf den Ebenen von Raum und Zeit, Darstellung und Sprache den Rhythmus, die Komposition des szenischen Textes *Rosebud*? Theresia Birkenhauer geht in ihrer Untersuchung *Schauplatz der Sprache* davon aus, dass es »die nichtsprachlichen Darstellungsmittel des Theaters, die raum-zeitlichen Möglichkeiten der Bühne [sind], die die Sprache verwandeln [...] und einseitige Bedeutungszuschreibungen erschüttern.«[42] In den räumlichen Möglichkeiten sieht Birkenhauer »die Mittel, die ermöglichen, die Kontinuität des dramatischen Verlaufs zu durchbrechen, sodass eine diskontinuierliche Struktur entsteht.«[43] Der dreidimensionale Raum ermöglicht z. B. eine Simultaneität von Vorgängen, die nicht durch die Dramenhandlung motiviert sein müssen, die u. a. durch die Struktur der Auf- und Abgänge ein szenisches Konstruktionsprinzip, eine Komposition, ergeben, durch die die Figuren raum-zeitlich organisiert werden. Diese Komposition bezeichnet Birkenhauer in ihrer Untersuchung als ein »poetische[s] Gebilde«, das mit der Darstellungsstruktur des Theaters, mit der Achse Bühne-Zuschauer operiert und gesprochene Sätze neu perspektiviert.[44] Die Perspektivierung des szenischen Textes *Rosebud* durch Verschiebung insbesondere der raum-zeitlichen Mittel, der Mittel der Darstellung und der der Sprache wird zunächst beschrieben, um davon ausgehend den Rhythmus und die Komposition des szenischen Textes *Rosebud* näher bestimmen zu können. Abschließend werden zentrale Stilmittel des szenischen Textes herausgearbeitet, die im Zusammenhang mit Schlingensiefs künstlerischer Arbeit als Autor-Regisseur herauszuheben sind.

### (a) Verschiebungen auf der Ebene des Raumes und der Zeit

Schlingensief hat Theaterinstitutionen, an denen er seit 1993 gearbeitet hat, immer wieder mit realen Räumen[45] konfrontiert und eine Beteiligung des Publikums an der Aufführung angestrebt. Für eine Inszenierung am Hamburger Schauspielhaus im Oktober 1997, *Notruf für Deutschland*, wurden sieben Tage, gemeinsam mit dem Regieteam, Darstellern, dem Publikum (das sich aus zahlenden Theaterbesuchern, Obdachlosen und spontan sich anschließenden Gästen zusammensetzte), den Kritikern, Mitarbeitern des Schauspielhauses, die die Arbeit dokumentierten, und eines Filmteams Erkundungstouren im öffentlichen Raum (zum Gottesdienst für Obdachlose in der Petrikirche, zu einer Messe auf dem Bahnhofsvorplatz, ins Bordell etc.) unternommen. Bezeichnend ist jedoch, dass Schlingensief gegen Ende der Inszenierungen stets wieder in den Theaterraum der Institution, das heißt, in diesem Fall auf die Bühne des Deutschen Schauspielhauses, zurückgekehrt ist. Zum Abschluss der Inszenierung *Chance 2000* wurde am Wahlkampfabend (27.9.1998) in der Volksbühne gefeiert und parallel zur Live-Übertragung der

---

42 | Birkenhauer: Schauplatz der Sprache, S. 126.
43 | Ebd., S. 113.
44 | Vgl. ebd., S. 122.
45 | Reale Räume sind hier als primär sozial konstituierte Räume zu verstehen.

Wahlergebnisse symbolisch die TV-Übertragungskabel durchgeschnitten, sodass das Publikum von dem realen Wahlergebnis, der Ablösung Helmut Kohls durch Gerhard Schröder als Bundeskanzler, abgeschnitten war.[46] Auch in der Inszenierung *Nazis rein Nazis raus* gipfelte die Aktion, die am Züricher Bahnhof mit der Ankunft der aussteigewilligen Nazis begann, in der Inszenierung des *Hamlet* im Zürcher Schauspielhaus.

## Raumzitate

In *Rosebud* bleibt nun der reale Raum außen vor und die Zuschauer werden nicht zum Mitmachen aufgefordert. Im Dramentext *Rosebud* wird über die Raumkonzeption und -gestaltung der einzelnen Bilder in den Nebentexten ausführlich Auskunft gegeben. Schlingensief benennt in den Kommentaren des dramatischen Textes die Inszenierungen oder Institutionen, die mit dem Bühnenbild zitiert werden, und eröffnet so eine ironische Distanz zum gezeigten Spielort: »Modernste Bühnentechnik Deutschlands auf der immer noch größten Drehbühne Europas.«[47] Ein großer Bühnenapparat, entworfen von Jo Schramm, an dem zahlreiche Mitarbeiter aus Requisite und Bühne mitwirken, wird ›aufgefahren‹ und steht im Widerspruch zu Schlingensiefs gleichzeitig geäußerten Kritik am Theaterapparat.

Benötigt wird der Theaterapparat, um bereits in Bild 1 auf die Raumkonzeption von Robert Wilsons Inszenierung *Woyzeck*[48] Bezug nehmen zu können. Mit stilisierten Bewegungen der Figuren im flächig ausgeleuchteten Raum, mit farbigen Kostümen, die durch klare Konturen ausgezeichnet sind sowie laut eingespielter Musik von Tom Waits, der mit Wilson zusammengearbeitet hat, erzeugt Schlingensief ein ironisch gebrochenes Bild von der Perfektion der Choreografie, die Robert Wilson im Zusammenspiel der Zeichen des Raumes, der Musik, der Kostüme und der Gesten der Schauspieler sucht:

> Von rechts kommt die Kanzlergattin in einem grünen Polizistenkostüm. Von links kreiselt Margit in einem roten Kleid herein. [...] Von links tritt der liberale Politiker Kroll auf, wie Woyzeck mit bloßem Oberkörper, in weißer Hose. Wie ein abstrakter Langstreckenläufer rennt er durch die Lehmwüste in die Bühnenmitte. [...] Die Figuren kreuzen den Bühnenraum, Quer- und Längsstreben zeichnen sich ab.[49]

---

46 | Schlingensief benutzt oft das Element des ›Kabeldurchtrennens‹, er kappt damit den Anschluss zur realen Welt und behauptet eine eigene Realität bzw. ein künstlerisches System, das nach anderen Strukturen als die Realität aufgebaut ist. Schlingensief nutzt in seinen Inszenierungen seit *Chance 2000* die Begriffe System 1 und System 2.
47 | Schlingensief: Rosebud, S. 46.
48 | Georg Büchner: Woyzeck. Ein Musical. Eine Produktion des Betty Nansen Theatret Kopenhagen, November 2000. Gastspiel am Berliner Ensemble im September 2001. Regie, Design, Licht: Robert Wilson Songs: Tom Waits und Kathleen Brennan Kostüme: Jaques Reynaud, Adaption: Wolfgang Wiens. Vgl. http://www.berlinonline.de/berliner-zeitung/archiv/.bin/dump.fcgi/2001/0903/feuilleton/0012/index.html (gesehen am 5.1.2009).
49 | Schlingensief: Rosebud, S. 33f.

Die Integration von Personen aus dem realen Alltag – wie den Bauarbeitern – entlarvt die Künstlichkeit der Ästhetik Wilsons. Mit Bewegungen wie Rückwärtslaufen und unvollkommenen großen Sprüngen wird das Gestische, das sportive Element der Choreografie Wilsons überzeichnet. Schlingensief erreicht mit den ›choreografischen Zitaten‹, dass die Rezipienten, die die Inszenierung Wilsons gesehen haben, sich an die Aufführung erinnern und sie mit der aktuellen Szenerie vergleichen. Es entsteht eine epische Distanz: Eine weitere imitierte Theaterästhetik ist präsent und eröffnet einen poetischen Raum zwischen Zuschauerebene und Bühne.

Das 2. Bild, Ibsen im Reichstag, wird vor dem Vorhang gespielt und ist mit Versatzstücken einer bürgerlichen Einrichtung ausgestattet: »Vor dem geschlossenen Vorhang in der Mitte ein Tisch mit zwei Stühlen. Mit etwas Abstand davon zwei weitere Stühle, einer an der Rampe, der andere vor dem Vorhang. Links an der Wand ein Schränkchen.«[50] Diese Szene ist angelehnt an Peter Zadeks Inszenierung *Rosmersholm*[51] und zitiert (mit Verzicht auf Perfektion in der Nachahmung) Bühnenelemente, die dort in einem malerisch ausgestatteten Bühnenraum mit einer großen Detailtreue eingesetzt wurden. So stellt Sophie Rois anstatt eines Blumenmeeres[52] als Zitat lediglich einen Blumentopf an die Rampe. Guido Kroll kommentiert im O-Ton der Ibsen-Vorlage den Bühnenraum: »Wie hübsch Sie dieses triste Zimmer hergerichtet haben! Überall Blumen.«[53] Es handelt sich um Zitate einer bürgerlichen Bühnendekoration und kundige Zuschauer, die die Inszenierung von Zadek gesehen haben, werden ihre Erinnerungen an die Inszenierung mit dem in *Rosebud* dargestellten Bühnenraum vergleichen und über das Spannungsfeld der beiden Bilder reflektieren. Die Handlung, in der Kroll Rosmer überzeugen möchte, als Herausgeber der *ZAS* mitzuwirken, spielt in einem fiktiven Bühnenraum, der mit der Imagination von einem zweiten Bühnenraum verglichen wird. Auf der Ebene der äußeren Kommunikation wird durch die Reflexion der Zuschauer über das Raumzitat ein ›poetischer Raum‹ geschaffen, der mit der Ebene der fiktiven Handlung nicht übereinstimmt.

---

**50** | Ebd., S. 36.
**51** | Henrik Ibsen: Rosmersholm. Wiener Burgtheater im Akademietheater, Premiere am 2.12. 2000. Regie: Peter Zadek. Die Inszenierung wurde von Kritikern in *Theater heute* als Inszenierung des Jahres 2001 ausgezeichnet.
**52** | »Wohnzimmer auf Rosmersholm, geräumig, altmodisch und behaglich. Im Vordergrund rechts ein Kachelofen, geschmückt mit frischem Birkengrün und Feldblumen […]. Links ein Fenster, vor dem eine Etagere mit Blumen und Pflanzen steht.« Henrik Ibsen: Rosmersholm. Stuttgart 1990, S. 5.
**53** | »Kroll: Nein, wie hübsch Sie das alte Wohnzimmer aufgeputzt haben! Wohin man sieht, überall Blumen.« In: Ibsen: Rosmersholm, S. 7; im Vergleich: »Kroll: Wie hübsch Sie dieses triste Zimmer hergerichtet haben! Überall Blumen.« In: Schlingensief: Rosebud, S. 37.

*Sophie Rois imitiert die Schauspielerin Angela Winkler aus der
Inszenierung Rosmersholm von Peter Zadek.*

Foto: David Baltzer

**Filmische Mittel**

Ein weiteres Konstruktionsprinzip Schlingensiefs neben den Raumzitaten stellen filmische Mittel dar. In Bild 3 wird eine plurimediale Bühne präsentiert, die den zentralen Spielraum des weiteren Abends darstellt und ein Nebeneinander von simultan ablaufenden Szenen ermöglicht.[54] Der doppelge-

---

[54] | »Beschreibung des computergesteuerten Bühnenbildes von Jo Schramm: Aus der doppelgeschossigen Schrottbude ist inzwischen ein japanischer ›Palast‹ geworden. Japanischer

schossige Raum erinnert an eine Filmkulisse, in der punktuell realistische Sequenzen mit Dekorationen und Licht erzeugt werden können. Der Regisseur Schlingensief hat einen vielschichtigen Bühnenraum zur Verfügung, in dem schnelle Szenenwechsel, simultanes Spiel und rasche Abgänge möglich sind. Der Eindruck einer Filmkulisse wird durch den Live-Einsatz der Kamera (Gernot beim Drehen eines Pornofilms in Bild 12 und Rolli Koberg bzw. Christoph Schlingensief, der in Bild 10 mit der Kamera die Entführung der Kanzlergattin aufzeichnet[55]) unterstrichen.

In Bild 17: *Der Kommissar kommt*[56] führt die Wiederholung von Repliken[57] zu einer zeitweisen Stagnation der Handlung, einer Situation, die an wiederholte Proben von Filmaufnahmen erinnert. Die Weiterführung der fiktiven Handlung, die Aufklärung der Entführung der Kanzlergattin durch den als Kommissar verkleideten Bundeskanzler Schröder, wird durch die Wiederholung von Sequenzen immer wieder unterbrochen und der Zuschauer wird mit einer Endlosschleife von sich wiederholenden Bildern und Gesten konfrontiert und unterhalten. Schlingensief beklagt in seinen Kommentaren im Protokoll *Rosebud* die Einschränkungen, die der Theaterraum im Vergleich zum Filmraum mit sich bringt: »Auch hier ein gravierender Unterschied zwischen Film und Theater: »Im Film würde man die Dinge einfach raus schneiden. Auf der Bühne muss man sich immer fragen: Wo kommt das Arschloch her? Wo geht das Arschloch hin?«[58] Schlingensief versucht, Zeit- und Schnittmethoden des Films für das Theater zu nutzen, kommt jedoch an die Grenzen des Mediums:

Margit wäre im Film parallel geschnitten. Man würde verstehen, dass ihr weiß was passiert, aber die Kamera würde so tun, als wäre sie sich dessen nicht bewusst. Oder ist es genau umgekehrt? Margit weiß genau, was los ist, aber der Zuschauer wird zwischen die Bilder gestellt. Hier kann er nach dem Kasper, dem Krokodil oder dem Teufel rufen. Er kann Warnungen aussprechen und gleichzeitig nach dem Popcorn greifen. Diese Zeit- und Schnittmethode hat das Theater für sich noch nicht entwickelt. Hier glaubt man, immer alles zu sehen und rettet sich deshalb auf die Metaebene oder verdummt komplett. Es ist und bleibt wirkungslos.[59]

---

Garten im Vordergrund. Eine kleine Brücke führt über einen Graben. Steine, Steine, Steine [...] Auf dem Dach eine Leuchtreklame, die aber noch von einem Tuch verdeckt ist. Links die Küche mit Ceranfeld, separat erhitzbarer Kochfläche, Klapptür und Metallsideboard. [...] Rechts das Wohnzimmer mit TV-Anlage und Videorekorder, Hirschgeweihen [...] Sofa, Tisch [...]. Darüber im ersten Stock rechts, das Schlafzimmer mit Ingeborg-Bachmann-Sprachsynthesizer, Lichtorgel und Trainingsgeräten [...]. Oben links ein Arbeitsraum mit Originalmöbeln aus der Schlingensief&Braum-Wohnung.« Ebd., S. 46.

**55** | Ebd., S. 83 – 95.
**56** | Ebd., S. 133ff.
**57** | Repliken bezeichnen in der dramatischen Kunst eine Antwort oder Gegenrede.
**58** | Schlingensief: Rosebud, S. 47.
**59** | Ebd., S. 64.

So dient der Einsatz des Vorhangs Schlingensief vor allem auch dazu, Schnittstellen zwischen den Szenenbildern zu markieren. Im direkten Anschluss an Bild 13, die Pressekonferenz, hebt sich beispielsweise der Vorhang und »die Tischgesellschaft löst sich langsam auf. Auch die anderen tragen Stühle und Tische ins Haus und lassen Rolli monologisierend auf seinem Stuhl zurück.«[60] Der Vorhang wird sogleich wieder bis auf einen Spalt geschlossen, nur der Kanzler hört zu. Zum Ende der Szene wird er wieder geöffnet, man erlebt die Tischgesellschaft bei Partygesprächen. Vor dem letzten Aufschrei Rollis wird der Vorhang noch einmal geschlossen und Rolli brüllt »mit verzweifelter Wut gegen den geschlossenen Vorhang: ›IHR HÄSSLICHEN – SABBERNDEN – ALTEN – HEXEN!‹«[61] Bild 10 endet: »Pause. Die Musik klingt aus. Der Vorhang öffnet sich. Sturm kommt auf. Rolli geht weinend ins Haus.«[62]

Der Vorhang wird hier permanent eingesetzt; als Zeichen für die ›Vierte Wand‹ markiert er die Trennung zwischen Bühne und Zuschauerraum. Szenen, die vor dem Vorhang stattfinden, wie der Prolog von Gernot und Heisenberg, Rollis (bzw. Schlingensiefs) emotionale Rede in Bild 10 und die Projektion der Rede Adornos auf den geschlossenen Vorhang, bedeuten eine größere Nähe zum Zuschauerraum, jedoch keine Überschreitung dieser Grenze. Darüber hinaus ermöglicht der Einsatz des Vorhangs einen raschen schnittähnlichen Wechsel der Szenen und die Möglichkeit, nur kleine Ausschnitte des gesamten Bühnenraumes zu zeigen.

In seinen vorausgegangenen Inszenierungen hat Schlingensief auf den Vorhang weitestgehend verzichtet: Während der Aufführungen von *Rocky Dutschke'68* blieb der Bühnenraum offen und der Zuschauerraum, aus dem für die Aufführung die Sitzreihen entfernt wurden, wurde bespielt[63], das heißt, auf die ›Vierte Wand‹ wurde komplett verzichtet.[64]

Schlingensief und der Bühnenbildner Jo Schramm setzen dagegen in *Rosebud* den Vorhang sowohl als raumstrukturierendes, filmisches Schnitt-Element als auch als Zitat einer vergangenen Theaterästhetik ein. Schlingensief

---

60 | Schlingensief: Rosebud, S. 108.
61 | Ebd., S. 112.
62 | Ebd.
63 | In *Rocky Dutschke'68* wurde die Studentendemonstration anlässlich des Schah-Besuchs vom April 1968 sowie das Attentat auf Rudi Dutschke, hier dargestellt von Sophie Rois, nachgespielt. Erst danach zogen die Akteure gemeinsam mit den Zuschauern durch das Foyer, in dem die Kommune I von unbekleideten Laiendarstellern nachgespielt wurde und erreichten erst dann den Zuschauerraum, der zum Bühnenraum geworden war. Die Zuschauer saßen auf Stufen und wurden immer wieder in das Spiel einbezogen. Am Ende der Inszenierung wurde Freibier ausgeschenkt und die Zuschauer konnten mit den Darstellern gemeinsam im Bühnen-, und Zuschauerraum feiern und tanzen.
64 | Bei *Chance 2000* wurde in der Wahlkampfphase in einem Zirkus auf dem Pratergelände gespielt und im Zirkuszelt die Partei ›Chance 2000‹ gegründet. Hier spielte der Vorhang eine Rolle für die Abgrenzung der einzelnen Zirkusnummern voneinander. Die Wahlkampfvorstellungen von Juni bis September 1998 fanden an verschiedenen deutschen Theatern stets ohne Vorhang statt.

gebraucht den Einsatz des Vorhangs als Zitat des zentralen Zeichens der bürgerlichen Illusionsbühne, der Guckkastenbühne, um eine für seine bisherige Theaterästhetik ungewohnte Distanz zum Rezipienten aufrecht zu erhalten und um eine Referenz zu einer – aus seiner Sicht – vergangenen Theaterästhetik herzustellen.[65]

Im Vergleich zu Sabine Harbeke, die filmische Mittel (Rückblende, Fokus auf Details) in die dramaturgische Struktur des Dramentextes integriert, konfrontiert Schlingensief im szenischen Text die Medien Theater und Film miteinander und führt die Theatermittel an ihre Grenzen. Die Verschiebung auf der Ebene des Raumes ergibt sich nicht – wie bei Harbeke und Petras – durch einen abstrakten, reduzierten Raum, in dem die sprachlichen und nichtsprachlichen Zeichen des Theaters in Relation treten, sondern die räumlichen Zeichen werden in dem Bühnenbild von Jo Schramm dominierend und beeinflussen, z. B. durch das rasche Drehen des gesamten Bühnenbildes und durch die opulent ausgestaltete Vor- und Hinterbühne die Spielszene. Der Einsatz von Bühnenmitteln (wie das Spiel mit dem Vorhang) können Spielszenen abrupt unterbrechen, während Lichtwechsel dem Bühnengeschehen (z. B. das in Rot getauchte, sich drehende Bühnenbild) einen atmosphärisch-visuellen Gesamteindruck verleihen. In der Inszenierung *Rosebud* sind die Verschiebungen auf der Ebene des Raumes und der Zeit nicht sinnvoll voneinander zu trennen. Während bei Harbeke und Petras die karge Ausstattung des Bühnenraumes ein Verständnis der Fabel unterstützt oder zumindest nicht behindert, dienen die Verschiebungen des Raumes bei Petras dazu, ein komplexes, räumliches Gebilde zu zeigen, in dem auch eine Auseinandersetzung mit den Bühnenmitteln selbst geführt werden kann.

### (b) Verschiebung auf der Ebene der Darstellung

#### Zitierte Spielweisen

Auch auf der Ebene der Darstellung arbeitet Schlingensief mit Zitaten und es kommt in *Rosebud* zu einer Verschiebung durch die Imitation von Gesten und Sprechstilen mittels der Darstellungsweise der Schauspieler.

Mit den Schauspielern Bernhard Schütz und Martin Wuttke und der Schauspielerin Sophie Rois vom Ensemble der Volksbühne am Rosa-Luxemburg-Platz arbeitet Schlingensief mit drei Darstellern, die ihr Spiel souverän ins Extreme, Stilisierte steigern können; eine Spielweise, die eine ironische Distanz zu den dargestellten Figuren schaffen kann.

So imitiert Sophie Rois als Ex-Terroristin Margit die Spielweise von Angela Winkler aus der Zadek-Inszenierung von Ibsens *Rosmersholm*: »Sie tritt mit Topfpflanze im Arm aus der rechten Gasse auf, zögert kurz, streicht sich eine Haarsträhne aus dem Gesicht, stellt die Pflanze links vorne an die Rampe

---

**65** | »Entweder Premiere oder die Jahrtausende alte Einrichtung Theater wäre für immer zerstört. Das alte Gesetz des Theaters fordert seinen Tribut: Lappen hoch, Lappen runter! Lappen=Vorhang=Guillotine des Theaters...« Schlingensief: Rosebud, S. 85.

und geht wieder ab.«[66] Die Spielweise von Angela Winkler möchte Schlingensief jedoch nicht als Parodie, sondern als Imitation verstanden wissen: »Imitation mit vollem Ernst! Keine Parodie! Mir geht es hier wirklich um die Imitation, um andere Regiearbeiten als Referenz besser verstehen zu können.«[67]

Martin Wuttke imitiert Peter Fitz als Kroll, Volker Spengler ahmt Gerd Voss' Spielweise als Rosmer nach. Auch für einzelne Gesten der Schauspieler hat Schlingensief Vorbilder aus der Medienwelt zitiert. Kroll nimmt im Gespräch mit Rosmer die Brille ab »wie der große, selbstgefällige Erich Böhme.«[68] Fast alle Figuren verweisen auf Personen, bzw. Figuren, die als Fiktion in einer anderen Inszenierung oder als Personen des politischen und kulturellen Lebens bereits aufgetreten und dem Publikum zum größten Teil bekannt sind. Werner Brecht verweist auf seine Präsenz als Privatperson, die er weitgehend unverändert auf der Bühne beibehält.[69]

## Schlingensiefs Auftritte

Eine fortwährende Distanz zum fiktiven Geschehen und eine Unterbrechung des Schauspiels auf der Bühne schafft Schlingensief auch in *Rosebud* durch seine eigenen Auftritte, die seit *100 Jahre CDU – Spiel ohne Grenzen* (1993) seine Theaterinszenierungen prägen:

> In fast all seinen Theaterstücken taucht er selbst auf der Bühne auf, wütet und kalauert sich durch sein Stück, das ganz und gar ausbeult und in seinen Umrissen stark deformiert wird, weil einer von innen immer gegen die Wand läuft.[70]

In der Uraufführung am 21.12.2001 hat Schlingensief nicht auf der Bühne gestanden und es nach eigenen Äußerungen auch nicht vorgehabt: »Diesmal ist es anders. Ich spiele in *Rosebud* gar nicht mit. Das ist eine unausgesprochene Abmachung mit den Schauspielern. Ich werde am Abend nichts mehr geradebiegen.«[71] Schlingensief verstößt jedoch einige Aufführungen nach der Premiere als Darsteller der Figur des Rolli Koberg gegen diese selbst gesetz-

---

**66** | Ebd., S. 36.
**67** | Ebd., S. 37.
**68** | Ebd., S. 44.
**69** | Schlingensief ließ fast in allen seinen Inszenierungen Personen aus einer mit ihm befreundeten Gruppe von Menschen mit Behinderung auftreten: Achim von Paczensky, Kerstin Grassmann, Werner Brecht, Mario Garzaner gehörten zu den stetigen Begleitern von Schlingensiefs Arbeit. Catherina Gilles stellt in dem Auftreten der behinderten Laiendarsteller den Moment des Unverstellten heraus: »Das Unverstellte an ihnen lässt sie in unser genormtes Menschenbild hinein brechen wie ein Stück Realität, eine Wahrheit, Lacans a, das Andere, das Nicht-mehr-irgend-etwas-anderes-Bedeutende, das Dasein in das Getrenntsein. Das trifft einen Punkt jenseits aller theatralen Vorführeffekte und macht das Geschehen eine Spur unberechenbarer als im Theater üblich.« Gilles: Kunst und Nichtkunst, S. 93.
**70** | Ebd., S. 80.
**71** | Axel Brüggemann u. Volker Corsten: Ein ewiger Einsteiger. Gespräch mit Christoph Schlingensief. In: Welt am Sonntag, 16.12.2001.

te Regel und gegen weitere eingeübte (Theater-) Abläufe, um sie als solche zu entlarven: »Mir war deutlich geworden, dass das Unvorhersehbare, die Lücke im Ablauf, mich am Theater interessieren.«[72] So kritisiert Schlingensief in Bild 10 die Spielweise des Darstellers Isidor und thematisiert damit eine zentrale, reglementierte Form der Darstellung im Theater: das geplante, festgelegte Spiel:

ISIDOR: Komm! *Packt Doris von hinten im Polizeigriff*
SCHLINGENSIEF: *unterbricht* Was heißt hier »Komm«? Nicht so spielen, als wüsstest du schon, was kommt. Wir müssen das so spielen, als wäre es das erste Mal. Das entwickeln wir hier. Das ist eine Entwicklung! Das ist etwas ganz Neues. So eine Entführung hat es noch nicht gegeben. So müsst ihr das spielen! [...]. Die Leute müssen denken: »Wie bitte? Eine Entführung? Hä? Was ist denn das?[73]

Schlingensief greift mit seiner eigenen Darstellungsweise das ›Theater der Einfühlung‹ auf, in dem er an Momente aus seiner Biografie denkt, die der Situation entsprechen und diese emotional nacherlebt.[74] Er transportiert mit seiner Spielweise jedoch stets ironisch gebrochenes Pathos, z. B. in der Szene, in der er auf den Abschiedsbrief des 1977 von der RAF entführten Hanns Martin Schleyer reagiert:

Das ist das Schönste, was ich jemals aus dem Mund eines Mächtigen gehört habe! Das ist METATEXT METATEXT! Schlingensief muss weinen. Auch das Publikum ist gerührt. Kaum auszuhalten! Schlingensief denkt an seine Kindheit, an all die einsamen Jahre im Heim. Erst nach fünf Minuten bekommt er sich wieder in den Griff.[75]

Das Ensemble einer Schlingensief-Inszenierung musste stets mit nicht kalkulierbaren Unterbrechungen der Aufführung durch den Autor-Regisseur, der als Schauspieler mitwirkte und damit die ungeteilte Aufmerksamkeit des Publikums auf sich zog, rechnen.

---

**72** | Christoph Schlingensief: Wir sind zwar nicht gut, aber wir sind da. In: Schlingensief! Notruf für Deutschland, Hrsg. von Julia Lochte u. Wilfried Schulz. Hamburg 1998, S. 12-39, hier S. 27.
**73** | Schlingensief: Rosebud, S. 89.
**74** | Das Stanislavskij-System bezeichnet »die Reproduktion von Empfindungen aus dem »affektiven Gedächtnis«, schöpferische Phantasie und genaue Kenntnis der Umwelt der Rollenfigur. Um die Vorstellungs- und Handlungskraft des Schauspielers zu aktivieren, entwickelt er ein System von Konzentrations- und Imaginationsübungen. Der Darsteller solle sich sagen: »Mir sind die Dinge nicht wichtig, sondern das, was ich tun, wie ich mich in dieser oder jener Erscheinung verhalten würde – wenn alles, was mich auf der Bühne umgibt, Wahrheit wäre.« Annelore Engel-Braunschmidt: Stanislavskij-System. In: Theaterlexikon. Begriffe und Epochen, Bühnen und Ensembles. Hrsg. von Manfred Brauneck u. Gérard Schneilin. 5. Aufl. Hamburg 2007, S. 947.
**75** | Schlingensief: Rosebud, S. 115.

*Günter Schanzmann als Isidor, Magarita Broich als Doris Schröder-Köpf und Christoph Schlingensief als Rolli Koberg.*

Foto: David Baltzer

Auf der Ebene der Darstellung schaffen in *Rosebud* Perspektivierungen von Darstellungsweisen, die durch Imitation und Zitate von Gesten, Schauspielstilen sowie die Unterbrechung durch das Mitspielen Schlingensiefs erzeugt werden, einen Abstand zu den Konventionen des Schauspiels, die Theresia Birkenhauer als »akzentuierte Differenz zur Spielweise des realistischen Schauspiels – seiner Entsprechung von Gesten und Stimme, von Körperbild und Sprache« bezeichnet: »Die nuancierte Irrealisierung des Raumes, der Gesten, der Bewegungen und Diktionen bewirken jene Verschiebungen.«[76] Die Gesten und Spielweisen perspektivieren wiederum die gesprochenen Texte im Raum. Die Verschiebungen auf der Ebene der Darstellung betreffen bei Schlingensief oft die Perspektive auf die gesamte Rollenfigur, die imitiert wird, während bei Harbeke einzelne Gesten irritieren können. Schlingensief schafft Überblendungen in Bezug auf das gesamte Kunstwerk, während Petras Überblendungen (z. B. die Projektionen) einsetzt, um die Grundsituation, in der sich die Figuren befinden, deutlicher zu zeigen.

**(c) Verschiebungen auf der Ebene der sprachlichen Mittel**
Der szenische Text von *Rosebud* wird durch die Ebene der Textualität geprägt, d. h. durch das an den sprachlichen Mitteln selbst sich spiegelnde dramaturgische Programm.[77]

---

**76** | Birkenhauer: Schauplatz der Sprache, S. 122.
**77** | Vgl. Kap. 3.5.1 Textualität – der semiotische Blick auf den szenischen Text.

### Veranschaulichendes Sprechen

Schlingensief nutzt den szenischen Text dazu, sprachliche Wendungen, Formeln, Phrasen, z. B. aus politischen Reden gestisch zu veranschaulichen[78]: »Er übt Sprachkritik durch Veranschaulichung, durch Verkörperung von Formeln und bricht die (vielfach dissimulierten) Grenzen zwischen Feldern auf.«[79] So wird durch das szenische Spiel in *Rosebud* der Sinn von sprachlichen Äußerungen erforscht und dem doppelten Sinn von Worten unter anderem durch naives Nachspielen nachgegangen, was an Kinderspiele erinnert: »Kroll hat eine umwerfende Neuigkeit, haltet euch fest! Rosmer greift an den Schrank, Margit an Rosmer, Gernot und Susi halten einander fest.«[80]

In der Kanzlerrede werden die Sätze, die Bernhard Schütz an einem Podest mit eingeübten, typisierten Gesten aus Politikerreden äußert, zu Phrasen, die inhaltlich keinen verständlichen Zusammenhang bilden. Der Sprache wird hier ihre inhaltliche Bedeutung entzogen und es bleibt der gestische Ausdruck der Vermittlung, der aber ›hohl‹[81], ohne Aussage, bleibt. Franziska Schößler beschreibt die Inszenierungsverfahren,

> [...] die die glatten Oberflächen der eingespielten Diskurse perforieren und die Ordnung als sprachliche, bzw. die Konsequenzen sprachlicher Formeln enthüllen, [...] die Abstraktion der Sprache [wird] durch körperliche Aktionen rückgängig gemacht [...] Politik und ihre Entscheidungsfindungen werden in körperliche Prozesse, in Bewegung überführt; Bindeglied ist die Sprache, sind ihre konkretisierenden Redewendungen, die Spielanweisungen vorgeben.[82]

In Sprachspielen geht Schlingensief dem Klang von Worten, der Komik, die in einer Wort- oder Zahlenfolge liegt, nach: so z. B., als Kroll Rosmer auf dessen politische Vergangenheit anspricht: »Als du 89/90 Bündnis 89/90, 89/90 die 89/90 Grünen mitgegründet hast.«[83]

### Imitation von Sprechweisen

Veranschaulichung findet in *Rosebud* v.a. auch durch Imitation statt. Dabei betont Schlingensief ein durchaus ernstes Interesse an vergangenen Theater- und Sprachstilen, die als Referenzen einbezogen werden.

Die Texte aus *Rosebud* bestehen zum großen Teil aus Slogans, Parolen und zitierten Texten, womit – ähnlich wie im Zitat von Bühnenbildern und Darstellungsstilen – ein Abstand zwischen den gesprochenen Texten und dem Be-

---

78 | Sprachliche Formeln (z. B. System I und System II) werden etwa bei der Parteigründung von *Chance 2000* plastisch mit Kreide an einer Tafel während der Aufführung im Wahlkampfzirkus erläutert. In *Rocky Dutschke'68* wird von Schlingensief ebenfalls auf einer Schultafel der Zusammenhang der Jahre 68, 89 und 98 mit Schaubildern und Pfeilen verdeutlicht.
79 | Schößler: Wahlverwandtschaften, S. 280.
80 | Schlingensief: Rosebud, S. 101.
81 | »Margit zu Kroll: Mein Gott, stöhnt Ihre Sätze sind so entspannend. ICH BIN SO FROH, DASS IHRE SÄTZE SO HOHL SIND!« Ebd., S. 57.
82 | Schößler: Wahlverwandtschaften, S. 282.
83 | Schlingensief: Rosebud, S. 43.

zugssystems, auf das verwiesen wird, entsteht. In Bild 13 wird beispielsweise ein Konferenztisch vor dem Vorhang aufgebaut, an dem alle Akteure für eine Redaktionssitzung der neu gegründeten Zeitung ZAS Platz nehmen. Die Figuren sprechen Zitate von Larry Ellison und Oscar Roehler oder Repliken aus einem TV-Clip der Wochenzeitschrift Focus über das Thema Berichterstattung. Die Unterhaltung wird mit dem wiederholt von Rolli Koberg gerufenen Satz: »Ich will den Pulitzerpreis haben.«[84] beendet. Mit dem Zitieren von sprachlichen Wendungen wird neben die Ebene der Handlung eine weitere Perspektive, der Kontext des zitierten Textes, gestellt: Wenn bei der Pressekonferenz (Bild 13, S. 103 ff.) in *Rosebud* Sätze aus einer bereits vergangenen Pressekonferenz der Zeitschrift *Focus* eingesetzt werden, wird die Rede als austauschbare ›Hülse‹ in einem sich wiederholenden Rahmen, dem der Pressekonferenz, der Rede zur Gründung der Zeitung oder der Kanzlerrede, entlarvt. Schlingensief spürte Machtverhältnisse auf, die politische und mediale Diskurse durchkreuzen. Dabei versuchte er nicht, wie Foucault, historische Diskurse auf ihre Bestimmung durch Machtstrukturen Schicht für Schicht – genealogisch – freizulegen, sondern er schrie seinen Verdacht eher hinaus. Seine Aussagen formierten sich und hinterließen beim Zuschauer einen Gesamteindruck von Korruption und Machtgier hinsichtlich der handelnden Personen. Schlingensief war vielleicht der einzige der hier thematisierten Autoren-Regisseure, der nicht nur Reflexion anregen, sondern direkt zum (politischen) Handeln motivieren wollte.

### Nonverbale Zeichen

In *Rosebud* gibt es lange Passagen, die die Zuschauer akustisch nicht verstehen können, da laute Flugzeuggeräusche eingespielt werden, ständig werden Dialoge unterbrochen, unhörbar, unverständlich. Die sprachlichen Mittel folgen hier keinem dramatischen Handlungsfaden und sind aufgrund der laut erklingenden Geräusche oder der Musik (z. B. von Tom Waits: *In the Colosseum* in der Wilson-Szene) kaum oder nicht zu verstehen: der Prolog, das Gespräch von Heisenberg und Gernot sowie Bild 2: *Ibsen im Reichstag*, die Eröffnungsrede von Kroll zur Gründung der Zeitung, werden beispielsweise durch Lärmeinspielungen beendet, der Prolog endet mit »Baustellenlärm: LKW- und Baggergeräusche[n], [dem] Bohren eines Presslufthammers«[85] und das Bild 2 mit einem »Chinagong« und »laut quäkender Asia-Musik«[86]. Birkenhauer beschreibt die Auswirkungen dieser Form von Störungen auf die zeitliche Struktur der Erzählung und des Erzählens in ihrer Analyse von Dramentexten Becketts: »Der Redefluss wird gebremst, bleibt stecken, setzt wieder neu an, um abermals zu stoppen.«[87] Die Ebene der sprachlichen Mittel wird durch diesen Einsatz nonverbaler Zeichen verschoben und fügt sich mit der Atmosphäre des Bühnenraums zu einem komplexen, rhythmisierten Werk zusammen.

---

**84** | Ebd., S. 108.
**85** | Ebd., S. 32.
**86** | Ebd., S. 45.
**87** | Birkenhauer: Schauplatz der Sprache, S. 146.

## 6.3 Prinzip Überforderung: Rhythmus und Komposition des szenischen Textes Rosebud

### 6.3.1 Rhythmus

**(a) Überforderung**

Kein Zuschauer der Inszenierung *Rosebud* wird imstande sein, alle Referenzen, die Schlingensief zu anderen Inszenierungen, Filmen, Feuilletonartikeln, politischen Ereignissen etc. zieht, nachzuvollziehen. Schlingensief arbeitet konsequent mit dem Mittel der Überforderung: Die Handlung enthält viele Nebenhandlungen, die Bilder wechseln rasch. Während Harbeke und Petras die Überforderung der Figuren mit Mitteln der Verschiebung erzählen, überfordert Schlingensief mit einem großen Aufgebot an Zeichen die Rezipienten. Die Frage nach der Wahrnehmung von Realität, die von Medien geformt wird, tritt bei Schlingensief in den Vordergrund. Welche Bilder sind authentisch, an welchen Eindrücken, Vorbildern und Idealen lohnt es sich, sich zu orientieren? Die Handlungsstränge folgen nur teilweise einer Logik, von dieser wird auch im Protokoll der Inszenierung abgesehen: In Bild 1, der Wilson-Imitation, treten beispielsweise die Figuren aus den Folgeszenen auf, jedoch in anderen Kostümen und Gesten, sodass auch nachträglich eine Zuordnung der Figuren erschwert wird: »Zwei gleich geschminkte ›Zwillinge‹ in blauen Kostümen trippeln von links über die Bühne, Seite an Seite, Schrittchen für Schrittchen. Es sind Gernot und Susi, Tochter und Sohn des Verlegers.«[88] Die permanente Überforderung des Rezipienten durch die Verschiebungen auf den Ebenen des Raumes und der Zeit, den Ebenen der Darstellung und der sprachlichen Mittel eröffnet eine Wahrnehmung, die sich auf die gesamte Inszenierung bezieht: Ein lautes, sich drehendes und buntes Gebilde, das sich immer wieder gegen die Mittel des Theaters selbst richtet, bzw. die Mittel des Theaters gleichzeitig zu nutzen und zu verweigern scheint.[89] Die Überforderung durch ästhetische Effekte, Referenzen und »die wiederholten, die Theatersituation bloßlegenden Interferenzen zwischen Rolle und Person«, wie in der von Rolli Koberg gespielten Figur von Regisseur Schlingensief, führt den Zuschauer – so Rüdiger Lüdeke – in eine paradoxe Situation:

---

88 | Schlingensief: Rosebud, S. 34.
89 | Florian Malzacher vergleicht die Komposition der Inszenierung mit dem Hörspiel *Rosebud*, das Schlingensief anderthalb Jahre nach der Inszenierung produziert hat: »die Hörspielvariante [...] kann das Ausufernde, auch Versuppende, Kippende der Inszenierung nur zitieren – als überdrehtes, lustvolles aber gut strukturiertes Chaos.[...] Schlingensief gelingt es, die Multifokalität [das gleichzeitige Auftreten von mehreren Herden im Rahmen von einer bestimmten Erkrankung, K. N.-R.] seiner Inszenierung in Akustik umzusetzen, in ein Stimmengewirr mit Toneffekten und Geräuscheinspielungen.« In: Florian Malzacher: Zeit im Dunkeln. Schlingensiefs Hörspiel Rosebud im Mousonturm. In: Frankfurter Rundschau, 26.5.2003.

[...] der Zuschauer [tritt] in solchen Augenblicken aus der für die dramatische Kommunikationssituation von *Rosebud* konstitutiven Zwickmühle und beendet das Spiel. Er erkennt die Unmöglichkeit und räumt das Feld. Er gibt die Hybris auf, die an ihn ergangene Spielaufforderung je erfüllen zu können. Stattdessen erkennt er, dass das Spiel eben darauf basiert, dass diese Aufforderung gar nicht erfüllt werden kann.[90]

Schlingensief übernimmt zwar in *Rosebud* auch Elemente der traditionellen dramatischen Form, in dem er eine durchgehende Handlung mit durchgängig präsenten Figuren erzählt, doch dekonstruiert Schlingensief die dramatische Form durch Selbstbezüglichkeit und Imitation. Schlingensief zeigt Konstruktionen von Realität durch die Wiederholungen, durch Imitation.[91] Die dramatische Form wird als konventionelle Kunstform ausgestellt und damit wird zugleich über die Konstruktions- und Funktionsprinzipien des szenischen Textes reflektiert.

Das Bühnengeschehen von *Rosebud* wird nicht mehr primär von den dramatischen Kategorien Figur und Handlung bestimmt, sondern erhält seine Prägung, seinen Stil durch Rhythmen, Stimmungen und Bilder. Assoziationen und Störungen bestimmen die Szenenfolge nach rhythmischen Kategorien: dem Wechsel von Lautstärken, von Leichtigkeit und Emotionalität, von Komik und Tragik der Szenen.

Schlingensief schafft durch den Rhythmus der Abfolge der Zitate eine Komposition, die eine besondere Atmosphäre (»Alles etwas schäbig, aber auch heiter«[92]) transportiert. Sibylle Wirsing beschreibt in ihrer Kritik: »Er komponiert den Soundtrack non-stop aus Hunderten diverser Schnipsel, klaubt den Witz aus dem Ramsch und heftet die Szenen mit Klebestreifen

---

**90** | Schlingensief thematisierte die behauptete Ununterscheidbarkeit von Privatheit und ihrer Inszenierung und führte dabei den Zuschauer in eine paradoxe Situation, »indem er ihm eine Entblößung zumutet, die sich selbst fälschlicherweise als Inszenierung einer Entblößung denunziert.« In: Roger Lüdeke: Ästhetische Negativität oder paradoxe Verschreibung? Medienkritik in Schlingensiefs *Rosebud*. In: http://paraplui.de/archiv/systemversagen/schlingensief/index.html (gesehen am 27.1.2009).
**91** | Zu Margits Begrüßungsszene als RAF-Terroristin schrieb Schlingensief im Kommentar zu *Rosebud*: »Dieser Text stammt aus einem Drehbuch von Oskar Roehler und mir [...]. Man könnte diesen Film jetzt gut zeigen. Dann wäre klar, dass es uns noch nie um einen aktuellen Bezug gegangen ist, sondern um immer gleiche Konstruktionen, die man freilegen muss. Die Zerstörung kommt dann ganz automatisch.« In: Schlingensief: Rosebud, S. 56.
**92** | »Im Garten freundliches, folkloristisches Treiben: Staatssekretär Isidor hüpft mit zwei roten Fähnchen winkend über die Bühne. Zitiert aus: Redaktionseröffnung *Junge Welt*. Frauen in Geishakostümen schwenken bunte Tücher. Zitiert aus: Abschiedsveranstaltung für Jens Jessen, *Berliner Zeitung*. Kabukitheaterleute tragen Schiffchen um die Hüfte und spielen Seefahrer oder machen Wellenbewegungen mit einem blauen Tuch. Frei erfunden! Ein chinesischer Drache wird vorbei getragen. Susi, die japanische Adoptivtochter der Rosmers [...] geht mit einem Tablett herum und bietet Begrüßungssekt an. Ein schweres Eisentor wird von rechts hereingefahren. Einfall übernommen aus ›Generation DDR‹. Alles etwas schäbig aber heiter.« Schlingensief: Rosebud, S. 47.

zusammen.«[93] Petra Kohse vergleicht Schlingensiefs Theaterarbeit mit der eines DJ: »Das Material, das er mischt und auf dem er herum kratzt, sind die Medienbilder der Wirklichkeit. Sein Rhythmus ist die Entgleisung.«[94] Durch die zahllosen Referenzen entstehen Assoziationsketten und Bilder, »ein Gewebe von Korrespondenzen und Allusionen.«[95]

Der Rhythmus wird hier als strukturierendes Prinzip des szenischen Textes verstanden, als Bewegung, die die Logik des szenischen Textes begründet, eine Bewegung, »die, indem sie sich leiten lässt vom Wort und von der räumlichen Bewegung, die Grundlinien des Dekors vorzeichnet und die Farbskala festlegt.«[96] Rhythmus ist hier nicht auf die Zeit, die Kontinuität beschränkt, sondern kann als eine Art Schaltstelle des szenischen Textes beschrieben werden:

Man sieht die Anzahl von Diskursen, verbalem Austausch und Konflikten; man hört die Brüche der Raumkontinuität, die verborgenen Übereinstimmungen zwischen den visuellen Systemen der Aufführung: man stellt die Verbindung zwischen der Fabel und dem Gestus her.[97]

### (b) Wechsel von Tempo und Lautstärke

Die Rhythmik verleiht dem szenischen Text eine eigene Aussageform, einen Sinn. Die Dynamik des Rhythmus setzt sich in *Rosebud* aus dem Wechsel von Hebungen und Senkungen, von starkem und schwachem Tempo, von lauten und leisen Tönen zusammen. Schlingensief inszeniert Brüche, z. B. im Abspielen von lauter Musik und Geräuschen in einer Dialogszene[98] oder im Tempowechsel der Bewegung der Raumelemente: Der Übergang von Bild 24 *Die 4. Generation* zu Bild 25 *Rampensau Adorno* wird von Schlingensief als ein Höhepunkt an Lautstärke und Bewegung inszeniert. Nachdem Margit in Bild 24 auf den Kanzler geschossen hat, dreht sich die Bühne auf der Drehscheibe in hohem Tempo und Schlingensief zeigt in den Räumen simultan ablaufen-

---

**93** | Sibylle Wirsing: Der Tod der Tragödie ist die Tragödie. In: Schlingensief: Rosebud, S. 182-187, hier: S. 185. Peter Laudenbach beschreibt: »Eine wilde Collage aus Kunstzitaten, Trash und Tratsch, verzerrten und polemisch verdrehten Wirklichkeitspartikeln und dazwischen der eine oder andere Moment der Wahrheit.« Peter Laudenbach: Toll, gaanz gaanz toll. Fast eine Drohung: Christoph Schlingensief, der Krachmacher des Theaters, will ernst genommen werden. In: Der tagesspiegel, 16.12.01.
**94** | Petra Kohse: Himmelfahrtskommando als Weihnachtsmärchen. In: Frankfurter Rundschau, 24.12.01.
**95** | Birkenhauer: Schauplatz der Sprache, S. 90.
**96** | Pavis: Semiotik der Theaterrezeption, S. 98.
**97** | Ebd., S. 98.
**98** | Die Eröffnungsrede Krolls zur Gründung der ZAS wird ständig durch laute Musik, Flugzeuggeräusche, die Showeinlage von Guido Kroll und den unpassenden Auftritt von Rolli Koberg unterbrochen. Vgl. Schlingensief: Rosebud, S. 45-54.

de, pantomimische Szenen[99] bis die Musik »unerträglich laut [wird] und entgleist. [...] Das Haus versinkt im Boden. Lärm einer Passagiermaschine. Es wird dunkel. [...] Die Leinwand wird heruntergefahren.«[100] Auf der Leinwand wird die Aufzeichnung einer Talkrunde von 1968 mit Adorno zu Samuel Becketts *Endspiel* abgespielt. Das plurimediale Bild des sich drehenden, leuchtenden und vielseitig bespielten Bühnenapparats wird von einer Schwarz-Weiß-Aufzeichnung, die im knarrenden O-Ton vor dem Vorhang abgespielt wird, abgelöst.

### (c) Atmosphäre durch Kontraste und Lücken

Rhythmus dient auch dazu, wechselnde atmosphärische Bilder zu erzeugen, zumeist in der Gegenüberstellung binärer Wirkungen: Schweigen und Wort, Geschwindigkeit und Langsamkeit.[101] Bild 10, die lautstarke Entführung der Kanzlergattin durch Rolli Koberg (Christoph Schlingensief) wechselt mit einem heiteren, japanischen Bild, das von Filmmusik aus *Die Ferien des Monsieur Hulot*[102] unterlegt wird und räumlich eine Idylle beschreibt:

> Das Haus erstrahlt im hellsten Licht. Der Rundhorizont ist tiefrot. Kleine rosafarbene Kirschblüten rieseln vom Himmel. Vögel zwitschern [...] Das Ganze wirkt ein bisschen wie ein Traum. Rosmer sitzt nachdenklich an einem Tisch im Garten und liest Zeitung. Er ist ganz in Weiß gekleidet.[103]

Der Rhythmus der Bühnenelemente weist auch auf einen Handlungsanstieg und -abstieg hin, der von der euphorischen Gründung der *ZAS* über die turbulente Entführung der Kanzlergattin bis hin zum Rückzug von Rosmer ins Privatleben verläuft. Der Rhythmus wird jedoch durch den Regisseur Schlingensief vor allem außerhalb des zu spielenden Textes konzipiert. Viele Aussagebedingungen sind daran beteiligt, die Diktion, Gestik und Mimik der Schauspieler, die Art des szenischen Raumes, die Geräusche und der sprachliche Text.[104] Der Rhythmus wird so zum integrierten Bestandteil der Produktion eines möglichen Sinnes, eines Nicht-Gesagten, eines verdeckten Textes.

---

99 | »Margit rennt zurück ins Haus. Schüsse fallen. Der Kanzler robbt weiter nach links. Zwei Polizisten rennen auf die Bühne und schleppen den Kanzler ins Wohnzimmer. Eine GSG-9-Einheit stürmt das Haus. Die Bühne dreht eine Ehrenrunde. Es wird dunkel. Das Haus glüht auf: Im Schlafzimmer bereitet sich Rolli-Schlingensief auf seinen Selbstmord vor. Im Arbeitszimmer bekommt Susi ein Kind mit Hilfe von Margit. Gernot filmt die Geburt und fängt an, die Apokalypse zu beten. Kroll lehnt verwundet am Schreibtisch. Der Kanzler hat sich inzwischen erholt und versammelt seine Truppen zur Lagebesprechung im Wohnzimmer: Der Rundhorizont wird heruntergefahren und in tiefes Rot getaucht. Heisenberg steht auf dem Balkon und schaut in die Welt.« Schlingensief: Rosebud, S. 151.
100 | Ebd., S. 151f.
101 | Vgl. Pavis: Semiotik der Theaterrezeption, S. 92.
102 | Jacques Tati: Die Ferien des Monsieur Hulot, Frankreich 1953.
103 | Schlingensief: Rosebud, S. 96.
104 | Vgl. Pavis: Semiotik der Theaterrezeption, S. 92.

Schlingensief nutzt den Rhythmus, um Lücken für die Wahrnehmung zu erzeugen, Leerstellen zu produzieren, die die Rezipienten irritieren. Die Verzögerung des Sinns öffnet den Text für eine veränderte Rezeptionshaltung.

### (d) Montage

Das zentrale Element von Schlingensiefs Theaterarbeit ist für die Rhythmisierung der szenischen Bilder das der Montage. Schlingensief montiert Genres und Geschichten, häuft Zitate auf Zitate (die das akustische wie das optische Repertoire umfassen) und schafft damit eine irritierende Unschärfe, eine chaotische Gleichzeitigkeit. Schlingensief montiert vornehmlich Stile, die Pathos und Tragik auf der Bühne behaupten und ironisch brechen[105]:

> Die Montage, der rasche Wechsel von Genres und Stimmungen, stellt in *Rosebud* die Realität von Pathos und starken Affekten in Frage, nimmt die Realitätseffekte zurück, wobei die gängigen Pathosformeln noch dazu durch die Klamotte, durch das Läppische, demontiert werden.[106]

Inhaltlich erzählt der ›Crash‹ der Mittel, dass es eigentlich keinen Crash gibt, vielmehr eine verbreitete Sehnsucht nach überraschenden und wirkungsvollen Bildern, die die Wahrnehmung vor der Stagnation bewahren. Schlingensief sieht das Problem der Gegenwart in einer unerschütterlichen Toleranz, die sich bereits in einer vorgefertigten Erwartungshaltung des Publikums und der Presse spiegelt. Birkenhauer stellt in einem kontrastiven Verhältnis von Szene und Sprache eine Möglichkeit der Irritation der Wahrnehmungskonventionen des Zuschauers heraus, indem der szenische Text einen imaginativen und kognitiven Prozess eröffnet, »in dem Vorstellungen, Gedanken, Bilder entstehen und wieder erschüttert werden, sich punktuell aufbauen und wieder auflösen. Was entsteht, ist eine neue Form ästhetischen Wahrnehmens.«[107]

Die Konfrontation, den Widerstand sucht Schlingensief im kontrastiven, rhythmischen Umgang mit künstlerischen Mitteln, was sich insbesondere im Verhältnis von Sprache und Bildern in seiner Arbeit zeigt, die er als Autor-Regisseur in besonderer Weise komponiert.

### 6.3.2 Komposition: Sprache und Bilder. Zur Arbeitsweise des Autor-Regisseurs Schlingensief

Stilbildend für die Kunst des Autor-Regisseurs Schlingensief und für den szenischen Text *Rosebud* ist der ästhetische Zusammenhang von räumlich-visuellen Bildern, nonverbalen Zeichen und sprachlichen Zeichen. Birkenhauer hebt zur Charakterisierung zeitgenössischer szenischer Texte eine Hierarchie zugunsten des Textes oder eine Dominanz des Bildes auf und beschreibt eine daraus resultierende veränderte Wahrnehmungshaltung des Publikums: »Die

---

[105] | Vgl. Schößler: Wahlverwandtschaften, S. 289.
[106] | Ebd., S. 291.
[107] | Birkenhauer: Schauplatz der Sprache, S. 160. Birkenhauer bezieht sich auf Becketts *Not I*.

Aufmerksamkeit gleitet zwischen der sichtbaren und der vorgestellten Szene, konstatiert Entsprechungen, Überschneidungen und eklatante Diskrepanzen im Verhältnis von erzählter Geschichte und szenisch Präsentem.«[108]

Schlingensief zitiert Bilder und Texte aus Theaterstücken, Filmen, Gesprächen, Festen, Ereignissen etc. Diese Zitate schaffen eine Distanz zur fiktiven Handlung und zum sichtbaren Bühnenraum, da sich ein fremder Eindruck zwischen die präsentierte Szene auf der Bühne und das imitierte Bild stellt. Der Zuschauer bewegt sich zwischen diesen Bildern, während die Zuschauer in den Werken von Harbeke die Lücken zwischen den Bildern ergänzen oder zu Ende erzählen. Schlingensief sieht seinen künstlerischen Motor darin »sich in die Bilder hineinzubegeben.«[109] Der Autor-Regisseur zerstört ein Bild durch Unterbrechung, er lässt Bilder überlappen, stets mit der Sehnsucht nach Bildern, die zutreffen, die als Konzentrat von Vorgängen bei ihm selbst und beim Rezipienten ankommen, irritieren und berühren[110], in dem sie ihn z. B. an seine eigene Angst erinnern: Als Rolli Koberg ›überblendet‹ er auf der Bühne die Szene der Entführung der Kanzlergattin mit dem bekannten RAF-Erpresserfoto von Hanns Martin Schleyer:

Sie müssen wissen, dass das hier nicht sinnlos ist. Sie werden sozusagen sinnvoll gequält. Wissen Sie eigentlich wie viele Leute sich daran abarbeiten werden? An so einem Bild? So ein Bild ist unbezahlbar! Kniet sich hinter Doris, streicht nachdenklich mit der Hand über ihren Körper, beinahe zärtlich. Das ist von Raum und Zeit durchdrungen. Drückt ihr Gesicht nach unten, kalt. Die Qualität der Bilder ist mehr als bloße Zielsetzung. Hier beginnt das Ziel zu schwimmen. Scheint selbst etwas verwirrt. Wie ein schwarzes Loch. Die Welt hält inne, nimmt die Kamera wieder auf, filmt konzentriert aber in Wirklichkeit wird sie auf einen Punkt verdichtet.[111]

André Breton beschreibt im *Manifest des Surrealismus* Bilder in ›schwindelerregenden‹, künstlerischen Abläufen als »die einzigen Anhaltspunkte des Geistes«[112]. Die Bilder der in die Türme des World Trade Centers hereinkrachenden Flugzeuge sind ebenfalls eine Imago, die Schlingensief als Konzentrat der Zeit, als beim Rezipienten eingeprägtes Bild in seinen Werken vorausset-

---

**108** | Ebd., S. 206f.
**109** | Vgl. Gilles: Kunst und Nichtkunst, S. 98.
**110** | »Man muss die Dinge berühren.« Schlingensief: Rosebud, S. 103.
**111** | Ebd., S. 84.
**112** | »Das stärkste Bild [...] ist für mich das, das von einem höchsten Grad von Willkür gekennzeichnet ist; für das man am längsten braucht, um es in die Alltagssprache zu übersetzen, sei es, dass es einen besonders hohen Grad an offenkundiger Widersprüchlichkeit aufweist, sei es, dass es sensationell zu sein verspricht und sich dennoch leicht auflösen lässt, sei es, dass es eine ungenügende formale Rechtfertigung in sich selbst findet, sei es, dass es etwas Halluzinatorisches in sich trägt, sei es, dass es ohne weiteres dem Abstrakten die Maske des Konkreten verleiht oder, umgekehrt, dass es die Verneinung irgendeiner grundlegenden physischen Eigenschaft in sich begreift, sei es, dass es Gelächter auslöst.« Breton: Die Manifeste des Surrealismus, S. 35f.

zen kann und so als »zentnerschweres Bild«[113] für seine künstlerischen Zwecke einsetzt. Seine Arbeit mit verschiedenen Medien, über Gattungsgrenzen von Theater, Film, Installation, Oper hinweg verbindet der ›künstlerische Motor‹, um an die Bilder heranzukommen, an Bilder, die punktuell Wahrhaftigkeit[114], authentische Gefühle transportieren, mit »Gedanken, die eine Sprengkraft besitzen.«[115] Die Sehnsucht nach Pathos und Eindringlichkeit leitet Schlingensiefs Komposition von szenischen Bildern aus Musik, Sprache, Bühne:

Das sind die Bilder, die die Leute wollen. Das sind die Bilder, die in uns wohnen und die wir nicht bereit sind, schon vorher zu sehen! Ich meine die ganzen Bilder, die wir auf unserer Netzhaut haben! Das ganze Zeug, das wir nicht sehen können, weil die Bilder, die uns umgeben die Dunkelheit vermeiden![116]

Schlingensief inszeniert eine Komposition von Sprache und Bildern, die ›nach einer eigenen Uhr tickt, schneller tickt‹, wozu Begriffe wie ›System 1 und 2‹, die die Kunstwelt von der der Realität trennen sollen, herangezogen werden. Da diese Komposition aus Sprache und Bildern nicht die Wirklichkeit abbildet, die wir täglich wahrzunehmen glauben und die uns von den Medien vermittelt werden, versucht Schlingensief mit seiner künstlerischen Arbeit Bilder freizulegen. In *Rosebud* wird die mediale Aufbereitung von Bildern und Texten herausgestellt, indem durch eine Anhäufung gerade dieser Bilder und Texte eine Distanzierung erfolgt. Für Momente wird es dem Rezipienten in den Lücken und Leerstellen der Inszenierung, die durch Störungen, Überforderung und Imitation erzeugt werden, möglich, zu eigenen, inneren Bildern zu gelangen.[117]

Franziska Schößler sieht in dieser Arbeitsweise Schlingensief einen Zusammenhang mit der Kunst der Surrealisten:

Und ähnlich wie die Surrealisten, die den Sprachkonventionen misstrauen [...] geht Schlingensief davon aus, dass die Bilder und Begriffe, die (kritischen) Aussagen zur Verfügung stehen, falsch sind, weil sie die hegemoniale Macht verschleiern. Allein das (sprachliche) Experiment, wie es auch die Dadaisten und Surrealisten einsetzen, vermag die ideo-

---

**113** | Vgl. Gilles: Kunst und Nichtkunst, S. 110.
**114** | »Diesen Wunsch, durch einen rätselhaften Magnetismus punktuell immer wieder in Tuchfühlung mit der Wahrheit zu kommen, etwas zu sagen »das stimmt« ist in postdekonstruktivistischen Zeiten genau die Naivität, die Christoph Schlingensief braucht, um tatsächlich manchmal punktgenau einen Treffer zu landen.« Gilles: Kunst und Nichtkunst, S. 63.
**115** | Schlingensief: Rosebud, S. 53.
**116** | Ebd., S. 87.
**117** | In der Dankesrede zur Verleihung des Hörspielpreises der Kriegsblinden für *Rosebud* verweist Schlingensief auf die Bedeutung eigener, innerer Bilder: »Mit ihrem permanenten Imitationsauftrag haben uns die Kulturdiktatoren ins Abseits getrieben. Deshalb die Forderung: Nie wieder Außensimulation, die uns zur Täuschung zwingt! Befreiung unserer inneren Bilder! Der Befehl lautet: Die Augen geschlossen und in sich hineingehört!« Christoph Schlingensief: Dankesrede. Es lebt! In: Berliner Zeitung, 23.7.2003.

logisch verfestigten Wirklichkeitsbilder zu demontieren; allein Sprachtransformationen kommen den naturalistischen Ideologien, den Mythen des Alltags auf die Schliche.[118]

Mit dem Prolog von Gernot und Heisenberg und der in Bild 25 auf den Vorhang projizierten Aufzeichnung von Adornos Äußerungen zu Becketts Ästhetik von 1968[119] (aus dem Privatarchiv von Carl Hegemann[120]) wird der thematische Rahmen von *Rosebud* als eine Grenzerfahrung benannt: »Gernot: In diesem Stück finden wir Menschen [...], denen das Sterben misslungen ist. Und das ist das Höchstseltsame dieser Konzeption, dass die Utopie eigentlich der Tod ist.«[121] Der Autor-Regisseur entwickelt aus Sprache und Bildern ein Gesamtkunstwerk, für das er insbesondere seine Erfahrungen als Filmer einsetzt: Schlingensief konfrontiert die Theaterinstitution mit anderen künstlerischen Ausdrucksformen, insbesondere denen des Films und der bildenden Kunst.

Indem er die ›theatrale Kommunikation‹ zwischen Rezipient und Bühne infrage stellt, begibt er sich selbst mit seiner künstlerischen Arbeit kontinuierlich in theaterfremde Kunstformen und verlässt den Theaterraum mit seiner spezifischen Darstellungsstruktur.

Schlingensief thematisiert als Autor, Regisseur und Darsteller die Rituale und die Grenzen, welche die Theaterarbeit für die künstlerische und persönliche Freiheit mit sich bringt. Schlingensief attackiert das Theater, indem er dessen Mittel anwendet. Ebenso attackiert er die Presselandschaft, indem er deren Prinzipien nutzt. Er beklagt die Unfreiheit, die in den konventionellen Regeln des Theaters besteht, und die Schwierigkeit oder Unmöglichkeit, das Theaterspiel mit der Realität zu verknüpfen.

Während Armin Petras epische Mittel einsetzt, um die Grundsituation der Figuren klarer herauszustellen und Harbeke mit Verschiebungen insbesondere auf der Ebene der sprachlichen Mittel arbeitet, um die Kippmomente der Figuren zu zeigen und auf die Ausdrucksformen der gesprochenen Sprache aufmerksam zu machen, konfrontiert Schlingensief die Zuschauer mit Störungen der dramatischen Form und macht sie auf Konstruktionen der Wahrnehmung selbst aufmerksam. Anders als bei Bertolt Brecht, bei dem distanzierende Verfremdungen den kritischen Blick auf das Dargestellte schärfen

---

118 | Schößler: Wahlverwandtschaften, S. 281.
119 | Vgl. Schlingensief: Rosebud, S. 152f. (Bild 25 *Rampensau Adorno*).
120 | Vgl. ebd., S. 152.
121 | Die folgende Passage ist die Mitschrift aus einer Talkrunde von 1968, in der sich Adorno über Samuel Becketts künstlerische Arbeit äußert: »[...] dass die Utopie eigentlich der Tod ist. Also das, wonach das Streben geht, ist der Tod, ist das Aus. Nun, sie haben das mit dem Buddhismus verglichen, und die Beziehung zur Schopenhauer'schen Philosophie scheint ja sehr einleuchtend. Ich glaube aber trotzdem, wenn man sehr nuanciert dem nachgeht, dann ist es so etwas – ja man könnte sagen: wie der Versuch eines positiven Nichts. Eines ›nihil relativum‹, also eines Nichts, das nur als Negation von etwas, was ist, überhaupt gefasst werden kann. Und diese Extrapolation des Nichts ist das, was ihm eigentlich dabei vorschwebt.« Ebd., S. 32.

sollten, gilt in *Rosebud* der kritische Blick der Form der Darstellung und der Rezeption selbst. Seinen Bezug zur Theaterinstitution und den eigenen künstlerischen Mitteln reflektiert Schlingensief im szenischen Text.

# 7 Der Autor-Regisseur René Pollesch

René Pollesch hat sich am weitesten unter den im Rahmen der Untersuchung vorgestellten Autoren-Regisseuren von konventionellen Theaterformen entfernt, indem er für die szenischen Texte kontinuierlich neue Spielregeln mit dem Produktionsteam entwickelt, die die dramatische Form ersetzen. Der szenische Text *Die Welt zu Gast bei reichen Eltern* ist in engem Zusammenhang mit dem Produktionsprozess entstanden. Weitere Theaterarbeiten von Pollesch werden in die Analyse einbezogen, um fundierte Aussagen über die Arbeitsweise und die Komposition seiner Werke machen zu können.

## 7.1 Ausbildung und Werkbiografie

René Pollesch wurde 1962 in Friedberg/Hessen geboren. Während des Studiums der Angewandten Theaterwissenschaften in Gießen bei Andrzej Wirth und Hans-Thies Lehmann hat Pollesch unter anderem in szenischen Projekten der Gastdozenten Heiner Müller und George Tabori mitgewirkt und verwirklichte zahlreiche Projekte auf der Gießener Studiobühne.[1] 1996 erhielt Pollesch, der bis dahin erste Auftragsarbeiten und Inszenierungen für das Frankfurter Theater am Turm[2] erhielt und das freie Ensemble *Montage* in Frankenthal leitete, ein Arbeitsstipendium am Royal Court Theatre in London (1996) sowie

---

**1** | Im Werkverzeichnis im Anhang werden nur einige Inszenierungen Polleschs genannt, die in der Studie über Autorenregie erwähnt werden. Eine Übersicht über die Studienprojekte von René Pollesch in Gießen und ein komplettes Werkverzeichnis bis 2003 findet sich in: Andrzej Wirth: René Pollesch. Generationsagitpoptheater für Stadtindianer. In: Werk-Stück. Regisseure im Porträt. Arbeitsbuch 2003. Hrsg. von Anja Dürrschmidt u. Barbara Engelhardt. Berlin 2003, S. 126-131, hier S. 126f. Ein ausführliches Werkverzeichnis (bis zur Spielzeit 2008/09) findet sich in: René Pollesch. Liebe ist kälter als das Kapital. Stücke, Texte, Interviews. Corinna Brocher u. Aenne Quinones. Reinbek 2009, S. 372-376. Im Rahmen dieser Untersuchung wird kein vollständiges Werkverzeichnis der Theaterarbeiten von Pollesch angegeben, sondern auf einzelne Werke Bezug genommen.
**2** | Tom Stromberg arbeitete von 1986 bis 1996 als Dramaturg am Theater am Turm in Frankfurt a. M. und hat seitdem die Arbeit von René Pollesch gefördert.

ein Stipendium der Akademie Schloss Solitude in Stuttgart (1997). In Kooperation mit dem Luzerner Theater und dem Berliner Podewil schrieb und inszenierte Pollesch 1999/2000 *Heidi Hoh*³ (UA am 15.5.1999, Podewil, Berlin) und wurde von Tom Stromberg für die Spielzeit 2000/2001 als Hausautor, insbesondere für die zehn-teilige Soap *world wide web slums* (die erste Folge wurde am 8.11.2000 im Rangfoyer gezeigt) an das Deutsche Schauspielhaus Hamburg engagiert. Seit der Spielzeit 2001/2002 ist Pollesch künstlerischer Leiter des Praters an der Berliner Volksbühne am Rosa-Luxemburg-Platz. 2002 wurde im Prater, im einheitlichen Bühnenraum, gestaltet von Bert Neumann, die ›Prater-Trilogie‹ (*Stadt als Beute*, UA 26.9.2001/ *Insourcing des Zuhause. Menschen in Scheißhotels*, UA 30.10.2001/ *Sex*, UA 30.1.2002) gezeigt und zum Berliner Theatertreffen eingeladen. Pollesch wurde im gleichen Jahr von *Theater heute*-Kritikern zum besten deutschen Dramatiker gewählt. Pollesch erhielt 2001 für *world wide web slums* und 2006 für *Cappuccetto rosso* (UA 24.8.2005, Salzburger Festspiele in Kooperation mit der Berliner Volksbühne) den Mülheimer Theaterpreis sowie 2007 für *Das purpurne Muttermal* (UA 26.11.2006, Burgtheater Wien, Akademietheater) den Nestroy-Preis. *Liebe ist kälter als das Kapital* (UA 21.9.2007, Schauspiel Stuttgart) wurde 2008 für den Mülheimer Stückepreis nominiert, ebenso wie 2009 *Fantasma* (UA 6.12.2008, Burgtheater Wien, Akademietheater); die Aufführung wurde mit dem Publikumspreis ausgezeichnet. Pollesch arbeitet, wie die Uraufführungsorte zeigen, regelmäßig als freier Autor-Regisseur u. a. am Schauspielhaus Hamburg⁴, am Wiener Burgtheater (u. a. *Das purpurne Muttermal* und *Fantasma*), am Staatstheater Stuttgart (u. a. *Liebe ist kälter als das Kapital*) und am Schauspiel Frankfurt (u. a. *Sozialistische Schauspieler sind schwerer von der Idee eines Regisseurs zu überzeugen*). Darüber hinaus hat Pollesch Dramentexte und Inszenierungen mit Schauspiel-Ensembles in Santiago de Chile, Tokio und Warschau erarbeitet. Pollesch arbeitet oft gleichzeitig an mehreren Dramentexten und schreibt Fortsetzungen, wobei er dabei einen Anspruch auf Originalität von sich weist:

Ich glaube, dass es quälender Unsinn ist, sich dauernd neue Geschichten ausdenken zu wollen. Ich schreibe ohne Originalitätszwang und mache mit einem neuen Text einfach da weiter, wo ich beim vorigen aufgehört habe. Ich will auf die Bühne bringen, was mich in meinem Leben beschäftigt, was ich im Alltag lese, was ich wissen will. Ich versuche philosophisch zu reflektieren.⁵

---

**3** | Pollesch hat zwei Fortsetzungen von *Heidi Hoh* als Kooperationen herausgebracht: *Heidi Hoh arbeitet hier nicht mehr* (UA Podewil Berlin u. Luzerner Theater, 10.5.2000) und *Heidi Hoh – die Interessen der Firma können nicht die Interessen sein, die Heidi Hoh hat* (UA Podewil Berlin/ Künstlerhaus Mousonturm Frankfurt a. M., 28.6.2001).
**4** | Die Uraufführung, *Mädchen in Uniform* hatte am 25.2.2010 am Deutschen Schauspielhaus Hamburg Premiere.
**5** | Anke Dürr u. Wolfgang Höbel: René Pollesch. Ich möchte das Unheil sein. Der Regisseur und Autor René Pollesch über politische Botschaften, nackte Schauspieler und sein Stück *Der okkulte Charme der Bourgeoisie bei der Erzeugung von Reichtum*. Ein Gespräch mit Anke Dürr und Wolfgang Höbel. In: Der Spiegel (2005) H. 8 21.2.2005, S. 155-157, hier S. 155.

Till Briegleb spricht sogar von einem einzigen, langen Theaterstück, an dem Pollesch mit seinen mittlerweile etwa 150 Dramentexten schreibe, und von lediglich einzelnen ›Fetzen‹, die mit den Inszenierungen zu erleben seien.[6] Pollesch hat neben den Theaterarbeiten auch Fernsehspiele, *Ich schneide schneller (soap)*, (ZDF im April 2008) und *24 Stunden sind kein Tag*[7] – eine TV-Serie in 4 Teilen (Volksbühne, Berlin / ZDF-Theaterkanal, 2003) und Hörspiele verwirklicht: *Heidi Hoh*, produziert vom Deutschland Radio Berlin (DLR) 2000/ *Heidi Hoh arbeitet hier nicht mehr*, DLR 2001/ *Heidi Hoh 3. Die Interessen der Firma können nicht die Interessen sein, die Heidi Hoh hat*, DLR 2002 und *Tod eines Praktikanten*, DLR 2007.

Im Vergleich zu Armin Petras und Christoph Schlingensief fällt auf, dass alle drei Autoren-Regisseure in sehr kurzen Zeiträumen mehrere Produktionen verwirklichen, was den Seriencharakter der Aufführungen betont und aus dem dichten Netzwerk an Produktionsstätten resultiert, in dem die Künstler arbeiten. Die Popularität und die Funktion als künstlerische Leiter einer Spielstätte bzw. bei Schlingensief als Förderer der Entwicklung eines Festspielhauses in Afrika, führen bzw. führten zu einem nahtlosen Übergang von einer Produktion in die nächste, was wiederum die inhaltlichen und formalen Bezüge der einzelnen Werke zueinander erklären kann. Harbeke hat zwar keine künstlerische Leitung eines Theaters übernommen, hat jedoch – ausgehend von ihrem Arbeitsmittelpunkt in der Schweiz – ein dichtes Netzwerk von Kontakten zu Theatern aufgebaut, an denen sie regelmäßig Auftragsarbeiten umsetzt. Harbeke schreibt und inszeniert neben ihrer Tätigkeit als Dozentin ein bis zwei Werke pro Jahr. Pollesch führt keine Dramentexte anderer Autoren auf, sondern entwickelt seine künstlerischen Themen mit jeder Inszenierung weiter.

### 7.1.1 Veröffentlichungen[8]

Die meisten Dramentexte von Pollesch sind in Sammelbänden erschienen, die darüber hinaus in Gesprächen und Interviews einen Eindruck von der Arbeitsweise Polleschs vermitteln. Einzelne Dramentexte wurden in den Fach-

---

**6** | »Was aus dem einen, sehr sehr langen Theaterstück, das René Pollesch in kleinen Fetzen an verschiedenen Orten seit Jahren zur Aufführung bringt, konsequent hervor scheint, ist die Sehnsucht des Autors nach der alten politisch-ideologischen Entweder-oder-Weltsicht, die mit fetzigen Ist-Sätzen Klarheit schafft [...]« Till Briegleb: Die Kosmetik der Widersprüche. René Pollesch schreibt weiter: *Der okkulte Charme der Bourgeoisie bei der Erzeugung von Reichtum* am Schauspielhaus Hamburg und *Diabolo – schade, dass er der Teufel ist* im Prater der Volksbühne. In: Theater heute 60 (2005) H. 4, S. 42-44, hier S. 42.
**7** | Rainer Werner Fassbinders Filmtitel *8 Stunden sind kein Tag* (von 1972, Fernsehserie in 5 Teilen) und *Liebe ist kälter als der Tod* (von 1969, als Vorbild für*: Liebe ist kälter als das Kapital*) dienten Pollesch als Vorlage für die Titel der szenischen Texte und wurden dazu leicht abgewandelt.
**8** | Im Anhang findet sich eine Liste der Veröffentlichungen von Polleschs Dramentexten. Auf die Angabe der Seitenzahlen für die einzelnen Dramentexte, die in Sammelbänden erschienen sind, wird verzichtet. Vgl. Kap. 11 Literatur- und Aufführungsverzeichnis.

zeitschriften *Theater heute* (*Sex nach Mae West*), *Theater der Zeit* (*Heidi Hoh arbeitet hier nicht mehr*) und in *Die Deutsche Bühne* (*Harakiri einer Bauchrednertagung*) abgedruckt. Das Drehbuch zu *24 Stunden sind kein Tag* liegt dem Rowohlt Theaterverlag vor.

In dem Film *Stadt als Beute*[9], den die Regisseurinnen Irene von Alberti, Miriam Dehne und Esther Gronenborn, inspiriert von dem ersten Teil der Prater-Trilogie, *Stadt als Beute*, in drei Teilen gedreht haben, werden Pollesch und die Schauspieler Inga Busch, Richard Kropf, David Scheller, Stipe Erceg und Julia Hummer bei den für den Film wieder aufgenommenen Proben der Inszenierung von *Stadt als Beute* gezeigt und man erhält auf diese Weise einen inszenierten Einblick in die Probenarbeit.

## 7.2 Dramaturgische Analyse des szenischen Textes *Die Welt zu Gast bei reichen Eltern*

Der folgenden dramaturgischen Analyse des szenischen Textes *Die Welt zu Gast bei reichen Eltern*[10] von René Pollesch (UA Hamburg, Thalia in der Gaußstraße, 22.11.2007) liegen die Verlagsfassung des Dramentextes vom 6.2.2008[11] sowie die Aufführungsbesuche vom 24.11.2007 und vom 1.12.2008 zugrunde. Von der Inszenierung liegt im Archiv der Presseabteilung des Thalia Theaters – aufgrund einer Überblendung beim Filmen – keine Aufzeichnung vor.[12] Kritiken zu *Die Welt zu Gast* und zahlreiche Interviews mit dem Autor-Regisseur werden in die Analyse einbezogen. Um den szenischen Text von *Die Welt zu Gast* charakterisieren zu können, ist es notwendig, vorab einige Angaben zum Produktionsprozess zu machen, da der Dramentext in engem Zusammenhang mit den Proben entwickelt wurde.

### 7.2.1 Der Produktionsprozess: Dramentext und Inszenierungstext

Pollesch hat für das Auftragswerk *Die Welt zu Gast* zum ersten Mal mit dem Thalia Theater und den Schauspielern Anna Blomeier, Judith Hofmann, Felix Knopp, Jörg Pose und Katrin Wichmann zusammengearbeitet. Für die Kontinuität seiner Arbeit im Team, die er besonders mit selbstständig arbeitenden

---

9 | *Stadt als Beute*, ein Film von Irene Alberti, Miriam Dehne und Esther Gronenborn nach dem Theaterstück von René Pollesch. Eine Produktion der Filmgalerie 451 und dem ZDF, Deutschland 2005.
10 | Im Folgenden wird der Titel *Die Welt zu Gast bei reichen Eltern* mit *Die Welt zu Gast* abgekürzt.
11 | Corinna Brocher, die ehemalige Leiterin des Rowohlt Theaterverlags, hat die unveröffentlichte Fassung vom 6.2.2008 freundlicherweise zur Verfügung gestellt. Kontakt zum Verlag über: www.rowohlt-theaterverlag.de/sixcms/detail.php?template=theater_kontakt (gesehen am 2.10.2009).
12 | Der ORF hat einzelne Szenen mitgeschnitten, die jedoch nicht zur Verfügung standen. Vgl.:http://kundendienst.orf.at/service/angebote/video.html.

Künstlern sucht, steht in *Die Welt zu Gast* die Bühnen- und Kostümbildnerin Janina Audick.[13] René Pollesch äußert, dass er immer vorher wissen muss, mit wem er zusammenarbeitet, bevor er anfängt das Stück zu schreiben: »Das hat mit Gießen zu tun und wie wir uns als Studenten begegnet sind. Ich komme ja nicht vom Stadttheater, in dem die Leute besetzt werden.«[14] Der Bezug zum Stadttheater hat sich, wie die Werkbiografie gezeigt hat, jedoch eingestellt und damit auch der Einfluss der Theaterinstitution auf die Besetzung. Pollesch beschreibt, dass er zunächst nur den Titel, *Die Welt zu Gast bei reichen Eltern*, festgelegt habe. Die Anregung dazu bekam er aus dem Slogan der Fußballweltmeisterschaft in Deutschland, 2006: ›Die Welt zu Gast bei Freunden‹ und bei der Übertragung einer Demonstration im Fernsehen; eine Studentin habe dort ein Transparent mit der Aufschrift: ›Reiche Eltern für alle‹ hochgehalten. Pollesch äußert, dass ihm Titel einen Auftrag zum Schreiben[15] gäben und berichtet, dass er zunächst vier Wochen nur mit den fünf Schauspielern darüber geredet habe, »was das nun für ein Stück werden solle. Lediglich dessen Thema war einigermaßen klar.«[16] Pollesch bringt Texte zu den Proben mit, die er beim Probenprozess zur Diskussion stellt und bis hin zur Premiere immer wieder umschreibt:

Pollesch ist kein sich selbst die Stücke schreibender Autor, dessen Gedanken als festgefügte Partitur der Interpretation harren. Steht der Titel erst einmal fest, geht der Regisseur mit seinen Schauspielern [...] während der Proben auf die Suche und entwickelt mit ihnen gemeinsam den Text.[...] Dabei sammelt er ungeniert Gedanken und Ideen anderer, aus denen er, wie aus einem Werkzeugkasten, das für ihn Passende heraushaut und verwendet.[17]

---

**13** | Janina Audick hat u. a. für *Heidi Hoh 3 – die Interessen der Firma können nicht die Interessen sein, die Heidi Hoh hat* und für die 10-teilige Theater-Soap *world wide web slums* Bühne und Kostüme gestaltet sowie für mehrere Inszenierungen, u. a. für *24 Stunden sind kein Tag, Menschen in Scheiß Hotels* und *Das purpurne Muttermal* die Kostüme entworfen. Selbstständiges Arbeiten bedeutet in diesem Zusammenhang, dass Janina Audick unabhängig von Polleschs Regiearbeit ein Konzept für die Kostüme oder die Bühne entwickelt. Pollesch hält sich aus den künstlerischen Entscheidungen, die Bühne und Kostüme betreffen, weitestgehend heraus.
**14** | Jochen Becker, u. a.: Das Material fragt zurück. Ein Gespräch zwischen Jochen Becker, Walther Jahn, Brigitta Kuster, Stephan Lanz, Isabell Lorey, Katja Reichard, Bettina Masuch und René Pollesch. In: Wohnfront 2001-2002. Volksbühne im Prater. Dokumentation der Spielzeit 2001-2002. Hrsg. von Bettina Masuch. Berlin 2002, S. 221-236, hier S. 222.
**15** | Vgl. Susann Oberacker: Rückkehr ins Hotel Mama. René Polleschs Theaterstück über das Elternhaus als letzte Rettung für Erfolglose. In: Hamburger Morgenpost, 21.11.2007.
**16** | Paul Barz: Am Thalia wird die Familie zum letzten Bollwerk gegen den bösen Kapitalismus. In: Welt am Sonntag, 18.11.2007.
**17** | Monika Nelissen: *Die Welt zu Gast bei reichen Eltern* in der Gaußstraße. In: Die Welt, 13.11.2007.

In Interviews wehrt sich Pollesch oft gegen die Bezeichnung als ›Autor‹ oder als ›Regisseur‹ (Bezeichnungen, die jedoch in Interviews, Sekundärtexten, auf Programmzetteln oder auch im Abspann von *Die Welt zu Gast* auf der Leinwand stets gebraucht werden). Betont wird dabei von ihm der große Anteil, den die Schauspieler an der Entstehung des Dramentextes hätten: »Pollesch: Ich will auf keinen Fall das Bild des individuellen Textproduzenten vermitteln, der am Schreibtisch geniale Texte produziert. Für mich ist die soziale Praxis im Theater wichtig – wie wir miteinander umgeh[e]n und was das fürs Schreiben bedeutet.«[18] Voraussetzung für eine Zusammenarbeit sei jedoch, dass die Schauspieler sich auf die thematischen, oft theoretischen Gespräche und die Sprechweise, bei der »eine Unmenge extrem komplizierter Texte in rasender Geschwindigkeit und stakkato artigem Schlagabtausch«[19] gesprochen und geschrien werden, einlassen. Pollesch sucht mit den Schauspielern nach Spielregeln für den Abend und strebt dabei eine unhierarchische Arbeitsform an, in der den Schauspielern eine Selbstbestimmtheit zukomme, die ihnen, wenn sie lediglich als ›Erfüllungsgehilfen‹ für die Fantasie des Regisseurs funktionierten, nicht zugestanden werde[20]:

> Dieses Sich-Durchsetzen ist ein Problem. Ich versuche dem zu entkommen, indem ich sage, es gibt Spielregeln. Ich bin immer auf Schauspieler gestoßen, mit denen die Abmachung galt, dass sie sich für diese Regeln interessieren und an so etwas teilhaben wollen. Und ich musste da eben nichts durchsetzen, denn das widerspricht mir sowieso, und insofern bin ich auch kein Regisseur. Ich weiß auch, dass die Schauspieler – und das entlastet sie und auch mich – mich vor allem als Autor ansprechen, der sehr stark Auskunft über seine Texte geben kann. Insofern bin ich für die Schauspieler eine Autorität.[21]

Der Dramentext steht erst zur Premiere fest, da bis dahin immer noch Änderungen vollzogen werden. Während des Schreibprozesses bezieht Pollesch auch teilweise den biografischen Hintergrund der Schauspieler mit ein, was aus Zeitdruck oft jedoch nicht zustande kommt:

> [...] das gelingt selten, weil meine Proben zu kurz sind und es ist ein beherrschendes Moment bei mir, dass ich die Schauspieler bis zu einem gewissen Punkt zappeln lasse; nicht

---

18 | Jürgen Berger: Ich bin Heidi Hoh. René Pollesch im Gespräch. In: René Pollesch. World wide web slums. Hrsg. von Corinna Brocher. Reinbek 2003. S. 341-348, hier S. 346.
19 | Till Briegleb: Das Subversive, ARD-tauglich. In: Süddeutsche Zeitung, 27.11.2007.
20 | »Ja, wir sind ein ganz fröhlicher Verein. Brüllen, Toben, den Tyrannen spielen, der im Schauspieler nur das Instrument höchstpersönlicher Visionen sieht – das alles liegt mir nicht.« Barz: Am Thalia wird die Familie zum letzten Bollwerk gegen den bösen Kapitalismus.
21 | Romano Pocai u. a.: Wie kann man darstellen, was uns ausmacht? René Pollesch im Gespräch mit Romano Pocai, Martin Saar und Ruth Sonderegger. In: René Pollesch. Liebe ist kälter als das Kapital. Hrsg. von Corinna Brocher und Aenne Quinones. S. 327-346, hier S. 327.

aus Methode, sondern weil ich einfach nicht fertig werde. [...] Ich komme mit Textmaterial auf die Probe, auch weil ich mittlerweile das Vertrauen zu Schauspielern habe.[22]

In den fünf Diskurs-Szenen, in denen es keine körperlichen Aktionen der Schauspieler im Raum gibt, wird der Dramentext in den Mittelpunkt gestellt. Die Regie betrifft hier Tempo und Rhythmus des Sprechens sowie räumliche Entscheidungen, wie die Schauspieler während des Sprechens zusammensitzen. Oft wird leichtfertig und etwas maneriert von Diskurs-Theater oder Diskurs-Szenen gesprochen. Wichtig ist, festzuhalten, dass Diskurs nach Foucault immer eine sprachliche Formation bedeutet, die auch unabhängig von individuellen Äußerungsabsichten bestehen kann. Bei Pollesch ist der Begriff gleichwohl richtig gewählt, denn es handelt sich genau um Szenen, bei denen die Subjektivität der Figuren in den Hintergrund tritt und der Ereignishaftigkeit eines Diskurses Platz geschaffen wird.

Pollesch spricht in Interviews oft davon, dass die Schauspieler seine Dramentexte inszenieren:

> Das Tolle ist ja, dass die Schauspieler mein Stück inszenieren. Wir machen's ja nicht so, dass ich da unten sitze und sage, also du kommst von da, sondern wir versuchen, Regeln zu finden, die eine Autonomie ermöglichen. Das ist eine große Verantwortung für die Schauspieler, eine Verantwortung, die sie manchmal nicht so gerne tragen. Ab und zu brauchen sie dann doch eine Regie, aber irgendwie haben wir das jetzt in den Griff gekriegt. Dass sie auf den Text vertrauen, auf ihren Humor [...].[23]

Nach Abschluss der Probenarbeit ist der Inszenierungstext im Rhythmus und in den Spielregeln festgelegt und variiert in den einzelnen Aufführungen erstaunlich wenig. Pollesch verändert nach der Premiere am Dramentext und an der Sprechgestaltung nichts mehr. Nur selten hat Pollesch es zugelassen, dass andere Regisseure, zuletzt in der Spielzeit 2004/2005 Stefan Pucher, die Regie seiner Dramentexte übernommen haben.[24] Pollesch untersagt in der Regel fremde Inszenierungen seiner Dramentexte, mit dem Argument, dass die Texte ausschließlich im Zusammenhang mit dem jeweiligen Produktionsprozess im Team stehen könnten: »Die Schauspieler erinnern sich, während sie das Stück aufführen, an die Diskussionen. Man kann sie nicht einfach ei-

---

**22** | Ebd., S. 334f.
**23** | Tom Stromberg u. René Pollesch: Im Gespräch. In: Deutsches Schauspielhaus Hamburg. Programmzettel zu René Polleschs *Splatterboulevard. Gesellschaftskomödie in drei Akten.* UA 19.9.2003. Redaktion: Dimitra Petrou, o. S.
**24** | Bei folgenden Inszenierungen hat Pollesch nicht die Regie übernommen: *Bei Banküberfällen wird mit wahrer Liebe gehandelt* (UA Schauspielhaus Zürich, 24.5.2003, Regie: Stefan Pucher), für den zweiten Teil der *Prater-Saga, Twopence-twopence und die Voodoothek* (UA Volksbühne im Prater, 23.11.2004, Regie: Jan Ritsema), *In diesem Kiez ist der Teufel eine Goldmine* (UA Volksbühne im Prater, 10.12.2004, Regie: Gob Squad), *Diabolo – Schade, dass er der Teufel ist* (UA 9.2.2005, Volksbühne im Prater, Regie: Stefan Pucher).

nem anderen Ensemble geben, das sie als Fertigprodukt nutzt.«[25] Till Briegleb beschreibt in seiner Kritik der Inszenierung von *Diabolo – Schade dass er der Teufel ist* von Stefan Pucher, dass sich »ohne den aggressiven Proklamations- und Anbrüllgestus, den Pollesch seiner Kunstsprache auferlegt, [...] sich die sprachlichen Umwertungen in gezierte Phrasen [verwandeln].«[26] Die Inszenierung von Pucher scheint Pollesch zu dem generellen Verbot veranlasst zu haben, andererseits zeigt sich Pollesch – wenn auch nur ironisch – für begründete Anfragen offen:

[...] ich [kann] Regisseure nicht ernst nehmen, die von einem Text zum anderen wandern. [...] Wenn jemand sich jetzt vornehmen würde, nur noch Texte von mir zu inszenieren, weil er keinen anderen Ausweg sieht..., da könnte man sich zusammensetzten (lacht).[27]

Der szenische Text, der sich aus dem Probenprozess erst entwickelt hat, bildet die Grundlage für die folgende dramaturgische Analyse. Bereits die schriftliche Fixierung des Dramentextes gibt Aufschluss über die Komposition des szenischen Textes.

### 7.2.2 Zur schriftlichen Fixierung des Dramentextes

Der Dramentext *Die Welt zu Gast* setzt sich aus den schriftlich fixierten Diskursen und Monologen zusammen, enthält jedoch keine Beschreibung der ›Clips‹, d. h. der gespielten Zwischenszenen ohne Text. Lediglich die Stellen im Text, in denen die Clips einsetzen, werden im schriftlichen Text markiert. Es gibt nur einen einzigen Nebentext, der eine Geste beschreibt (S. 16: »weist auf sich«).[28] Dem Dramentext sind kein Personenverzeichnis und keine Rollennamen vorangestellt, sondern die Abkürzungen der Vornamen der Schauspieler stehen vor den Repliken. Die Versalien und unterstrichenen Worte markieren die von den Schauspielern geschrienen Passagen. Einzelne Redepassagen werden durch Streckung der Worte mithilfe einer Sperrung markiert (S. 10 »m u s s«) oder durch Unterstreichung einzelner Worte hervorgehoben (S. 8: theo-

---

**25** | Cornelia Niedermeyer: Der Ort an dem Wirklichkeit anders vorkommt. Ein Interview mit René Pollesch. In: René Pollesch. Liebe ist kälter als das Kapital. Hrsg. von Corinna Brocher u. Aenne Quinones.S. 313-318, hier S. 313.

**26** | »Im Falle dieses Abends schnurrt dann die ganze Satireleistung des Autors zusammen auf etwas Kulturpessimismus als Leidenspose mit Popschmelz. Das offenbar gewollt Lasche und Uninszenierte vermittelt darüber hinaus den wiederholten Eindruck von diesem Theater, dass man das Private dort mittlerweile schon für Kunst hält. Und damit reproduziert dieser Abend eigentlich genau das, was Pollesch mit seinem Theater die ganze Zeit außer Kraft zu setzen versucht: Persönlichkeitskult, Denkfaulheit, Sprachkonsum und die Kosmetik der Widersprüche.« Briegleb: Die Kosmetik der Widersprüche, S. 44.

**27** | Niedermeyer: Der Ort, an dem Wirklichkeit anders vorkommt, S. 313.

**28** | Die Seitenangaben beziehen sich auf den Dramentext. Vgl. René Pollesch: Die Welt zu Gast bei reichen Eltern. Hamburg, Thalia Theater 2008 (unveröffentlichte Fassung des Rowohlt Theaterverlags).

retischen). Häufig verwendete Zeichen der Interpunktion, insbesondere Ausrufezeichen und Fragezeichen (teilweise in gedoppelter oder verdreifachter Form) kennzeichnen die wechselhafte Betonung. Pollesch schreibt überwiegend kurze Sätze, was neben der Betonung auf ein rasches Sprechtempo hinweist. Der Text wird unter allen fünf Schauspielern aufgeteilt und in Szenen gegliedert (Szene 1-5). Ohne eigene Überschrift stehen die drei Monologe von Felix Knopp (S. 23), Anna Blomeier (S. 27f.) und Jörg Pose (S. 36f.), die eine dritte Ebene des Dramentextes neben den Szenen und den Clips darstellen.

Der schriftlich fixierte Text gibt einen ersten Eindruck von der Vielfalt der Betonungen und damit dem Rhythmus des Sprechens der Schauspieler, der sich unabhängig von den verhandelten Themen wie ein immer wieder aufgenommenes Motiv durch den Dramentext zieht. Mit der textimmanenten Markierung einer bestimmten Sprechweise hat Pollesch eine Möglichkeit gefunden, Hinweise für die Spielweise zu geben, ohne Nebentexte neben den Dialogtext zu stellen.

In diesem Verfahren der schriftlichen Markierung gibt es deutliche Parallelen zu der Gestaltung des Dramentextes von Sabine Harbeke, die Betonungen und Sprechweisen im Dramentext markiert. Während Harbeke jedoch auf Besonderheiten der Kommunikation verweist, schafft Pollesch einen künstlichen Sprechrhythmus mit geschrienen oder geflüsterten Passagen, mit Sätzen, die als thematisches Motiv, jedoch nicht bezogen auf eine Handlung oder einen Dialog hervorgehoben werden. Petras verzichtet dagegen ganz auf Interpunktion, hebt jedoch auch einzelne Passagen hervor, die zum größten Teil – aber nicht durchgehend – als Fremdtexte hinzugefügt wurden. Auch Petras bleibt jedoch, trotz einer sehr offenen, unmarkierten Form des Dramentextes der Form der Dialoge treu. Schlingensief markiert die Ebenen des Dramentextes und nutzt das Schriftbild, um Kommentare von Spielszenen zu unterscheiden, um eine Übersichtlichkeit über differierende Textformen herzustellen.

Mit den beschriebenen Hervorhebungen rhythmisiert Pollesch den szenischen Text und schafft Spielregeln, die im Gegensatz zu Harbekes, Petras' und auch Schlingensiefs Texten dem Sprechen von Dialogen widersprechen. Die Sprechweisen seiner Texte sind stilbildend und führen dazu, dass ein Inszenierungstext am Rhythmus des Sprechens und ein Dramentext Polleschs bereits an der Form der schriftlichen Fixierung erkennbar sind.

### 7.2.3 Verzicht auf die dramatische Form: Beschreibung des Ablaufs von *Die Welt zu Gast bei reichen Eltern*

Da keine fiktive Handlungsebene und Rollenfiguren im szenischen Text *Die Welt zu Gast* vorkommen, erfolgt zunächst eine Beschreibung des Ablaufs, bevor die Ebene der äußeren Kommunikation herausgearbeitet und der szenische Text auf den Ebenen der Darstellung, des Raumes, der Zeit und der sprachlichen Mittel untersucht wird. Auf diese Weise lassen sich am besten Vergleichsebenen zu den anderen Autoren-Regisseuren herstellen, die im Anschluss an die dramaturgische Analyse von *Die Welt zu Gast* herausgearbeitet werden. Im szenischen Text *Die Welt zu Gast* fällt auf, dass es immer wieder kurze Abschnitte einer fiktiven Erzählung (wie etwa in der Kommissar-Szene) oder Rollen gibt, die sich jedoch nicht zu einer Fabel zusammensetzen lassen. Der Begriff ›Figur‹ wird im Folgenden (in Abgrenzung zum Begriff der Rolle als einer festgelegten, charakterisierten Figur) auch verwendet, wenn sich im szenischen Text »die Bedeutung des komplexen Zeichens Figur erst in der konkreten Darstellung konstituiert.«[29]

In den szenischen Texten von Pollesch gibt es keine Abweichungen bzw. Verschiebungen von einer dem szenischen Text immanenten dramatischen Form, wie es bei Harbeke, Petras und Schlingensief der Fall war, vielmehr kommt es zu einer grundsätzlich neuen Definition von Theatermitteln. An dieser Stelle soll jedoch von der These von Anne Ubersfeld ausgegangen werden, dass »ein Theatertext ohne eine bereits bestehende Theater-Konvention nicht geschrieben worden wäre; man schreibt nicht für das Theater, ohne etwas über das Theater zu wissen. Man schreibt für, mit oder gegen einen bereits existierenden Code.«[30] Im Folgenden kann daher die dramatische Form als Modell herangezogen werden, von der sich die Theatermittel, die Pollesch einsetzt, in Abgrenzung beschreiben lassen. Zunächst werden jedoch die Abschnitte des szenischen Textes: Vorspann, Diskurs-Szenen, Monologe, Clips und Abspann im Verlauf präsentiert, um einen Ausgangspunkt für die anschließende dramaturgische Analyse zu bekommen.

### (a) Vorspann

Als Einstieg in den Theaterabend findet ein Spiel ohne gesprochenen Text statt: Katrin Wichmann versucht auf der Bühne, in einer Küchenzeile eine Schublade in das Einbauküchensystem einzufügen. Es gelingt ihr nicht, sie zieht weitere Schubladen heraus und lässt sie, als Felix Knopp dazukommt, durcheinander liegen und geht, in eine Illustrierte vertieft, ab. Felix Knopp verursacht daraufhin eine noch größere Unordnung; alle seine langwierigen Versuche misslingen, die Schubladen zurechtzurücken. Das Chaos weitet sich auf den gesamten Küchenraum, die Klappschränke und den Herd aus und immer andere Dinge funktionieren nicht, sind schief, passen nicht hinein oder nicht zusammen. Knopp legt die Schubladen schließlich quer in den Einbauschrank und legt Porzellanteller als Stützen unter den Herd, der sich mittlerweile verzogen hat und nicht mehr zu schließen ist. Judith Hofmann tritt auf und bringt mit wenigen Handgriffen das Chaos in Ordnung: Die Schubladen passen ohne Schwierigkeiten und auch die anderen Küchengeräte nehmen wieder ihre ursprüngliche Funktion ein. Anna Blomeier betritt die Küche, setzt sich auf eine Küchenablage, blättert in einer Illustrierten und fällt rücklings aus dem Küchenfenster auf eine Matratze, um dann wieder taumelnd, gedankenverloren abzugehen.

---

**29** | Jens Roselt: Figur. In: Metzler Lexikon Theatertheorie, S. 104-107, S. 105.
**30** | Anne Ubersfeld: Der lückenhafte Text und die imaginäre Bühne. In: Texte zur Theorie des Theaters, S. 394-400, hier S. 397.

In der zweiten Spielsequenz des Vorspanns wird von allen Schauspielern (Jörg Pose tritt hier zum ersten Mal auf) eine Kommissar-Szene gespielt, bei der jeder Schauspieler einmal die Rolle eines Kommissars, eines Assistenten, eines Dienstmädchens und eines Hausbesitzers übernimmt. Zwischendurch wird von den Schauspielern wiederholt der Kommentar eingeworfen: »Das hätte ich so auch sagen können.«[31] Mit der Kommissar-Szene wird bereits vorbereitet, dass es in *Die Welt zu Gast* keine festen Rollenzuschreibungen gibt, dass jeder Schauspieler jede Rolle spielen, bzw. jeden Text übernehmen kann. Beim Vorspann, der vor die Diskursszenen gesetzt wird, handelt es sich um eine relativ neue Arbeitstechnik Polleschs. In frühen Arbeiten (*Heidi Hoh, world wide web slums*) wechselten lediglich die Diskurs-Szenen mit den Clips ab.[32] Der Beginn einer Diskurs-Szene und das Ende des Vorspanns und der Clips werden von Schauspielern mit Klatschzeichen markiert. Das Klatschzeichen ist ein Beispiel für einen Kanon an Spielregeln, die das Produktionsteam für den Ablauf der Szenen, die keinem Handlungsfaden folgen[33], bei den Proben entwickelt hat.

## (b) Diskurse

Schließlich versammeln sich alle Schauspieler und die Souffleuse Gabriele Rau vorne in der Küchenzeile. Die Schauspieler setzten sich ›über Eck‹, d. h. in eine Art Halbkreis, auf die Ablagen der Küchenmöbel und beginnen die Pollesch-Texte zu sprechen, die Souffleuse steht mit dem Textbuch hinter den Schauspielern. Aufgenommen wird mit den Diskursen insbesondere das Thema ›Zuhause‹: Die Eltern, zu denen man im Notfall – auch wenn man schon dreißig ist – immer wieder zurückkehren könne, gelten als die letzte Oase, »dieses alte, alte Netzwerk, das den Sozialismus überlebt hat und den Markt überleben wird.«[34] Was ist jedoch, wenn die Eltern kein Interesse daran zeigen, die erwachsenen Kinder wieder aufzunehmen? Es wird gefragt, woher die Liebe in der Familie denn komme, wenn man sich doch das Gegenüber gar nicht freiwillig (wie in einer Liebesbeziehung) ausgesucht habe und warum im Vergleich dazu die spätere Partnersuche so kompliziert sei. In den fünf Diskurs-Szenen werden verschiedene Schwerpunkte gesetzt, jedoch wird der Zusammenhang mit Bio-

---

**31** | Das Zitat ist während der Aufführung notiert worden und kann in der Dramentextfassung nicht nachgewiesen werden, da hier nur die Texte der Diskurs-Szenen und Monologe abgedruckt sind.

**32** | Auch im kurz zuvor geschriebenen und inszenierten szenischen Text *Liebe ist kälter als das Kapital* am Stuttgarter Staatsschauspiel hat Pollesch einen achtzehn minütigen, stummen Slapstick-Vorspann mit den Schauspielern improvisiert, in dem sie der Reihe nach an einem Bankautomat hochklimmen und durch ein Fenster kippen. Vgl. Martin Mezger: Neues aus der Beeindruckungsmaschine. In: Esslinger Zeitung, 24.9.2009. Vgl. auch Tomo Mirko Pavlovic: Vom Kuschelfaktor der Schuld-Diskussion. *Liebe ist kälter als das Kapital* – René Polleschs Beitrag zur RAF-Projektwoche. In: www.nachtkritik.de/index.php?option=com_alphacontent&section=15&cat=39&task=view&id=453&Itemid=75 (gesehen am 14.10.2009).

**33** | Wirth: René Pollesch. Generationsagitpoptheater für Stadtindianer, S. 131.

**34** | Pollesch: Die Welt zu Gast bei reichen Eltern, S. 12.

politik (nach einer Theorie von Donna Haraway[35]) und über ›Zuschreibungen‹ diskutiert: Während der weiße, heterosexuelle Mann nicht ›markiert‹ sei, sei eine davon abgrenzende Zuschreibung von Frauen, Homosexuellen oder Farbigen üblich. Im Theater würde sich diese Zuschreibung in den Rollen und in den Besetzungen fortsetzen, so sei die Rolle des Hamlet selbstverständlich von einem heterosexuellen, weißen Mann besetzt, und wenn die Besetzung davon abweichen würde, müsste extra darauf hingewiesen werden. Der Diskurs geht immer wieder zurück zum Thema Familie, um in der letzten Szene die Mutterliebe der freiwillig gewählten Liebe zu Partnern gegenüberzustellen. Pollesch stellt in seiner Theaterarbeit wieder-holt heraus, dass der Kapitalismus, der mit einem ökonomischen Tauschwert umgehe, längst die Welt der Gefühle erreicht habe. In *Die Welt zu Gast* wird daher auch die als unangefochten geltende Elternliebe hinterfragt. Es wird thematisiert, ob der Liebe der Eltern tatsächlich die Authentizität zukomme, von der normalerweise ausgegangen werde[36] und inwieweit eine Kommerzialisierung sozialer, familiärer Beziehungen zu beobachten sei.

### (c) Monologe

Die drei Monologe werden als Zwiegespräch von Felix Knopp, Anna Blomeier und Jörg Pose mit sich selbst und der Kamera (und über das Medium Film mit den Zuschauern) geführt und auf die Leinwand, die auf der linken Bühnenseite aufgespannt ist, projiziert. Felix Knopp befragt im ersten Monolog seinen Körper auf die «Anfälligkeit für Sexismus»[37] als Schauspieler und als Privatperson und die Frage, warum er sich im Bühnenleben so viel besser zurechtfände als in seinem privaten Leben. Theater wird hier, vergleichbar mit dem Elternhaus, als ein Ort assoziiert, der Sicherheit und Stabilität gewährt: »Ich kann mich da draußen nicht bewegen, das funktioniert alles irgendwie nicht, und kaum geh ich nach hinten, dann geht's mir gut. Dann weiß ich, worum es geht.«[38] In einem Zwischenspiel fällt Felix Knopp rücklings von der Küchenanrichte und spricht davon, dass die alltäglichen Tätigkeiten schwieriger seien als die in Theaterinszenierungen vorgegebenen Handlungen. Schließlich legt sich Felix Knopp zu den anderen auf das Bett, die daraufhin in die Küche zurückkehren, um mit der nächsten Diskurs-Szene fortzufahren.

Im zweiten Monolog fragt Anna Blomeier im Flüsterton, ob im bürgerlichen Milieu überhaupt ein Reden über das Elend möglich sei und ergänzt Äußerungen zur Biopolitik mit Beschreibungen des Körperkults von Charity Ladies. Jörg Pose spricht im abschließenden Monolog einen Text, der die Unfreiwilligkeit der Geburt thematisiert: Was ist, wenn man die Person gar nicht mag, die man gezeugt hat? Darf das sein? Ist die Liebe zur Familie immer selbstverständlich?

---

**35 |** Vgl. Donna Haraway: Die Biopolitik postmoderner Körper. In: Dies.: Die Neuerfindung der Natur. Primaten. Frankfurt a. M. u. New York 1995, S. 160-199. Auf die Thesen von Donna Haraway wird in dieser Untersuchung nicht näher eingegangen.
**36 |** Vgl. Achim Geisenhanslüke: Schreie und Flüstern. René Pollesch und das politische Theater in der Postmoderne. In: Politisches Theater nach 1968, S. 254-268, hier S. 261 und S. 264.
**37 |** Pollesch: Die Welt zu Gast bei reichen Eltern, S. 23.
**38 |** Ebd.

*Felix Knopp (vorn) und Jörg Pose*

Foto: Arno Declair

**(d) Clips**
Clips bezeichnen bei den Proben improvisierte, während der Aufführungen live gespielte Szenen ohne Text. Zum Teil scheinen sich jedoch Situationen herauszukristallisieren, die sich zu Hause, bei den Eltern, abspielen könnten, z. B. wenn alle Schauspieler um den Toaster herumstehen und auf das warme Toastbrot warten, gemeinsam die bequemsten Liegepositionen auf dem Bett ausprobieren, ein Gesellschaftsspiel spielen, Filmszenen nachstellen oder lediglich auf den Küchenmöbeln sitzen und in einer Illustrierten blättern. Die bei den Proben assoziativ entworfenen Spielsequenzen werden mit Musik (Barbara Streisand & Barry Gibb: *Guilty*) untermalt. Die Szenen in den Clips lassen sich zwar assoziativ aufeinander beziehen, fügen sich jedoch zu keiner durchgehenden, fiktiven Geschichte zusammen. Die Schauspieler probieren

im ersten Clip[39] die Spielorte aus, die der Bühnenraum bietet: Alle legen sich in das mit einer weißen Schleife dekorierte Französische Bett, stellen sich wie für ein Familienfoto vor den runden Garderobenspiegel, hantieren mit Spüle, Kühlschrank und Toaster in der Küche, bevor sie sich dann wieder auf den Ablagen der Küchenmöbel für das nächste ›Gespräch‹ zusammenfinden. Bevor Anna Blomeier ihren Monolog hält, legt sie sich in einem rosa Morgenmantel ins Bett, wird dann von den anderen durch den Raum getragen, durch die Küchenluke gereicht, während sie geschützt und friedlich zu schlafen scheint. Katrin Wichmann und Judith Hofmann tanzen im Raum, schließlich wird Anna Blomeier wieder auf das Bett gelegt. Im zweiten Clip unterbricht eine stumme Krimihandlung die folgende Diskurs-Szene: Anna Blomeier durchwühlt Schubladen und entnimmt Geld, um anschließend die Szene aus *Psycho* von Alfred Hitchcock[40] unter der Dusche nachzuspielen. Felix Knopp und Judith Hofmann spielen eine Szene aus *Bonnie und Clyde*[41] mit einem Geldkoffer und es kommt zu Verfolgungsjagden durch alle Räume. Im letzten Clip verschwinden die Darsteller durch eine Luke, eine Fernseherattrappe, aus dem Bühnenraum.

### (e) Abspann

Als Abspann werden auf die Leinwand die Namen der Beteiligten projiziert. Im vorproduzierten Film versickern die Buchstaben im Abflusssieb einer Spüle. Die Schauspieler verbeugen sich dabei live auf der Bühne. Die Diskurs-Szenen und Monologe stellen das Zentrum des szenischen Textes Polleschs dar. Spielregeln, Slapstick-Szenen und Clips, Vor- und Abspann dienen vor allem dazu, die Aufmerksamkeit und den Spaß der Schauspieler und der Zuschauer für die sprachliche Bearbeitung dieser Themen aufrecht zu erhalten.

### 7.2.4 Die äußere Ebene der Kommunikation

### (a) Diskurs-Theater

In *Die Welt zu Gast* wird unter Anwesenheit der Zuschauer eine Debatte geführt: »Die Texte werden zuweilen einfach von einer Sprecherin an die nächste weitergereicht.«[42] Die Schauspieler sprechen die von Pollesch geschriebenen Texte und teilen ihre unbeantwortet bleibenden Ausrufe und Fragen mit den Mitspielern und den Zuschauern. Handlung und Figuren werden vom Zuschauer immer wieder neu konstituiert und verworfen. Zuschauer, denen die Spielformen des Pollesch-Theaters bereits bekannt sind, verzichten darauf zu versuchen, die Inszenierungen über das Nachvollziehen einer Handlung und die Konstitution von Rollen zu erleben. Die Zuschauer nehmen an dem jewei-

---

39 | Pollesch: Die Welt zu Gast bei reichen Eltern, S. 14.
40 | Alfred Hitchcock: Psycho, 1960. Die Szene, in der die weibliche Hauptfigur unter der Dusche erstochen wird, zählt zu den bekanntesten und meistzitierten Szenen der Filmgeschichte.
41 | Arthur Penn: Bonnie and Clyde, 1967.
42 | Dietrich Diederichsen: Denn sie wissen, was sie nicht leben wollen. René Polleschs kulturtheoretisches Theater. In: Theater heute 43 (2002) H. 3, S. 56-63, hier S. 58.

ligen Diskurs zwar nicht unmittelbar teil, indem sie aktiv mitwirken würden[43], begleiten ihn jedoch gedanklich und können ihn mit ihren eigenen, alltäglichen Erfahrungen vergleichen. Hierin ist eine Parallele zu Schlingensiefs *Rosebud* und seinem Umgang mit der äußeren Ebene der Kommunikation zu erkennen: Während bei Schlingensief eine Überblendung von (zitierten) Motiven zu einer Überforderung des Publikums und zu einer veränderten Wahrnehmungshaltung führt, ist es bei Pollesch das Sprechtempo und die ungewöhnliche Verknüpfung von Themen in den Diskurs-Szenen. Das Publikum wird sowohl durch das Tempo der Sprechsalven als auch durch die, in den Text integrierten, schwer verständlichen theoretischen Texte permanent überfordert, vergleichbar mit den Schauspielern auf der Bühne, die diese Texte bewältigen müssen. Die Zuschauer haben aber die Möglichkeit, da sie keiner durchgehenden Handlung folgen müssen, jederzeit wieder in den Diskurs ›einzusteigen‹, dessen Thesen oft wiederholt werden. Es werden in *Die Welt zu Gast* Themen bearbeitet, die, so die Hoffnung Polleschs, die Schauspieler und die Zuschauer angehen. Der Theatermacher betont unermüdlich, dass er für die Zuschauer und das Produktionsteam schreibe und inszeniere, die sich in Bezug zu den dort verhandelten Themen setzten:

[…] wenn es darum gehen soll, dass Theater die Leben berühren soll, muss man sich doch fragen, wie gelebt wird, wie gearbeitet wird, wie gerade Beziehungen geführt werden. Diese Leben versuchen wir zu berühren, und zwar, indem wir uns ernsthaft mit den eigenen auseinandersetzen und uns nicht verschanzen hinter der Ansicht, dass generell in *Hamlet* die Geschichte der Menschheit steht, oder da Formen von Leben konserviert oder kristallisiert sind, und wir die immer wieder zeigen müssen. Daran glaube ich nicht – […].[44]

Pollesch stellt heraus, dass er in den Großstädten, insbesondere in Berlin, ein Publikum ansprechen würde, das ähnliche Probleme habe wie das Produktionsteam und somit auf Augenhöhe an dem Theaterabend teilnehme.[45]

---

43 | Nur selten kommt es in Polleschs Aufführungen zum Mitwirken der Zuschauer. In *world wide web slums* und in *Splatterboulevard* (UA Hamburg, Deutsches Schauspielhaus, 19.9.2003) wurden ›Schreibwettbewerbe‹ mit dem Publikum veranstaltet und für *Splatterboulevard* im Parkett ein Karaoke-Pavillon aufgebaut. Vgl. Ann-Ev Ust: Tür auf, Tür zu, Mann in den Schrank. Interview mit Bernd Moss zu *Splatterboulevard*. In: Hamburg Pur. Nr. 17, September 2003.
44 | Andreas Beck: Die Möglichkeit, dass alles auch anders sein könnte. Ein Gespräch mit René Pollesch zu Beginn der Proben. In: Programmheft Wiener Burgtheater im Akademietheater. Spielzeit 2006/2007. René Pollesch. Das purpurne Muttermal. Redaktion: Andreas Beck u. René Pollesch. H. 146, S. 8-26, hier S. 13.
45 | »Pollesch: Wir haben die Erfahrung gemacht, dass es […] wahrscheinlich nur in Berlin geht, dass Leute ihr Theater finden. Dass wir hier Theater machen können über das, was in unserer nächsten Nähe passiert und eben auch in der unserer Zuschauer.« Frank M. Raddatz u. René Pollesch: Penis und Vagina, Penis und Vagina, Penis und Vagina. René Pollesch über Geschlechterzuschreibungen, das Normale als Konstruktion und die Theoriefähigkeit des Alltags. In: Brecht frisst Brecht, S. 195-213, hier S. 196.

Till Briegleb beschreibt das großstädtische Publikum, das gern als ›Pollesch-Fangemeinde‹ bezeichnet wird, indem er nicht das ›den Alltag Berührende‹, sondern das ›Vorbeirauschen‹ der szenischen Texte hervorhebt: »Intellektuelle Satire für urbane Minderheiten wie Bücherleser, Popdiskursive, gebildete Zyniker, ästhetisch Ungeduldige oder skeptische Theoriefilzer, denen Begriffsverwirbelung eine echte Erholung ist.«[46] Wozu dienen also die theoretischen Texte? Formal wird durch die Diskurs-Ebene und die integrierten theoretischen Texte eine Veränderung im Verhältnis von Bühne und Zuschauer, ein Verzicht auf ›Repräsentation‹ erreicht. Es bleibt jedoch die Frage, ob der Unterhaltungswert der Pollesch-Theaterabende der Hauptgrund für das Publikum ist, sie sich anzusehen oder ob tatsächlich die inhaltliche Auseinandersetzung gesucht wird. Die Aufmerksamkeit für theoretische Texte wird zumindest an das Publikum herangetragen und führt – so Pollesch im Publikumsgespräch[47] – bei Teilen des Publikums zu einer Beschäftigung mit den bearbeiteten theoretischen Texten auch im Anschluss an die Aufführungen. Wie lässt sich die Auswirkung der Diskursebene auf das Verhältnis von Bühne und Zuschauerraum beschreiben? Birkenhauer beschreibt eine Form der Öffnung zum Publikum, die keine direkte, körperliche Überschreitung der ›Vierten Wand‹ bedeutet, als eine »Aufhebung einer eindeutigen Trennung von Innen und Außen, hineingekommen in das dramatische Geschehen.«[48] Diese Veränderung bedeute für den Zuschauer das Ende der ›Vierten Wand‹ und damit einen Verlust der Orientierung, die mit ihr gegeben war, die Erschütterung des gesicherten Abstandes zwischen der Binnenperspektive der Figuren und ihrer eigenen. Der Verzicht auf Rollennamen führt somit auch zu einer ›Durchlöcherung‹ der ›Vierten Wand‹, d. h., die gesprochenen Sätze können von den Zuschauern nicht mehr an eine Rolle gekoppelt werden, sondern ›kursieren‹ ungebunden im Raum. Die Entscheidung, welcher Schauspieler Texte spricht, ist nicht mehr an Rollenzuordnungen (z. B. nach Geschlecht oder sozialer Funktion) gebunden. Pollesch möchte in seinen Theaterarbeiten Repräsentation verhindern, indem er die Zuschauer als teilnehmende Denker in den Prozess der Aufführung einbezieht. Um sein ›Diskurs-Theater‹ dem Publikum zugänglich zu machen und deren Aufmerksamkeit aufrecht zu erhalten, integriert er unterhaltende, komische und ›trashige‹ Spielformen.

## (b) Unterhaltung

Die äußere Ebene der Kommunikation bleibt zwar in *Die Welt zu Gast* von dem Geschehen auf der Bühne räumlich getrennt, dennoch wird im szenischen Text dafür gesorgt, dass die Zuschauer eine unterhaltsame Phase der ›Entspannung‹[49] nach der Konzentration auf die ungewohnten Dramentexte

---

**46** | Briegleb: Die Kosmetik der Widersprüche, S. 43.
**47** | Vgl. Kap. 10.4. Publikumsgespräch zwischen Claus Cäsar, René Pollesch, Sophie Rois und Martin Wuttke.
**48** | Birkenhauer: Schauplatz der Sprache, S. 101.
**49** | »Pollesch: Die Clips entwickeln sich absolut aus dem Zufall heraus. Mit wenig Ehrgeiz. Eine Form von Entspannung. Die Sachen entstehen immer einfacher. Sie entstehen einfach.

und Sprechpassagen erleben. Im Vorspann wird das Publikum bei einer heiteren, musikalisch untermalten Atmosphäre auf unkonventionelle Verfahren (Verzicht auf Rollenzuschreibungen, Einführung von Spielregeln) vorbereitet. In den gefilmten Monologen richten sich die Schauspieler in Großaufnahme direkt an die Zuschauer. Die Zuschauer bekommen außerdem über Filmausschnitte die Möglichkeit, hinter die Bühne zu sehen, und nehmen somit teil an dem Produktionsprozess des Theaterabends. Ebenso erleben die Zuschauer, dass die Souffleuse die Schauspieler offen darin unterstützt, die Textmengen zu bewältigen. Den Zuschauern werden Einblicke in sonst verdeckte Zusammenhänge der Theaterwelt geboten. Darüber hinaus schaffen die schillernden, glitzernden Kostüme und Bühnenelemente von Janina Audick eine bunte, revueartige Theaterwelt, die mittlerweile das Label ›Pollesch‹ nachdrücklich prägt[50] und die Zuschauer bestens unterhält. Pollesch hat in einigen Inszenierungen (z. B. *Splatterboulevard* und *Das purpurne Muttermal*) die Strukturen von Boulevardkomödien (Komödien von Eugène Labiche, Neil Simon und Georges Feydeau) oder die Strukturen von Filmen[51] genutzt, die er dann mit theoretischen Texten »durchschossen«[52] hat:

Dass Pollesch die Gesetze der leichten Unterhaltung mit Gags, Slapstick, Kitsch und falschen Gefühlen beherrscht, ohne den permanenten Ausbruch des Irrationalen und die bei ihm üblichen soziologischen Reflexionen wegzulassen, ist die wirkliche Überraschung.[53]

Die komische Wirkung seiner Stücke erklärt sich außerdem aus dem Spaß, den die Schauspieler in den improvisierten Szenen und bei der Bewältigung der ›Sprechsalven‹ entwickeln und zum anderen aus den vielen Brüchen, die den szenischen Text prägen.

Ich glaube die Leute lachen darüber, wie die Themen kollidieren. Dass die Schnitte so unrealistisch sind, die Anschlüsse so merkwürdig. Es gibt natürlich Effekte, die der Text produziert. In dieser Absurdität, die Komik erzeugt. Und diese unvermittelten Ausbrüche. Wenn man es nicht gewohnt ist: Jemand redet, dann schreit er, dann redet er einfach weiter, das ist, glaub ich, einfach komisch.[54]

---

Und je unschärfer sie sind, desto größer ist ihr Zauber.« Niedermeier: Der Ort, an dem Wirklichkeit anders vorkommt, S. 318.
**50** | Beck: Die Möglichkeit, dass alles auch anders sein könnte, S. 26.
**51** | *Heidi Hoh* bezieht sich beispielsweise auf *Norma Rae*, einen Film über eine amerikanische Fabrikarbeiterin, die für die Ziele der Gewerkschaft politisiert wird. In *Die Welt zu Gast* werden bekannte Krimistoffe zitiert.
**52** |»*Splatterboulevard* ist so ein richtiges ›well made play‹ in guter alter Tradition, mit Tür auf, Tür zu, Mann in den Schrank, Leichen etcetera. [...] Aber dann löst sich die Komödie immer mehr auf und wird durchschossen mit politischen Texten, fast so, als ob sich ein anderes Stück Bahn bricht.« Ust: Tür auf, Tür zu, Mann in den Schrank.
**53** | Till Briegleb: Fast wie im richtigen Fernsehen. Extra ordinär. Polleschs *Splatterboulevard* am Deutschen Schauspielhaus Hamburg. In: Süddeutsche Zeitung, 24.9.2003.
**54** | Niedermeier: Der Ort, an dem Wirklichkeit anders vorkommt, S. 318.

Das Publikum in Polleschs Inszenierungen lacht viel und scheint die anspruchsvollen Diskursszenen auch durch die Unterhaltung, die die Theaterabende von Pollesch bieten, zu akzeptieren. Pollesch nutzt hier Mittel der Unterhaltung, die bereits Bertolt Brecht herangezogen hatte, um die Zuschauer zwar nicht in die Illusion des Bühnengeschehens zu entlassen, sondern, um ihnen im Theater Vergnügen zu bescheren: »Seit jeher ist es das Geschäft des Theaters [...], die Leute zu unterhalten. Dieses Geschäft verleiht ihm immer eine besondere Würde; es benötigt keinen andern Ausweis als den Spaß, diesen freilich unbedingt.«[55] Innerhalb der Diskurssequenzen versucht Pollesch das Interesse der Zuschauer durch hohes Tempo, Betonungswechsel und Pausen zu halten. Ob tatsächlich Aufmerksamkeit für den Diskurs erzeugt wird, ist andererseits fraglich, da gerade das hohe Tempo, in dem die Sätze gesprochen werden, ein inhaltliches Erfassen der Zusammenhänge erschwert.

### 7.2.5 Verschiebungen als Abweichungen vom Modell der dramatischen Form

Durch welche Formen der Abweichung, bzw. des Verzichts auf ein ›Modell der dramatischen Form‹ der szenische Text *Die Welt zu Gast* gekennzeichnet ist, soll im folgenden Kapitel untersucht werden. Während bei der Analyse von Harbekes, Petras und Schlingensiefs Werken noch von einer fiktiven Handlungsebene und Figuration ausgegangen werden konnte, werden bei Pollesch die ›Spielregeln‹ auf den Ebenen der Darstellung, des Raumes, der Zeit und der sprachlichen Mittel zwar auch als Formen des Verschiebens beschrieben, jedoch in Abgrenzung von dem (der Nutzung der dramatischen Form) zugrunde liegendem Theaterverständnis der Repräsentation.

### (a) Verschiebungen auf der Ebene der Darstellung

**Künstlerpersönlichkeit**
Für die Schauspieler, die in *Die Welt zu Gast* mitwirken, hat Pollesch im Gegensatz zu anderen Dramentexten (wie *world wide web slums*[56], *Heidi Hoh arbeitet hier nicht mehr* oder *Das purpurne Muttermal*) keine Kunstnamen erfunden. Die Schauspieler sprechen sich jedoch während der Aufführung nicht mit ihren Vornamen an, das heißt, es existieren zwar keine Rollen, dafür aber eine Künstlichkeit der Darstellungsweise, die sich zwischen die Privatperson und die Darstellung schiebt. Einen szenischen Text, den Pollesch zum Abschluss der Autorentheatertage 2009 in Hamburg mit Judith Hofmann, Felix

---

55 | Brecht: Kleines Organon für das Theater, S. 131.
56 | In *world wide web slums* und *Heidi Hoh arbeitet hier nicht mehr* stehen die Vornamen der Schauspieler in Klammern hinter den Figurennamen, z. B. Drahos Kuba (Bernd), Frank Olyphand (Stefan) in *world wide web slums* oder Heidi Hoh (Rolli), Gong Scheinpflugova (Amja) und Bambi Sickafosse (Susanne) in *Heidi Hoh arbeitet hier nicht mehr*. Vgl. René Pollesch: world wide web slums. In: René Pollesch. world wide web slums. Hrsg. von Corinna Brocher. Reinbek 2003, S. 31 und S. 105.

Knopp und Katrin Wichmann (die auch in *Die Welt zu Gast* gespielt haben) geschrieben und inszeniert hat[57], wurde nach den zusammengesetzten Buchstaben der Vornamen der Schauspieler, *JFK*, betitelt. Carl Hegemann sieht einen Fortschritt darin, dass die Namen der Darsteller jetzt auch teilweise in den Titeln[58] auftauchen, weil es Pollesch um den Menschen gehe, der da auf der Bühne steht, nicht um Rollen. Dennoch würden die Schauspieler in dem Stück an einer anderen Existenz als der eigenen arbeiten: »Es wird eine Authentizität behauptet, die dann gleich wieder gebrochen wird.«[59] Vergleichbar ist hier das ›Label‹ von Popstars, die in ihren Auftritten zwar nicht ihre private Identität ablegen, jedoch stets eine – inszenierte – Künstlerpersönlichkeit verkörpern.[60] So können Argumente und Gesten auch aus dem Privatleben der Schauspieler oder aus den Erfahrungen, die sie mit ihrem Beruf machen, vorkommen. Felix Knopp spricht z. B. mit der Diskrepanz, die er in Bezug zu seinem Körper als Schauspieler und privat erleben würde, ein Thema an, das ihn selbst betrifft.

Pollesch betont, dass die Schauspieler in den szenischen Texten, ähnlich wie die Bühnen- und Kostümbildner, als eigenständige Künstlerpersönlichkeiten, in einer »authentischen Präsenz«[61] in Erscheinung treten, indem sie an der Struktur des szenischen Textes wesentlich beteiligt sind. Zu fragen ist jedoch an dieser Stelle, ob die Authentizität für den Zuschauer überhaupt eine Glaubwürdigkeit bekommt oder ob sie lediglich eine Behauptung bleibt, da sowohl die Darsteller als auch die Zuschauer durchgängig davon ausgehen, dass beim Theaterereignis nicht private Zusammenhänge, sondern Vorgänge auf einer künstlerischen, inszenierten Ebene präsentiert werden.

### Verzicht auf Repräsentation

In *Die Welt zu Gast* repräsentieren die Schauspieler keine Figuren, vielmehr treten sie als »talking heads, als extreme Sprechautomaten«[62] in Erscheinung, die dann in den Clips, vom Sprechen abgekoppelt, auch körperlich agieren. John von Düffel beschreibt die Figuren bei Pollesch nicht als Ausgangspunkt des szenischen Textes, jedoch ergeben sie »sich aus einer Art Rückkopplung, während der Schauspieler schreit oder spricht.«[63] Trotz Diskursen entstehe so

---

57 | René Pollesch: JFK. UA Hamburg, Thalia Theater, 9.5.2009.
58 | Ein weiterer Titel, in dem die Namen der Darsteller vorkommen lautet *L'affaire Martin! Occupe-toi de Sophie! Par la fenetre, Caroline! Le marriage de Spengler. Christine est en avance.* UA Berlin, Volksbühne am Rosa-Luxemburg-Platz, 11.10.2006.
59 | Carl Hegemann u. René Pollesch: Liebe, von der man sich selbst erzählt. Ein Gespräch über linke Kritik, Fake und wahre Liebe, geführt am 1.10.2006 in Berlin. In: Die Überflüssigen. Mit Beiträgen von Bazon Brock u. a. Redaktion: Stefanie Carp. Volksbühne am Rosa-Luxemburg-Platz. Berlin 2006, S. 100-136, hier S. 122.
60 | Vgl. Dietrich Diederichsen: Maggies Agentur. Das Theater von René Pollesch. In: Dramatische Transformationen, S. 101-110, hier S. 107.
61 | Lehmann: Postdramatisches Theater, S. 46.
62 | Pocai: Wie kann man darstellen, was uns ausmacht, S. 329.
63 | John v. Düffel u. Franziska Schößler: Gespräch über das Theater der neunziger Jahre. In: Theater fürs 21. Jahrhundert, S. 42-55, hier S. 48f.

ein figürliches Moment. In den Monologen wird das Sprechen zeitweise mit körperlichem Spiel verbunden, ohne jedoch den Inhalt des Gesagten durch die Gesten zu unterstreichen.[64] Während Anna Blomeier beispielsweise über Charity-Ladies spricht, umfasst sie den Kopf von Jörg Pose, knetet ihn und schiebt ihn vor die Kamera. Es bleibt auch hier eine Differenz zwischen Wort und Geste bestehen, da die Sätze Blomeiers und ihr Zusammenspiel mit Jörg Pose sich nicht entsprechen.

Die traditionelle Einheit der Bühnenfigur, die Einheit von Sprechen, Fühlen und Handeln ist in den Theaterarbeiten von Pollesch aufgebrochen.[65] Die Schauspieler übernehmen dabei als ›Textträger‹[66] zwar zeitweise Positionen (z. B. die des Sohnes, der mit 30 wieder bei den Eltern einziehen möchte), jedoch wird die Identifikation mit einer Rolle (bzw. einer inhaltlichen Position) und einem Schauspieler und dessen Stimme und Körper verhindert. Einerseits wird dazu der Stimm- und Körpereinsatz in den Diskurs-Szenen und den ›Clips‹ voneinander abgekoppelt gezeigt und andererseits übernehmen immer wieder andere Schauspieler die Parts, die einer bestimmten Position im Diskurs zuzuordnen sind. Wenn z. B. Felix Knopp Texte spricht, die einer Frau zuzuordnen wären, entsprechen seine Aussagen nicht seiner körperlichen Erscheinung. Bertolt Brechts theoretische Überlegungen zur epischen Bühne, dargestellt an dem Beispiel *Die Straßenszene*[67], zeigen, dass der Schauspieler nicht in der Rolle ›aufgeht‹, sondern die Figur stets als ›Material‹ angesehen wird. Der Schauspieler wird von Pollesch dazu angehalten, Sätze nicht zu erfüllen, sondern sie für sich zu bearbeiten, um etwas Unerwartetes mit den

---

**64** | In einigen Inszenierungen, z. B. in *Das purpurne Muttermal* und *Fantasma* gibt es Szenen, in denen die Schauspieler beim Sprechen auch körperlich agieren, wobei Pollesch dabei einschränkt, dass die Schauspieler hier über die Abkopplung von Sprache und Körper, auf die es ihm ankomme, auch verfügten, indem sie beide Ausdrucksformen parallel einsetzten: «Man nimmt im Theater eine Geste mehr wahr als einen Text. Wenn jemand einen Satz sagt und dabei mit dem Kopf nickt, denkt man, er sei mit etwas einverstanden. [...] Und das wollte ich entkoppeln. [...] Ab einem bestimmten Punkt, oder mit bestimmten Schauspielern haben wir dann, mit Leuten, die das auseinander halten können im Kopf, mit denen kann man das dann wieder versuchen zu koppeln.« Vgl. Beck: Die Möglichkeit, dass alles auch anders sein könnte, S. 21.

**65** | Pocai: Wie kann man darstellen, was uns ausmacht, S. 329.

**66** | »Textträger sind [...] nicht durch ihre Funktion im inneren Kommunikationssystem (innerhalb einer Figurenkonstellation und einer fiktiven Handlung) zu verstehen, sondern müssen als poetische Zeichen verstanden werden, die im Hinblick auf das äußere Kommunikationssystem konzipiert sind [...] statt ›Bedeutung‹ eher Rhythmus, Fremdheit [...] produzieren.« Poschmann: Der nicht mehr dramatische Theatertext, S. 307.

**67** | Brecht führt in *Die Straßenszene* vor, dass es im epischen Theater nicht um das Repräsentieren von Figuren geht, sondern um das Zeigen und Diskutieren von Verhaltensweisen. Auf diese Weise könnte der Zuschauer oder Zuhörer verschiedene Positionen zum Gezeigten einnehmen und ihm bliebe die Freiheit des Urteils. Vgl. Bertolt Brecht: Die Straßenszene. In: Ders.: Schriften zum Theater, S. 90-105.

Sätzen passieren zu lassen.⁶⁸ Bernd Moss macht in einem Interview zu der Aufführung von *Splatterboulevard* deutlich, was der Verzicht auf die Struktur von Rolle und fiktiver Handlung für das Spiel bedeute:

> Man [hat] meistens keine klassische Figur oder kein Handlungsgerüst [...], an dem man sich festhalten kann. [...] Man muss sich wahnsinnig konzentrieren, aufgrund der Textmassen. Das ist manchmal sehr hart, aber auch aufregend und schön. Danach sind wir alle immer total Adrenalin verseucht.⁶⁹

Stets wechseln die Schauspieler und Schauspielerinnen die Sprech-Positionen, sprechen Texte von Müttern, Vätern, Kindern, ohne auf eine geschlechtsspezifische Zuschreibung zu achten. Allerdings kommt es in den Clips zu einer spielerischen, auf das körperliche Spiel bezogenen Zuordnung oder zumindest ›Anlehnung‹ der Schauspieler an Rollen. So könnte Anna Blomeier bereits durch das kurze Kleid mit Schleife und durch eine Spielszene, in der sie von den anderen Schauspielern vorsichtig ins Bett getragen wird, mit einem gut behüteten Kind assoziiert werden. Jutta Hofmann, die die von Felix Knopp und Katrin Wichmann angerichteten Schäden in der Küche in Ordnung bringt, könnte mit der Mutterrolle in Verbindung gebracht werden, die die Dinge ›im Griff hat‹. Insgesamt erinnern die Kostüme jedoch eher an verspieltes, lustvolles Verkleiden während des Probenprozesses als an die bezeichnende Kostümierung einer Rolle. Zuschreibungen wie männlich-weiblich, jung-alt, aggressiv-ruhig etc. werden dadurch im Vorfeld aufgehoben. Assoziative Bezüge zwischen Schauspielern, Text und körperlichen Gesten können von den Zuschauern punktuell vollzogen und wieder verworfen werden. Die Zuschauer üben sich im Laufe der Inszenierung darin, auf ›Zuschreibungen‹ zu verzichten und einem Diskurs, unabhängig von festgelegten Positionen und Rollen zu folgen. Da die Figuren keine Motive des Handelns mehr verfolgen und die Psychologie der Figur, d. h. die Deutung der Handlung auf einen personellen Horizont, entfällt, können ihre Handlungen nicht mehr mit den gesprochenen Sätzen verknüpft werden. Wenn das Zeichen mit dem Bezeichneten nicht mehr in Übereinstimmung ist, gerät das Verfahren der strukturalistischen Analyse, die sich aus der Theatersemiotik entwickelt hat, ins Wanken: Das Kostüm dient hier beispielsweise nicht mehr dazu, eine Rollenfigur zu bezeichnen, sondern eher dazu, den Schauspielern und Kostümbildnern künstlerische Freiheit in der Gestaltung zu überlassen.⁷⁰ Wenn jedoch der Zuschauer nichts mehr beschreiben und zuordnen kann, hat auch nichts mehr

---

68 | Vgl. Raddatz u. Pollesch: Penis und Vagina, S. 203.
69 | Ust: Tür auf, Tür zu, Mann in den Schrank, o. S.
70 | Die von Erika Fischer-Lichte für die verschiedenen Zeichen des Theaters (Schauspieler, Raum, Kostüme etc.) entworfene Theatersemiotik konnte hier nicht angewandt werden, da die Kostüme als Zeichen hier nur aus dem künstlerischen Zusammenhang, nicht mit Bezug zur realen Welt, in Hinblick auf eine zu charakterisierende Rolle zu analysieren ist. Vgl. Erika Fischer-Lichte: Semiotik des Theaters. Bd. 1-3. Bd. 1. Das System der theatralischen Zeichen; Bd. 3: Die Aufführung als Text. 5. Aufl. Tübingen 2007.

Bedeutung und auch der Wert der Sätze, die nach Polleschs Äußerungen dazu dienen sollen, sich einen Zugang zur Welt zu verschaffen, drohen, ohne Bezug am Zuschauer ›vorbeizurauschen‹. Die Sätze beziehen sich nicht auf die Psychologie der Figuren und lassen sich so zunächst nicht auf Motive für alltägliche Handlungsweisen beziehen. In dem Verzicht auf die Repräsentation und damit die Psychologie einer Figur sieht Birkenhauer am Beispiel einer Inszenierung Heiner Müllers »einen Bruch mit den Darstellungskonventionen des Theaters, seiner Repräsentationsfunktion«[71]. Schauspieler seien nicht länger Zeichen für etwas Abwesendes, die dargestellte Figur, sondern eine physische Präsenz als Spieler trete in den Vordergrund, die materielle Wirklichkeit seines Körpers in der Gegenwart der Aufführung selbst.[72] Das Spiel mit der Repräsentation kennzeichnet neben Polleschs Theaterarbeit auch die Werke von Schlingensief. Die Schauspieler repräsentieren in *Rosebud* in einer Figur gleich mehrere Personen, oft auch des politischen und kulturellen Lebens, sodass sich die Zuschreibungen überblenden und das eindeutige Bild einer Figur ›verwischen‹. Petras arbeitet zwar ebenfalls mit dem Verfahren der ›Überblendung‹ einzelner Figuren mit Projektionen, die anderer Biografien thematisieren, setzt diese jedoch ausschließlich dazu ein, die Figuren und ihre Situation genauer bestimmen zu können. Es zeigt sich in der Analyse, dass auch bei Pollesch eher von einem Spiel mit der Repräsentation als von einem Verzicht auszugehen ist. So ergeben sich durch die Filmmotive Spielebenen, auf denen sich die Schauspieler mit bestimmten Typen, wenn auch nur kurzweilig und im ständigen Wechsel, identifizieren. Selbst aus den Diskursen lösen sich immer wieder Charaktere und Typen heraus, mit denen die Schauspieler als ›bedeutende Zeichen‹ in Verbindung gebracht werden. Dennoch kann herausgestellt werden, dass sich Pollesch darum bemüht, die Zuordnung von Bedeutungen zu bestimmten Figuren zu vermeiden und durch Spielformen zu verhindern, die im Produktionsteam entwickelt werden.

### (b) Verschiebungen auf der Ebene des Raumes

#### Kunstraum Bühne

Der Bühnenraum ist bereits vor Beginn der Probenphase, im Zusammenhang mit ersten Gesprächen über die inhaltlichen Schwerpunkte der Bühnengespräche, von Janina Audick erstellt worden. Pollesch überlegt gewöhnlich erst im Probenprozess, gemeinsam mit den Schauspielern, wie sie mit dem Raumkonzept umgehen und hält sich aus den Entscheidungen, die das Bühnenbild und die Kostüme betreffen, weitgehend heraus. Pollesch verzichtet auf eine – sonst im Theater übliche – zweckgebundene Nutzung des Bühnenraums. So ist er bei Bühnenkonzeptionsproben oft nicht vor Ort, was im Theaterablauf absolut ungewöhnlich ist. Bert Neumann hat beispielsweise für den Prater in Eigenverantwortung eine Wohnbühne erstellt, in der mehrere Produktionen

---

[71] | Birkenhauer: Schauplatz der Sprache, S. 239.
[72] | Vgl. ebd.

gespielt wurden.⁷³ Pollesch überlässt hier, vergleichbar mit der direkten Beteiligung der Schauspieler am Produktionsprozess, den Bühnenbildnern weitgehende Selbstbestimmtheit in ihrer Arbeit:

Pollesch: Ich habe Bühnenbildner, die eine Vorstellung von einem Raum haben und die verwirklichen sie in unserer Arbeit [...] als eigenständige Künstler. [...] Ich zwinge Janina Audick nicht, bestimmte Räume zu bauen. Ich sage nicht, ich hätte gerne da ein Kaufhaus und da eine Schiffsschraube und da das. Das sind eigenständige Künstler, die wissen, warum sie diese Räume bauen. Ich überlege mir dann, wie man darin arbeiten kann. Ich disqualifiziere den Bühnenbildner nicht zu einem Dienstleister meines Konzepts.⁷⁴

Janina Audick hat für *Die Welt zu Gast* eine Wohnkulisse im Stil der 50er Jahre gebaut, die verschiedene Spielräume eröffnet: vorne die Küchenzeile, hinten das Bett, in der Mitte die Garderobe und ein Raum mit Badewanne. Einzelne Raumausschnitte sind nur über Videoeinspielung auf der Leinwand, die vorne links auf der Bühne platziert ist, für die Zuschauer einsehbar. Einige Räume sind durch Türen oder Luken miteinander verbunden. Die Dekoration charakterisieren leuchtende, bunte Farben, glitzernde Stoffe und die blinkenden Glühlampen, die die Leinwand umranden und auf der in Neonlicht die Worte ›Love me‹ erscheinen. Die Bühnendekoration in *Die Welt zu Gast* nimmt für das Spiel der Schauspieler eine andere Funktion ein als das Bespielen realer Innenräume; es handelt sich um einen Kunstraum, der absurde Spielsequenzen ermöglicht. Die Dekoration wird dem Zuschauer eindeutig als Bühnenbild kenntlich gemacht, in dem z. B. die Rückseiten der Stellwände sichtbar sind. Im Vorspann werden die realen Gegenstände zusätzlich auf eine absurde Ebene gestellt: Der Wasserschlauch der Spüle ist meterlang und lässt sich nicht in die Halterung schieben oder aus dem Herd springt eine Clowns-Figur. Die Gegenstände scheinen ein ›Eigenleben‹ zu führen, das sich einer Funktionalisierung widersetzt. Auf ein Handzeichen der Schauspieler hin wird Musik eingespielt und Lichtwechsel erfolgen, doch auch dieses, für eine Inszenierung in der Regel feinabgestimmte Verfahren, funktioniert hier nur selten, oft erst auf die zweite Aufforderung hin. Judith Hofmann springt im Dunkeln und winkt, bis die Lichttechniker – verzögert – auf ihre Zeichen reagieren. Auf die technischen Übergänge und Einstellungen, die sonst im Theaterapparat perfekt, zumeist versteckt vor den Augen der Zuschauer funktionieren sollten, ist hier kein Verlass. Pollesch fördert damit keine Illusion einer ›nachgebauten‹ Realität, sondern gewährt dem Zuschauer Einblicke in die künstlerischen Abläufe, zu denen Störungen, Unterbrechungen und Absurditäten gehören. In der Trilogie *Heidi Hoh* (Bühne und Kostüme: Viva Schudt) oder *world wide web slums* waren die Räume und Dekorationen noch als abstrakte Orte gestaltet, in denen

---

73 | In der Spielzeit 2001/2002 wurden in der Wohnbühne, die Bert Neumann im Prater gebaut hatte neben den drei Pollesch-Inszenierungen *Stadt als Beute, Insourcing des Zuhause –Menschen in Scheiss-Hotels* und *Sex* auch Stücke von Helgard Haug und Daniel Wetzel, *She She Pop* und *AnbauNeueMitte* gezeigt.
74 | Beck: Die Möglichkeit, dass alles auch anders sein könnte, S. 26.

Dekorationen, die reale Räume ersetzen, kaum vorgekommen sind.[75] Auch der Bühnenraum von *Die Welt zu Gast* stellt (obwohl die Dekorationen stärker auf einen realen Raum, eine Küchenzeile, verweisen) einen Kunstraum dar, in dem die Diskurs-Szenen in keinen realistischen Bühnenraum eingebunden sind und zu vorhandenen realistischen Bühnenelementen (wie den Küchengeräten) in keinem handlungsbezogenen, sondern lediglich in einem assoziativen Bezug stehen. Vielmehr bietet der Bühnenraum

*Jörg Pose, Anna Blomeier, Judith Hoffmann (liegend), Felix Knopp, die Souffleuse Gabriele Rau, Katrin Wichmann, (v. l. n. r.).*

Foto: Arno Declair

Charakteristisch ist für Polleschs Inszenierungen die spezielle Sitzanordnung der Schauspieler: In seinen früheren Inszenierungen, *world wide web slums* oder *Insourcing des Zuhause*, waren es drei Schauspieler, die im Halbkreis für die Diskurs-Szenen zusammengekommen sind, auf fantasievoll gestalteten Sitzen, die mit Decken und einem Sattel ausgestattet waren. Die Sitzanordnung auf den Küchenmöbeln legt auch in *Die Welt zu Gast* fest, dass die Konzentration nicht auf der körperlichen Bewegung der Schauspieler, sondern auf dem Sprechen und Reagieren auf die jeweils gesprochenen Texte liegt. Der Bezug der Diskurs-Texte zu den Bühnenelementen ist assoziativ und von einer handlungsbezogenen, realistischen Zuordnung weitgehend losgelöst.

---

**75 |** In *world wide web slums* bestand der Bühnenraum beispielsweise aus drei Sätteln und Dekorationen (wie Indianerschmuck, Schaufensterpuppen oder Luftballons), die mit den Debatten in keiner Verbindung standen.

## Verschobene Sicht für die Zuschauer

Die Zuschauer sitzen bei *Die Welt zu Gast* in Sitzreihen, die von drei Seiten die Bühne umgeben und haben somit eine sehr unterschiedliche Sicht auf das Bühnengeschehen. Irritation und damit Aufmerksamkeit beim Zuschauer löst der Verzicht auf die Einsicht in alle Aktionen, die hinter den Wänden der Dekoration stattfinden, aus. In *Das purpurne Muttermal* geht Pollesch so weit, dass die Schauspieler kaum noch vorne auf der Bühne spielen, sondern sich fast alle Vorgänge, für den Zuschauer nicht einsehbar, hinter der Bühnenwand abspielen. Erst im Verlauf des Theaterabends wird die papierene Bühnenwand punktuell von den Schauspielern ›eingebrochen‹ und damit, neben den gefilmten und auf die Leinwand projizierten Szenen, Durchblicke eröffnet. Es besteht in Polleschs Theaterarbeiten stets der durchgehende Hinweis auf die Illusion der Bühnenelemente, auf den genutzten Theaterapparat. Andere Bühnenkonzepte für das Diskurs-Theater Polleschs (z. B. die Einzelsitze und Sitzkissen für die Zuschauer im Rangfoyer des Deutschen Schauspielhauses bei *world wide web slums*, Bühne und Kostüme: Janina Audick und Tabea Braun) ermöglichten eine größere räumliche Nähe zwischen den Zuschauern und den Schauspielern als es bei *Die Welt zu Gast* der Fall ist. Mittlerweile sind in den Theaterarbeiten von Pollesch jedoch die in das Bühnengeschehen integrierten Zuschauersitze weitgehend verschwunden, da aufgrund der gewachsenen Popularität auch auf der großen Bühne mit festgelegten Zuschauerplätzen (sogar im Abonnement)[76] gespielt wird.

Von kleineren Spielstätten aus, insbesondere dem Prater der Volksbühne am Rosa-Luxemburg-Platz, gehen die Produktionen oft für Gastspiele und Festivals auf Reisen, für die die Bühnen- und Zuschauereinrichtungen entsprechend nachgebaut werden müssen. Pollesch bevorzugt die Nebenspielstätten der Theater, lehnt jedoch Aufführungsmöglichkeiten an großen Häusern verständlicherweise auch nicht ab. Am Thalia Theater in der Gaußstraße wurde mit den die Bühne umrahmenden Sitzreihen eine Zwischenlösung gefunden. Es überwiegt die Atmosphäre, dass sich alle Beteiligten, Schauspieler, Souffleuse, Filmer, Techniker und Zuschauer auf Augenhöhe im Raum befinden, um sich bei Interesse diskursiv auseinanderzusetzen.

Im Vergleich zu den Bühnenkonzeptionen von Harbekes, Petras und Schlingensiefs szenischen Texten, verweigert sich Pollesch einer funktionalen Raumkonzeption. Während in *lustgarten* und *HEAVEN (zu tristan)* mit kargen Bühnenelementen eine variable Raumsituation geschaffen wird, die sowohl für realistische Szenen als auch für ›Bewusstseinsräume‹ Raum schafft, nutzt Pollesch, vergleichbar mit Schlingensiefs *Rosebud*, einen großzügig ausgestatteten Bühnenapparat. Beide Autoren-Regisseure bevorzugen vielfältig aufgeteilte Raumnischen sowie die Arbeit mit Video und Kameras auf der Bühne, die bei Schlingensief jedoch jeweils in konkrete Szenen eingebunden bleibt. Bei Pollesch stellt der Bühnenraum neben seiner Funktion als ›Ort

---

**76** | *Das purpurne Muttermal* ist die erste Theaterarbeit von Pollesch, die im Abonnement gezeigt wurde, was ein Hinweis darauf ist, dass sich Pollesch bereits im deutschsprachigen Theaterapparat etabliert hat. Vgl. Beck: Die Möglichkeit, dass alles auch anders sein könnte, S. 11.

möglicher Diskurse< eher ein Spielfeld dar, in dem die Schauspieler assoziativ, lustvoll, ohne einen konkreten Handlungszusammenhang agieren. Auch im Raumkonzept verzichtet Pollesch weit möglichst auf eindeutige Bedeutungszuschreibungen.

### (c) Verschiebungen auf der Ebene der Zeit

Das Publikum bei beiden von der Verfasserin gesehenen Aufführungen von *Die Welt zu Gast* hat an sehr unterschiedlichen Stellen über die einleitende viertelstündige Slapstick-Einlage in der Küchendekoration gelacht. Einigen Zuschauern wurde die Szene zu lang, was man an der zeitweisen Unruhe im Zuschauerraum ablesen konnte. In *Die Welt zu Gast* vergeht viel Spielzeit mit gestischen Szenen: etwa ein Drittel des Theaterabends ist dem Spiel ohne Worte, den Gesten, den (scheiternden) Aktionen und Improvisationen vorbehalten. Alltägliche, sonst eingespielte Abläufe werden unterbrochen, z. B. mit dem Sturz von Anna Blomeier aus der Fensterattrappe, während sie in der Illustrierten blättert oder durch die umständlichen, verzögerten Alltagshandlungen in der Küche. Die zeitlichen Ungereimtheiten, die insbesondere die Störungen in zunächst funktionierenden Systemen bzw. eingespielten Prozessen ausdrücken, lösen das Lachen bei den Zuschauern aus. Pollesch nutzt das hohe Tempo in den Sprechpassagen und Clips, um zu verhindern, dass die Schauspieler in eine psychologische Spielweise verfallen und um die Konzentration der Zuschauer auf den Inhalt des Gesagten und Dargestellten zu lenken. Der Zuschauer erhält die Möglichkeit, der raschen ›Gedankenbewegung‹ des Textes zu folgen und sich dazwischen immer wieder bei ausgedehnten Slapstick-Einlagen zu erholen. Die Clips und der Vorspann, mit Musik untermalt, unterstreichen eine Stimmung von Unbeschwertheit, Leichtigkeit und Spiellust und wirken damit, als würden Schauspieler und Zuschauer gemeinsam eine Pause von den anspruchsvollen Diskurs-Sequenzen einlegen. Der Wechsel des zeitlichen Rhythmus erleichtert es den Zuschauern, trotz des Verzichts auf eine nachvollziehbare Handlung, dem Werk mit Spannung zu folgen. Eine zweieinhalbstündige Aufführung von *Splatterboulevard* hat gezeigt, dass das Publikum die Konzentration für die Abläufe verliert, wenn das ›Timing‹ des Werks insgesamt nicht stimmt. Die Brüche und Störungen, die zunächst eine Komik transportiert hatten, wurden vom Publikum als ›Spielregel‹ erkannt und langweilten in der Wiederholung:

> Pollesch zwirbelt die Boulevard-Mechanismen soweit ins Unendliche, bis die Feder rausspringt. Das soll so sein und ist gleichzeitig der einzige Haken an diesem Abend: Von da an schlingert er einfach weiter wie die Drehbühne, in mählichen Kreisen und Sätzen, die immer noch so gut und doppelbödig sind [...] Bloß, dass man jetzt erschlafft darauf wartet [...].[77]

---

[77] | Ruth Bender: Uraufführung am Schauspielhaus Hamburg. René Polleschs »Splatterboulevard«. In: www.kn-online.de/news/archiv/print.php?id=1226890 (gesehen am: 5.11.2009).

Die zeitliche Komposition des szenischen Textes ist für Polleschs Theaterarbeiten zentral, da das Interesse der Zuschauer an den vorgeführten Diskursen ohne die gut komponierten Kontraste verloren zu gehen droht. Im Gegensatz zu Harbeke und Petras, die Zeit in ihren szenischen Texten aus den inhaltlichen Motiven (die ablaufenden Stunden, in denen Mertens und Krause die Frau im Kofferraum zurücklassen in *lustgarten* und die verstreichende Zeit der zur Handlungslosigkeit gezwungenen Figuren in *HEAVEN (zu tristan)*) berücksichtigen, setzt Pollesch Zeit als rhythmisches, strukturierendes Mittel ein: Die ausgedehnte Spielzeit der Clips und insbesondere des Vorspanns, steht dem hohen Sprechtempo der Diskursszenen gegenüber und schafft Abwechslung und Konzentration für die Schauspieler und die Zuschauer. Schlingensief geht mit Zeit in *Rosebud* ebenso verschwenderisch um, wie Petras in *HEAVEN*, nur benötigt er die Zeit, um die sich überschneidenden Bezüge und Zitate anzuhäufen und schließlich wie einen überdrehten Kreisel dem Zuschauer ›um die Ohren‹ zu schleudern. Pollesch interessiert der Faktor Zeit nicht als dramaturgische Struktur für den Ablauf von Handlungen, sondern als rhythmisches Element zur formalen Komposition des szenischen Textes.

### (d) Verschiebungen auf der Ebene der sprachlichen Mittel

#### Denkbewegung

In den Diskurs-Szenen wird der konventionelle Dialog durch einen dialogisch gesprochenen Monolog ersetzt. Pollesch greift in seinen Dramentexten den Verfremdungseffekt auf, indem er Texte aus der dritten Person in die erste Person überträgt und damit verhindert, dass die Schauspieler sie »als Figur [...] so ohne Weiteres zu sich ran ziehen.«[78] Die Dramentexte von Pollesch erfordern eine neue Spiel- und Sprechweise.[79] Die Sätze werden in raschem Tempo aneinandergereiht und von einem Schauspieler zum anderen ›weiter gereicht‹. Bei Pollesch kommt es so zu einer rhythmischen Verkettung von Sätzen, die eher einer Denkbewegung als einem Dialog gleicht. Innerhalb der Repliken finden abrupte semantische und dynamische Brüche statt, insbesondere durch die laut gesprochenen, zum Teil geschrienen Passagen. Der Wechsel der Lautstärke beim Sprechen ist nicht psychologisch motiviert. Es kommt in den Diskursen zu keiner Lösung von Konflikten, es werden vielmehr unaufhörlich Fragen gestellt. Die unvermittelten Brüche in den Sprechsequenzen betreffen sowohl die verhandelten Themen als auch den Rhythmus der Stimmen, d. h., auf einen Schrei folgt beispielsweise neutrales, emotionsloses Sprechen oder das Flüstern in dem Monolog von Anna Blomeier. Die Sätze gehören dem Bühnengespräch (›Diskurs‹) an, das die Schauspieler miteinander führen, und sie werden unabhängig von einer Festlegung auf die individuelle Befindlichkeit einer Figur, ausgesprochen. Es kommt durch die feste

---

**78** | Vgl. Birgit Lengers: Ein PS im Medienzeitalter. Mediale Mittel, Masken und Metaphern im Theater von René Pollesch. In: Theater fürs 21. Jahrhundert, S.143-155, hier S. 152.
**79** | Vgl. Matthias Heine: Menschen im Turbokapitalismus. In: Die Deutsche Bühne 71 (2000) H. 5, S. 26-28, hier S. 28.

Sitz-Position, die die Schauspieler in der Küchenzeile einnehmen, zu einem Kontrast mit den atemlos hervorgebrachten Sätzen. Nicht die Figuren bewegen sich, einer Handlung folgend im Raum, sondern die Sätze füllen in den Sprechpassagen den Raum aus. Wie ein emotionaler, unter – zeitlichem – Druck hervorgebrachter ›Schwall‹, wie eine ›Textwelle‹ nimmt der Text von Pollesch Raum ein. Pollesch beschreibt die energetische Arbeitsweise mit den Sprechtexten bei den Proben, die nicht zu verwechseln ist mit der Arbeit an einem psychologischen Sprechrhythmus:

> Es [...] geht in der Probenarbeit darum, untereinander ein Vokabular zu entwickeln, um das zu beschreiben, was wir da tun. Ich drücke es dann zum Beispiel so aus, dass ein Satz einen Zug hat oder dass man weiß, wo er aufhört, dass man die Information als Energie abliefert und sich scheinbar denkend durchschlängelt durch einen Satz. Man sagt etwas, und es hat einen durchgängigen Zug und eine bestimmte Energie. Und der Partner nimmt die Energie auf, mit Anschluss, so dicht wie möglich und hält die Energie, sodass nicht ein Einzelner damit beauftragt ist, ständig Kraft zu produzieren.[80]

Das Sprechen des Textes wird durch die raschen Wechsel der Sprecher, aber auch durch die Texte selbst erschwert, »deren Metaphorik von der internationalen computer lingua und deutschem Soziologenjargon kommt.«[81] Den Darstellern wird die Bewältigung der Sprechtexte durch die ständig präsente Souffleuse ermöglicht, während dem Zuschauer Wiederholungen einzelner Sätze und Passagen das Verständnis der Pollesch-Texte möglicherweise erleichtern, um zu eigenen ›Denkbewegungen‹ angeregt zu werden.

Auch bei Harbeke ergeben die Sätze eine Gedankenbewegung, die sich jedoch auf die psychologische Situation der Figur bezieht. Bei Pollesch kommt es ebenfalls zu einer emotionalen Auseinandersetzung der Schauspieler mit den gesprochenen Texten, jedoch ist sie nicht psychologisch bedingt. Pollesch nutzt emotional aufgeladene Sprechweisen vielmehr, um das Diskursthema mit Schärfe und Dringlichkeit von den Schauspielern verhandeln zu lassen.

### Zitate und Wiederholungen

In den Textpassagen bearbeitet Pollesch auch theoretische Texte, indem er sie im Diskurs zitiert und die Schauspieler sie ebenso ›energetisch bearbeiten‹ wie die übrigen Texte. Pollesch setzt dieses Vorgehen ein, um die Texte ›nutzbar‹ für den Alltag zu machen: »Pollesch: Mein begriffliches Instrument stammt eher aus dem Umfeld des Feminismus. Es ist linke politische Kritik, ich wälze keine philosophischen Werke. Ich suche Instrumente, um Alltag auf der Bühne greifen zu können.«[82] Die Integration von zeitgenössischer Theorie in den Diskurs »schaltet eine extrem künstliche und legitimationsbedürftige Sprache

---

**80** | Pocai: Wie kann man darstellen, was uns ausmacht, S. 331f.
**81** | Wirth: René Pollesch. Generationsagitpoptheater für Stadtindianer, S. 127.
**82** | Gabriele Klein u. René Pollesch: Postdramatische Theatersubjekte. In: Stadt. Szenen. Künstlerische Praktiken und theoretische Positionen. Ein Gespräch am 19.4.2005 in Berlin. Hrsg. von Gabriele Klein. Wien 2005, S. 173-178, hier S. 173.

vor all die natürlichen und erzwungen natürlichen und gefaket natürlichen Sprachen.«[83] Neben philosophischen und soziologischen Texten zitiert Pollesch aus Filmstoffen und überlässt es dem Rezipienten assoziativ Bezüge innerhalb des szenischen Textes herzustellen: »Pollesch [...] vermischt, verdreht Computerjargon, Soziologendeutsch, Firmenfloskeln, Weltmarktslogans mit Verzweiflungssätzen«[84], »Amerikanismen werden [...] übertragen oder verdeutscht und erfindungsreich in Neologismen verwandelt.«[85] Der Wechsel der Diskursebenen setzt voraus, dass die Schauspieler nicht linear sprechen, sondern, »die Schnitte in sich verlegen [...], das ist dann auch wieder eine Filmperspektive, dass man den Schnitt verinnerlicht hat.«[86] Die Schnitte gehören zum stilistischen Programm Polleschs. Die Texte zeichnen sich auch dadurch aus, dass bestimmte Passagen oft wiederholt werden – Sätze, die in einer Endlos-Schleife immer wieder aufgenommen werden. So wird aus dem Diskurs von *Die Welt zu Gast* die Replik: »K: Die Familie, das ist nicht nur Mord und Totschlag, das ist auch Kälte und Einsamkeit«[87] mehrmals von unterschiedlichen Sprechern wiederholt, mit leichten Variationen (Permutationen)[88], z. B.: »A: Eine Familie, das ist doch was anderes als Mord und Totschlag. Das ist das Gegenteil davon. Sicherheit und Geborgenheit, und das ist doch besser als die Kälte von Freiheit und Einsamkeit.«[89] Wiederholt werden auch kurze Dialogsequenzen, die wie ein wiederkehrendes Motiv die Texte durchziehen: »K: Ich bin doch dein Geschenk. / J: Ja, gut, aber du bist dreißig! / F: Aber ich bin deine Tochter.« und an anderer Stelle: »A: Aber du bist meine Mutter! J: Und du bist dreißig. / K: Ja und?«[90] Die Arbeitsweise des ›Sampling‹ und der Wiederholung findet sich auch bei Schlingensief, der mit den vielfältig zitierten (sprachlichen) Bezügen ebenfalls unterschiedlichste Textformen nebeneinander stellt. Während Schlingensief jedoch die Referenzebene zumeist mit ironischer Distanz ausstellt, benötigt Pollesch beispielsweise die theoretischen Texte, um den Diskurs überhaupt formulieren zu können.

Die Hamburger Inszenierung hat jedoch gezeigt, dass die Idee, einen unabhängigen, unhierarchischen Kunstraum für einen gemeinsam zu verantwortenden Diskurs zu schaffen, scheitert, wenn die spezielle Arbeitsweise Polleschs lediglich reproduziert und für die Schauspieler und die Zuschauer leicht konsumierbar wird. An dieser Stelle zeigt sich ein Widerspruch in der

---

**83** | Diederichsen: Maggies Agentur, S. 106.
**84** | Ulrike Kahle: Pollesch weiß, was Frauen wünschen. Wutkotzscheißtexte gegen die Wirklichkeit. Der Tagesspiegel, 26.6.2001.
**85** | Wirth: René Pollesch. Generationsagitpoptheater für Stadtindianer, S. 127.
**86** | Pocai: Wie kann man darstellen, was uns ausmacht, S. 332.
**87** | Pollesch: Die Welt zu Gast bei reichen Eltern, S. 6.
**88** | Vgl. Diederichsen: Denn sie wissen, was sie nicht leben wollen, S. 60.
**89** | Pollesch: Die Welt zu Gast bei reichen Eltern, S. 11. Vgl. auch S. 13: »F: Mord und Totschlag gibt es nirgends so viel wie unter Leuten die sich gut kennen, das spricht gegen die Familie.« und S. 28: »JP: Ja, gut. Sie ist Mord und Totschlag, aber auch Sicherheit und Geborgenheit. Und das ist doch besser als die Kälte von Freiheit und Einsamkeit.«
**90** | Ebd., S. 12 und S. 34.

Arbeitsweise Polleschs: Einerseits spricht Pollesch permanent davon, dass es um die Mitgestaltung der Schauspieler an der Inszenierung geht, andererseits steht das genaue Rhythmisieren der Sätze für ein Inszenierungskonzept, das sich weitestgehend von individuellen Sprechweisen entfernt. Im Folgenden soll daher eine kurze Kritik der Gestaltung der Sprechweisen in *Die Welt zu Gast* eingefügt werden.

### Kritik am szenischen Text *Die Welt zu Gast bei reichen Eltern*

Pollesch betont in Publikumsgesprächen und Interviews, dass es in den Proben darauf ankomme, dass die Schauspieler die Sätze hinterfragten und für sich bearbeiteten. Diese Arbeitsweise kennen Schauspieler, die regelmäßig mit Pollesch arbeiten, was bei den Schauspielern des Thalia-Ensembles nicht der Fall war. In der Vorstellung vom 1.12.2008, die etwa ein Jahr nach der Premiere gespielt wurde, hatten die Schauspieler den Rhythmus des Sprechens, die wütende und überforderte Grundhaltung, die die Äußerungen kurz nach der Premiere prägte, weitgehend verloren. Es wurde komödiantisch gespielt und versucht, nicht-psychologisch zu sprechen, jedoch verloren die Texte den Bezug zu den Schauspielern und damit auch ihre Relevanz für das Publikum. Ein persönlicher Bezug zu den Pollesch-Texten war am ehesten dem Schauspieler Felix Knopp anzumerken, der Wut und den Ausdruck von Irritation in das Sprechen hineinnahm. Jedoch auch Felix Knopp neigte dazu, die Überforderung nur selten zuzulassen, sondern zu versuchen, sie im virtuosen Spiel auszustellen. Till Briegleb beklagt entsprechend an der Hamburger Inszenierung, dass sich der Pollesch-Stil mittlerweile vom Versuch zur Methode entwickelt habe:

> Der überzeugende Impuls des Pollesch-Theaters war die totale Überreizung. Schauspielerinnen [...] fanden sich auf der Bühne in einer Situation wieder, wo sie eine Unmenge extrem komplizierter Texte in rasender Geschwindigkeit und stakkato artigem Schlagabtausch beherrschen mussten. [...] Und auch in den eigenwilligen Textkonglomeraten aus akademischer Reflexion, Fernsehkauderwelsch, kritischen Selbstbefragungen und Umdeutungen von Medienphänomenen herrschte farbige Verzweiflung über einen Zustand vor, bei dem die Persönlichkeit zwischen Eigen- und Fremdbestimmtheit in einer dauerhaften Krise oszillierte. [...] ein Quintett flexibler Darstellungsprofis vom Thalia Theater, die so was noch nie gemacht haben, unterhält sein Publikum mit ratternden Sätzen köstlich. Aber [...] das Verrückte wirkt mittlerweile aufgesetzt, die Kontrollverluste gekonnt [...].[91]

Da Pollesch zur Zeit der Produktion jedoch an vielen Projekten gleichzeitig gearbeitet hat und die Zusammenarbeit mit den Schauspielern neu war, fehlte dem Theaterabend an vielen Stellen rhythmische Schärfe beim Sprechen, die andere Arbeiten, bei denen z. B. Caroline Peters, Sophie Rois und Martin Wuttke mitwirkten, noch auszeichnete. Till Briegleb kritisiert, dass die Mittel, die Pollesch in seinen Arbeiten anwenden würde, hier zwar »perfekt und salbungsvoll reproduziert«[92] seien, jedoch der Abend zur Pose gerate. In

---

**91 |** Briegleb: Das Subversive, ARD-tauglich.
**92 |** Ebd.

den gesehenen Aufführungen hatten die Schauspieler sehr viel Spaß an der Anforderung, die Texte in dem Sprechtempo zu sprechen, jedoch war der Bezug zu den Inhalten, die diskutiert wurden nicht durchgehend erkennbar. Die Schauspieler in Pollesch-Inszenierungen müssen die Gratwanderung zwischen unpsychologisch-rhythmischem Sprechen und intensiver, emotionaler Auseinandersetzung mit den gesprochenen Inhalten gehen. Doch auch in *Die Welt zu Gast* gelingt es annähernd, trotz unkonzentrierter Sprechweisen, die Einheit von Text und Figur aufzuheben und damit die Sprache zum eigentlichen ›Subjekt der Handlung‹ zu machen. An *Die Welt zu Gast* lassen sich deutlich die Stilmittel herausarbeiten, die Pollesch als Autor und Regisseur verwendet und die die Komposition des szenischen Textes bestimmen. Der Rhythmus kann nur im Zusammenspiel von Dramentext und Inszenierungstext entfaltet werden. Durch die Regie, die sich auf den Dramentext bezieht, entsteht eine virtuelle Aussagesituation, deren Konkretisation sich dann in dem Verhältnis zwischen der Inszenierung und der Rezeption ergibt. Pollesch sieht davon ab, verbale durch nonverbale Elemente zu ersetzen (wie es für Petras Arbeitsweise typisch ist), d. h., der Dramentext von Pollesch gibt keine Körperhaltungen vor. Schlingensief zitiert in *Rosebud* Sprechweisen und ironisiert damit Konstruktionen des (medialen) Alltags, während Pollesch gesellschaftliche Konstruktionen (in *Die Welt zu Gast* die Familie als letzten unökonomischen Ort) in den Diskursen thematisiert und dazu soziologische Texte hinzuzieht. Pollesch geht es um die Bearbeitung eines Themas im Produktionsteam, während Harbeke Sprechweisen von Figuren untersucht, die sich durch den Einfluss unverrückbarer Ereignisse verändern. Petras erweitert die Dialoge der Figuren durch Fremdmaterial zur Klärung der Grundsituation, während Pollesch Dialoge lediglich für Sprecherwechsel, nicht für das Gespräch mit einem Gegenüber nutzt. Pollesch hat sich von den vier Autoren-Regisseuren am weitesten von der konventionellen Form des Dramas, in dem die sprachlichen Zeichen dazu dienen, eine fiktive Handlung und Figuren zu transportieren, entfernt.

## 7.3 Diskurs und Clips: Rhythmus und Komposition

Pollesch wehrt sich in Interviews dagegen, seine Theaterarbeit ästhetisch einzuordnen, er unterstreicht, dass die szenischen Texte aus der Arbeitsweise und aus der Diskussion der Beteiligten jedes Mal neu entwickelt würden und nicht stilistisch zu vergleichen seien. Er lehnt eine Kategorisierung seiner Arbeit durch Bezeichnungen wie ›Pollesch-Stil‹ ab:

Zumal es das gar nicht gibt, das Pollesch-Theater ... als wären die Kriterien ästhetisch. Es gibt keine festgelegte Form. Aber es gibt eine bestimmte Form der Auseinandersetzung, die wir suchen. [...] Wir stellen das nicht mit einem Bewusstsein für Oberfläche her. [...] Es genügt mir, dass meine Strategie eine andere, persönliche ist.[93]

Dennoch sind über kaum einen Gegenwartsautor und -regisseur so viele Sekundärtexte verfasst worden, die die ästhetischen Neuerungen, die Pollesch mit seiner Theaterarbeit vornimmt, zu fassen versuchen. Pollesch greift zudem stilistische Kategorien, die Dietrich Diederichsen bereits 2002 herausgearbeitet hatte, in Interviews gerne auf.[94] Deutlich lassen sich an den Theaterarbeiten wiederkehrende rhythmische Prinzipien beobachten, die im folgenden Kapitel herausgearbeitet werden.

### 7.3.1 Rhythmus

Den konstantesten Teil von Polleschs Theaterarbeit kennzeichnet der Dramentext, den der Autor-Regisseur unermüdlich fortschreibt und an dem sich der Einsatz weiterer Theatermittel (auch im Kontrast) orientiert. Im Folgenden werden stilistische Prinzipien herausgearbeitet, die einen Einfluss auf den Rhythmus des Dramentextes und Inszenierungstextes *Die Welt zu Gast* besitzen: Kontrast, Konstruktion und Funktionsstörung, Montage und Wiederholung.

**(a) Kontrast**
Der Rhythmus der Inszenierung *Die Welt zu Gast* ist durch Kontraste bestimmt, sogenannte »rhythmische Oppositionen«.[95] Der Zuschauer wird bereits durch den Vorspann auf den schnellen Wechsel der Sprecher vorbereitet. Das körperliche Spiel der Clips sowie die gefilmten Sequenzen stehen im Kontrast zu den festgelegten, statischen Sitzpositionen der Schauspieler bei den Diskursen. Die Diskurs-Szenen sind durch den Wechsel von lautem und leisem, zum Teil flüsterndem Sprechen und dem Gegensatz von Ausrufen und Fragen gekennzeichnet. Die Stimme wird zum stärksten Modulator des szenischen Textes. Kontraste werden in *Die Welt zu Gast* durch Brüche erzeugt: »Die Praxis des Bruchs, der Diskontinuität, des Verfremdungseffekts begünstigen die Wahrnehmung der Unterbrechungen in der Aufführung: Rhythmische Synkopen werden sichtbar.«[96]

**(b) Montage, Sampling, Schnitt**
Pollesch montiert in den szenischen Text, was er für den gerade geführten Diskurs gebrauchen kann: Filmszenen, Musik, Zitate aus theoretischen Tex-

---

93 | Aenne Quinones u. a.: Was es bedeutet, kein Material zu sein. Ein Gespräch zwischen René Pollesch, Aenne Quinones, Jochen Becker und Stephan Lanz. In: René Pollesch. Prater-Saga. Hrsg. von Aenne Quinones. Berlin 2005, S. 21-38, hier S. 29.
94 | Vgl. Becker: Das Material fragt zurück, S. 221-236. Sowie: Diederichsen: Denn sie wissen, was sie nicht leben wollen, S. 56-63.
95 | Vgl. Pavis: Semiotik der Theaterrezeption, S. 95.
96 | Ebd., S. 96.

ten werden in den rasanten Ablauf des Theaterereignisses eingearbeitet in einer »DJ-Technik von Mix, Scratch und Loops«[97] und ergeben den unverwechselbaren, in jeder Inszenierung wieder zu erkennenden und hörbaren Sprechrhythmus. Pollesch verzichtet auf lineare Plots und Psychologie und arbeitet mit Schnitten, die sich aus der Textmontage ergeben. Filme dienen als Quellen für Motive und zum Teil (z. B. in *Das purpurne Muttermal*) – wie bei Schlingensiefs *Rosebud* – auch als Vorlage für Figuren. Die Filme dienen dem Regisseur Pollesch auch als ›Entlastung‹, da er nicht fortlaufend dazu gezwungen wird, sich originelle Vorgänge auf der Bühne auszudenken.[98] Die zitierten Filme und Texte macht Pollesch vielmehr zum lebendigen Teil der Auseinandersetzung, indem er punktuell Motive aufgreift und für die Diskurs-Szenen oder Clips verwendet.[99] Der Einsatz der Kamera und die Projektionen ermöglichen eine Gleichzeitigkeit der Vorgänge hinter und vor der Kulisse. Das Reservoir an Theorien und Medienerlebnissen wird immer größer und Pollesch ›springt‹ innerhalb der Bezüge, nimmt alte Bezüge wieder auf oder lässt einige (zeitweise) fallen.

### (c) Wiederholung, Loops

Der Diskurs wird in Polleschs szenischen Texten nie zu Ende geführt, jeder weitere szenische Text bedeutet eine Fortsetzung, in der die Themen und Begriffe oft wieder aufgenommen werden: »Loops, die immer wieder am Anfang ankommenden Reflexionsschlaufen.«[100] Themen werden in Variationen weiter geführt und auf bestimmte, gerade anstehende Problemfelder übertragen und teilweise durch neue Themen ersetzt. Dieses Verfahren erinnert an musikalische Prinzipien, in denen wiederkehrende Motive den Rhythmus einer Musik bestimmen. Stilbildend für Pollesch sind diese fortschreitenden, sich wiederholenden Textsalven, die er durch seine gesamte serielle Theaterarbeit immer weiter entwickelt. Tom Stromberg beobachtet, dass Polleschs Texte über die Globalisierung nach und nach von Texten zum Thema ›Liebe und Kapital‹ abgelöst wurden.[101] Diederichsen vergleicht dieses Vorgehen mit dem Entwickeln einer Soap: Immer wieder kamen Figuren oder Themen dazu oder fielen heraus, aber die Wiedererkennbarkeit des Formats und der prägenden Stilelemente bleibe erhalten:

---

**97** | Christian Schlösser: Don't know what I want, but I know how to get it. Falk Richter bei MTV, René Pollesch im Chat. In: Das Analoge sträubt sich gegen das Digitale? Materialien des deutschen Theaters in einer Welt des Virtuellen. Hrsg. von David Barnett u. a. Theater der Zeit, Recherchen 37. Berlin 2006, S. 8-20, hier S. 18.
**98** | Vgl. Beck: Die Möglichkeit, dass alles auch anders sein könnte, S. 23.
**99** | Vgl. Huber: Wir sind schon gut genug! Ein Gespräch mit René Pollesch. In: Programmheft Wiener Burgtheater im Akademietheater. Spielzeit 2008/2009. René Pollesch: Fantasma. Redaktion: Sebastian Huber u. Veronika Maurer, S. 4-21, hier S. 21.
**100** | Diederichsen: Denn sie wissen, was sie nicht leben wollen, S. 60.
**101** | Stromberg u. Pollesch: Im Gespräch, o. S.

Pollesch-Stücke treten [...] gerne in Serien und Rudeln auf. [...] Einmaligkeit gilt nicht viel bei René Pollesch. Themen, Textzeilen, Slogans wiederholen sich, Inhalte überlappen einander, Prinzipien werden penetrant beibehalten, bis sie brechen. Serien und Soaps sind ihm Modell in mancher Hinsicht. Theoreme und Probleme spielen die Hauptrollen und hangeln sich von Episode zu Episode. Irgendwann sind sie erledigt und ausgemustert.[102]

In *Die Welt zu Gast* werden Textpassagen oft mit leichten Variationen wiederholt und es überwiegt der Eindruck, dass sich der Diskurs nicht fortbewegt, sondern an einer Stelle vertiefend immer weiter gefragt wird. Das Prinzip der Wiederholung zeigt sich an einzelnen Sätzen, aber auch als Bewegung in seinem gesamten Werk. Permutation, das Wiederholen von Passagen mit leichten Veränderungen, wird sowohl in einzelnen Sätzen als auch in der Serie der Stücke Polleschs eingesetzt.[103] Die Schnitte gehören in Polleschs Arbeiten zum Programm, sie gelten für die Sprechweisen des Textes durch die Schauspieler und für den Einsatz von Filmen und Musik: »Videos und Musik haben mit der Schnitttechnik zu tun, mit der Form der Abkopplung von Sprache und Körper.«[104] Die Form der Darstellung, die Abkopplung, stand für Pollesch vor der Auswahl der Inhalte fest.[105]

Filmische Schnitte und Wiederholungen zeichnen auch die szenischen Texte von Harbeke aus, nur sind es hier meist die paralinguistischen Zeichen, die sich motivisch wiederholen (›ja‹ oder ›schweigen‹), um die Schwierigkeit der Figuren auszudrücken, die Situation zu reflektieren. Bei Pollesch sprechen die Figuren pausenlos, im rasanten Wechsel, und die Wiederholungen führen immer wieder in die ›Spur‹ des Diskurses zurück.

### (d) Überforderung

Oft kann der Zuschauer den Redesalven kaum folgen. Die Überforderung durch das Tempo, die Fülle an Zitaten und Wiederholungen können die Rezipienten nur bewältigen, indem sie sich einzelne Diskurse herausgreifen, die sie interessieren, und sich von dem Vorhaben verabschieden, das Theaterereignis linear zu entschlüsseln. Die Clips, die ›anarchistischen‹ Spieleinlagen der Schauspieler, »docken dann das intellektuelle Dauerfeuer wieder an ein konkretes Gefühl an.«[106] Pollesch arbeitet mit einer »ungesicherten Kommunikation«[107], indem er nicht darauf eingeht, ob die Zuschauer die Texte entschlüsseln können: »Wenn ich sicher bin, dass die Zuschauer mich

---

102 | Diederichsen: Denn sie wissen, was sie nicht leben wollen, S. 57f.
103 | Vgl. ebd., S. 60f. Diederichsen verweist an dieser Stelle auf Loops und Permutation als die zentralen Strategien der heutigen Pop-Musik.
104 | Pocai: Wie kann man darstellen, was uns ausmacht, S. 336.
105 | »Bei mir war die Spielweise zuerst, und die Themen habe ich gefunden. Am Anfang stand nicht die Frage, wie Form und Inhalt zusammen kommen.« Pocai: Wie kann man darstellen, was uns ausmacht, S. 336.
106 | Katja Engler: Verzweifelt witzige Irrsinnsgefechte. Der okkulte Charme der Bourgeoisie bei der Erzeugung von Reichtum im Malersaal. In: Welt am Sonntag, 27.2.2005.
107 | Hegemann u. Pollesch: Neues und gebrauchtes Theater, S. 68.

verstehen, wage ich nichts.«[108] Hier zeigt sich eine Parallele zu Schlingensiefs Theaterarbeit, der jedoch mit Überforderung arbeitet, um die eingespielten Wahrnehmungsmuster der Zuschauer auf den Kopf zu stellen, während Pollesch den Zuschauer grundsätzlich dazu einlädt, die Wortkaskaden zu verfolgen. Das Prinzip der Überforderung ergibt sich bei Pollesch aus der Rhythmisierung und Entpsychologisierung der Sprechweisen, während Schlingensief die Überforderung zu einem wesentlichen Prinzip seiner Theaterarbeit in Bezug zur Ebene der äußeren Kommunikation macht.

### (e) Konstruktion und Funktionsstörung

Pollesch thematisiert in *Die Welt zu Gast* im Schwerpunkt die Konstruktion ›Familie‹ und die Festlegung durch Geschlechterrollen. Es wird gefragt, woher es kommt, »dass wir diese Verabredungen und Konventionen für uns selbst halten, für unseren freien Willen, für das, was wir sind und wollen?«[109] Im Diskurs wird unermüdlich das Normale, hier die Elternliebe, infrage gestellt und als Konstruktion entlarvt, indem die Herrschaftstechniken gezeigt werden, die in dem Verhältnis, hier in familiären Beziehungen, eingegangen werden.[110] Um den Blick auf die Normalität zu verändern, arbeitet Pollesch mit Mitteln der Verfremdung und bearbeitet in den Diskursen den Alltag mit Theorie, die den gerade stattfindenden Diskurs aufnimmt.[111] Das Spiel mit Konstruktionen drückt sich auch im körperlichen Spiel aus: der plötzliche Sturz aus dem Fenster, die Küchengeräte, die sich absurd verselbstständigen. Durch die Entkoppelung von Körper und Sprechen wird zusätzlich auf eine geschlechterspezifische Zuordnung der Schauspieler zu bestimmten Rollenbildern verzichtet. Diederichsen sieht in Pollesch zurzeit den einzigen Theatermacher, der die Möglichkeiten des Theaters dazu nutzt, »ein Leben, in dem man sich hinter keiner Rolle mehr verschanzen kann, von einer anderen Ordnung des (Bühnen-) Handelns aus zu beobachten«[112] und damit die Konstruktionen zu befragen, denen das Subjekt alltäglich ausgesetzt ist. Schlingensief entlarvt in *Rosebud* ebenfalls Konstruktionen, die die (mediale) Wahrnehmung bestimmen: Er inszeniert sinnentleerte Sprachhülsen, etwa bei der Rede Bernhard Schütz' als Bundeskanzler oder zeigt Konventionen, die das Theater ausmachen (z. B. Verabredungen von Spielweisen und Vorgängen auf der Bühne). Pollesch und Schlingensief nutzen beide den Theaterapparat, um auf Konventionen und Konstruktionen hinzuweisen, die sie hinterfragen wollen. Pollesch richtet die Diskurse (die zunächst inhaltlich nichts mit Theater zu tun haben) auch auf die Strukturen des Theaters (wie gehen Schauspieler und Regisseure miteinander um, wie kommt es zu Besetzungen), da es der Ort ist, an dem das Produktionsteam sich gut auskennt. Schlingensief hingegen empfindet die

---

**108** | Ebd.
**109** | Raddatz u. Pollesch: Penis und Vagina, S. 197.
**110** | Ebd., S. 196f.
**111** | Vgl. ebd., S. 200.
**112** | Diederichsen: Maggies Agentur, S. 103.

Regeln des Theaterapparats als zu eng gesteckt, um künstlerische Bilder zu produzieren, die Wahrnehmung provozieren.

### 7.3.2 Komposition

Man könnte Polleschs Inszenierung *Die Welt zu Gast* als ›autotextuelle Inszenierung‹[113] bezeichnen, da sie als Neuschöpfung mit eigenen ästhetischen Prinzipien zu verstehen ist. Der Rhythmus des szenischen Textes wird im Werk Polleschs nicht zu einem bestimmenden Faktor bei der Erarbeitung der Fabel, ist aber dennoch dem Text inhärent. Der Rhythmus ermöglicht eine »aktive Lektüre des Textes«[114], ohne einem handlungsbezogenen Sinn untergeordnet zu sein. Die Kontraste der Sprechweisen und die rhythmische Entgegensetzung von Sprechsequenzen und Clips erhöhen die Aufmerksamkeit der Rezipienten für den szenischen Text. Pollesch stellt in seiner weitgehend unabhängigen Position als Autor-Regisseur und als künstlerischer Leiter des Praters die Gewohnheiten des Theaters auf den Kopf: Der Text soll nicht von den Schauspielern verkörpert werden, sondern der Text wird für die Schauspieler, in der Diskussion bei den Proben, erstellt.[115] Pollesch verzichtet auf Rollenzuschreibungen und setzt gemeinsam mit dem Produktionsteam eigene, künstlerische Regeln, um Repräsentation zu vermeiden. In der Zusammenarbeit mit Bühnen- und Kostümbildnern wird auf Hierarchie verzichtet: Die Bühnenbildner entwickeln einen Kunstraum und Pollesch arbeitet in diesem Raum ohne eine zuvor festgelegte zweckmäßige Orientierung. Auffallend ist in der Analyse, dass zeitgemäß erweiterte Techniken, insbesondere des epischen Theaters, einen Teil der Arbeitsweise Polleschs und somit die Komposition des szenischen Textes bestimmen.

**(a) Epische Theaterelemente**
Bereits bei der Themenwahl für die Produktion *Die Welt zu Gast* kann eine Verbindung mit dem epischen Theater Bertolt Brechts hervorgehoben werden: Pollesch übernimmt »das Thema ›Liebe als Ware‹ und ›Arbeit als Ausbeutung‹ auf einer höheren Ebene der Selbstreflexion, die der aktuellen Phase der modernen Gesellschaft«[116] entspricht. Die Kritik Polleschs ist jedoch nicht aktivistisch und verfügt über keine Utopie einer alternativen Welt.[117] Einen utopischen Ansatz verfolgt Pollesch zwar nicht in den Diskursen, jedoch mit der kollektiven Theaterarbeit.

---

113 | Vgl. Balme: Einführung in die Theaterwissenschaft, S. 90.
114 | Pavis: Semiotik der Theaterrezeption, S. 88.
115 | »René Pollesch: Den Schauspieler [...] immer darauf aufmerksam machen, dass er hier nicht eine Rolle zu erfüllen hat, sondern, dass wir hier einen Text produzieren, den er benutzen kann. Dass ich für ihn da bin und nicht er für mich. Dass er nicht für den Text da ist, sondern der Text für den Schauspieler. Das ist ein Auf-den-Kopf-Stellen der Gewohnheiten des Theaters.« Beck: Die Möglichkeit, dass alles auch anders sein könnte, S. 18.
116 | Wirth: René Pollesch, S. 129.
117 | Vgl. ebd., S. 130.

In der Analyse haben sich bereits einige Überschneidungen mit Formen des epischen Theaters im Zugriff auf die Theaterarbeit herausgestellt: Unterhaltung, die für die Zuschauer trotz ›sperriger‹ Inhalte gewährleistet wird; das Fehlen des Vorhangs, die Reduktion und Mobilität der Bühnenelemente entsprechen der Theorie der epischen Bühne, jedoch widerspricht die bunte, detailreich ausgestattete Bühne der Kargheit der epischen Bühne Brechts. Die farbenfrohe Bühne von Janina Audick schafft eher die Atmosphäre eines fröhlichen Zuhauses. Es handelt sich bei Pollesch um die Beschreibung von Zuständen statt Handlungen. So könnte man das Geschehen in *Die Welt zu Gast* als Zustand des Konstrukts Familie zu Zeiten der Marktwirtschaft bezeichnen. Der Verfremdungseffekt zeigt sich in Polleschs Theaterarbeit nicht nur im Zitieren der theoretischen Texte und Filme, sondern im gesamten dramatischen Text: »Man braucht eine Entfernung, um überhaupt auf ein Mittel zugreifen zu können […]. Wir verfügen aber über Sprache, und die schafft und impliziert eine Entfernung, einen Abstand, den sie versucht zu überbrücken.«[118] Polleschs Vorgehen, Konstruktionen zu befragen, greift ebenfalls den Verfremdungseffekt auf, wie ihn Brecht beschreibt:

> Die Darstellung […] sollte die Stoffe und Vorgänge einem Entfremdungsprozess [aussetzen]. Es war die Entfremdung, welche nötig ist, damit verstanden werden kann. […] Das Natürliche musste das Moment des Auffälligen bekommen.[119]

Pollesch versucht entsprechend einen schärferen Blick auf Konstruktionen, die als Normalität ausgegeben werden, anzustoßen.[120] Das Ziel der Verfremdung Polleschs ist jedoch ein anderes als bei Brecht. Während Brecht den Zuschauer zu einer »fruchtbaren Kritik vom gesellschaftlichen Standpunkt«[121] befähigen wollte, fehlt bei Pollesch der Glaube an die Wirksamkeit von Kritik und eine damit verbundene gesellschaftliche Veränderung, die sich als Lehre von den auf der Bühne dargestellten Konstruktionen erstellen ließe:

> […] die Spieler dieser postbrechtschen Agitpoplehrstücke [sic!] sind keine Agitatoren, sondern betroffene Kommunisten auf der Suche nach dem Einverständnis der Gleichgesinnten. Keine Konfrontation, die man hier ausagiert. Alles bleibt unter Überzeugten (gleich Verzweifelten). Die Verweigerung ist […] rhetorisch.«[122]

Die Annahme, dass man mit Theater gesellschaftlich etwas verändern könne, negiert Pollesch, jedoch hofft er, dass es sich für die Beteiligten und Zuschauer ›lohne‹[123], mittels Theorie den eigenen Alltag zu bearbeiten. Ebenso wenig

---

118 | Huber: Wir sind schon gut genug! S. 14.
119 | Brecht: Vergnügungstheater oder Lehrtheater. In: Ders.: Schriften zum Theater. Über eine nicht-aristotelische Dramatik, S. 60-73, hier S. 63.
120 | Vgl. Raddatz u. Pollesch: Penis und Vagina, S. 196.
121 | Bertolt Brecht: Über den Beruf des Schauspielers. Frankfurt a. M. 1970, S. 54.
122 | Wirth: René Pollesch, S. 130.
123 | Vgl. Raddatz u. Pollesch: Penis und Vagina, S. 201.

liegt Pollesch daran, sein Theater für die breite Masse der Bevölkerung zugänglich zu machen, während Brecht »unser Theater des wissenschaftlichen Zeitalters den breiten Massen der viel Hervorbringenden und schwierig Lebenden zur Verfügung hält, damit sie sich in ihm mit ihren großen Problemen nützlich unterhalten können«.[124] Die zeitgemäße Weiterführung des epischen Theaters ist darin zu sehen, dass Pollesch Verfahren des epischen Theaters dazu verwendet, Fragen zu stellen, jedoch nicht für ein alternatives Gesellschaftsmodell eintritt:

Es geht nicht darum, ein Spiegel zu sein oder ein Forum. Es geht aber darum, einen Ort zu haben, an dem Wirklichkeit anders vorkommt. Eine Utopie von Wirklichkeit. Ein Auftrag wäre vielleicht, Kunst zu politisieren, und damit das Publikum. Dass es ein selbstbestimmtes Publikum gibt, das sich Theater nach seinen Bedürfnissen aussucht. Nicht nur nach Unterhaltungsbedürfnissen. Sondern nach Bedürfnissen der Klärung der eigenen Position innerhalb der Gesellschaft. Es kann doch nicht so exotisch sein, wissen zu wollen.[125]

Den radikalen Bruch mit den herrschenden Theatergewohnheiten hat zu seiner Zeit auch Brecht vollzogen. Durch die Trennung von Sprechen und körperlicher Bewegung, den »Gestus [...] des Scharfstellens«[126], wird die Illusion, die entstehen könnte, wenn Schauspieler auf der Bühne einen Text verkörpern, zerstört. Den Zuschauern wird die Illusion des Theaters verweigert und beständig auf die Realität der Theatersituation verwiesen. Petras nutzt die epischen Mittel der Verfremdung, um die Situation, in der sich die Figuren befinden auf eine übergeordnete Ebene zu stellen und um erweiterte, spielerische Möglichkeiten als Regisseur zur Verfügung zu haben. Die Fabel bleibt dabei jedoch stets im Zentrum. Pollesch wendet die epischen Mittel an, um die Spielformen zu verändern, nicht um sie zu erweitern.

**(b)   Diskurs im Zentrum: »Mein Zugang zur Welt ist rein sprachlich.«[127]**
Im Zentrum von Polleschs Werk steht nicht die szenische Regie, sondern die Auseinandersetzung mit dem Dramentext:

Meistens sprechen drei oder vier Leute irgendwo sitzend den Text, dann wird Musik eingespielt und ein paar Handlungen ausgeführt. Das zu organisieren dauert vielleicht drei Tage. Da wir aber vier Wochen proben, haben wir die restliche Zeit zur Verfügung, um über das Stück zu reden. Ich will Texte herstellen, die die Schauspieler auch berühren.[...] Ich will mit den Schauspielern auf einem ähnlichen Stand der Reflexion sein. Das ist meine Neugier und auch meine Aufgabe: dass wir uns zu der Herstellung unseres Produkts kri-

---

124 | Brecht: Kleines Organon für das Theater, S. 140.
125 | Niedermeier: Der Ort, an dem Wirklichkeit anders vorkommt, S. 317.
126 | Ebd.
127 | Huber: Wir sind schon gut genug, S. 20. In der Äußerung ›Mein Zugang zur Welt ist rein sprachlich‹, steckt jedoch bereits ein Widerspruch, da der ›Zugang‹ zur Welt, d. h. das Verständlich-Machen der Welt über Zeichen, die bezeichnet wurden, bereits einen Vorgang der Repräsentation bedeutet, gegen den sich Pollesch immer wieder ausspricht.

tisch verhalten, dass wir das, was in sämtlichen Arbeitsprozessen auch außerhalb des Theaters stattfindet an Sexismus, an Rassismus reflektieren.[128]

Polleschs ›Sprechtheater‹ oder »Theater des Denkens«[129] erreicht durch Tempo, ungewohnte Betonungen und abgekoppelte Gesten eine theatralische Dichte des dramatischen Textes, dem der Vorrang vor anderen Aufführungselementen zukommt. In Polleschs Arbeiten kann man nicht von einer Gleichwertigkeit der theatralen Zeichen sprechen, die Hans-Thies Lehmann in *Postdramatisches Theater* als Kennzeichen für Theaterarbeiten in den 90er Jahren herausstellt, sondern Pollesch sucht nach einer zeitgemäßen Form für den dramatischen Text:

Pollesch [...] ist ein Textarbeiter. Er schreibt ganz schnell ganz viel davon und installiert ihn auf der Bühne als Klangteppich für Schauspieler. Bausteine aus der Werbe- und Wirtschaftssprache werden, versetzt und variiert, im beschleunigten Fernsehserien-Ton der leicht erstaunten Unverbindlichkeit vorgetragen.[130]

Pollesch reagiert, wie aus Publikumsgesprächen zu hören ist, sehr direkt auf sprachliche Äußerungen, mehr als auf Körpersprache: »Ein Geheimagent, der mir Geschichten erzählt oder lügt, hätte auch gute Chancen durchzukommen, weil ich auf Sprache anders reagiere als Leute, die etwa auf Körpersprache achten. Ich bin fixiert auf Sprache.«[131] Pollesch sind Gespräche wichtig, auch wenn sie zu keinem Ergebnis führen: »Ich rede nicht mit Leuten, um etwas haben zu wollen [...] aber ich fühl mich eben nicht als Verlierer, wenn ich von den anderen nicht bekomme, was ich für nützlich halte.«[132] Die Konzentration und Ernsthaftigkeit, in der Pollesch Sätze im Gespräch aufnimmt und darauf reagiert, zeigt die Bedeutung, die sprachliche Kommunikation für ihn besitzt.

Du könntest sagen: ›Ich danke dir für dieses Gespräch‹. Und wenn das nicht geschähe, weil wir müde sind oder uns nichts mehr einfällt oder wir noch so viel anderes zu erledigen haben, sondern eben bevor einer dieser Zustände erreicht ist, dann könnten wir das Gespräch abbrechen und zu unserer Arbeit zurückkehren, ohne dass es vorbei wäre.[133]

---

**128** | Klein: Postdramatische Theatersubjekte, S. 175.
**129** | Alexander Karschnia: Stadttheater als Beute. René Pollesch Resistenz-Pop. Spoken words. In: TheorieTheaterPraxis. Hrsg. von Hajo Kurzenberger u. Annemarie Matzke. Theater der Zeit, Recherchen 17. Hildesheim 2004, S. 183-191, hier S. 189.
**130** | Petra Kohse: Als wärs ein Chip von mir. René Polleschs *Heidi Hoh 3* im Berliner Podewil. In: Frankfurter Rundschau, 30.6.2001.
**131** | Hegemann u. Pollesch: Liebe, von der man sich selbst erzählt, S. 135.
**132** | Florian Malzacher u. a.: Wir sind ja so oft so glücklich, wenn wir überhaupt Reaktionen bekommen. René Pollesch im Gespräch mit Florian Malzacher, Haiko Pfost und Gesa Ziemer. In: René Pollesch. Zeltsaga. René Polleschs Theater 2003/2004. Hrsg. von Lenore Blievernicht. Berlin 2004, S. 180-187, hier S. 183.
**133** | Huber: Wir sind schon gut genug, S. 21.

Der Ausgangspunkt für seine Theaterarbeit war das Schreiben über seine eigenen Arbeitsverhältnisse.[134] Für den Schreibprozess in der Theaterinstitution bezieht er nun die Arbeitsverhältnisse derer mit ein, die am Produktionsprozess beteiligt sind.

## 7.4 Der Autor-Regisseur Pollesch und die Theaterinstitution

Polleschs Bezug zur Theaterinstitution ist zentral für seine Theaterarbeit, da er die eigene Situation und die der Beteiligten an der Produktion im Theaterbetrieb auch zum Thema seiner Werke macht:

> Im Unterschied zu einer bloßen Inszenierung aktueller Diskurse über [...] Selbstausbeutung und Entfremdung arbeitet Pollesch immer zugleich an den Heterotopien des Theaters. So findet bei ihm das Nachdenken über den Theaterapparat und die Thematik der Entfremdung im Kurzschluss von Arbeit und Konsum ihren gemeinsamen Niederschlag im Problem des Orts.[135]

In *Heidi Hoh* hat er die Mechanismen der Ausbeutung thematisiert, die auch das Theater als Arbeitsort charakterisierten.[136] Polleschs Interesse für die Institution Theater ähnelt seinen Interessen an anderen Themen: Ihm geht es auch hier darum, Konstruktionen aufzudecken. Der Autor-Regisseur reflektiert, dass im Theater immer dieselben Muster reproduziert würden, »wo die Männer das Monopol des Denkens innehaben und Frauen wahnsinnig werden dürfen.«[137] Polleschs theaterhistorische Lieblingsbeispiele sind *Hamlet* und *Medea*, als Ausgangspunkt für Überlegungen, die die feste Zuschreibung von Schauspielern und Schauspielerinnen auf Rollen zeigen. Kein Thema, das in diesen klassischen Theatertexten berührt werde, betreffe die Erfahrungen der Darsteller oder der Zuschauer tatsächlich. Pollesch thematisiert im Thea-

---

134 | »Ich bin ziemlich formalistisch gestartet. Und hab dann irgendwann die Entdeckung gemacht, dass ich über meinen eigenen Alltag reden kann. Bei *Heidi Hoh* hab ich nicht gedacht: Was steht politisch auf der Tagesordnung? Lasst uns doch mal über Arbeitsverhältnisse reden, über eine Frau, die zu Hause arbeitet oder so. Nein, ich selbst hab tatsächlich so gearbeitet: Überall lagen Manuskripte rum, ich war extrem gehetzt, weil ich arbeitslos war und kein Geld verdient habe – und so sah es eben zu Hause aus: Ich hab ununterbrochen geschrieben, das war mein Alltag. Und darüber hab ich geschrieben.« Malzacher: Wir sind ja so oft so glücklich, wenn wir überhaupt Reaktionen bekommen, S. 183.
135 | Patrick Primavesi: Orte und Strategien postdramatischer Theaterformen. In: Theater fürs 21. Jahrhundert, S. 8-25, hier S. 20.
136 | Vgl. Anja Dürrschmidt u. Thomas Irmer: Verkaufe dein Subjekt! Gespräch zwischen René Pollesch, Anja Dürrschmidt und Thomas Irmer. In: René Pollesch. world wide web slums. Hrsg. von Corinna Brocher, S. 331-339, hier S. 331.
137 | Raddatz u. Pollesch: Penis und Vagina, S. 202.

ter legitimierte Machtstrukturen, unter anderem die des Regisseurs. Es werde übersehen, was in der Probenarbeit selbst passiere,

[...] dass tatsächlich auf Anweisung eines Regisseurs Gewalt ausgeübt wird, die was mit den Leuten macht. Was macht das mit den Leuten, wenn ein Regisseur zu jemandem sagt: ›Du bespuckst jetzt deinen Partner!‹ Das ist ein Phänomen, das für mich im Zentrum steht und enorm viel mit dem Blick auf das Alltägliche zu tun hat. Es lohnt sich auch für einen Schauspieler darüber nachzudenken.[138]

Pollesch bearbeitet die Konstruktionen am Beispiel des Theaterbetriebs, da sich genau damit die Beteiligten bestens auskennen und da er als Autor-Regisseur die Möglichkeit hat, einerseits die Texte zu formulieren und andererseits mit den Mitteln der Theaterinstitution als Regisseur zu konfrontieren und zu unterwandern, um ein Bewusstsein über die eigenen Arbeitsprozesse zu schaffen. Theater bedeutet für Pollesch eine Möglichkeit des kollektiven Arbeitens und transportiert darin durchaus ein utopisches Element:

Im Theater geht es um Repräsentation. Das Theater ist immer der Ort, in dem das Spezielle umschlagen soll in das Universelle. Oft aber gelingt es bei diesen Formen der Repräsentation nicht, den gesellschaftlichen Alltag mit einzubeziehen. Theater ist nicht nur das Produkt, sondern auch der Prozess. Nicht nur das Ergebnis, sondern der Weg dorthin muss kritisch sein. Wir müssen ein Bewusstsein dafür schaffen, wie wir arbeiten.[139]

Hier besteht ein Interesse an dem funktionierenden Theaterapparat, zu dem dann auch der jeweilige szenische Text Polleschs mit Proben, Premiere und Aufführungen zählt: »Das Reizvolle ist für mich, diese Form des absoluten Funktionierens zu benutzen, um sie gleichzeitig zu unterlaufen.«[140] Pollesch interessieren einerseits das Funktionieren des Theaterapparats und andererseits – wie auch Schlingensief – das Zerstören dieser Funktion, was sich in der anarchistischen Lust an der Unterbrechung von Abläufen und an der Öffnung der perfekten Bühnenillusion zum Zuschauer hin zeigt:

Sind wir hier zu Hause oder in einem Theater? Wenn das Theater oder die Familie mal außerökonomisch war, dann war das hier draußen doch mal der Raum, wo alle gesellschaftlichen Gesetze außer Kraft gesetzt werden konnten. Das war doch mal asozial hier. Die Freiheit bestand doch gerade darin, hier nicht sozial sein zu müssen. Erst wenn man von der Bühne abging, musste man sich wieder benehmen. [...] Und plötzlich sind da draußen, in der Wirklichkeit, alle asozial und hier vorne alle sozial, und so nett und so freundlich. Dieser Regisseur war doch mal ein Arsch. Sowas brauche ich doch![141]

---

**138** | Ebd., S. 207.
**139** | Klein u. Pollesch: Postdramatische Theatersubjekte, S. 175.
**140** | Stromberg u. Pollesch: Im Gespräch, o. S.
**141** | Pollesch: Die Welt zu Gast bei reichen Eltern, S. 21f.

Die Popularität Polleschs hat dazu geführt, dass die Produktionen in kurzen Produktionszeiten, auf der großen Bühne, d. h. vor der ›normalen‹ Zuschauerkulisse stattfinden. Pollesch ist sich bewusst, dass er grundsätzliche Vorgaben (wie das Premierendatum, Spielpläne etc.) des Stadttheaters nutzt und sie stets als Kontext mitspielen, solange Pollesch im Theater arbeitet.[142] Dennoch entzieht sich Pollesch weiterhin der Vermarktung seiner Dramentexte, indem er das Nachspielen untersagt. Die szenischen Texte könnten nur im Prozess der eigenen Theaterarbeit rezipiert werden. Pollesch hat nur selten inhaltliche Stückaufträge angenommen: In Stuttgart zur RAF-Thematik, der als Spielzeitschwerpunkt an mehrere Theatermacher vergeben wurde. Pollesch weigert sich konsequent, vorgegebene Themen umzusetzen, und auch zum Thema RAF hat er die Diskurse mit dem Schwerpunkt ›Liebe und Kapital‹ weitergeschrieben und betont, dass er und das Produktionsteam alles ausschließen werden, was sie zu Dienstleistern am Thema machen würde.[143] Der Dramentext bleibt im Zentrum und behält seine Autonomie, auch wenn sich zeitweise die unterhaltenden Zwischenspiele und die Lust an der Zerstörung von funktionierenden Mechanismen bis ins Absurde verselbstständigen. Dafür sorgt der Künstler Pollesch: »Man kann den Prozess nicht einholen, der zum Text führte.«[144]

---

**142** | Vgl. Becker: Das Material fragt zurück, S. 232.
**143** | Peter Kümmel: Weltgeschichte, Fensterplatz. Endstation Stammheim. In Stuttgart macht sich das Theater auf die Suche nach den Spuren der RAF. In: Die Zeit Nr. 40, 27.11.2007.
**144** | Beck: Die Möglichkeit, dass alles auch anders sein könnte, S. 26.

# 8 Vergleichende Untersuchung der Ergebnisse der Einzelanalysen

Zum Vergleich der Werke der Autoren-Regisseure werden die Ergebnisse der Einzelanalysen, ebenso wie die Ausbildungswege und Produktionsweisen gegenübergestellt. Die tabellarischen Übersichten der Stilmittel sollen jeweils dazu dienen, eine überschaubare Vergleichsgrundlage zu schaffen. Die Auswertung wird zunächst nach den Ebenen der Darstellung, des Raumes, der Zeit und der sprachlichen Mittel getrennt vollzogen, um anschließend die zentrale Kategorie ›Rhythmus‹ und die daraus resultierenden ästhetischen Prinzipien einzubeziehen.

Daran anschließend können dramaturgische Verfahren bereitgestellt werden, die den Zusammenhang der Werke der Autoren-Regisseure mit ästhetischen Diskussionen über zeitgenössisches Theater, zu Beginn des 21. Jahrhunderts, herausstellen. Punktuell werden weitere – bereits in der Einleitung genannte – Autoren-Regisseure und ihre Werke für den Vergleich hinzugezogen. Zunächst werden jedoch die Ausbildungswege und die Arbeitsweisen der vier Autoren-Regisseure verglichen.

## 8.1 Ausbildung

Auffallend ist, dass die im Rahmen der Untersuchung genannten Autoren-Regisseure Hochschulen oder auch Ausbildungswege für andere Kunstformen (Film, Architektur) absolviert haben, bevor sie für Theaterinstitutionen gearbeitet haben. Keiner der Autoren-Regisseure ist alleine über die Theaterpraxis (als Regieassistent oder als Schauspieler) in den Beruf eingestiegen. Bei René Pollesch und Armin Petras fand bereits eine theoretisch-wissenschaftliche Auseinandersetzung mit der Theaterpraxis und -theorie an einer künstlerischen Hochschule statt.[1] Oft wurden bereits während der Ausbildung (bei Pol-

---

[1] Igor Bauersima hat zunächst Architektur studiert, Falk Richter und Nino Haratischwilli an der Theaterakademie Hamburg Regie, Nuran David Calis an der Münchener Otto-Falkenberg Schule Regie, Daniel Wetzel, Helgard Haug und Stefan Kaegi von *Rimini Protokoll* Angewandte

lesch am Institut für Angewandte Theaterwissenschaft in Gießen, bei Petras am Regieinstitut ›Ernst Busch‹ in Berlin) oder in der künstlerischen Arbeit auf anderem Gebiet (bei Schlingensief und Harbeke der Film) Arbeitsbeziehungen geknüpft, die auch in der späteren Theaterarbeit kontinuierlich weiter geführt und ausgebaut wurden. Die Erfahrungen mit anderen Kunstformen und die wissenschaftliche Auseinandersetzung mit Formen und Inhalten fließen insbesondere in die konzeptionellen Entscheidungen im Schreib- und Inszenierungsprozess ein und prägen die ästhetische Form der Werke: Pollesch integriert wissenschaftliche Texte in die Dramentexte, Petras verknüpft »mythologische und dramatische Werkzeuge«[2] mit der Fabel, um die Grundsituation klarer herauszustellen. Die Auseinandersetzung mit theatertheoretischen Schriften (bei Petras und Pollesch beispielsweise mit dem epischen Theater Bertolt Brechts oder bei Schlingensief mit *Die Manifeste des Surrealismus* von André Breton), mit Dramenliteratur (bei Pollesch beispielsweise die Lektüre der Boulevardkomödien von Neil Simon oder bei Harbeke die Beschäftigung mit Dramentexten von Samuel Beckett und Marlene Streeruwitz) oder mit anderen Regiehandschriften (bei Schlingensief die Rezeption der Theaterarbeit von Peter Zadek und Robert Wilson, bei Petras die Auseinandersetzung mit der Theaterarbeit Jan Fabres und Jan Lauwers), bereits während der Ausbildung, können die häufige Anknüpfung an Theatertraditionen und deren Weiterentwicklung erklären. Schlingensief und Harbeke nutzen darüber hinaus in ihrer inszenatorischen Arbeit Erfahrungen, die sie beim Filmen gemacht haben und setzen Filmtechniken (wie Schnitte oder Videoprojektionen) in den szenischen Texten ein.

Autoren-Regisseure stehen aufgrund ihrer Nähe zur Theaterpraxis in einem produktiven Austausch mit den sich dort abzeichnenden ästhetischen Entwicklungen und können mit ihren Werken und Arbeitsweisen darauf reagieren. Die Auseinandersetzung mit (kunst-)wissenschaftlichen Forschungen, bereits in der Ausbildung, führt zu einer grundsätzlichen Auseinandersetzung mit der Kunstform ›Theater‹, die gerade in der Arbeit von Schlingensief und Pollesch bis an die Grenzen bestehender Theaterregeln führt.

## 8.2 Produktionsweisen: Vernetzung, Produktionsfülle und serielles Schreiben

Die Arbeit der Autoren-Regisseure geht in der Regel von einem Produktionsort aus (bei Pollesch und Schlingensief oft von der Volksbühne am Rosa-Luxemburg-Platz, bei Harbekes ersten Dramentexten und Inszenierungen vom Theater am Neumarkt, bei Petras vom Maxim Gorki Theater[3]), spannt aber

---

Theaterwissenschaften in Gießen, d. h. auch bei anderen Autoren-Regisseuren prägt eine wissenschaftlich-künstlerische Ausbildung den Blick auf das Theater.
**2 |** Vgl. Kap. 10.2 Mail-Interview mit Armin Petras.
**3 |** Falk Richter arbeitet seit 2006/2007 als Hausregisseur an der Schaubühne am Lehniner Platz in Berlin, *Rimini Protokoll* hat ein festes Produktionsbüro am Theater ›Hebbel am Ufer‹

zusätzlich ein Netzwerk von Theaterkooperationen über Auftragsarbeiten und Gastspiele über mehrere Theaterinstitutionen. Diese Vernetzung führt bei Petras, Pollesch und Schlingensief zu einer schnellen, überlappenden Produktionsweise, der Arbeit an mehreren Werken gleichzeitig. Pollesch und Petras sind zudem für die künstlerische Leitung einer Spielstätte verantwortlich (Pollesch als künstlerischer Leiter des Praters der Volksbühne am Rosa-Luxemburg Platz, Petras als Intendant des Maxim Gorki Theaters), während Schlingensief seit 2008 mit dem Aufbau eines Festspielhauses in Burkina Faso ein Projekt verfolgte, mit dem er unter anderem eine internationale Vernetzung von Arbeitsbeziehungen anstrebte.[4] Die drei Autoren-Regisseure übernehmen, neben der Machtkonzentration, die in der gleichzeitigen Verantwortung für das Schreiben und Inszenieren liegt, zusätzlich die künstlerische Leitung einer Theaterinstitution. In dieser Funktion sind die Produktionsbedingungen und ihre Konsequenzen für die Inszenierung (wie Besetzungen, Probendauer und -ort, Zusammensetzung der Regieteams) leichter zu beeinflussen und zu koordinieren. Die Verantwortung für den gesamten künstlerischen Zusammenhang fördert den Einfluss der Autoren-Regisseure auf das künstlerische Ergebnis, die Inszenierung. Während ›literarische Autoren‹ mit der Aufführung ihrer Dramentexte die Umsetzung auf der Bühne in der Regel nicht mit steuern können, haben Autoren-Regisseure Einfluss auf den gesamten künstlerischen Prozess. Kennzeichnend für die Arbeit von Autoren-Regisseuren ist somit auch die kontinuierliche, sich stetig weiter entwickelnde Arbeit mit einem Team von Künstlern aus den Bereichen Bühne, Kostüm, Schauspiel und oft auch Videokunst, Licht, Choreografie und Dramaturgie, die sich oft über Jahre fortsetzt und weiter entwickelt.

### 8.2.1 Serielles Schreiben[5] und Inszenieren

Diese ›schnelle Arbeitsweise‹ verweist bereits auf das Verfahren des ›Weiterschreibens‹ an einem Gesamtkunstwerk, für das, speziell bei Pollesch, die einzelnen Aufführungen – wie es Till Briegleb ausdrückt – ›Fetzen‹[6] eines fortlaufenden Textes darstellen. Auch Petras setzt seine ›Heimat-Trilogie‹[7] aktuell

---

(HAU), Nino Haratischwilli hat ihre letzten Theaterarbeiten als Autorin-Regisseurin insbesondere am Lichthof Theater in Hamburg herausgebracht.
4 | Vgl. www.schlingensief.com.
5 | Serielles Schreiben meint in diesem Zusammenhang das inhaltliche und formale Fortsetzen eines szenischen Textes, oft auch als Reihe bereits im Titel gekennzeichnet (z. B. ›nördliche Trilogie‹ bei Harbeke, ›Heimattrilogie‹ bei Nuran David Calis). Dazu zählen auch die Fortsetzungen der Diskurse bei Pollesch über die Grenze einer Inszenierung hinaus. Der szenische Text wird im folgenden Werk weiter geführt und nicht als eine Einheit abgeschlossen. Auch Falk Richter hat mehrfach ›seriell‹ gearbeitet: Mit *Das System* konzipierte er ein Projekt aus vier Teilen, mit *Kult* ein dreiteiliges Projekt, in dem er sich vornahm, am Düsseldorfer Schauspielhaus die Auswirkungen der Medienkultur auf das junge Publikum zu untersuchen.
6 | Vgl. zu René Pollesch: Kap. 7.3.1.c Rhythmus: Wiederholung, Loops.
7 | Vgl. Kap. 5.1 Armin Petras/Fritz Kater: Ausbildung und Werkbiografie.

mit Inszenierungen im Rahmen des seit 2006 gegründeten Forschungsprojekts ›ÜBER LEBEN IM UMBRUCH‹ fort. Harbeke schreibt und inszeniert mittlerweile Fortsetzungsstücke, wie die als Nord-Trilogie angekündigten Arbeiten am Schauspiel Kiel, von denen sie bisher zwei Teile, *schonzeit* und *11°, windstill* realisiert hat:

> Harbeke: Zu Beginn begegnen wir den Figuren drei Jahre nach *schonzeit*. Alle haben einen Schritt gemacht, Entschlüsse gefällt und oder [sic!] befinden sich ungewollt in neuen Lebenssituationen. Dann springen die Zeiträume von *11°, windstill* von der Gegenwart in die Zukunft, in die Vergangenheit, in die Vision. In weiteren Erzählbögen als einem Theaterabend zu denken war außerordentlich spannend.[8]

Schlingensief greift in *Rosebud* Themen und Projekte auf, die erst in Planung sind, worauf bereits die Überschriften und (szenisch umgesetzten) Motive der einzelnen Bilder (*Atta Atta, Porn to be Wagner* etc.[9]) hinweisen. Das Serielle in der Theaterarbeit von Christoph Schlingensief zeigt sich auch an dem an verschiedenen Orten entstandenem *Animatographen* (zuletzt im Rahmen des Sommertheaters 2009 auf dem Gelände der Kampnagelfabrik in Hamburg ausgestellt[10]) oder an den Wahlkampfabenden, die im Rahmen der Inszenierung *Chance 2000* an verschiedenen Theatern gezeigt wurden. Tigges sieht im Fortschreiben der Werke Schlingensiefs einen Hinweis auf die Arbeit an einem Gesamtkunstwerk:

> Die Performance von Christoph Schlingensief interessiert auch im Hinblick auf das prozessuale, serielle Moment der an den verschiedenen Orten entscheidenden ›Animatographen‹ und das Mitreisen und Fortschreiben des Textmaterials, das in Dependenz zu den divergierenden Orten und Räumen neu konfiguriert wird und immer wieder wechselnde ästhetische Konstellationen von Film, Performance, Video, Bildender Kunst und Text entstehen [lässt, K. N.-R.], die letztlich eine Art offenes/situatives ›Gesamtkunstwerk‹ bilden.[11]

Bereits mit dem Dramentext wird ein Kunstwerk bei allen Autoren-Regisseuren in den konzeptionellen Zusammenhang mit anderen eigenen Arbeiten gestellt. Harbeke beschreibt, dass sie Sätze und Rollennamen in den Werken wieder aufgreift, um für sich eine Verbindung zwischen den szenischen Texten herzustellen, die das Publikum nicht zwingend nachvollziehen muss oder zum Verständnis des einzelnen Werkes benötigt. Pollesch setzt die Diskurse in seinen jeweils folgenden szenischen Texten mit anderen Schwerpunkten fort. Petras macht die Situation der Neuen Bundesländer zum inhaltlichen Schwer-

---

**8** | Annika Hartmann: Gespräch mit Sabine Harbeke, Autorin und Regisseurin von *11°, windstill, nördliche trilogie des glücks II*. In: Programmheft Schauspiel Kiel. 2009/2010. Sabine Harbeke: 11°, windstill. Redaktion: Annika Hartmann, S. 10-13, hier S. 10.
**9** | Vgl. Schlingensief: Rosebud, S. 9f.
**10** | Vgl. http://kampnagel.de/sommerfestival/index.php?page=detail&id=464186 (gesehen am 16.3.2010)
**11** | Tigges: Dramatische Transformationen. Eine Einführung, S. 16.

punkt seiner szenischen Texte. Christoph Schlingensief dokumentiert seine Werke und deren Rezeption ausführlich auf der Internetseite *www.schlingensief.com*. Die Autoren-Regisseure stellen permanent Bezüge zwischen den einzelnen Produktionen her und stellen damit ihre Arbeiten als ein Gesamtkunstwerk dar.

## 8.3 Übersicht und zusammenfassende Auswertung der Stilmittel und der ästhetischen Prinzipien

Im Folgenden werden die Untersuchungsergebnisse aus den Einzelanalysen der Werke der vier Autoren-Regisseure gegenübergestellt, um daran anschließend dramaturgische Verfahren herausarbeiten zu können.

### 8.3.1 Verschiebungen auf der Ebene der Darstellung

In den Werken der Autoren-Regisseure zeigt sich, dass die fiktive Handlung und Figuration zugunsten von Verschiebungen zurücktritt. Hans-Thies Lehmann stellt heraus, dass die dem zeitgenössischen Theater angemessene Kategorie nicht mehr notwendig Handlung sei, sondern Zustand: »Theater verneint [...] die ihm doch als Zeitkunst eigene Möglichkeit der ›Fabelentfaltung‹ absichtlich oder drängt sie in den Hintergrund.«[12] In Harbekes *lustgarten* und Petras' *HEAVEN* werden entsprechend weniger die fortschreitende Handlung von Figuren gezeigt, als der Zustand, in dem sich die Figuren befinden. Schlingensief erzählt zwar mit den Figuren einen Handlungsverlauf, dieser wird jedoch mehrfach durch Zitate und Referenzen unterbrochen, während Pollesch ganz darauf verzichtet, dass die Figuren einen fiktiven Handlungsablauf repräsentieren.

Epische Darstellungsweisen führen in den vier Werken zudem zu einer erhöhten Aufmerksamkeit bzw. zu einem reflektierenden Abstand der Schauspieler gegenüber dem Gebrauch und Einsatz ihrer darstellerischen Mittel. Die Darstellungsweise steht bei Petras, Schlingensief und Pollesch in einem komplexen Zusammenhang von anderen, vor allem auch medialen Zeichen, mit denen sie zu koordinieren und in Kontrast zu setzen sind. So wird die Darstellung durch die Schauspieler bei Petras und Schlingensief häufig von Projektionen überblendet. Andererseits bedeuten epische Darstellungsweisen und die Ebene des Kommentars, die damit verbunden ist, in der Regel eine größere Unabhängigkeit und Einflussnahme der Darsteller auf die Inszenierung.[13] Die bewusste Trennung von sprachlichen Zeichen (in den Diskursen) und körperlichen Zeichen (in den Clips), ermöglicht es den Schauspielern in

---

**12** | Lehmann: Postdramatisches Theater, S. 113.
**13** | Peter Kurth und Fritzi Haberlandt haben beispielsweise durch den großen Anteil an improvisierten Slapstick-Szenen in *HEAVEN (zu tristan)* einen Einfluss auf den zeitlichen Verlauf der Aufführung und können ihr Spiel in Bezug zum jeweiligen Publikum einer Aufführung ausrichten.

## Verschiebungen auf der Ebene der Darstellung

| Sabine Harbeke: *lustgarten* | Armin Petras/Fritz Kater: *HEAVEN (zu tristan)* | Christoph Schlingensief: *Rosebud* | René Pollesch: *Die Welt zu Gast bei reichen Eltern* |
|---|---|---|---|
| Die Figuren befinden sich in einem Zustand der Überforderung, des Wartens. | Die Figuren erzählen in den Monologen Geschichten, die über ihre Handlungserfahrungen hinaus gehen. | Schauspieler imitieren Bühnenfiguren aus anderen Inszenierungen oder reale Personen. | Die Schauspieler verzichten auf die Repräsentation einer Figur. |
| Die Instabilität, Kippmomente, die die Figuren auszeichnen, werden herausgestellt. | Als Erweiterung dient insbesondere die Einbindung von historischem Filmmaterial. | Durch Zitate von Gesten und Sprechweisen kommt es zu einer Unterbrechung der durchaus vorhandenen fiktiven Figuren- und Handlungsebene. | Die Darstellungsweise ist durch die Abkopplung von Sprechen und körperlichem Spiel gekennzeichnet. |
| Die Figuren agieren in Parallelwelten. | Die fiktiven Figuren verkörpern nicht die historischen Personen, von denen sie erzählen; es kommt zu einer epischen Darstellungsweise. | Surreale Spielweisen wechseln sich mit handlungsbezogenem Spiel ab. | Die Schauspieler können jeden Satz sprechen, da sie nicht an Rollen gebunden sind. |
| | Die Schauspieler nutzen epische Darstellungsweisen, z. B. den Gestus oder Kommentare. | | Die slapstickhafte, absurde Spielebene der Clips verweist auf den Einfluss der Schauspieler auf den szenischen Text. |
| | In der Spielweise, z. B. in Slapstick-Einlagen zeigt sich die Autonomie der Darsteller, am Probenprozess mitzugestalten. | | |
| | Einzelne Figuren (Micha, der Rabe) werden durch surreale Darstellungsweisen gekennzeichnet. | | |

*Die Welt zu Gast*, sich auf eine Ausdrucksform zu konzentrieren und diese, zum Beispiel durch erhöhtes Tempo der Sprechweise oder durch assoziatives körperliches Spiel zu erweitern. Die Darsteller werden hier durch den Verzicht auf Repräsentation von der konventionellen Auflage befreit, eine Rolle zu erfüllen, vielmehr müssen sie sich stärker auf den präzisen und bewussten Einsatz ihrer darstellerischen Mittel im körperlichen und sprachlichen Ausdruck konzentrieren. Surreale Spielelemente geben ebenfalls in fast allen Werken[14] dem Autor-Regisseur die Möglichkeit, Kippmomente und sprachlich schwer zu fassende Atmosphären herzustellen, die jedoch für die Gesamtkomposition der Werke eine wesentliche Rolle spielen. In *Rosebud* wird der Verlauf des mindestens dreistündigen Theaterabends immer mehr zu einem Traumbild, das sich aus Versatzstücken von Zitaten, Geräuschen, assoziativen Bildern, Schauspielstilen und Farben zusammensetzt und stark von einer kausal nachvollziehbaren Spielweise im Szenenverlauf abweicht. Petras setzt absurde Stilelemente (z. B. Max Simonischeks Darstellung des Raben) dazu ein, der Hilflosigkeit und Verlorenheit einer Figur nachzugehen, während Pollesch den Sprechtexten mit den Clips unterhaltende und spielerische Assoziationen gegenüberstellt.

Die Autonomie der Schauspieler spielt aufgrund der Aufwertung des Probenprozesses bei allen vier Inszenierungen der Autoren-Regisseure eine zentrale Rolle. Es gibt jedoch Gradunterschiede: So hat Harbeke den sprachlichen Verlauf des szenischen Textes präzise vorgegeben, arbeitet jedoch in den Proben regelmäßig mit Interviews und Improvisationen, um die Schauspieler Subtexte finden zu lassen. Petras und Pollesch räumen dagegen ihren Schauspielern viel Freiraum und Mitbestimmung in der Probenarbeit ein, wobei hier besonders das Vertrauen und die Kontinuität in der Zusammenarbeit eine Rolle für die Teilnahme am Probenprozess spielen.[15] Schlingensief behält sich trotz aller Kontinuität in der Teamarbeit eine weitreichende Einflussnahme auf den Verlauf der einzelnen Aufführung vor, insbesondere wenn er als Darsteller in den Aufführungen mitwirkt und die anderen Schauspieler in ihrem Spiel unterbricht und den geprobten Verlauf der Inszenierung abrupt verändert.[16]

---

**14** | Bei Sabine Harbeke spielen surreale Spielelemente erst in ihren jüngeren Werken eine Rolle, wie in den beiden aufeinander aufbauenden Produktionen des Schauspiels Kiel, *schonzeit* und *11°, windstill*.

**15** | Es können, wenn man nicht selber am Probenprozess teilgenommen hat, selbstverständlich nur Vermutungen angestellt werden, wer welche Veränderungen am szenischen Text zu verantworten hat, wozu jedoch sowohl der Vergleich von Dramentext und Inszenierungstext als auch Interviews über den Produktionsprozess aufschlussreich sind. Einigen Schauspielern kommt somit eine größere Einflussnahme auf den szenischen Text zu als Schauspielern, die die jeweilige Arbeitsweise erst kennen lernen.

**16** | In *Rosebud* lassen sich Unterschiede in der Haltung der Schauspieler erkennen, wie im Einzelnen mit den Unterbrechungen des Aufführungsverlaufs durch Schlingensief umgegangen wird: so weist sie Martin Wuttke, der bereits in vielen Produktionen mit Schlingensief zusammen gearbeitet hat, in *Rosebud* souverän zurück.

Die größere Autonomie im Produktionsprozess bezieht sich nicht nur auf die Darsteller, sondern auf das Produktionsteam insgesamt: Bühnen- Kostümbildner, Videokünstler, Techniker, Souffleuse. Es kommt oft vor, dass Mitglieder des Produktionsteams (wie bei Pollesch die Kamerafrau und die Souffleuse) oder bei Schlingensief die Techniker und der Regisseur selbst zu Darstellern und Mitspielern werden.[17]

Verschiebungen auf der Ebene der Darstellung bedeuten eine Öffnung der Spielweise gegenüber epischen und absurden Darstellungsweisen, bis hin zu dem Versuch, gänzlich neue Spielformen zu erkunden.[18] Es zeigt sich vor allem im Verhältnis von Körper und Stimme, Geste und Sprache, dass Autoren-Regisseure Verschiebungen auf der Ebene der Darstellung nutzen, um die Bedeutung von theatralen Zeichen zwar auch auf die Fabel, aber insbesondere auf der doppelten Ebene der Kommunikation einzusetzen: Während Harbeke Sprechweisen generell befragt, eröffnet Petras Perspektiven, die über die der Figuren hinausgehen. Pollesch trennt körperliche und sprachliche Zeichen im szenischen Text, während Schlingensief Konstruktionen, die sich in Verhaltensweisen zeigen, durch Imitation aufdeckt. Die Autonomie der Darsteller, die sich in einem bewussteren Einsatz der darstellerischen Mittel ausdrückt, hat somit Auswirkungen auf die dramaturgische Struktur des szenischen Textes und kann von den Autoren-Regisseuren unmittelbar in der Konzeption des Werks, bereits in der schriftlichen Fixierung des Dramentextes, berücksichtigt werden.

### 8.3.2 Verschiebungen auf der Ebene des Raumes

Die Inszenierungen der vier Autoren-Regisseure erkunden die Möglichkeiten der Bühne: Alle vier Werke stellen neben dem Raum für das unmittelbare Bühnengeschehen auch einen ›Bewusstseinsraum‹ dar. Hier kann (wie in *HEAVEN*) gerade die Ortlosigkeit von Figuren gezeigt werden oder ein Raum, wie in *lustgarten*, in dem die Figuren nach der begangenen Gewalttat unfähig sind, Entscheidungen zu treffen. In *Rosebud* ergeben zahlreiche Bezugsebenen, die aus den zitierten Bühnenbildern resultieren erst ein ästhetisches Gesamtbild des Bühnenraumes. Bei *Die Welt zu Gast* wird der Raum zu einem Bewusstseinsraum, in dem vor allem Diskurse ohne Anbindung an handlungsbezogene Szenen den Raum ›durchkreuzen‹.

---

**17** | Erwähnenswert sind an dieser Stelle Inszenierungen Nicolas Stemanns (Elfriede Jelinek: Kontrakte des Kaufmanns, UA Hamburg, Thalia Theater, 2.10.2009.), in denen die Videokünstlerin Claudia Lehmann erst während der Aufführung die Bilder auswählt und anfertigt, die an die Wände projiziert werden. Typisch ist für Stemanns Arbeit, dass möglichst das gesamte Produktionsteam an der Aufführung teilnimmt. Stemanns Inszenierungen ließen sich, auch wenn die Dramentexte von Elfriede Jelinek stammen, ebenfalls mit Hilfe einer dramaturgischen Analyse bestimmen, da die Ebene der äußeren Kommunikation und die spezifische Produktionsweise in seiner Arbeit eine große Rolle spielen.
**18** | Während Pollesch Spielregeln für die Theaterarbeiten erst mit den Schauspielern entwickelt, arbeitet *Rimini Protokoll* daran, für die Spiel- und Sprechweisen der Laiendarsteller eine entsprechende dramaturgische Form zu entwickeln.

Harbeke und Petras bevorzugen dazu abstrakte, karge Räume, die kaum oder gar nicht dekoriert sind und zugleich für öffentliche Räume stehen, in denen die Figuren ohne einen geschützten, privaten Rahmen auskommen müssen. In *Rosebud* werden die Räume zwar opulent ausgestattet, jedoch stehen sie für Imitationen und Zitate von bereits existierenden Bühnenräumen. In der überladenen, lichtdurchfluteten und sich drehenden Bühne zeigt sich ein Kunstraum, in dem die realistischen Elemente überzeichnet werden. In dem grellen, bunten Raum von *Die Welt zu Gast* kommen realistische Versatzstücke vor, die Spielräume für die Darsteller eröffnen, die jedoch nicht an einen zu repräsentierenden, handlungsbezogenen Raum gekoppelt sind. Die Bühnenbilder eröffnen bei Pollesch, in einem auf Eigenverantwortung basierenden Arbeitsprozess, Kunsträume, die handlungsbezogenen Räumen nicht funktional untergeordnet werden.

Bei Schlingensief und Pollesch dient der Bühnenraum zusätzlich dazu, mit Bühnenmitteln über die Bedeutung und den Umgang mit dem Theaterapparat zu reflektieren und die Zuschauer über die Form des Produktionsprozesses aufzuklären. In diesem Abstand zu illusionistischen Räumen liegt wiederum eine epische Distanzierung, die Raum für Kommentare und darüber hinaus eine Reflexion über die künstlerische Arbeit mit theatralen Mitteln zulässt.

Die Möglichkeit, den Theaterraum dazu zu nutzen, die kontrastierenden Zeichen nebeneinander bestehen und sich durchkreuzen zu lassen, um gerade auf die Lücken, Geheimnisse, bzw. ›Abgründe‹ der Figuren und die nicht dargestellten oder darstellbaren Bilder und Sätze zu verweisen, lässt sich in den vier Werken als eine zentrale und erweiterte Funktion des theatralen Raumes erkennen. Deleuze bezeichnet das Überkreuzen und die Schnittstellen im Bühnenraum als ein »Theater der Wiederholung«, das dem Theater der Repräsentation gegenübertritt.[19] Im Bewusstseinsraum wird in allen genannten Arbeiten vermehrt mit Projektionen, Licht und Musikeinspielungen, das heißt sowohl mit epischen Mitteln als auch surrealen Bildern gearbeitet, um das künstlerische Gesamtbild zu prägen. In der Gestaltung des Bühnenraumes zeigt sich vor allem die Kontinuität in der Zusammenarbeit mit einem Team, das oft über Jahre die künstlerische Arbeit der Autoren-Regisseure mit prägt.

### 8.3.3 Verschiebungen auf der Ebene der Zeit

In den Clips wird im improvisierten Spiel von den Schauspielern verschwenderisch und ausgelassen mit Zeit umgegangen, was den Effekt einer Pause und Entspannung sowohl für die Schauspieler als auch für die Zuschauer herbeiführt. Als ein die dramaturgische Struktur des szenischen Textes wesentlich beeinflussender Faktor wird Zeit sehr bewusst von den Autoren-Regisseuren in ih-

---

19 | »Im ›Theater der Wiederholung‹ erfährt man reine Kräfte, dynamische Bahnen im Raum, die unmittelbar auf den Geist einwirken und ihn direkt mit der Natur der Geschichte vereinen, eine Sprache, die noch vor den Wörtern spricht, Gesten, die noch vor organisierten Körpern, Masken, die vor den Gesichtern, Gespenstern und Phantome, die vor den Personen Gestalt annehmen [...].« Gilles Deleuze: Differenz und Wiederholung, S. 26.

| Verschiebungen auf der Ebene des Raumes | | | |
|---|---|---|---|
| Sabine Harbeke: *lustgarten* | Armin Petras/Fritz Kater: *HEAVEN (zu tristan)* | Christoph Schlingensief: *Rosebud* | René Pollesch: *Die Welt zu Gast bei reichen Eltern* |
| Ein abstrakter, öffentlicher Raum, ohne Dekorationen, kennzeichnet den Spielort. In vielen Inszenierungen Harbekes (nicht in *lustgarten*) werden Projektionen eingesetzt. Der Raum eröffnet einen Bewusstseinsraum, in dem die Figuren vergangene Ereignisse reflektieren (Choreografie des Wartens). Die Figuren führen zum Teil nicht handlungsbezogene (surreale) Gesten im Raum aus. | Bevorzugt werden öffentliche Räume gezeigt. Die Bühne ist ein mobiler, abstrakter Raum. Reduktion, ausgehend von realistischen Raumelementen, kennzeichnet den Umgang mit Bühnenbild und Dekorationen. Filmprojektionen ersetzen Elemente der Fabel und stehen oft für einen Bewusstseinsraum, der auch unabhängig von der Handlung die Situation, bzw. die Atmosphäre kennzeichnet. Die Ortlosigkeit der Figuren drückt sich auch in den karg gehaltenen räumlichen Elementen aus. | Mit dem Bühnenraum werden Räume anderer oder ›realer‹ Inszenierungen (z. B. einer Pressekonferenz bei *Focus*) zitiert. Gezeigt wird ein ironisch gebrochenes Bild des funktionierenden Theaterapparates, zugleich Reflexion der Produktionsbedingungen. Authentische Spielräume (z. B. durch technische Mitarbeiter auf der Bühne) werden in den Bühnenraum integriert. Epische Distanz zeigt sich im Einsatz filmischer Mittel, dem Live-Einsatz der Kamera durch Schlingensief als Darsteller und durch das Nebeneinander simultan ablaufender Szenen. Schlingensief unterbricht mit eigenen Auftritten bühnentechnische Abläufe und stört so permanent den geplanten Ablauf der Inszenierung. | Die Bühne eröffnet einen Kunstraum, der absurde, nicht handlungsbezogene Spielsequenzen ermöglicht. Die Nähe zum Zuschauer wird durch die Sitzanordnung betont (v.a. typisch für die frühen Inszenierungen Polleschs auf Nebenspielstätten). Die Abläufe der Bühnentechnik, Bühnendekorationen (z. B. nicht dekorierte Rückwände von Stellwänden, unverdeckt liegende Kabel) oder das Filmen mit der Handkamera werden dem Publikum offen, präsentiert. Die Schauspieler verweisen mit ihrem Spiel (Winken, um das Licht zu verändern) auf die Präsenz der Bühnentechnik, sie wird nicht kaschiert. Die Bühnenbildner gestalten autonom einen Bühnenraum, der nicht den Text repräsentieren soll, bzw. ihm funktional untergeordnet ist. |

ren Werken eingesetzt. Den präzisen Vorgaben von Harbeke (die den Handlungsdruck, unter dem die Figuren stehen noch weiter verstärken)[20], steht der extrem verschwenderische und Rahmen sprengende Zeitbegriff Schlingensiefs gegenüber (die Dauer der Aufführung *Rosebud* variiert zwischen drei und vier Stunden und ist nicht aus der fiktiven Handlung der erzählten Fabel begründet). Bei Pollesch dient die zeitliche Dramaturgie des Abends auch der Unterhaltung und Entspannung der Schauspieler und des Publikums. Das rasche, assoziative, slapstickhafte Spiel der Schauspieler korrespondiert mit den schnell gesprochenen Passagen der Diskursszenen. Darüber hinaus strukturiert die Zeit gerade in Polleschs szenischem Text die Dynamik der Aufeinanderfolge der Sätze. Hans-Thies Lehmann beschreibt in *Postdramatisches Theater* den Einfluss der Zeit auf Satzstrukturen:

> Neben dem äußeren Kriterium der Länge des Textes schaffen die Art und Weise der Zusammenstellung der Sätze, ihr Rhythmus, ihre Länge und Kürze, syntaktische Komplexität und Pausen durch Punkte und Satzzeichen ein eigenes Tempo des Textes, einen Rhythmus aus Verzögerung und Beschleunigung.[21]

Die Sprechtexte werden in den Diskursen Polleschs ohne eine ›Illustration‹ durch gestisches Spiel temporeich und betont gesprochen, um den Fokus der Aufmerksamkeit (der Schauspieler ebenso wie der Zuschauer) auf den Akt des Sprechens und die Sätze selbst zu lenken: »die Ordnung der Sukzession [wird] durchkreuzt […] durch eine andere, das Nebeneinander […], der Fluss des Geschehens (in einem bestimmten, zu Beginn festgelegten Zeitraum), wird immer wieder punktiert, unterbrochen, angehalten.«[22]

In *HEAVEN* steht das tragikomische, spielerische Element der Tristesse des Zustands, in dem die Figuren verharren, gegenüber. Die weit gespannte zeitliche Dimension kontrastiert mit dem konkreten Spielmoment und dient dazu, das Einzelschicksal der Figuren in einen größeren Zusammenhang zu stellen und wiederum den Zustand zu betonen, in dem die Figuren verzweifelt und komisch zugleich agieren.

Harbeke nutzt ›Zeit‹ als zentrales Konstruktionsmittel für die Struktur des szenischen Textes: Über Rückblicke und Auslassungen in einem streng gesetzten zeitlichen Rahmen wird das Geschehen für den Zuschauer erst rückblickend entschlüsselbar und behält Spielräume zur Interpretation.

Die Zuschauer von *lustgarten* können erst im Laufe der Aufführungszeit durch die Zusammensetzung einzelner Repliken, die assoziativ und zunächst zusammenhanglos nebeneinander stehen, ein Bild vom Ablauf der vergangenen Ereignisse bekommen. Darüber hinaus fallen in *lustgarten* der gemeine dramatische Schluss und ein ungelöstes Ende zusammen: Erst der Zuschauer entscheidet für sich, ob die Frau im Kofferraum überlebt. Harbeke setzt Zeit in *lustgarten* in den

---

20 | Vgl. Kap. 10.1. Mail-Interview mit Sabine Harbeke.
21 | Lehmann: Postdramatisches Theater, S. 310.
22 | Birkenhauer: Schauplatz der Sprache, S. 113. Das Zitat bezieht sich auf das Konstruktionsprinzip von Čechovs Dramentext *Drei Schwestern*.

Zusammenhang der ablaufenden Lebenszeit. Doch auch in Schlingensiefs *Rosebud* (und anderen Werken, z. B. *Mea Culpa*) bestimmt das Wissen um die ablaufende Lebenszeit die dramaturgische Struktur des szenischen Textes mit.

Auch bei Petras wird der Zuschauer zum ›Coautor‹, der die reduzierten theatralen Zeichen zu zusammenhängenden Szenen zusammenfügt und Pollesch räumt den Zuschauern Zeit zum Verarbeiten der temporeich gesprochenen Diskurse erst in den Clips ein. Schlingensief verfolgt konsequent einen eigenen Zeitbegriff, in dem er Szenen (wie die Kommissar-Szene) mehrmals wiederholt, imitierte Szenen (wie das Bühnengeschehen der *Woyzeck*-Inszenierung) rückwärts spielen lässt und erzeugt gerade durch den Verzicht auf das Erfüllen eines an die Fiktion der Handlung gebundenen Zeitbegriffs die ästhetische Komposition von *Rosebud*:

> Das Theater kann eine eigene Zeitdimension ausbilden, eine, in der verschiedene Zeiten und Ebenen gleichzeitig bestehen, kollidieren und sich befragten können. [...] Das sie [die Inszenierung] strukturierende Prinzip ist die Schichtung – die Überlagerung und das Nebeneinanderstellen von zeitlich Disparatem [...]. Auf diese Weise entsteht ein Raum mehrdimensionaler Bezüglichkeit.[23]

In *Rosebud* treibt Schlingensief das Spiel mit Zeitebenen auf die Spitze: Historische Zeiträume (die Imitation vergangener Inszenierungen, historische Ereignisse aus den 70er Jahren), realistische Momentaufnahmen, biografische Eindrücke werden nebeneinandergestellt und überblendet. Aus dem Gesamtwerk ergibt sich ein, von der fiktiven Handlungsebene losgelöstes, surreales Bild, in dem Zeitebenen wie in Traumsequenzen »verschwinden oder verschwimmen«.[24]

Die Zeit wird zu einem entscheidenden Faktor, um nicht nur den Rhythmus der Handlung, sondern vor allem die Komposition des szenischen Textes zu kennzeichnen. Auch hier stellt Lehmann den nicht handlungsbezogenen Zeitbegriff deutlich heraus:

> Die *Zeit des Dramas* betrifft das, was Aristoteles den ›Mythos‹ nennt: die besondere Zusammenstellung der präsentierten Handlungen und Vorgänge im Rahmen einer Dramaturgie. Die Dauer und Abfolge der einzelnen Szene ist nicht identisch mit der Dauer und Reihenfolge der Geschehnisse in der Fiktion, sondern konstruiert ihren eigenen, im textzentrierten Theater entscheidend wichtigen Zeitraum. Die Zeitorganisation des dramatischen Textes besteht aus der darin gewählten Sequenz der Vorgänge und Szenen, kompliziert aber die Zeitstruktur sehr oft durch Vorgriffe, Rückblenden, Parallelsequenzen und Zeitsprünge, die in aller Regel der Komprimierung der Zeit dienen.[25]

Verschiebungen auf der Ebene der Zeit beziehen sich bei den szenischen Texten der Autoren-Regisseure in besonderer Weise auf die äußere Ebene der

---

23 | Ebd., S. 244.
24 | Schlingensief: Rosebud, S. 89.
25 | Lehmann: Postdramatisches Theater, S. 310.

| **Verschiebungen auf der Ebene der Zeit** | | | |
|---|---|---|---|
| Sabine Harbeke: *Iustgarten* | Armin Petras/Fritz Kater: *HEAVEN (zu tristan)* | Christoph Schlingensief: *Rosebud* | René Pollesch: *Die Welt zu Gast bei reichen Eltern* |
| Harbeke gibt im Dramentext präzise Zeitangaben vor.<br><br>Die genauen Altersangaben stellen die Figuren in ihren Entscheidungen unter einen biografisch zu begründenden Handlungsdruck.<br><br>Der Zusammenhang von privater und gesellschaftlicher Zeit wird konkret thematisiert (so in *Iustgarten* der Einfluss des Irakkrieges).<br><br>Mit Hilfe von Rückblenden wird das Geschehen als lückenhaftes ›Puzzle‹ rekonstruiert. | Die ausgedehnte zeitliche Dimension wird insbesondere durch die historischen Bezüge erzeugt und steht der konzentrierten, auf einzelne Spielelemente fokussierten Darstellungsweise gegenüber. Die Inszenierung dauert, obwohl nur wenige Handlungen gezeigt werden, etwa drei Stunden.<br><br>Es wird gezeigt, dass die Figuren mit ›Zeit‹ verschwenderisch umgehen, in dem aus Mangel an Beschäftigungsmöglichkeiten (in der Arbeitslosigkeit oder der Beziehungslosigkeit) Zeit in Bezug auf eine fortschreitende Handlung tatenlos verstreicht. Die Schauspieler nutzen die Zeit auch für das ausgiebige Spiel mit dem Publikum oder für Handlungen, die (wie Roberts Pläne einer Umgestaltung des Freibades) eine Utopie verfolgen, die in ihrer Umsetzung jedoch zum Scheitern verurteilt ist. | Szenen verlaufen simultan und überlappen sich zeitlich.<br><br>Die Inszenierung dauert über drei Stunden und wird zu einer Konzentrationsleistung des Publikums. | Das hohe Sprechtempo und die schnellen improvisierten Szenen verhindern psychologisch motiviertes Spiel. Das Tempo des Sprechens verweist auf das Tempo von ›Gedankenströmen‹.<br><br>In den Clips wird im improvisierten Spiel von den Schauspielern verschwenderisch und ausgelassen mit Zeit umgegangen, was den Effekt einer Pause und Entspannung sowohl für die Schauspieler als auch für die Zuschauer bekommt. |

Kommunikation: Die Länge des szenischen Textes hat Auswirkungen auf die Konzentration und Wahrnehmung der Zuschauer, wie lange sie sich auf das Spiel einlassen und ob sie die Zeitebene alleine mit der fiktiven Handlungsebene in Verbindung bringen. Zeit und deren Verschiebungen auf der Ebene der äußeren Kommunikation werden in allen vier Werken zu einem bestimmenden dramaturgischen Faktor des szenischen Textes.

### 8.3.4 Verschiebungen auf der Ebene der sprachlichen Mittel

In den vier Werken kommen den sprachlichen Zeichen weit über die fiktive Ebene hinausreichende Funktionen im theatralen Kunstwerk zu. Sie ermöglichen eine Lektüre der szenischen Texte der Autoren-Regisseure auch auf der äußeren Ebene der Kommunikation: Die Sprache ist nicht mehr ausschließlich funktional eingebunden in den dramatischen Handlungszusammenhang, sondern umgekehrt, das szenische Geschehen wird durch die Sprache verwandelt:

> Die Worte entfalten ein Eigenleben, laden sich mit unvermuteter Bedeutung auf, sodass aus Sätzen Metaphern werden, die vielfältige Korrespondenzen zwischen den sprachlichen und nichtsprachlichen Elementen der Inszenierung erzeugen.[26]

Der dramaturgischen Struktur nach handelt es sich bei den szenischen Texten von Harbeke, Petras und Schlingensief auch um Dramentexte, die man aus der Perspektive von Figuren auf der Ebene der fiktiven Handlung lesen und interpretieren kann. Das Poetische ist, wie jede andere Qualität des Textes, eine sprachliche Dimension, die, um realisiert zu werden, eine bestimmte Praxis der Lektüre respektive der Inszenierung voraussetzt, die sie erzeugt und hervorbringt – oder eben auch nicht. Dies aber hat zu tun mit der grundlegenden Darstellungsstruktur des Theaters, aus der auch dramatische Texte ihr genuines Darstellungspotenzial entfalten: der doppelten Perspektivierung dramatischer Rede.[27]

Der unmittelbare Einfluss auf den eigenen Dramentext in der Regie führt zu einer produktionsgebundenen und räumlich-theatralen Sicht auf die szenischen Texte, die stets mit epischen Verfahren der Distanzierung zusammenhängt.

Petras spielt im Probenprozess (z. B. durch den Einsatz von Helium) mit der Trennung von gestischen und sprachlichen Zeichen. Schlingensief überblendet die gesprochenen Szenen mit Geräuschen, Lärm und Projektionen und erzeugt damit ein Gesamtbild aus den Aktionen der Schauspieler, der Musik, den sprachlichen Zeichen und Geräuschen, ohne dass jede sprachliche Äußerung verständlich und einem fiktiven Vorgang zuzuordnen wäre. Auch Harbeke arbeitet mit der Unterbrechung. So lässt sie selten ihre Figuren die Sätze

---

**26** | Ebd., S. 123.
**27** | Vgl. Birkhauer: Verrückte Relationen zwischen Szene und Sprache. In: Politik der Vorstellung. Theater und Theorie. Hrsg. von Joachim Gerstenberger u. Nikolaus Müller-Schöll. Theater der Zeit, Recherchen 36. Berlin 2006, S. 178-191, hier, S. 185.

| Verschiebungen auf der Ebene der sprachlichen Mittel | | | |
|---|---|---|---|
| Sabine Harbeke: *lustgarten* | Armin Petras/Fritz Kater: *HEAVEN (zu tristan)* | Christoph Schlingensief: *Rosebud* | René Pollesch: *Die Welt zu Gast bei reichen Eltern* |
| Die Dramentexte Harbekes sind von einer genauen Beobachtung der Sprechweisen gekennzeichnet. Für bestimmte Formen der Kommunikation (ins Wort fallen, Pausen im Sprechfluss, Schweigen zwischen zwei Personen) werden bereits im Dramentext gesonderte Satzzeichen eingesetzt. Harbeke lässt in ihren Dramentexten regelmäßig stumme Figuren auftreten. Paralinguistische Zeichen, die sprachliche Zeichen ersetzen, spielen im szenischen Text zur Kennzeichnung des Zustands der Figuren eine große Rolle: Lieder, Gesang, Weinen, Lachen, Füllwörter (Ja, Hm). Harbeke skizziert die Dialoge der Figuren eher aus lückenhaften ›Sprachscherben‹ als aus ausformulierten Sätzen. | Äußerungen über den Gebrauch der Sprache selbst werden durch die Figuren und die epische Instanz des Autors eingefügt Transpsychologische Äußerungen, die über das Bewusstsein der Figuren weit hinaus gehen, werden in den Text eingebunden. Die Figur Micha schweigt im szenischen Text, die Repliken aus dem Dramentext wurden im szenischen Text komplett gestrichen, Sprachlosigkeit ersetzt die sprachlichen Zeichen. Durch den Einsatz von stimmverzerrendem Helium wird eine Trennung von Gestik und Sprechen erreicht. Das Sprechen erfolgt häufig in Monologen, die von Projektionen überblendet werden. | Sprache wird von Schlingensief zur Veranschaulichung von Zusammenhängen eingesetzt. Die Schauspieler imitieren Sprechweisen und zitieren bereits in anderen Kontexten geäußerte Texte. Durch die Zitate wird ein Abstand zwischen dem gesprochenen Text und dem jeweiligen Bezugsystem geschaffen. Dialoge und Monologe werden durch äußere Störungen (durch laute Geräusche, durch Schlingensiefs Auftreten) unterbrochen und zum Teil für die Zuschauer unverständlich. | Die überwiegend gestischen Clip-Szenen werden von den Sprechszenen, die im Sitzen stattfinden, getrennt. Es kommt zu einer deutlichen Trennung von gesprochener Sprache und Gestik. Die Texte werden von den Schauspielern in hohem Tempo, in variierenden Lautstärken (von Schreien bis Flüstern) ohne Rollenzuordnung gesprochen; es entsteht eine ›Denkbewegung‹, bzw. ›Gedankenströme‹ im Raum. Zitate aus theoretischen Texten und aus Diskussionen, die bei den Proben geführt wurden, werden von Pollesch in den Dramentext eingebunden. |

zu Ende sprechen, vielmehr gehört die Unterbrechung der Dialoge (z. B. als Übersprunghandlung) bereits – als im Dramentext mit einem Schrägstrich markiertes Formelement – zur Konzeption des szenischen Textes.

Pollesch bevorzugt eine klare Trennung von gesprochenem und gestischem Ausdruck, sodass die Diskurse als eine ›Bewegung‹ von Sätzen im Raum, unabhängig von einer repräsentativen, illustrierenden Umsetzung durch die Schauspieler, stattfinden.

Der epische Abstand der sprachlichen Zeichen zur Handlung und Figuration ermöglicht neue Verknüpfungen und eröffnet ›Bewusstseinsräume‹, in denen Sprache als theatrales Mittel zum Einsatz kommt, das zwar alle anderen Zeichen des Theaters ersetzen kann, sich andererseits jedoch Eigen-Sinn gegenüber Autoren und anderen Subjekten behauptet.

In *Heaven* sind die Sätze der Figuren nicht von der Gesamtsituation zu trennen, aus der keine der Figuren entweichen kann: Aus ihnen klingt eine Verzweiflung und Heimatlosigkeit, die sich insgesamt in den Bildern und Räumen auf der Bühne spiegelt. Schlingensief, Petras und Pollesch integrieren in die szenischen Texte »heterogenes Sprachmaterial«.[28] Insbesondere in *Rosebud* wird aus den verschiedenen Textebenen ein ›Potpourri‹ aus Zitaten und Imitationen. Petras bindet die historischen Bezüge in die Fabel ein, während es Pollesch bei der Einbindung soziologischer und philosophischer Texte um das Führen von gesellschaftsbezogenen Diskursen geht. Harbeke und Schlingensief thematisieren darüber hinaus den Gebrauch der Sprache, die Kommunikation selbst, das »Sprechen als Spiel«.[29] Die Aufmerksamkeit wird somit vom fiktiven Dialog auf die Sprechweisen gelenkt. Die Bühne wird zu einem Ort für Sprechweisen, an dem mit jeder Inszenierung neue Wortspiele entstehen.[30]

### 8.3.5 Rhythmus und Komposition

Der Rhythmus kennzeichnet in allen vier Werken die Relation der Zeichen zueinander, die die spezifische Komposition der Werke ausmacht. Unterbrechungen, Kontraste und Störungen auf der einen Seite stehen die Kombination und Hierarchie von Zeichen, in der Montage, der Überblendung, der Wiederholung auf der anderen Seite gegenüber. Wie lässt sich die transversale Bewegung, die sich durch die Zeichenverwendung ergibt, im Rahmen des Gesamtwerks und in Bezug auf die Entwicklungen im Theater zu Beginn des 21. Jahrhunderts deuten? In den Einzelanalysen wurde dazu die Komposition der Werke beschrieben: welche stilistischen Mittel ein Werk hauptsächlich kennzeichnen und wie sich ein Kunstwerk als komplexer künstlerischer Zusammenhang inhaltlich und formal charakterisieren lässt. Die Autoren-Regisseure beziehen sich kompositorisch auf die Bühne, in dem sie zeitliche Verschiebungen (Verlangsamung, Präzision von zeitlichen Abläufen, Tempo

---

**28** | Vgl. Birkenhauer: Schauplatz der Sprache, S. 284.
**29** | Ebd., S. 271.
**30** | Vgl. ebd., S. 321.

des Sprechens, Unterbrechungen, Wiederholungen) ebenso berücksichtigen, wie räumliche Proportionen und bildliche Relationen. Schlingensief nutzt den dreidimensionalen Bühnenaufbau dazu, einen komplexen (Flächigkeit, Tiefe, Dichte etc. berücksichtigenden) räumlich-visuellen Zusammenhang der Zeichen auf der Bühne zu schaffen. Die Häufung von unterschiedlichsten Referenzebenen wird nicht zu einem ›sinnvollen Ganzen‹ zusammengefügt, schafft aber gerade in der Gleichzeitigkeit von visuellen, sprachlichen und akustischen Elementen einen Ausdruck für die Suche nach neuen, unverstellten Wahrnehmungsformen in einer Kunstwelt, die von Schlingensief oft als ›System II‹ bezeichnet wird.

Gerda Poschmann beschreibt bereits 1996 dramaturgische Verfahren und deren Einfluss auf den dramatischen Text damit, dass ganz andere Raum- und Zeitgrenzen auf der Bühne existierten und der Text performativ mit den Möglichkeiten der Bühne arbeite und dabei die Wirklichkeit nicht nachahme, sondern erfinde.[31]

Das Aufführungsprotokoll zu *Rosebud* ist ebenso wie das präzise Modell des szenischen Textes *lustgarten* von vornherein als raum-zeitliches Gefüge komponiert worden. Pollesch und sein Team orientieren sich in der Sprechchoreografie nicht an Rollen, sondern an einer Musikalität auf der Ebene der Komposition der Inszenierung. Der Diskurs steht im Zentrum der szenischen Texte und eröffnet einen ›Bewusstseinsraum‹, der über den Radius der Figuren hinausgeht. Bei Petras erzeugen die gesprochenen Sätze im kargen Bühnenraum, die Unterbrechungen und Verzögerungen im ausgedehnten Spielverlauf sowie die Entscheidung für ein jeweils die Szene ›führendes‹ Zeichen, einen Ausdruck für den Zustand der Heimatlosigkeit der Figuren.

---

**31** | Vgl. Poschmann: Der nicht mehr dramatische Theatertext, S. 156.

**Rhythmus der szenischen Texte:** Der Kontrast der Theaterzeichen zueinander und insbesondere auf der Ebene der äußeren Kommunikation steht hier im Vordergrund.

| Sabine Harbeke: *lustgarten* | Armin Petras/Fritz Kater: *HEAVEN (zu tristan)* | Christoph Schlingensief: *Rosebud* | René Pollesch: *Die Welt zu Gast bei reichen Eltern* |
|---|---|---|---|
| Die Überforderung der Figuren drückt sich in der gesamten Bewegung des szenischen Textes aus, in Wiederholungen und Tempowechseln, die auf die Ruhelosigkeit der Figuren hinweisen.

Der Ablauf der Szenen kennzeichnet die oft sprunghafte ›Denkbewegung‹ der Figuren, die an Regeln der gesprochenen Sprache orientiert sind.

Die direkten Hinweise auf die Regeln der Kommunikation unterbrechen regelmäßig die Dialogtexte.

Wiederholungen, und Stopps kennzeichnen den Zusammenhang der theatralen, insbesondere der sprachlichen Zeichen. Es kommt zu Unterbrechungen, die Zusammenhänge in Rückblenden montieren.

Projektionen unterstreichen eine surreale Erzählebene (nicht in *lustgarten*). | Ein Zeichen, beispielsweise in der ersten Spielszene ein Zeichen des Raumes, die Matratze, übernimmt in Petras' Regie die ‚Führung' einer Szene.

Ein Theaterzeichen wird häufig durch ein anderes ersetzt, so zum Beispiel das Sprechen Michas durch laute Musik.

Überblendung von Musik und Projektionen führen zu einer Überschneidung der Erzählebenen.

Kontraste (kohärente Situationen und Spielelemente), vor allem der Wechsel von tragischen und komischen Spielszenen ist kennzeichnend für Petras' Theaterarbeit.

Der Einsatz epischer Mittel führt zu Brüchen in der Erzählung der Fabel. | Die Fülle der zueinander kontrastiert auftretenden theatralen Zeichen wirkt sich als Überforderung auf die Ebene der äußeren Kommunikation aus.

Störungen und Unterbrechungen der Handlung bestimmen den Rhythmus.

Der Wechsel von Lautstärken, von Komik und Tragik, von Gleichgültigkeit und emotionalem Einsatz, von atmosphärischen Bühnenbildern führt zu einer permanenten Umorientierung der Zuschauer, die nach einer gewissen Dauer der Aufführung die Wahrnehmung auf das Werk verändern kann.

Die Überschreitung der medialen Grenzen (von Theater, Film, Bildender Kunst, Oper) führt zu Überblendungen von Zeichen.

Die Technik der Montage führt zu einer Unschärfe und Ungleichzeitigkeit der Szenen, zu einem ‚Crash der Mittel'. | Das Tempo und die Betonung der gesprochenen Texte führen zu einem schnellen Rhythmus des Sprechens, der eine psychologische Spielweise verhindert. Wiederholung von Textpassagen kennzeichnet den gesprochenen Text.

Sowohl in der gesprochenen Sprache als auch in der Gestik wird auf Repräsentation zugunsten eines künstlichen Zeichensystems verzichtet. |

| **Komposition:** Das ästhetische Prinzip der szenischen Texte | | | |
|---|---|---|---|
| Sabine Harbeke: *lustgarten* | Armin Petras/Fritz Kater: *HEAVEN (zu tristan)* | Christoph Schlingensief: *Rosebud* | René Pollesch: *Die Welt zu Gast bei reichen Eltern* |
| Harbeke konstruiert in *lustgarten* eine Versuchsanordnung, ein Modell für einen Zustand der Haltlosigkeit, in den die Figuren durch ein unumstößliches Ereignis geraten sind. Bedingt durch ihr Handeln und die gesellschaftlich-politischen Zustände, hier den Irakkrieg. Harbeke stellt die Sprechweisen und Regeln der Kommunikation selbst ins Zentrum ihrer szenischen Texte und erforscht darin Möglichkeiten und Grenzen zwischenmenschlicher Kommunikation. | Mit epischen Mitteln und surrealen Bildern schafft Petras in *HEAVEN (zu tristan)* einen Ausdruck für den Zustand des Verlustes von Heimat, der Ortlosigkeit, in der sich die Figuren befinden. Es fehlt eine Zielrichtung, eine Handlung oder Auflösung des gezeigten Zustands, was den Eindruck der Ortlosigkeit und Stagnation, in der sich die Figuren befinden, verstärkt. Es kommt zu diskursiven Brechungen: Im szenischen Text werden sprachliche Passagen des Dramentextes ausgespart, die die Zuschauer als Co-Autoren ergänzen. | Schlingensief schafft in *Rosebud* einen dichten Zusammenhang von räumlich-visuellen Bildern sowie nonverbalen und sprachlichen Zeichen. Die Zeichen sind nicht der Fabel untergeordnet, sondern kennzeichnen eine von der fiktiven Handlungsebene unabhängige Kunstwelt (System II). Die permanente Unterbrechung und Überlappung der szenischen Bilder dient dazu, dass die Zuschauer die Möglichkeit haben› ›zwischen den Bildern‹ zu eigenen Bildern zu kommen. Die (sich verändernde) Erfahrung der eigenen Wahrnehmung des Publikums steht hierbei im Mittelpunkt. | Die getrennte künstlerische Gestaltung von gesprochenem Text und gestischen Szenen in den Clips sowie der als Kunstraum gestaltete Bühnenraum schaffen eine Ästhetik, die Repräsentation verhindert und die Autonomie der Einzelkünste stärkt. Der Diskurs steht im Zentrum des szenischen Textes, er wird stetig (auch mit neuen Inszenierungen und Produktionsteams) unter Einbindung theoretischer Texte weiter geführt. |

Auf der Grundlage der herausgearbeiteten Stilmittel durch die vorliegende Untersuchung werden zur Zuspitzung dramaturgische Verfahren aufgestellt, die die Untersuchungsergebnisse in den Bezug zu Entwicklungen des Theaters und Einschätzungen der Theaterwissenschaft zu Beginn des 21. Jahrhunderts stellen.

## 8.4 Dramaturgische Verfahren

Es ist kaum möglich, dramaturgische Verfahren zu nennen, die für alle Werke der Autoren-Regisseure gleichermaßen gelten, vielmehr sollen an dieser Stelle einige künstlerische Verfahren aufgezeigt werden, die sich aus den Stilmitteln und ästhetischen Prinzipien der vier Werke ergeben und die die Bedeutung zeigen, die die Werke der Autoren-Regisseure (und die Arbeitsweise der Autorenregie) in der ästhetischen Theater-Diskussion zu Beginn des 21. Jahrhunderts einnehmen. Andere Theaterarbeiten von deutschsprachigen Autoren-Regisseuren aus dem Zeitraum 2000-2009 werden vergleichend hinzugezogen. In Anlehnung an die Thesen von Hans-Thies Lehmann zur Dramaturgie als einer ästhetischen Kategorie und aus jeweils zu nennenden theaterwissenschaftlichen Untersuchungen, werden folgende dramaturgische Verfahren aufgestellt:

- Dramaturgie der Störungen (des Diskontinuierlichen)
- Dramaturgie des Samplings, der Überblendung und der Wiederholung
- Dramaturgie der intermedialen Transformation
- Dramaturgie der äußeren Ebene der Kommunikation

### 8.4.1 Dramaturgie der Störungen (des Diskontinuierlichen)

Thomas Oberender definiert Störungen als »Unschärfezonen zwischen Spiel und alltäglichem Leben, Person und Figur«[32], das heißt, durch Brüche im Erzählfluss kann es zum ›Durchschimmern‹ von authentischen Momenten[33] kommen. Auch der Theaterwissenschaftler Jens Roselt hebt die ›Störung‹ als ästhetisches Prinzip hervor.[34] Deutlich tritt dieses Verfahren in der Theaterarbeit Schlingensiefs hervor, der szenisch zusammenhängende Abläufe perma-

---

**32** | Oberender: Analyse der Störungen, S. 33.

**33** | Authentizität als ästhetische Kategorie besteht seit den 1960er Jahren in der (negativen) Übereinstimmung zwischen dem (gesellschaftlich) Objektiven und dem künstlerisch Subjektiven. Da eine unmittelbare und positive Übereinstimmung durch politische Gegenkräfte (›Verblendungszusammenhang‹) nicht möglich sei, gelte es, »den Bruch zwischen dem Subjekt und dem, was musikalisch als Objektives ihm gegenüber stand« auszudrücken Theodor W. Adorno, Philosophie der neuen Musik, Frankfurt a. M. 1958, S. 168, zit. in: Edzard Krückeberg: Authentizität. In: Historisches Wörterbuch der Philosophie. Hrsg. Joachim Ritter und Karlfried Gründer. 1, Sp. 692-693, hier Sp. 692. Außerhalb des Kontextes Kritischer Theorie gilt Authentizität als Übereinstimmung zwischen Sagen und Meinen oder Handeln und Sprechen.

**34** | Jens Roselt: Intermediale Transformation. In: Dramatische Transformationen, S. 212. Sowie Jens Roselt: Medien dürfen auch Spaß machen – und das Theater bleibt der Souverän. In: dramaturgie. Zeitschrift der Dramaturgischen Gesellschaft. 2004. H. 1. und in: http://www.dramaturgische-gesellschaft.de/dramaturg/2004_01/dramaturg2004_01_roselt.php (gesehen am 16.3.2010).

nent unterbricht, sei es durch laute Geräusche, das Auftreten von Bühnentechnikern oder durch sein Mitwirken als Darsteller in den Aufführungen, deren eingeübte Abläufe Schlingensief durchkreuzt. Mit »Techniken der Collage, des Plagiats oder der Täuschung, mit deren Hilfe Aussagen ins Bewusstsein gehoben werden können, die im reibungslosen Kontext ihrer üblichen Bekanntmachungen so nicht wahrgenommen werden«[35] rückt Schlingensief – in der Tradition der Situationisten[36] – das Rezeptionserlebnis selbst in den Mittelpunkt der Inszenierung. Schlingensief nutzt Störungen, um immer wieder Momente der Authentizität zu ermöglichen, die die Konstruktion des funktionierenden Bühnengeschehens unterbrechen, während Pollesch entsprechend die Schauspieler offen auf die Produktionsmittel der Inszenierung (Technik, Handkamera) zurückgreifen lässt. Auch die Störungen, die im temporeichen Sprechen der Schauspieler in den Diskursszenen vorprogrammiert sind und das Eingreifen der Souffleuse zur Folge haben, legen Produktionsweisen der Institution Theater offen und schaffen Momente der Authentizität im Spiel.[37] Konstruktionen des Alltags (wie die alltäglichen Handlungen in der Küchenzeile in *Die Welt zu Gast*) werden verzögert und als Störungen von zunächst funktionierenden Systemen gezeigt. Harbekes Figuren in *lustgarten* äußern Sätze, die die Kommunikation selbst zum Thema haben, jedoch den fiktiven Dialog unterbrechen. Brüche im Ablauf einer Handlung eröffnen eine Durchlässigkeit für andere, erweiterte Perspektiven, auch für die des Publikums.

So bedeuten gerade die Lücken in der Handlungsstruktur von *lustgarten*, dass die Zuschauer über den eigentlichen Verlauf oder Abschluss der Geschehnisse reflektieren können. Patrice Pavis nennt den ›Bruch‹ als eine Ebene, auf der der Rhythmus einer Aufführung gut zu untersuchen sei: »Praxis des Bruches, der Diskontinuität, des Verfremdungseffekts [...] begünstigen die Wahrnehmung der Unterbrechungen in der Aufführung: die rhythmischen Synkopen werden dadurch [...] sichtbar.«[38]

Petras bietet – ebenso wie Schlingensief – zahlreiche Referenzebenen an, die die Fabel unterbrechen; auch hier ist die bedeutungsvolle Zusammenfügung der Zeichen dem Publikum überlassen. Das Verfahren, durch Brüche im szenischen Text sprachliche Passagen auszusparen, dient bei Petras jedoch wiederum der

---

**35** | Oberender: Analyse der Störungen, S. 33.
**36** | Die Situationisten, die zwischen 1957 und 1972 eine Vereinigung von Aktionskünstlern, Malern, Architektur- und Revolutionstheoretikern bildeten, gingen in ihren Texten und Aktionen mit der Wahrnehmung der Rezipienten um, um den Zuschauer zu einem anderen Verhalten zu befähigen.
**37** | Bei Nuran David Calis wirken oft Jugendliche in den Inszenierungen mit, die »im Einklang mit ihren stupenden Fähigkeiten als Sänger, Tänzer, Rapper oder Beat-Boxer [...] ein Stück [...] Wirklichkeit ins Spiel [bringen], ohne sie einfach abzubilden.« Claus Cäsar: Authentizität, poetischer Realismus und Utopie. In: Programmzettel Hamburg, Thalia Theater in der Gaußstraße. Spielzeit 2008/2009. Nuran David Calis: Einer von uns. UA 5.11.2008. Redaktion: Claus Cäsar, o. S.
**38** | Pavis: Semiotik der Theaterrezeption, S. 96.

Fabel, indem sich Schmerzpunkte in Auslassungen zum Teil stärker ausdrücken können, bzw. durch die Fantasie der Zuschauer ausgefüllt werden.

Eine Transparenz (wie die Offenlegung der Mechanismen des Theaterapparats bei Pollesch) kann jedoch auch eine Offenheit vortäuschen, da lediglich inszenierte und somit nur scheinbar authentische Abläufe aus dem Produktionsprozess gezeigt werden.[39] Patrick Primavesi bezeichnet selbst das Subjekt, das bei Pollesch nur als Leerstelle markiert werde, »als Störsignal im diffusen Rauschen öffentlicher, durch Medien geformter Rede.«[40] Pollesch interessierten Störimpulse, die Konstruktionen als solche entlarvten, »die alltägliche Erfahrungen zugleich komisch und erschreckend bewusst machen.«[41] Die Brüche und Störungen werden durch epische Darstellungs- und Spielweisen, durch einen epischen Bühnenraum, hergestellt:

> In diesen Unschärfebereichen nimmt sich die Wahrnehmung selber wahr – die Inszenierung öffnet sich für die Erfahrung ihrer selbst und erzeugt Momente einer intensiveren Gegenwart [...], epische Momente in Stücken eingewoben.[42]

Die Arbeitsweise Autorenregie ermöglicht es den Theatermachern, bereits in der Konzeption des szenischen Textes Brüche und Störungen zu berücksichtigen.

### 8.4.2 Dramaturgie des Samplings

Christopher Balme beschreibt Sampling als dramaturgisches, formalästhetisches Verfahren, in dem den ausgewählten Musikstücken, Texten und Bildern ihr Ursprungskontext weiterhin anhaftet.[43] Anhand von zwei Werken Heiner Goebbels' stellt Balme heraus, dass das Prinzip des Samplings eng mit den Verfahren der Montage und Collage zusammenhängt und erklärt die musikalische Tradition des Begriffs:

> Sampling ist ein Produkt elektroakustischer Musik, aber die Wurzeln reichen noch weiter in die 1940er Jahre der Experimente der *musique concrète*-Bewegung, die Teile anderer Kompositionen sowie Geräusche jeglicher Art benutzen, zurück. Sampling ist musikalisch gesprochen Bestandteil einer musikalischen Tradition, die Avantgarde und Pop verbindet.[44]

---

**39** | Auch in der Arbeit von *Rimini Protokoll* stellt sich die Frage, ob es sich tatsächlich um authentische Einblicke in die Biografien der Laiendarsteller handelt, wenn die Texte zwar in der Probenarbeit, gemeinsam mit den Darstellern erst entwickelt, aber im dramaturgischen Ablauf der Inszenierung wiederholbar sind.
**40** | Primavesi: Orte und Strategien postdramatischer Theaterformen. In: Theater fürs 21. Jahrhundert, S. 8-25, Hier S. 19.
**41** | Ebd.
**42** | Oberender: Analyse der Störungen, S. 37.
**43** | Vgl. Christopher Balme: Heiner Goebbels. Zur Dramaturgie des Samplings. In: Dramatische Transformationen, S. 225-235, hier S. 225 und S. 235.
**44** | Ebd., S. 228.

Schlingensiefs *Rosebud* kommt den Beschreibungen Balmes am nächsten, da sich der szenische Text aus Teilen zusammensetzt, die in einem eigenen Bezugssystem stehen und zunächst keinen Zusammenhang miteinander darstellen. So werden die Flugzeuggeräusche neben die Politikerrede oder die Zitate aus vergangenen Aufführungen gestellt und ergeben als Collage ein neues Bild, das jedoch die Bezugssysteme immer mit thematisiert. *Rosebud* ist eine ›gesamplete‹ Komposition aus Geräuschen, Texten und Bildern, die die Figuren und fiktiven Handlungsstränge neu perspektiviert. Man könnte soweit gehen, von ›gesampleten‹ Figuren zu sprechen, da sich auch hier beispielsweise das Zitat (die Imitation des Chefredakteurs der FAZ, Guido Westerwelles und der Figur Krolls, der sich auf eine Dramenfigur aus *Rosmersholm* von Henrik Ibsen bezieht) mit der Darstellungsweise von Martin Wuttke verbindet. Wenn nicht verändertes, vorgefundenes, alltägliches Material in einen anderen Sinnzusammenhang übertragen wird, spricht man auch vom ›Prinzip des Ready Mades‹.[45]

Von Pollesch werden verschiedene Texte montiert, die ebenfalls ihre Bezugssysteme behalten: Die theoretischen Äußerungen von Donna Haraway stehen in *Die Welt zu Gast* neben Selbstäußerungen eines Darstellers über seinen Beruf als Schauspieler, dem leicht abgewandelten Slogan der Fußball-Weltmeisterschaft 2006 (Die Welt zu Gast bei Freunden) und vielen anderen Bezügen, um immer wieder auf die Frage nach der Funktion der Familie in der neoliberalen Gesellschaft zurückzukommen. Die Texte werden von Pollesch vor allem durch den Sprechrhythmus und durch Lautstärke komponiert und werden – trotz der montierten ›Fremdtexte‹ – vom Publikum als zusammenhängende szenische Texte mit einem unverwechselbaren Sprechrhythmus wahrgenommen. Die Darsteller sprechen die von Pollesch bearbeiteten Texte (die teilweise erst aus den Diskussionen während der Proben entstehen), in Kostümen, die wiederum Versatzstücke aus Boulevard-Komödien und Krimis sind, wofür auch die slapstickhaften Spielsequenzen, die montierte Kommissar-Szene und die eingespielte Musik stehen.

Petras ersetzt theatrale Zeichen häufig durch musikalische Zeichen und arbeitet mit Kontrasten. Er montiert ebenfalls Fremdmaterial in die szenischen Texte, wobei sich deren Bedeutung der der Fabel unterordnet. Petra Kohse bezeichnet den Schreibstil Fritz Katers ebenfalls als Sampling[46], das er eine große Durchlässigkeit für verschiedene Textformen ermögliche. Bei einem szenischen Text, in dem die Fabel im Vordergrund steht, jedoch viel Material hinzugefügt wird, könnte man eher von Überblendung als Sampling sprechen.[47]

---

**45** | Ready Made bezeichnet ein künstlerisches Verfahren, bei dem Künstler kaum Eingriffe am alltäglichen Material vollziehen. Ready Made steht in der Tradition des bildenden Künstlers Marcel Duchamp, der alltägliche Gegenstände unverändert als Kunstwerke ausstellte. *Rimini Protokoll* arbeiten, in dem sie alltägliche Sprechweisen, Biografien und Vorgänge für ihre Werke kaum verändert nutzen, bevorzugt mit Ready Mades.
**46** | Kohse: Schreiben ist Sampling, S. 82.
**47** | Sampling ist auch eine prägende Arbeitsweise von Falk Richter, der in der Zusammenarbeit mit der Choreografin Anouk van Dijk in *Trust* Textpassagen mit Gesten kontrastiert

In Harbekes Dramentexten durchziehen wiederkehrende, leicht variierende Gesprächsverläufe und paralinguistischen Zeichen (»Ja«, das Lachen von Krause und Mertens) den szenischen Text, die als Wiederholungen oder ›Loops‹ bezeichnet werden können. Harbeke schreibt in sich wiederholenden ›Sprachsplittern‹ und »versucht [...], durch Kurzszenen ein kaleidoskopisches Bild der Welt zu zeigen, das trotz der textuellen Fixierung einer potenziellen Multiperspektivität der Realität gerecht wird.«[48] Ebenso arbeiten Schlingensief und Pollesch mit dem Prinzip der Wiederholung, ganze Sequenzen werden nur unwesentlich verändert mehrmals in Folge gesprochen. Bei Pollesch werden zudem Sätze, mit leichten Variationen wiederholt und führen somit als Motiv immer wieder zum Thema des Diskurses zurück. Die Technik aus »Mix, Scratch und Loops«[49] ergibt den unverwechselbaren Sprechrhythmus der Pollesch-Texte.

Die Verfahren des Samplings, der Überblendung und der Wiederholung hängen mit der Abweichung von der dramatischen Form in spezifischer Weise zusammen. Verschiebungen auf den Ebenen der Darstellung, des Raumes, der Zeit und der sprachlichen Mittel verlangen nach einem Verfahren, das zeitlich oder räumlich versetztes, Zeichen, die in Bezug zur Handlung verschoben sind oder (wie bei Pollesch) ein eigenes System ergeben, in einem Werk zusammenführt.

Sampling, Überblendungen und Wiederholungen können eine rhythmische, das Publikum irritierende Bewegung im szenischen Text erzeugen, ohne sie sprachlich zu bezeichnen und werden von Autoren-Regisseuren häufig verwendet.

### 8.4.3 Dramaturgie der intermedialen Transformation

Jens Roselt beschreibt Medialität[50] im Theater nicht (primär) mit dem Einsatz von Videoprojektionen und Fernsehschirmen auf der Bühne, sondern, «indem im Theater explizit das Verhältnis von Sehen und Gesehen werden verhandelt wird.«[51] Mediale Phänomene wirken – so Roselt – im Spannungsfeld von Bühne und Publikum, in dem sie Wahrnehmungskonventionen bedienen, infrage stellen oder erweitern. Roselt definiert die Grenzüberschreitung von unterschiedlichen Medien (visuellen und akustischen Phänomenen) als

---

und somit auf Unsicherheiten, und die fehlende Beziehungsfähigkeit der Figuren hinweist.
**48** | Haas: Editorial. Dramenpoetik 2007, S. 28.
**49** | Schlösser: Don't know what I want, but I know how to get it, S. 18.
**50** | Medialität ist hier zu unterscheiden von dem Begriff ›Medien‹: »Während man unter Medien im engeren Sinne Medien technischer Reproduktion (Film, Video, Foto, Tonband etc.) verstehen kann, ist mit Medialität die Relation von Darstellungs- und Wahrnehmungsweisen gemeint.« Jens Roselt: Wie Theater mit Medien arbeiten. In: Theater fürs 21. Jahrhundert, S. 34-41, hier S. 40.
**51** | Jens Roselt: Intermediale Transformationen. In: Dramatische Transformationen, S. 205-213, hier S. 208.

›intermediale Transformationen‹, die auch in der Arbeitsweise der Autoren-Regisseure zu beobachten ist:

> [...] nicht nur Personen und Stoffe werden vertauscht, sondern auch Arbeitsweisen und Inszenierungsmittel [...], das Aufgreifen und Umformen von Stoffen, die Aneignung, das Zitieren und Klauen ist nicht nur ein literarischer Usus, sondern auch eine kulturelle Praxis, die gerade dann ins Gewicht fällt, wenn es sich in den Grenzbereichen unterschiedlicher Medien vollzieht.[52]

Entsprechend untersucht die niederländische Theaterwissenschaftlerin Kati Röttger die Theateraufführung generell als ein intermediales Geschehen, da »die Dynamik der (medialen) Transformation [...] dem Theater grundsätzlich eigen [sei].«[53]

Schlingensief spielt beispielsweise in *Rosebud* durchgängig mit dem Zitieren und Imitieren anderer Medien: Das Medium Zeitung (*FAZ*) wird bereits im Titel der neu gegründeten Zeitung *ZAS* zitiert. (Fernseh-)Bilder, die mittlerweile zum ›kulturellen Gedächtnis‹ der Zuschauer zählen (wie das bekannte Bild des 1977 von der RAF entführten Hanns Martin Schleyer oder des Einsturzes der Türme des World Trade Centers durch die hineinstürzenden Flugzeuge am 11. September 2001) werden von Schlingensief aufgegriffen und in den künstlerischen Kontext der Inszenierung gesetzt. Es werden Flugzeuggeräusche, die an das Attentat am 21. September 2001 in New York erinnern sollen, zu willkürlich gewählten Zeitpunkten laut eingespielt, sodass von der gerade stattfindenden Bühnenhandlung von den Zuschauern nichts mehr zu verstehen ist. Schlingensiefs künstlerische Arbeit ist ohne Medienzitate nicht denkbar, seine Inszenierungen im öffentlichen Raum, wie *Chance 2000* und *Nazis rein/Nazis raus* sind als ein Spiel mit Medien zu beschreiben und integrieren Reaktionen der Medien-Vertreter (Skandalberichterstattungen, Talk-Show-Auftritte, Internetabstimmungen etc.) unmittelbar in die Weiterentwicklung und den Verlauf der Projekte.[54] Durch die Integration der Me-

---

**52** | Ebd., S. 205.
**53** | Kati Röttger: Intermedialität als Bedingung von Theater: Methodische Überlegungen. In: Theater und Medien. Grundlagen – Analyse – Perspektiven. Eine Bestandsaufnahme. Hrsg. von Henri Schoenemakers u. a. Bielefeld 2008, S. 117-124, hier S. 117.
**54** | Bei der Inszenierung *Mission Impossible*, die sich zu gemeinsamen Ausflügen von Schlingensief, dem Produktionsteam und dem Publikum zu Hamburger Orten ausweitete, wurde durch die Berichterstattung der Medien erst die Aufmerksamkeit erzeugt, die die Inszenierung zu einem Großprojekt werden ließ. Die Aktion führte zu einer Diskussion (unter anderem mit dem damaligen Hamburger Bürgermeister, Ortwin Runde) über Obdachlosigkeit in Hamburg und die Gründung eines neuen Treffpunkts für Obdachlose. Die Partei *Chance 2000*, die im Rahmen der gleichnamigen Inszenierung gegründet wurde, hatte bei der 1998 stattfindenden Bundestagswahl immerhin 22000 Stimmen bekommen, was ebenfalls auf einen geschickten Umgang mit Medien zurückzuführen war. Die Kunst-Partei wurde über die Berichterstattung in anderen Medien (Fernsehen, Radio, Zeitung) bekannt und konnte so auf Events, wie der Badeaktion am Urlaubsort Helmut Kohls, am Wolfgangsee, auf sich

dien (d. h. auch der Kritiken und medialen Produkte einer Inszenierung, wie dem Wahlkampftrailer von *Chance 2000* oder dem Zitat bereits aufgeführter Inszenierungen in *Rosebud*) stellt Schlingensief den szenischen Text in den Zusammenhang der medialen Kommunikation und versucht, das Interesse der Rezipienten im szenischen Text vorwegzunehmen.

Armin Petras überblendet dagegen die Fabeln mit Projektionen, um deren Grundsituation klarer bestimmen zu können, jedoch niemals als Selbstzweck oder, um auf das Medium Film als Kunstform hinzuweisen. Projektionen werden (wie die ›Rabenprojektionen‹ im Zusammenhang mit Michas Tod in *HEAVEN*) jedoch als klare Zeichen für die Geschichte, die gerade erzählt wird, eingesetzt. Die akustische Trennung der Stimmen der Darsteller durch den Einsatz von Helium ist ebenfalls ein medialer Effekt, der das Publikum irritiert.

Pollesch nutzt Medien zum einen für die thematische Inspiration der Diskurse, in die er soziologische und philosophische Texte einbindet, zum anderen für die Inszenierungspraxis: Mit der Handkamera lässt er während der Aufführung Ausschnitte filmen, die auf eine Leinwand projiziert, ein parallel wahrnehmbares Bild zum Bühnengeschehen bieten. In *Fantasma* nutzt Pollesch bereits Videobearbeitungsprogramme, die die Darsteller und die Zuschauer zusätzlich in eine andere räumliche Illusion versetzen (auf eine Loopingbahn), die auf der (realen) Bühne nicht darzustellen wäre. Das Medium Film schafft für Pollesch in der Inszenierungspraxis eine assoziative Möglichkeit, eine Debatte – in *Die Welt zu Gast* über die Themen ›Familie und Ökonomie‹ sowie über ›Körper und Intimität‹ – zu führen. Felix Knopp spricht dazu einen Text über sein Körpergefühl als Schauspieler und als Privatperson und wird dabei einerseits den Blicken der Zuschauer entzogen, da er in einem nicht einsehbaren Raum in der Bühnenmitte spielt, andererseits wird sein Spiel mit einer Handkamera gefilmt und in Großaufnahme auf der Leinwand ausgestellt. Das Thema ›Intimität‹ wird hier im Erzeugen einer voyeuristischen Wahrnehmungssituation gespiegelt. Die gefilmten Darsteller richten sich mit ihren gesprochenen Texten direkt an den Zuschauer. Der Zuschauer erfährt durch die auf die Leinwand projizierten Bilder zusätzliche Details über die Vorgänge hinter den Kulissen oder setzt die Bühnenvorgänge in Beziehung zu eingespielten Filmsequenzen.[55]

Harbeke verzichtet in *lustgarten* weitestgehend auf den Einsatz anderer Medien. Vielmehr wird hier die Assoziation zu vergangener medialer Berichterstattung über den Irakkrieg in den Köpfen der Zuschauer wachgerufen, die jedoch als Kontext der Ereignisse nur kurz im szenischen Text gestreift werden: Ingrid Lutz spricht von den Medien (Radio und Fernsehen), über die sie fast begierig das Kriegsgeschehen verfolgt und in der dritten Szene wird anstatt eines Dialogs das Karaoke-Lied mit musikalischer Untermalung von Mertens und Krause an-

---

aufmerksam machen. Zum Ende der Inszenierung wurde die Partei per Zeitungsinserat für 1 DM verkauft.

**55 |** In *Fanatasma* beziehen die Darsteller zum Teil die Figuren, des auf die Leinwand projizierten Stummfilms, in ihr Spiel mit ein.

gestimmt, das sie auch während des Dialogs wiederholt gesummt haben. Die Stimmung, aus der heraus das Gewaltverbrechen hervorgegangen ist, wird auf diese Weise – durch das Einspielen der Karaoke-Musik – erzeugt.[56] Igor Bauersima arbeitet ebenfalls beständig mit filmischen Mitteln auf der Bühne. Video nutzt der Autor-Regisseur nicht zur bloßen Illustration, sondern als »in die Stücke eingeschriebene Handlungs- und Sinnebene.«[57] In der Regel wird auf der Bühne Gespieltes und über Video Projiziertes montiert, Bühnen- und Leinwandgeschehen greifen ineinander und ermöglichen so neue Perspektiven. Ein gelungenes Beispiel der Montage von live dargestellten Szenen und Filmszenen (z. T. im geschlossenen Raum eines Zeltes mit der Handkamera gefilmt) ist *norway.today*, aber auch in *Boulevard Sevastopol* nimmt Bauersima das Thema ›Internet-Beziehungen‹ wieder auf. Für *Forever Godard* hat Bauersima erst nach einer Videophase, in der der gesamte Improvisationsprozess aufgenommen wurde, damit begonnen das konkrete Stück zu schreiben, d. h. der Schreibprozess hat sich auf die improvisierten und über Filmkamera dokumentierten Situationen bezogen: »Aber bis drei Tage vor der Premiere hatten wir zehn verschiedene Stücke, die wir dann ›zusammengebunden‹ haben.[58]

Falk Richter verfährt in seiner Inszenierung von *Electronic City* ähnlich mit medialen Mitteln, wenn er Tom und Joys Weg durch den globalen Kapitalismus verfolgt:

Da wird dann gedoppelt, was die Technik hergibt, im Spiel, in der Sprache, im Video. Diese Verdoppelung strukturiert den Raum, der sich durch Videoscreens und Gazewände vollkommen in Bildflächen auflöst.[59]

Bereits 1996 formulierte Falk Richter die Programmatik zu seinem Projekt *Portrait. Image. Konzept*[60] als den

[...] Versuch, Neue Medien wie Video und CD-ROM, Programmiersprachen und Fernsehschnitttechniken, auf eine Schreibweise für das Theater zu übertragen. Die neuen Medien sind demnach nicht primär Inhalt, der zur Diskussion gestellt wird, sondern ihre Struktur

---

**56** | In anderen Werken Harbekes spielt der mediale Einsatz von Videoprojektionen vor allem zum Erzeugen einer räumlichen Atmosphäre eine entscheidende Rolle. So wurde in *11°,windstill* in der Häuserwand des Bühnenbildes, lediglich das flackernde Licht von Fernsehern gezeigt, um auf die dominierende Freizeitbeschäftigung der Menschen aus der Provinzstadt am Meer hinzuweisen.
**57** | Dürrschmidt: Von der Unmöglichkeit, ein Ochse zu sein, S. 16.
**58** | Sybille Roter u. Igor Bauersima: Lust auf Lebenslügen. Regisseur, Autor und Musiker Igor Bauersima und die OFF OFF Bühne. In: Musik&Theater, 4.8.1999.
**59** | Peter Michalzik: Theater der Transparenz. *Electronic city* und *Sieben Sekunden*: Neues von Falk Richter in Bochum und Zürich, nebst einer Schimmelpfennig-Uraufführung. In: Frankfurter Rundschau, 6.10.2003.
**60** | Falk Richter: Portrait. Image. Konzept (zusammen mit ›Section Kult‹). Düsseldorfer Schauspielhaus, 19.12.1996.

dient als Grundlage für die Struktur der Theaterschreibweise und der inszenatorischen Figurenführung.[61]

Es handele sich um kein Stück im traditionellen Sinne, das auf einer Textfassung beruhe, sondern im Projekt werde in unterschiedlichen medialen Bereichen gearbeitet und deren Darstellbarkeit auf dem Theater untersucht.

Das Verhältnis von Schauspieler und Zuschauer in den Arbeiten der Autoren-Regisseure kann – so Jens Roselt – durch den Einsatz von Medien radikalisiert werden: »Der Einsatz von Videoprojektionen, Live-Aufnahmen, der medialen Bearbeitung und Vervielfältigung von Stimmen und Sprache stellt die Frage nach dem Schauspieler und insbesondere der Materialität seines Körpers neu.«[62]

Medien werden im szenischen Text von den Autoren-Regisseuren stets in Hinblick auf die Ebene der äußeren Kommunikation, auf das Rezeptionsverhalten, eingesetzt, und stehen eher selten im unmittelbaren Zusammenhang mit der fiktiven Handlung. Im Einsatz neuer Medien in den Werken der Autoren-Regisseure zeigt sich ein »unverkrampfter Umgang mit veränderten Wahrnehmungsgewohnheiten«[63]:

> Will man die Entwicklung auf den kleinsten gemeinsamen Nenner bringen, könnte man sagen, dass durch die Verfahren Wahrnehmung im Theater selbst zum Thema wird. Die Wahrnehmung der Zuschauer dient hier nicht nur der möglichst unkomplizierten Informationsaufnahme, sondern spielt sich selbst in den Vordergrund. [...] Im Theater [...] werden ihre Verfahren ausgestellt und vorgeführt. So wird die Selbstverständlichkeit medialer Vermittlung im Alltag auf der Bühne in Frage gestellt.[64]

Während Pollesch Filmeinspielungen aus inhaltlichen und assoziativen Motiven einsetzt, setzt Harbeke Video eher als Bühnenelement ein und schafft vor allem textimmanente Bezüge zu anderen Medien. Petras ordnet die Projektionen der Fabel unter und versucht, durch deren Einsatz eine komplexere Wahrnehmung der Figuren und Zustände zu ermöglichen, während Schlingensief den Prozess der Rezeption mit in das Werk integriert. Autoren-Regisseure haben die Möglichkeit – vergleichbar der Übersetzung eines Drehbuchs in einen Film – gesprochene Texte und medial übersetzte Mittel zu einem Gesamtwerk zu verknüpfen. Film und Drehbuch beeinflussen bei Christoph Schlingensief grundsätzlich die Einteilung in kurze Szenen und visuelle Bilder (vgl. Skizze zu *Rosebud* im Anhang[65]), sodass sich die überkreuzenden Arbeitsweisen von

---

**61** | Falk Richter: Portrait. Image Konzept. Warum als CD-Rom. Eine Überlegung, 1.8.1996 (Fax an den Fischer-Verlag).
**62** | Jens Roselt: Schauspieler im Postdramatischen Theater. In: Theater fürs 21. Jahrhundert, S. 166-174, hier S. 169.
**63** | Jens Roselt: Wie Theater mit Medien arbeiten. In: Ebd., S. 34-41, hier S. 36.
**64** | Ebd. S. 37.
**65** | Vgl. Kap. 10.3 Skizze von Christoph Schlingensief zu *Rosebud*.

Theater und Film ergänzen oder behindern, eine Differenz der beiden Kunstformen, die Schlingensief in *Rosebud* immer wieder thematisiert hat.

Die Dramaturgie der intermedialen Transformation steht mit Prinzipien der Montage in Verbindung, da oft mit Verfahren der Überblendung oder Unterbrechung gearbeitet wird, um die verschiedenen Medien im szenischen Text zu komponieren.

Im Theater von Medialität zu sprechen bedeutet, zu fragen, wie das Verhältnis von Zuschauern und Akteuren gestaltet ist, welche Konventionen dabei bedient, in Frage gestellt oder erweitert werden. Medialität ereignet sich gewissermaßen im Grenzbereich von Bühne und Publikum.[66]

Autoren-Regisseure haben die Möglichkeit, Medialität bereits bei der Konzeption des szenischen Textes zu berücksichtigen und berühren damit die Nahtstelle von Bühne und Publikum: »Theater als intermediales Ereignis eröffnet und inszeniert Perspektiven auf die Medien, in denen es wirksam ist«[67] und kann »die medialen Modalitäten, in denen Sichtbares und hörbares, Bild, Sprache und Musik zur Erscheinung gelangen, erkennbar und erfahrbar machen.«[68]

### 8.4.4 Dramaturgie der äußeren Ebene der Kommunikation

Die aufgeführten dramaturgischen Verfahren der Störung, des Samplings und der Intermedialität richten sich in besonderer Weise an (oder auch gegen) das Publikum bzw. die äußere Ebene der Kommunikation und wirken alle auch auf die Ebene der sprachlichen Zeichen des szenischen Textes. Schlingensief und Pollesch riskieren durch diese Verfahren sowie durch ein hohes Tempo der Inszenierung, das zu einem ›Vorbeirauschen‹ der Zeichen führen kann, eine permanente Überforderung des Publikums. Diese Überforderung kann zu einer veränderten Wahrnehmung und unkonventionellen Auseinandersetzung der Zuschauer vor allem auch mit den sprachlichen Zeichen des szenischen Textes führen:

Die hier dargestellten Formen, Sprache in Szene zu setzen, [...] implizieren ein Zuschauen, das nicht mehr [ausschließlich, K. N.-R.] Nachvollzug eines fiktiven Geschehens, sondern Beobachtung und Erfahrung von Sprachprozessen ist. Das Theater als den Ort einer Erfahrung von Sprache zu beschreiben meint, die Sprache als Bewegung der Sinnverdichtung, Bildproduktion und Vorstellungstätigkeit wahrzunehmen, die mit Worten, Sätzen und Reden initiiert wird.[69]

---

[66] | Roselt: Wie Theater mit Medien arbeiten, S. 40.
[67] | Röttger: Intermedialität als Bedingung von Theater: Methodische Überlegungen, S. 122.
[68] | Ebd., S. 123.
[69] | Birkenhauer: Schauplatz der Sprache, S. 322.

Petras' und Harbekes Strategien, die Ebene des Publikums einzubeziehen, bleiben dagegen stärker auf die Fabel bezogen: Während die Zuschauer in Harbekes Theaterarbeit die Fabel erst zu Ende denken, versucht Petras für das Publikum epische Perspektiven zu eröffnen, die die Fabel erweitern. Er überlässt es dem Publikum – als Co-Autoren – den lückenhaften und mit epischen Elementen unterbrochenen szenischen Text zu einem Werk zusammenzusetzen.

Harbeke erreicht das Publikum am stärksten (was die Publikumsreaktionen, das Gelächter in den Aufführungen zeigen), in dem sie die Ebene der fiktiven Handlung verlässt und den Zuschauern Regeln der Kommunikation mit der Figurenrede bewusst macht und vorführt. Sprachspiele des absurden Theaters werden von Harbeke genutzt, um die Aufmerksamkeit auf den Vorgang des Sprechens und damit auf die äußere Ebene der Kommunikation zu lenken. In diesen Wortspielen wird auf Kommunikation (deren Gelingen oder Misslingen) und deren Beteiligte (Schauspieler, Rezipienten) selbst verwiesen.[70] Bei Pollesch und Harbeke stehen die sprachlichen Zeichen im Zentrum der dramaturgischen Konzeption, und auch Petras, der zwar sprachliche Zeichen oft durch andere Theaterzeichen ersetzt, sieht in diesen das dominierende Bedeutungssystem.[71] Schlingensief überblendet sprachliche Zeichen (z. B. durch Geräusche und Projektionen) und komponiert sie im Zusammenhang des Gesamtkunstwerks.

> Die Bühne ist der Ort, an dem gesprochen wird; der Zuschauerraum hingegen der Ort, von dem aus Sprechen gesehen und gehört wird. Im Theater koexistieren zwei diametral verschiedene Haltungen, die der in ihren Intentionen befangenen sprechenden Figuren und die der Zuschauer, für die dieses Sprechen in seinen symbolischen, imaginären und referentiellen Bezügen sichtbar werden kann. Im Zentrum [...] steht diese Wahrnehmung des Sprechens auf der Bühne.[72]

Die ›Störungen‹ im szenischen Text deuten bei allen Autoren-Regisseuren auf die Möglichkeit der Reflexion, der Verknüpfung und Ergänzung durch das Publikum, gehen jedoch nicht so weit, dass im dramaturgischen Ablauf auch ›Lücken‹ für körperliche Aktionen des Publikums belassen werden. Ob die Zuschauer bei Polleschs Werken tatsächlich am Produktionsprozess teilhaben (und sei dieser noch so offen vor dem Publikum dargelegt) bleibt fragwürdig, da auch die Präsentation der Produktionsmittel inszeniert ist und eher Einblicke in Arbeitsweisen ermöglicht, als den Zuschauer als Akteur einzubinden.[73] Jens Roselt untersucht Veränderungen in der Darstellungsweise, die

---

70 | Vgl. Poschmann: Der nicht mehr dramatische Theatertext, S. 183.
71 | Vgl. 10.2 Mail-Interview mit Armin Petras.
72 | Birkenhauer: Schauplatz der Sprache, S. 167.
73 | Auch hier wäre eine Analyse von kollektiv entstandenen Arbeiten der Autorenregie aufschlussreich. Gerade die Arbeiten von *Rimini Protokoll* sind durch eine dramaturgische Struktur gekennzeichnet, die Regeln vorgibt, die das ›Publikum als Zeichen‹ in besonderer Weise neben den anderen theatralen Zeichen im szenischen Text berücksichtigen. In *Das Kapital* bleibt die körperliche Beteiligung des Publikums auf das Blättern und Nachlesen von

sich auch auf Dialoge beziehen können.[74] Die frontal stehenden Schauspieler in *HEAVEN*, die ins Publikum, aber doch auch weiterhin zueinander sprechen, kennzeichnen hier Gradunterschiede: »Fixpunkte des Interesses der Zuschauer sind so nicht mehr vornehmlich die Figuren, sondern die handelnden Schauspieler.«[75]

In den Theaterarbeiten von Pollesch ist das konventionelle Verständnis von innerem und äußerem Kommunikationssystem durch die »Spielweise aufgebrochen und neu verschränkt.«[76]

Christoph Schlingensief lässt das Publikum insbesondere in den Inszenierungen, die im öffentlichen Raum stattfinden (wie *Mission Impossible, Chance 2000* oder *Nazis rein/Nazis raus*) als Akteure in den Inszenierungen mitwirken, während die Zuschauer in der Inszenierung *Rosebud* über die Dauer der Aufführung auf den Zuschauerplätzen ausharren. Mit der Inszenierung versucht Schlingensief zugleich, die Grenzen des Theaterapparats und Konventionen in der Wahrnehmung des Publikums zu thematisieren und zu irritieren, um Veränderungen zu provozieren.

Es ist bei Pollesch jedoch nicht von einem geteilten Sinnhorizont der Darsteller und des Publikums auszugehen, da die Erkenntnisse aus dem Produktionsprozess für die Zuschauer nicht mehr aufzuholen sind; dieser ›Vorsprung‹ drückt sich auch in Polleschs Entscheidung aus, die Dramentexte nicht nachspielen zu lassen.

Vermittler und Betrachter begegneten sich, so Nikolaus Müller-Schöll, über ›ein Drittes‹, die Qualität des Kunstwerks, die nicht mit dem Nachvollzug einer fiktiven Handlung und – wie in *Rosebud* von Christoph Schlingensief – auch nichts mit Kommunikation zu tun hat, sondern nach immer neuen Deutungen des ästhetischen Werkes verlangt.[77]

Die in den Einzelanalysen untersuchten Werke halten die Trennung zum Zuschauerraum aufrecht. Hinsichtlich des Bezugs zum Rezipienten ist jedoch in den vier Arbeiten eine Annäherung an performative Verfahren zu beobachten, die sich auf die Ebene der äußeren Kommunikation auswirken.[78] Inszenatorische Mittel, die auf dieser Ebene nicht nur in der Aufmerksamkeit für die

---

Zitaten in den Bänden von *Das Kapital* beschränkt, die im Zuschauerraum verteilt werden, während in *Calcutta* die Zuschauer einzeln über Band den telefonischen Anweisungen eines Callcenter-Mitarbeiters aus Calcutta folgen, der die Zuschauer auf diese Weise durch Berlin führt.

74 | Vgl. Birkenhauer: Schauplatz der Sprache., S. 169.
75 | Ebd., S. 169.
76 | Ebd., S. 168.
77 | Vgl. Nikolaus Müller-Schöll: Einmalige Zeugen – Undarstellbare Gemeinschaft. Zu einer anderen Theorie des Publikums. Antrittsvorlesung am 28.1.2010, Universität Hamburg.
78 | Vgl. Haas: Editorial. Dramenpoetik 2007, S.29.

fiktive Handlung, sondern in den dramaturgischen Ablauf einbeziehen, sind im Theater zu Beginn des 21. Jahrhunderts häufig zu beobachten.[79]

Autoren-Regisseure schaffen in den Aufführungen auf der Ebene der äußeren Kommunikation, zwischen Zuschauer und Schauspieler Raum für Störungen, für Diskontinuierliches, für den Einsatz von Medien, für Ironie und Reflexion über alltägliche Konstruktionen aber auch über die eigene Theaterarbeit. Diese ›Bewusstseinsräume‹ der Reflexion werden bereits in die Konzeption der szenischen Texte der Autoren-Regisseure eingebunden. Das Theater der Autoren-Regisseure kann somit zugleich textorientiert und offen für performative Verschiebungen sein.

Während sich in der Auswertung der Einzelanalysen der Blick auf den Vergleich der Stilmittel und Arbeitsweisen der vier Autoren-Regisseure konzentriert hat, wird im Fazit neben einer Einschätzung des methodischen Vorgehens die Bedeutung der Autorenregie für das Theater zu Beginn des 21. Jahrhunderts aus verschiedenen Perspektiven herausgestellt.

---

**79** | In der Inszenierung *Kontrakte des Kaufmanns* von 2009 kündigt Nicolas Stemann in einer Ansprache an das Publikum die Öffnung der Türen zum Foyer und die Möglichkeit des Publikums an, jederzeit den Theaterraum verlassen zu können. Die Handlungen der Zuschauer stehen jedoch nicht außerhalb der dramaturgischen Struktur des Theaterereignisses, sondern gehören zur Konzeption des szenischen Textes. In der Inszenierung von Alize Zandwijk, *moeders*, (Hamburg, Autorentheatertage 2008) wird während der Inszenierung von den Laiendarstellerinnen aus Rotterdam ein Essen zubereitet, das das Publikum im Anschluss an die Inszenierung verzehren kann. Diese Beispiele verdeutlichen, dass die Zuschauer in Inszenierungen zu Beginn des 21. Jahrhunderts als ›Zeichen der Inszenierung‹, als Akteure, in den dramaturgischen Ablauf des Abends integriert werden.

# 9 Fazit: Autorenregie zu Beginn des 21. Jahrhunderts

Mit dem Vergleich der Stilmittel der Werke der Autoren-Regisseure und dem Aufstellen der ›dramaturgischen Verfahren‹ (Störung, Sampling, Intermedialität, äußere Ebene der Kommunikation) wurde Autorenregie als eine charakteristische Arbeitsweise im Theater zu Beginn des 21. Jahrhunderts herausgearbeitet.

In welchem Bezug steht nun Autorenregie zu den zentralen Debatten, die im Gegenwartstheater um ästhetische Formen und Arbeitsweisen geführt werden: erstens zur Frage nach Repräsentation und Präsenz, zweitens zur Frage nach der Autorschaft sowie drittens zur Frage nach dem Verhältnis von Dramentext und Inszenierungstext zueinander. Zunächst gilt es jedoch, die Erweiterung der Methoden für eine dramaturgische Analyse zeitgenössischer szenischer Texte zu sichern.

## 9.1 Auswertung des methodischen Vorgehens der dramaturgischen Analyse

Die vorliegende dramaturgische Analyse ermöglicht eine Untersuchung sowohl der fiktiven Handlungsebene und Figuration eines szenischen Textes als auch der Abweichungen vom Standard der dramatischen Form. Den Produktionsbedingungen und der Ebene der äußeren Kommunikation kommt dabei besondere Bedeutung zu: Es können transversale Bewegungen im szenischen Text herausgestellt werden, die die Abweichungen von der dramatischen Form (Verschiebungen auf der Ebene der Darstellung, des Raumes, der Zeit und der sprachlichen Mittel) in einem komplexen, rhythmischen Zusammenhang aus institutionellen Bedingungen und räumlich-zeitlichen Konstellationen stellen, die stets auch mit der doppelten Perspektivierung der dramatischen Rede zusammenhängen. Dazu sind für diese Untersuchung methodische Erweiterungen notwendig: Es hat sich gezeigt, dass klassische Dramenformen in den Werken der Autoren-Regisseure weiterhin eine Rolle spielen. Für ihre Analyse können die Dramentheorie nach Manfred Pfister (die die doppelte

Ebene der Kommunikation zentral berücksichtigt) und die Aufführungsanalyse nach Erika Fischer-Lichte und Patrice Pavis für den theatersemiotischen Teil der Analyse des szenischen Textes herangezogen werden. Wie bereits der Begründer der Theaterwissenschaften, Max Herrmann, hervorhebt, gilt die Aufführungsanalyse als ›Herzstück‹ der Theaterwissenschaft[1] und ihr Gegenstand wird als strukturierter Zeichenzusammenhang, mithin als Text, betrachtet. In der dramaturgischen Analyse wird das Spannungsfeld zwischen Dramen- und Inszenierungstext in besonderer Weise berücksichtigt, was jedoch keine einfache Übertragung der Kategorien der Aufführungsanalyse auf den szenischen Text bedeutet, sondern eine Erweiterung der Methoden der Dramentext- und Aufführungsanalyse nach sich zieht, um besonders den Relationen der sprachlichen und nichtsprachlichen Zeichen in einem komplexen Bezugssystem von Produktionsbedingungen auf der doppelten Ebene der Kommunikation gerecht zu werden. Dazu wird von einem erweiterten Textbegriff ausgegangen.

In den Einzelanalysen der Werke der Autoren-Regisseure wird der Produktionsprozess, die spezifische Kopplung von Schreiben und Inszenieren besonders herausgestellt, die zu einer Überprüfung und punktuellen Neuaufstellung vorhandener Methoden der Dramen- und Aufführungsanalyse führt:

> Das bedeutet für die Lektüre von Dramen [...] eine spezifische Relation beider Achsen aus ihren textuellen Strukturen erst zu entwickeln. In diesem Fall werden die Dialogtexte nicht mehr ausschließlich innerdramatisch untersucht, im Hinblick auf die dramatis personae – als Reden, die sie charakterisieren, ihnen eine Kontur geben, ihre Befindlichkeit ausdrücken etc. – sondern gleichzeitig als Texte, die die dramaturgische Struktur der Darstellung konstituieren.[2]

Während in der Analyse der dramatischen Form davon ausgegangen wird, eine semantische Kohärenz von Zeichen und Bezeichnetem nachzuweisen und in Interpretationszusammenhänge einzubeziehen, kann in der dramaturgischen Analyse auch die Frage gestellt werden, wie analytisch zu verfahren sei, wenn die Inszenierung darauf angelegt ist, semantische Kohärenz zu vermeiden, bzw. zu durchkreuzen oder wenn die Intention des Werkes, wie in *Rosebud* von Christoph Schlingensief darin besteht, die Wahrnehmung seitens des Zuschauers (der Ebene der äußeren Kommunikation) permanent zu irritieren.[3] Die Kategorien des Verschiebens beeinflussen die Position der theatralen Zeichen in der doppelten Perspektive der Darstellung, ohne dabei an klassische Dramentheorien gebunden zu sein. Die Kategorien des Verschiebens sowie der Rhythmus (Kategorien, die v.a. aus *Schauplatz der Sprache* von Theresia Birkenhauer und aus *Semiotik der Theaterrezeption* von Patrice Pavis

---

**1** | Vgl. Max Herrmann: Forschungen zur deutschen Theatergeschichte des Mittelalters und der Renaissance. Einleitung. In: Texte zur Theorie des Theaters, S. 61-66, hier S. 62.
**2** | Birkenhauer: Schauplatz der Sprache, S. 80.
**3** | Vgl. Balme: Einführung in die Theaterwissenschaft, S. 96.

herausgearbeitet und erweitert werden) dienen als Analysewerkzeug dazu, die Struktur der szenischen Texte, das ›ästhetische Prinzip‹ zu bestimmen. Gerda Poschmann trennt in ihrer Untersuchung zum nichtdramatischen Text noch die beiden Verfahren, Schreibprozess und Regie[4], welche in der Autorenregie simultan analysiert werden. Regie bedeutete hier mehr ein ›Weiterschreiben‹ als eine Neu-Interpretation des Dramentextes.[5] Christopher Balme beschreibt entsprechend, dass der ›Regie-Autor‹ den Dramentext mit seinem Inszenierungstext überschreibt, bzw. weiterschreibt.[6] An dieser Stelle verdichtet sich die Notwendigkeit, für die Analyse der Werke der Autoren-Regisseure den Dramentext und den Inszenierungstext als einen einzigen, den szenischen Text, zu untersuchen. Dadurch, dass sowohl die sprachlichen als auch die nichtsprachlichen Zeichen den szenischen Text darstellten, wurden in der Analyse der Werke der Autoren-Regisseure die Grenzen zwischen Schreiben und Inszenieren ›aufgelöst‹. Das Theaterereignis, das erst mit der Aufführung als vollständiges Kunstwerk anzusehen ist, wird hier als ein Text aus verbalen und nonverbalen Zeichen definiert, die wechselnd die ›Führung‹ in der dramaturgischen Struktur des szenischen Textes einnehmen können.

Die Konsequenz aus den methodischen Erweiterungen in der vorliegenden dramaturgischen Analyse liegt somit in der Möglichkeit, umfassende stilistische Analysen der ausgewählten Werke vorzunehmen, in der sowohl traditionelle Dramenformen und Aufführungsstrategien als auch Neuerungen in der Schreib- und Aufführungspraxis berücksichtigt werden.

Die dramaturgische Analyse, schrittweise ausgehend von der dramatischen Form und ihren Abweichungen bis hin zur Analyse der transversalen Rhythmen und der ästhetischen Prinzipien, hat sich als eine Methode erwiesen, mit der ästhetisch komplexe szenische Texte von Autoren-Regisseuren analysiert werden können und die darüber hinaus auf zeitgenössische Theatertexte anzuwenden ist, in denen Schreib- und Inszenierungsprozesse in besonderer Weise gekoppelt sind.[7] Die dramaturgische Analyse ermöglicht es, sich auf das Spannungsverhältnis von Dramentext und Inszenierungstext zu konzentrieren und sehr unterschiedliche Formen der Realisierung dieses Verhältnisses in zeitgenössischen szenischen Texten zu untersuchen.

## 9.2 Autorenregie und die Krise der Repräsentation

In den Werken Harbekes, Petras' und Schlingensiefs wird zum einen eine fiktive Kommunikationsebene etabliert und eine Handlung von den Schauspielern repräsentiert; zum anderen wird die äußere Ebene der Kommunikation und die Tendenz, auf Repräsentation zu verzichten, bei allen Autoren-Regis-

---

[4] | Vgl. Poschmann: Der nicht mehr dramatische Theatertext, S. 273.
[5] | Vgl. Kap. 9.4.4. Lektüre statt Interpretation.
[6] | Vgl. Balme: Einführung in die Theaterwissenschaft, S. 96.
[7] | Als Beispiele können hier die bereits mehrfach erwähnten Inszenierungen Nicolas Stemanns der Dramentexte Elfriede Jelineks genannt werden.

seuren in unterschiedlicher Ausprägung verfolgt. An dieser Nahtstelle von innerer und äußerer Kommunikationsebene werden oft Fremdtexte, Zitate oder Bezüge zum Produktionsprozess eingebunden. Pollesch entwickelt darüber hinaus neue Spielregeln für das szenische Spiel im Zusammenhang mit dem Produktionsteam und entfernt sich unter den genannten Autoren-Regisseuren am weitesten von der dramatischen Form und dem Theater der Repräsentation: »Es wird einfach nichts über mich erzählt, wenn ich mir *Hamlet* ansehe. [...] Wie kann man darstellen, was uns ausmacht? Jedenfalls nicht mehr durch Figuren, die interagieren und die in einen Plot verwickelt sind.«[8] Pollesch stellt mithilfe epischer Mittel Verfahren der Repräsentation im Theater permanent infrage: Die Sprecherstimme wird von einer sie illustrierenden Gestik konsequent getrennt, die Inhalte der Diskurse spiegeln sich nicht in den Gesten der Schauspieler. Doch auch in *Rosebud* wird durch das Zitieren von Körperhaltungen (wie die Imitation historischer Bühnenfiguren oder realer Personen) oder in *HEAVEN* (durch das Nachstellen der Skulptur vor der Wolfener Filmfabrik durch Helga) auf die doppelte Funktion der theatralen Zeichen im inneren und äußeren Kommunikationssystem hingewiesen und die Repräsentation einer Figur durch die Schauspieler hinterfragt oder auch ironisiert.

Die für die Untersuchung ausgewählten Autoren-Regisseure spielen alle mit den ›Mechanismen‹ der Repräsentation im Theater. Von subtilen Verschiebungen von Sätzen, die keine Handlung mehr repräsentieren (wie bei Harbekes Figuren, die mit einzelnen Sätzen wie »Ich verstehe deinen Satz nicht.« die fiktive Situation kurz infrage stellen) über transpsychologische Äußerungen der Figuren in Petras' *HEAVEN* bis hin zum Verzicht auf die Repräsentation einer Rolle durch die Schauspieler bei Pollesch.

[Becketts] Antwort auf die Krise des Theaters der Repräsentation ist nicht der Verzicht auf die Bezogenheit von literarischem Text und Bild, sondern die Komplizierung, Erweiterung und Vervielfältigung dieser Beziehung. Er zielt dabei auf Relationen zwischen sprachlicher und visueller Darstellung, die weder abbildende Entsprechung noch komplementäre Illustration sind, sondern transitorische, punktuelle und gleitende Bildlichkeiten entstehen lassen.[9]

Wenn die Intention einer Inszenierung nicht mehr in der Deutung der Binnenfiktion eines Dramentextes liegt, nicht in seinem symbolischen oder psychologischen Gehalt, dann gerät die Repräsentation in die Krise, weil sie gar nicht mehr benötigt wird, und als unwahres Relikt erscheint. An die Stelle der Repräsentation tritt die Reflexion. Der Zuschauer soll sich nicht mit einer Illusion identifizieren (wie im klassisch-bürgerlichen Theater), sich auch nicht politisch bewusst davon distanzieren (wie im epischen Theater Brechts), sondern er soll an einer Reflexion teilnehmen, die ihm nicht bloß vorgesetzt wird, sondern die er vollenden muss. Er soll sich dem Ereignis eines Diskurses aussetzen, den er selbst weiter verketten kann.

---

**8** | Pollesch: Wie kann man darstellen, was uns ausmacht, S. 344.
**9** | Birkenhauer: Schauplatz der Sprache, S. 160.

Demnach erzwingt die Reaktion auf ein Theater der Repräsentation nicht den Verzicht auf eine enge Bezogenheit von Sprache und szenischem Bild, sondern eine Erweiterung der ästhetischen Möglichkeiten.

## 9.3 ZUM AUTOR-REGISSEUR

Der Urheber bzw. Verfasser eines Textes wurde stets als Autor bezeichnet. Als künstlerischer Autor wurde er Schriftsteller, Dichter oder Dramatiker genannt, je nachdem, welchem Genre die von ihm oder ihr verfassten Texte überwiegend zugehörten. Heutzutage bezweifeln immer mehr Wissenschaftler und Künstler, dass es Autoren in einem bestimmten Sinne noch gebe. Birgit Haas setzt sich in dem Sammelband *Dramenpoetik 2007* mit der Frage nach der Autorschaft auseinander: »Inwieweit kann, darf oder muss der Dramatiker der Gegenwart über das Drama verfügen? Bis zu welchem Grad gilt der Dramatiker in Sachen seines eigenen Textes überhaupt noch als ›Autorität‹«[10]

Der ›Autor‹ könnte vielmehr als ›diskursive Prozedur‹ angesehen werden, mit deren Hilfe die Literaturkritik nachträglich einen Zusammenhang von Texten auf eine Person hin konstruiert, obwohl diese Texte möglicherweise in engerem Zusammenhang mit anderen Texten stehen, die von anderen Personen verfasst wurden: »Texte antworten auf Texte – nicht auf die Wirklichkeit.«[11]

Michel Foucault beschreibt, dass die ›Autorfunktion‹, die man auf Texte anwendet, mehrere Ziele haben kann: Erstens liefere sie ›Aneignungsobjekte‹[12] für Texte. Dazu gehöre etwa, Urheberrechte einzuführen, Eigentum an einem Text zu erhalten. In wissenschaftlichen Diskursen sei dies inzwischen nicht mehr so ausgeprägt wie in literarischen. Es handelt sich um die institutionelle Wirkungsweise der Autorfunktion. Zweitens bestätige die Autorfunktion die Glaubwürdigkeit oder Wahrheit eines Textes: »[…]›Plinius erzählt‹ waren nicht nur Formeln eines Autoritätsverweises, sondern die Indizien für Diskurse, die als bewiesen angenommen werden sollten.«[13] Dies ist die Wirkungsweise der Autorfunktion auf der Ebene des Werks. Mit Anwendung der Autorfunktion wird behauptet, dass stilistische oder inhaltliche Kohärenz zwischen Texten eines Autors bestehe, dass diese Texte von einer Kontinuität durchdrungen seien, die nur durch den Autor gewährleistet wäre.

Zusammenfassend kann man sagen, dass er [der Autor; K. N.-R.] für das Prinzip der Kontinuität sowohl einer Reihe von Texten als auch des einzelnen Textes steht. Selbst wenn die

---

**10** | Haas: Editorial. Dramenpoetik 2007, S. 8.
**11** | Michael Börgerding: Texte antworten auf Texte oder Was ist ein Dramatiker? In: Dramenpoetik 2007, S. 77-85, hier S. 79.
**12** | Michel Foucault: Was ist ein Autor. In: Texte zur Theorie der Autorschaft. Hrsg. von Jannidis Fotis u. a. Stuttgart 2000, S. 198-229, hier S. 211.
**13** | Ebd. S. 212

psychologische Projektion ausbleibt, wird die auf Kontinuität ausgerichtete Lektüre von der Autorfunktion gesteuert.[14]

Drittes Merkmal der Funktion Autor ist die Konstituierung eines schöpferischen Individuums, das aufgrund dieser besonderen Individualität der Ursprung des Textes hat sein können.

[...] tatsächlich aber ist das, was man an einem Individuum als Autor bezeichnet (oder das, was aus einem Individuum einen Autor macht) nur die mehr bis minder psychologische Projektion der Behandlung, die man den Texten angedeihen lässt, der Annäherungen, die man vornimmt, der Merkmale, die man für erheblich hält, der Kontinuitäten, die man zulässt oder der Ausschlüsse, die man macht.[15]

Es geht also bei der Infragestellung eines Autors nicht um die Frage, ob es einen Verfasser der Texte gibt.

Es wäre sicherlich absurd, die Existenz des schreibenden und erfindenden Individuums zu leugnen, Aber ich denke, dass – zumindest seit einer bestimmten Epoche – das Individuum, das sich daranmacht, einen Text zu schreiben, aus dem vielleicht ein Werk wird, die Funktion des Autors in Anspruch nimmt.[16]

Es geht vielmehr um die Lektüre eines Textes. Der Autor ist also nicht die natürliche Einheit am Ursprung eines Textes, sondern er ist ein Bezugsrahmen der Lektüre. Er ist nach Foucault »das Prinzip der Sparsamkeit in der Vermehrung von Bedeutung. Deshalb müssen wir die traditionelle Vorstellung vom Autor vollständig umkehren.«[17] Eine Art Filter oder Sieb, jemand, der sich dem Fließen des Diskurses aussetzt und das in ›seinem‹ Text formiert, was gerade durch ihn zu verketten, zu artikulieren ist. Nach Foucault wäre der Autor jemand, der das Ereignis des Diskurses (das von ihm als Individuum unabhängig ist) mit vollzieht, der sich nicht durch private Genialität an der Quelle des Sinns wähnt, sondern der auf das Rauschen des Diskurses[18] lauscht.

Wir sind es gewohnt, wie wir früher gesehen haben, zu sagen, dass der Autor der geniale Schöpfer eines Werks ist, in dem er mit unendlichem Reichtum und unendlicher Großzügigkeit eine unerschöpfliche Welt von Bedeutungen niedergelegt hat. Wir sind es gewohnt

---

**14** | Brigitte Kaute: Die Ordnung der Fiktion. Eine Diskursanalytik der Literatur und vergleichende Studien. Wiesbaden 2006, S. 65.
**15** | Foucault: Was ist ein Autor, S. 214.
**16** | Foucault: Die Ordnung des Diskurses, S. 21.
**17** | Foucault: Was ist ein Autor, S. 228.
**18** | »Das ›Viele‹ ist auch das Rauschen auf allen Kanälen, das Fließen, das nicht Festzumachende, das Nicht-Identische, ist der Nil, das Nihil, das Nichts. Die Codevermischung. Für ›Identitätsklöße‹ allerdings ist das Nichts nur schwer aushaltbar, sie brauchen das ›etwas‹, den Begriff – in unserem Fall die Berufsbezeichnung: Dramatiker – an den sie sich andocken können.« Börgerding: Texte antworten auf Texte oder: Was ist ein Dramatiker, S. 84.

zu denken, dass der Autor so anders ist als alle anderen Menschen und so transzendent bezüglich aller Sprachen, dass, sobald er spricht, Bedeutung beginnt, sich zu vermehren, sich unendlich zu vermehren. Genau das Gegenteil ist wahr: Der Autor ist nicht die unendliche Quelle an Bedeutungen, die ein Werk füllen; der Autor geht den Werken nicht voran, er ist ein bestimmtes Funktionsprinzip, mit dem, in unserer Kultur, man einschränkt, ausschließt und auswählt; [...].[19]

Der Autor werde deshalb zum Genie erklärt, fährt Foucault fort, damit man den gefährlichen Diskurs der Fiktion und seine Polysemie auf die Aktivitäten eines Einzelnen reduzieren könne, anstatt sich dem Text in seinem Ereignis auszusetzen. Das Ereignishafte, Unkontrollierte des Diskurses ist im Zweifel gefährlicher als die Intentionen eines vereinzelten Autorsubjekts. Foucaults Position gegen den Autor ist durchaus eine politische.

Ich glaube, dass, während sich unsere Gesellschaft ändert, in eben dem Moment, in dem sie dabei ist, sich zu ändern, die Autorfunktion verschwinden wird, und zwar in solch einer Weise, dass Fiktion und ihre polysemen Texte wiederum nach einem anderen Modus funktionieren werden [...].[20]

Gut vierzig Jahre nach dem Erscheinen dieses Textes kann man feststellen, dass Autoren im Zuge des ›postdramatischen Theaters‹ durch das zwischenzeitlich proklamierte Verschwinden von Dramentexten bedroht worden sind. Doch Autoren-Regisseure arbeiten wieder mit Dramentexten, wenngleich sie diese in unterschiedlichem Maße für den Inszenierungsprozess öffnen. Der Weg vom Autor zum Schreiben, vom Produzenten zum Prozess ist im zeitgenössischen Theater durchaus gegangen worden.

›Wen kümmert's, wer spricht, hat jemand gesagt, wen kümmert's, wer spricht‹. In dieser Gleichgültigkeit muss man wohl eines der ethischen Grundprinzipien heutigen Schreibens erkennen [...], ein Prinzip, das das Schreiben nicht als Ergebnis kennzeichnet, sondern es als Praxis beherrscht. [...] Zunächst lässt sich sagen, dass sich das Schreiben heute vom Thema Ausdruck befreit hat [...]. Im Schreiben geht es nicht um die Bekundung oder um die Lobpreisung des Schreibens als Geste, es handelt sich nicht darum, einen Stoff im Sprechen festzumachen; in Frage steht die Öffnung eines Raumes, in dem das schreibende Subjekt immer wieder verschwindet.[21]

In diesem Zusammenhang ist nochmals auf kollektive Textentwicklung, wie sie die Gruppe *Rimini Protokoll* vorsieht, zu verweisen, »bei der die Kollektivität das traditionelle Autorensubjekt abgelöst hat.«[22] Nun hat sich in den Einzelanalysen an den vier Beispielen gezeigt, dass in der Autorenregie der Künstler einerseits zum allein Verantwortlichen für den gesamten künstleri-

---

**19** | Foucault: Was ist ein Autor, S. 228.
**20** | Ebd. S. 229.
**21** | Ebd. S. 202f.
**22** | Haas: Editorial. Dramenpoetik 2007, S. 25.

schen Prozess aufgestiegen ist, andererseits wird in Selbstäußerungen stets die Zusammenarbeit und Öffnung zur Teamarbeit betont. Es fällt auf, dass René Pollesch seine Bezeichnung als Autor und Regisseur zurückweist, auch wenn Theaterinstitutionen mit seinem Namen als Autor und Regisseur für seine Arbeiten werben und der Rowohlt Verlag die Texte in seinem Namen vertritt. Es zeigt sich jedoch in den Arbeiten von *Rimini Protokoll*, dass Künstlerkollektive, deren Mitglieder für den Schreib- und Inszenierungsprozess gemeinsam verantwortlich sind, oftmals darauf verzichten, die Benennung der Verantwortlichen für einzelne künstlerische Tätigkeiten zu nennen. Eine veränderte Einschätzung der Subjektivität als Faktor im künstlerischen Arbeitsprozess (sei es des Schreibens oder des Inszenierens) ist zu beobachten. Stefan Tigges bezeichnet Autoren wie Christoph Schlingensief, René Pollesch, Armin Petras/Fritz Kater, d. h. ausnahmslos Autoren-Regisseure, als »Performer, die ihre eigenen, in einem kollektiven, jedoch intimen Schreibprozess entstehenden ›Werke‹ [...] für Nachspiele nur bedingt aus der Hand lassen.« Kollektives und allein verantwortetes künstlerisches Arbeiten gehen in der Arbeit der Autoren-Regisseure eine enge Verbindung ein, auch wenn in den genannten Arbeiten noch ein Künstlername über dem Werk steht.

> Den Raum, der hier [bei Heiner Müller; K. N.-R.] der Sprache eröffnet ist, indem sie als Objektives, ein Drittes gegenüber den Intentionen und dem Ausdruckswillen eines beschreibenden Ich erscheint, suchen die Inszenierungen als Erfahrung für den Zuschauer herzustellen. Die ›Arbeit am Verschwinden des Autors‹ auch in der Regie zu ermöglichen und damit Sprache aus dem Bereich der Subjektivität der Intention zu entlassen, dies umschreibt genauer die Aussage vom Text als ›sinntragende Schicht des Theaters‹.[23]

## 9.4 Autorenregie im Spannungsfeld der Debatte um den Dramentext und den Inszenierungstext

Welchen Stellenwert nimmt Autorenregie nun neben der Frage nach der Repräsentation und nach der veränderten Autorschaft innerhalb der Debatte ein, die zu Beginn des 21. Jahrhunderts zum Dramen- und Inszenierungstext geführt wird? Autorenregie kann als zeitgenössische Arbeitsweise im Theater zu Beginn des 21. Jahrhunderts angesehen werden. Ästhetische Neuerungen in den Inszenierungsweisen und im Produktionsprozess beeinflussen – wie die Einzelanalysen gezeigt haben – auch den Dramentext. Mit den dramaturgischen Verfahren werden ästhetische Tendenzen aufgezeigt, die sich aus den Werken ablesen lassen. Im Folgenden sollen nun abschließend Perspektiven aufgezeigt werden, die die Arbeitsweise der Autorenregie innerhalb der Debatte um den Dramentext und den Inszenierungstext kennzeichnen.

---

23 | Birkenhauer, Schauplatz der Sprache, S. 241.

## 9.4.1 Nachspielbarkeit

Handelt es sich bei Dramen von Autoren-Regisseuren, die die Inszenierungen in ihrer schriftlichen Fixierung konzeptionell vorbereiten oder teilweise erst nachträglich als Inszenierungsprotokoll verfasst werden (wie bei Christoph Schlingensiefs *Rosebud* oder *Rimini Protokoll Das Kapital*), überhaupt noch um Dramen? Peter Michalzik stellt die These auf, dass eine Analyse von Texten von Autoren-Regisseuren (er nennt René Pollesch und Armin Petras/ Fritz Kater) zeigen würde, «dass es sich hier nicht mehr um Dramen handelt, sondern [um] Sprachmaterial».[24] Wie verhält es sich mit Dramentexten, die nicht zum Nachspielen geeignet oder – wie bei Pollesch – nicht für Inszenierungen anderer Regisseure freigegeben werden? Lässt sich in diesen Fällen noch von einem Dramentext sprechen? Die Frage der Nachspielbarkeit ist an Institutionen (Theater und Theaterverlag) gebunden. Eine Einschränkung der Nachspielbarkeit der Dramentexte von Autoren-Regisseuren begründet sich aus der Nähe der Autoren zum Theaterprozess: Den Produktionsprozess nicht zu kennen, aus dem heraus die Texte erst entwickelt werden, mache das Nachspielen – so Polleschs Argument – problematisch. Die Dramentexte von Autoren-Regisseuren werden daher oft nur in der einen Inszenierung des Autors gezeigt. Auch wenn kein offizielles Nachspielverbot besteht, zeigen die Theater kein großes Interesse, Texte von Autoren-Regisseuren nachzuspielen. Selten werden Dramentexte nachgespielt, die auf der Grundlage von Inszenierungsprotokollen entstanden sind, wie die Spielvorlagen von Christoph Schlingensief: *Rosebud* oder *Rimini Protokoll: Das Kapital* zeigen. Es fällt zudem auf, dass es eher zum Nachspielen von Dramentexten kommt, wenn der Anteil der fiktiven Handlungsebene im Dramentext überwiegt. Dafür spricht auch, dass von den hier untersuchten Texten nur *lustgarten* und *HEAVEN* je nachgespielt worden sind. Inszenierungsprotokolle geben zumeist Details der speziellen Aufführung wieder, von denen in einer neuen Inszenierung, mit anderen Produktionsbedingungen, abstrahiert werden müsste. Die Spielvorlage stellt jedoch als ›plurimedialer Text‹[25] ebenfalls die schriftliche Fixierung des theatralen Kunstwerks und somit eine wesentliche Quelle der Theaterforschung dar, wie bereits Max Herrmann festgestellt hat:

> Das spezifisch Dichterische aber bleibt für uns ganz außer Betracht; das völlig unkünstlerische ›Theaterstück‹ im engeren Sinne des Wortes ist für unseren Gesichtspunkt unter Umständen wichtiger als das größte Meisterwerk der Weltliteratur.[26]

---

**24** | Peter Michalzik: Dramen für ein Theater ohne Drama. Traditionelle neue Dramatik bei Rinke, von Mayenburg, Schimmelpfennig und Bärfuss. In: Dramatische Transformationen, S. 31-42, hier S. 32.
**25** | Vgl. Pfister: Das Drama, S. 29.
**26** | Herrmann: Forschungen zur deutschen Theatergeschichte des Mittelalters und der Renaissance. Einleitung, S. 62.

## 9.4.2 Die Auseinandersetzung mit der Theaterinstitution

Wie sind die Arbeiten der Autoren-Regisseure in Bezug zu der von Moritz Rinke geäußerten Kritik[27] im Rahmen des Symposions *Schleudergang Dramatik* zu bewerten, in der er die Konzentration auf den Schreibprozess bei »Dramasseuren« vermisst.[28] Rinke stellt als literarischer Dramatiker die Entwicklung von Figuren und Handlungen und die konzentrierte Arbeit am Dramentext in den Vordergrund des Schreibprozesses. Ist den Werken der Autoren-Regisseure anzumerken, dass die fehlende Distanz zur Theaterpraxis Auswirkungen auf die Qualität der künstlerischen Arbeit am Dramentext hat? Führen die Einbeziehung der Produktionsbedingungen und die Bedeutung der äußeren Ebene der Kommunikation zu einem Verlust an Qualität, an inhaltlicher Relevanz?

Das im Dramentext angelegte, wie bei Harbeke präzise ausgeführte oder wie bei Petras, Pollesch und Schlingensief nur skizzierte schriftliche Konzept (der Dramentext) wird vom Autor im Inszenierungstext sichtbar gemacht, mit der Gefahr, die Distanz zur Theaterpraxis zu verlieren.

Harbeke und Petras trennen die Arbeitsweise des Schreibens und Inszenierens zeitlich und räumlich voneinander, indem sie den Dramentext vor Probenbeginn außerhalb der Theaterinstitution fertigstellen. Harbeke behält das vorab modellierte ›Gerüst‹ des Dramentextes bei und läuft dadurch Gefahr, den Prozess des Inszenierens auf die Vorgaben, die der Dramentext macht, zu sehr zu reduzieren.[29] Die Erfahrungen, die sie als Regisseurin und in den damit zusammenhängenden Absprachen mit der Theaterinstitution trifft, haben jedoch Einfluss auf die späteren szenischen Texte. Die Autorin-Regisseurin versucht, die räumlichen Aspekte der Inszenierung, in Hinblick auf die Regiearbeit, stärker im Dramentext zu berücksichtigen, bleibt jedoch bei einer deutlichen Trennung von sprachlichen Zeichen (des Dramentextes) und nonverbalen Zeichen (des Inszenierungstextes). Petras dagegen ersetzt spielerisch sprachliche durch nonverbale Zeichen, bleibt dabei jedoch bei der zunächst als Dramentext entworfenen Geschichte und verlässt sich weiterhin auf das Primat der sprachlichen Zeichen.[30] In den Werken von Petras, Schlingensief und Pollesch führt die Akkumulation von Zeichen und Referenzebenen teilweise zu einer Beliebigkeit und fehlenden Stringenz der Geschichte.

---

**27** | Vgl. Kap. 2.2 Die Wechselwirkung zwischen Dramen- und Inszenierungstext.
**28** | Vgl. Rinke: Nichts ist älter als die Uraufführung von gestern Abend, S. 5.
**29** | An der Inszenierung von *und jetzt/and now* von Sabine Harbeke am Thalia Theater in der Gaußstraße kritisiert Hella Kemper: »Harbeke vertraut der Kraft ihrer Geschichten, deshalb beschränkt sie sich beim Inszenieren auf szenische Anordnungen. Die Beschränkung der Mittel wirkt wohltuend unpathetisch, zugleich anspruchs- bis glanzlos. Sabine Harbeke/Sabine Harbeke ist der Antipode zu Armin Petras/Fritz Kater. Wo Petras in grellen Farben malt, da holt Harbeke das Deckweiß hervor. Und malt die Welt vor unseren Augen aus.« Hella Kemper: Zweisprachige Variationen über ein Fanal der Sprachlosigkeit. Uraufführung am Theater in der Gaußstraße: und jetzt und now. In: Die Welt, 29.10.2004.
**30** | Vgl. Kap. 10.2 Mail-Interview mit Armin Petras.

Handlungshinweise oder die Intention eines Theaterabends kann punktuell verloren gehen. So wurde beispielsweise von Seminarteilnehmern[31] durchweg nicht verstanden, wie Micha in *HEAVEN* zu Tode kommt, da die sprachliche Information aus dem Dramentext durch eine surreale, nonverbale Szene im Inszenierungstext ersetzt wurde. Andererseits liegt im Eröffnen von komplexen Assoziationsfeldern auch gerade der besondere Reiz der Werke, der oft mit einer produktiven Überforderung des Publikums verbunden ist.

Die Reflexion der Produktionsbedingungen im theatralen Kunstwerk, insbesondere in den Werken von Christoph Schlingensief und René Pollesch, birgt zudem die Gefahr, zu einer ›Nabelschau‹ der Theatermacher und der speziellen Arbeitsweisen am Theater zu werden, an der das Publikum nur bedingt Anteil hat. Die Produktionsbedingungen werden von Pollesch in *Die Welt zu Gast bei reichen Eltern* thematisiert, um auf Konstruktionen innerhalb der Gesellschaft am Beispiel des Theaterbetriebs hinzuweisen. Zuschauer- und Kritikerreaktionen auf Pollesch-Abende zeigen jedoch, dass weniger die Themen der Diskurse interessieren, als vielmehr ihr großer Unterhaltungswert. Es stellt sich die Frage, ob die ›Begriffsverwirbelung‹ nicht dem theoretischen Wert der Texte Polleschs entgegensteht und es sich lediglich um eine unterhaltsame ›Wortakrobatik‹ handelt. Die Sätze, die nach Polleschs Äußerungen dazu auffordern sollten, Themen für sich (was sich sowohl auf das Produktionsteam als auch auf die Zuschauer bezieht) zu bearbeiten, rauschen mitunter vorbei und verlieren für die Zuschauer, die den Produktionsprozess und die dort stattfindenden Diskussionen nicht miterlebt haben, an Relevanz. Till Briegleb kritisiert an *Die Welt zu Gast bei reichen Eltern*, dass sich der Pollesch-Stil bereits vom Versuch zur Methode entwickelt habe und die neueren Arbeiten an existenzieller Bedeutung verloren hätten.[32] Die Stärke der szenischen Texte Polleschs liegen schwerpunktmäßig nicht in den geführten theoretisch untermauerten Debatten, sondern in den ästhetischen Neuerungen (dem Inszenieren der gesprochenen Sprache in den Diskursszenen, den improvisierten Clips, den umgewandelten Boulevardstrukturen), die seine Inszenierungen bieten und mit denen sich ein intellektuelles Publikum gerne auseinandersetzt und identifiziert.

Was bedeutet es, wenn sich die Sinnhaftigkeit eines szenischen Textes nicht alleine aus dem Text erschließt, sondern dieser stets etwas zum Theater Geöffnetes transportiert? Schlingensief reflektiert – vor allem zur Freude eines kundigen Publikums – über das Theatermachen, indem er in *Rosebud* Arbeitsmethoden des Theaters mit denen des Films vergleicht. Schlingensief knüpft Bezüge zu Theatertraditionen, indem er sie (in *Rosebud* Inszenierungen Peter Zadeks und Robert Wilsons) imitiert. Werkimmanent fügt der Autor-Regisseur Schlingensief Kommentare ein, in denen er die Bedeutungslosigkeit des Theatermachens behauptet: »Sehen Sie, Kroll, das ist die Qualität

---

**31** | Seminar ›Autorenregie‹. Sommersemester 2008. Universität Hamburg. Leitung: Karin Nissen-Rizvani.

**32** | Vgl. Briegleb: Die Kosmetik der Widersprüche, S. 43. Vgl. auch Kap. 7.2.5.d Kritik am szenischen Text *Die Welt zu Gast bei reichen Eltern*.

des Theaters. Hier kann man Dinge tun, die draußen schon lange keinen mehr interessieren.«[33] Die Vorwegnahme einer kritischen Haltung zum Werk und der Kritik der Rezipienten ist ein durchgehendes künstlerisches Stilmittel in Schlingensiefs Theaterarbeit.

Andererseits fällt auf, dass alle vier Autoren-Regisseure die unmittelbare Arbeit in der Institution Theater nutzen, um auf Konstruktionen des Alltags (bei Harbeke auf die Mechanismen der sprachlichen Kommunikation, bei Petras auf die Missstände in den Neuen Bundesländern, bei Pollesch auf ›Zurichtungen‹ des Individuums in der modernen Gesellschaft, bei Schlingensief auf festgelegte Wahrnehmungsweisen) hinzuweisen. Bereits der in enger Bindung an die Institution entstandene Dramentext verzichtet zunehmend auf Handlungen, die von den Darstellern repräsentiert werden und stellt eher gesellschaftlich relevante Phänomene heraus. Die Lektüre der Autoren-Regisseure konzentriert sich weniger auf die Fabel, sondern auf die Form der Darstellung selbst und der gesellschaftlichen Phänomene.

Die Theaterinstitution bedarf Veränderungen, um die künstlerische Arbeitsweise der Autorenregie zu ermöglichen und zu fördern. Die Qualität einer Inszenierung ist abhängig vom Produktionsprozess des jeweiligen künstlerischen Teams, das oft durch einen hohen Grad an künstlerischer Selbstbestimmung der Beteiligten gekennzeichnet ist.

Daniel Wetzel beschrieb auf dem Symposion ›Neue Theaterrealitäten‹[34] im Rahmen des *Körber Studio Junge Regie*, 2008, dass in Inszenierungen von *Rimini Protokoll* der Versuch gemacht werde, eine Balance zwischen allen Beteiligten am Produktionsprozess zu halten. Es müsse an den Institutionen überprüft werden, welche Umwandlungen die ›Denkgemeinschaft‹, wie sie Pollesch bezeichnet, ermögliche: »Risikobereitschaft gegenüber den Autonomismen kann dazu führen, Neues zu denken.«[35] Pollesch betonte in der Diskussion auf dem Symposion, dass es möglich sein müsse, Entscheidungen innerhalb der Theaterpraxis zu fällen und zu hinterfragen. Wie kann man eine Struktur so beweglich organisieren, dass darin Kunst möglich ist? In der Auseinandersetzung mit der Theaterinstitution gehe es – so Daniel Wetzel – darum, ihr Laborbedingungen abzuringen. Das Interessante sei, dass die Probenarbeit mit in den Text einziehe. Inszenierungen bedeuteten immer auch eine Befragung des Theaterapparats.

> Wo für den einen jede Inszenierung mit dem Wunsch verbunden ist, im Theater an Boden zu gewinnen, die Institution in den Griff zu bekommen, den eigenen Einfluss auszuweiten, da ist für den anderen das Arbeiten fürs Theater zugleich ein Arbeiten gegen es, genauer gegen dessen gewissermaßen axiomatische Voraussetzungen – gegen die in seinen

---

**33** | Schlingensief: Rosebud, S. 76.
**34** | Symposion *Neue Theaterrealitäten*. Vom Postdramatischen Theater, Angewandten Theaterwissenschaften, Experten des Alltags und anderen Beziehungsverhältnissen im und um Schauspieltheater mit Hans-Thies Lehmann, Heiner Goebbels, Rimini Protokoll, René Pollesch. Moderation: Michael Börgerding. Körber Studio Junge Regie am 15.3.2008.
**35** | Notat während des Symposions *Neue Theaterrealitäten*, 15.3.2008.

Bauten fixierten architektonischen Vorstellungen, gegen die seiner Schauspieltechnik zugrunde liegenden Lehrmeinung, gegen die als ›technischer Zwang‹ kaschierte Trägheit des Apparats, gegen die in Verträgen aller Art niedergelegte, institutionalisierte Ideologie.[36]

Die Dramentexte von Autoren-Regisseuren, die innerhalb des institutionellen Bezugsystems erstellt werden, können dieses imitieren, erweitern oder auch an seine Grenzen führen. Im folgenden Kapitel wird die Öffnung der künstlerischen Arbeit der Autoren-Regisseure zum Produktionsprozess abschließend im Spannungsfeld von Dramen- und Inszenierungstext betrachtet.

### 9.4.3 Im Spannungsfeld von Dramen- und Inszenierungstext

Die Realisierung der Inszenierungen von Autoren-Regisseuren liegt oft in zeitlicher Nähe zur schriftlichen Fixierung des Dramentextes. Fritz Kater schreibt »Vorlagen für die Probenarbeit«[37], die gekürzt, umgestellt und mit der Inszenierung von Armin Petras weiter geschrieben werden. Harbeke entwirft mit dem Dramentext eine präzise Konzeption des Inszenierungstextes; der Dramentext verändert sich während des Probenprozesses kaum, es werden jedoch aktuelle Entwicklungen (wie die Berichterstattung zum Irakkrieg) punktuell berücksichtigt. Schlingensief nutzt das nachträglich notierte Aufführungsprotokoll des szenischen Textes insbesondere dazu, die äußere Ebene der Kommunikation, die Ebene der Zuschauer, in den schriftlich fixierten Text einzubeziehen. Er betrachtet den dramatischen Text als ein Element der Inszenierung, das mit anderen Zeichen – meist erst während des Ereignisses der Aufführung – mit Störungen und Überblendungen konfrontiert wird. Dabei ähnelt die Spielvorlage eher einem Drehbuch mit Skizzen[38] und kurzen Szenen als einem klassischen Dramentext mit Haupt- und Nebentext. Schlingensief geht es nicht um die Umsetzung eines Dramentextes, sondern um ein Gesamtkunstwerk aus sprachlichen, visuellen, akustischen und körperlichen Zeichen. René Pollesch entwickelt den Dramentext für *Die Welt zu Gast bei reichen Eltern* im zeitlichen Zusammenhang mit Diskussionen, die die Probenarbeit bestimmen und knüpft damit zugleich an die Themen seiner vorhergehenden Werke an.

Im zeitnahen Reagieren und künstlerischen Verarbeiten von Themen liegt eine Besonderheit der Autorenregie, die auch die Teamarbeit prägt und Auswirkungen auf den szenischen Text hat:

Wort und Bild sind, gerade weil sie nicht mehr als sprachliche und gestische Äußerung ein gemeinsames Zentrum in einer kohärenten Fiktion haben, sondern weitgehend unabhängig voneinander existieren, aufeinander angewiesen, da hier – zusätzlich zur Dialogizität

---

**36** | Nikolaus Müller-Schöll: Ur-Verbrechen (und) ›Spaßgesellschaft‹. In: Politik der Vorstellung, S. 194-210, hier S. 208.
**37** | Vgl. Kap. 10.2 Mail-Interview mit Armin Petras.
**38** | Vgl. Kap. 10.3 Skizze von Christoph Schlingensief zu *Rosebud*.

des Gesprochenen – Felder für Interferenz von Bedeutung geöffnet oder durch Sprache hervorgerufene Assoziationen in eine bestimmte Richtung gelenkt werden.[39]

Autoren-Regisseure haben die Möglichkeit, die sprachlichen Zeichen entweder bereits in der Form des Dramentextes (als Spielvorlage oder Aufführungsprotokoll) oder im Probenprozess mit dem Inszenierungstext zu verknüpfen. Dabei werden zumeist keine (psychologisch, biografisch oder politisch zu entschlüsselnden) Bedeutungseinheiten symbolisch codiert, sondern die Texte bestehen vielmehr aus Aussagen, deren performative Funktion jederzeit reflektiert wird. Der Sinn dieser Aussagen besteht sogar vorrangig in ihrer performativen Funktion und eben in der Reflexion der äußeren Ebene der Kommunikation. Eine klassische Drameninterpretation auf der Ebene der den Akteuren/Figuren zugeschriebenen Sätze und ihrer konstativen oder symbolischen Bedeutung ohne Ansehen der Inszenierung ist also gar nicht mehr möglich. Dies gilt für alle Autoren-Regisseure in dem Maße, in dem sie sich vom Vorrang ihres eigenen Textes verabschiedet haben. Harbeke bleibt noch am stärksten einem klassischen Verständnis von Autorschaft verhaftet, das sich mit Petras, Pollesch und Schlingensief immer weiter verflüchtigt. Armin Petras/Fritz Kater erhält noch die zeitliche Struktur aufrecht, indem der später veröffentlichte Dramentext vollständig vor Probenbeginn fertiggestellt und an das Regie-Alter-Ego übergeben wird. Pollesch bringt einen offenen Text zu den Proben mit und viele Ideen zum Weiterschreiben; Ansätze für Diskussionen und Sprechsalven, Lektüre-Erlebnisse, Themen. Schlingensief hingegen geht so weit, den Text erst nach der Aufführung als Protokoll fertigzustellen, denn der vollständige Text ist ja erst möglich, wenn man weiß, was sich ereignet. Das ist aber in seiner Gänze in *Rosebud* unvorhersehbar.

Pollesch und Schlingensief haben, auf unterschiedliche Weise, ein starkes Verständnis der diskursiven Dimension der Sprache. Sie versuchen, in ihren Inszenierungen Raum zu lassen für das Ereignis des Sprechens, für die (auch unvorhersehbaren) Verkettungen von sprachlichen Elementen. Der Dramentext, wenn er nicht ohnehin erst nachträglich als (auch noch bearbeitetes) Aufführungsprotokoll vorliegt, wird so weit wie möglich zum Ereignis, zum Inszenierungstext hin geöffnet.

Der Inszenierungstext gehört notwendig zum Dramentext zur Vervollständigung des Theaterkunstwerks dazu, dennoch kann man auch aus dem schriftlich fixierten Dramentext Schlüsse auf den Inszenierungstext ziehen. Dramentexte von Autoren-Regisseuren enthalten – ob sie sich zum Nachspielen eignen oder nicht – einen dramaturgischen Entwurf, der von der Regie (des Autor-Regisseurs oder auch eines anderen Regisseurs) gelesen werden kann, um auf der Bühne sichtbar zu werden.

Der Theatertext als Entwurf neuer, autoreflexiver Formen [...] ist auf eine Regie angewiesen, die dessen Entwurf zur szenischen Praxis macht. Die Regie ihrerseits braucht, wo sie

---

**39** | Poschmann: Der nicht mehr dramatische Theatertext, S. 209.

dem Theater bei der Erkundung von Theatralität das gesprochene Wort bewahren will, solche Texte.[40]

Diese künstlerische Arbeit am Dramentext übernimmt in der Autorenregie der Autor selbst oder in gelungenen Partnerschaften von Autoren und Regisseuren ein Regisseur, der die künstlerischen Zeichen des dramatischen Textes liest, indem er die Möglichkeiten und Qualitäten des Dramentextes für die Bühne erkennt und in den Theaterraum übersetzt. Durch eine gelungene Partnerschaft von Autor und Regisseur können im Dramentext angelegte dramaturgische Strukturen erst aufgespürt werden und in ein Theaterereignis einfließen.

Beim Symposion *Schleudergang Dramatik* wurde diese Tendenz als Aufforderung an die Theaterinstitutionen (insbesondere an die Dramaturgen und Lektoren) formuliert, die Aufmerksamkeit auf die künstlerischen Prozesse zwischen Autoren und Regisseuren und deren Werke zu richten. Dazu gehöre jedoch nicht nur die Einrichtung von Hausautorenstellen an Theatern und ein verbessertes finanzielles Förderprogramm, sondern eine Aufmerksamkeit für den sehr komplexen – ästhetischen und künstlerischen – Zusammenhang zwischen Schreib- und Inszenierungsprozess. Es gehe in den Partnerschaften von Autoren und Regisseuren um das Begreifen der im Text entworfenen theatralischen Kommunikationsprozesse.[41] Autorenregie bietet hierbei, trotz der Gefahr der Vereinnahmung des Autors durch den Theaterbetrieb, die Möglichkeit, das im Text enthaltene ästhetische Modell in der Inszenierung unmittelbar weiter zu schreiben. Die Wechselwirkungen zwischen Dramentext und Inszenierungstext, die erst das vollständige theatrale Kunstwerk ausmachen, weisen zugleich auf den Zusammenhang zwischen Veränderungen in den Theaterinstitutionen, Regiehandschriften und Veränderungen des Schreibprozesses hin. Autoren-Regisseure tragen mit ihrer Arbeit in der Nähe der Institutionen dazu bei, Dramentexten eine zeitgemäße Form bereits in der schriftlichen Fixierung zu verleihen, indem der Inszenierungstext als Fortschreibung des Dramentextes, nicht als Neu-Interpretation verstanden werden kann. Autoren-Regisseure stehen aufgrund ihrer Nähe zu den Theaterinstitutionen im steten Austausch mit ästhetischen Entwicklungen in der Produktion von Theaterereignissen; sie reflektieren (oft schon während der Ausbildung) über künstlerische und wissenschaftliche Verfahren, auch in nicht-theatralen Gebieten und berücksichtigen diese Erfahrungen mit Theaterinstitutionen und deren Beteiligten in ihren szenischen Texten. Pollesch und Schlingensief beziehen die Auseinandersetzung mit den Bedingungen ihrer künstlerischen Arbeit, mit dem Theaterapparat, direkt in die szenischen Texte mit ein und liefern mit ihrem Werk zusätzlich eine ästhetische Auseinandersetzung und Reflexion mit der Theaterinstitution zu Beginn des 21. Jahrhunderts.

---

**40** | Ebd., S. 273.
**41** | Vgl. ebd., S. 293.

Die fehlende Distanz zum Schreib- und Inszenierungsprozess wird werkimmanent in den szenischen Texten der Autoren-Regisseure häufig durch eine Distanzierung, die sowohl im Gebrauch von epischen und absurden Mitteln sowie in einem performativen, diskursiven Verständnis von Sprache als auch in der permanenten Reflexion der Arbeitsbedingungen liegt, ausgeglichen.

Außerdem ist das Verständnis von Sprache im Theater der Gegenwart zugleich Verständnis von Subjektivität und demnach ästhetische Positionierung der Theatermacher. Die Sprache diskursiv zu verstehen, heißt, sie als Ereignis wahrzunehmen, nicht als Instrument bzw. Mittel und nicht einmal als Zeichen, das man nach Belieben zur Erzielung bestimmter Effekte einsetzen könnte. Die Sprache diskursiv zu verstehen, heißt, das Unvorhersehbare, Chaotische, Ungesteuerte zu schätzen und ihm dazu zu verhelfen, stattzufinden. Die Sprache diskursiv zu verstehen, heißt, als Autor einen Schritt zurückzutreten, nicht die eigenen Ausdrucksvorhaben umzusetzen, sondern die Möglichkeiten, die in den Sprechakten bzw. Aussagen angelegt sind, zu aktualisieren, die gesellschaftliche Bändigung diskursiver Kräfte zu unterlaufen und die Ereignishaftigkeit zu fördern.

### 9.4.4 Lektüre statt Interpretation

Die Interpretation kann als die Entschlüsselung der Repräsentation angesehen werden. Repräsentation heißt Darstellung von etwas Wirklichem durch Zeichen, und dies so, dass Signifikant und Signifikat zur Deckung gebracht werden. Die Interpretation besteht dann in der Enthüllung dieser Übereinstimmung. Der Sinn der Zeichen wird entdeckt als Wesen der Dinge. Die Geste eines Schauspielers verrät die Stimmung der Figur, die wiederum etwas über die Zeit sagt, in der die Handlung spielt.

Wenn jedoch das zugrunde liegende Sprach- und Erkenntnismodell nicht mehr gilt, dann verändert sich die Interpretation zur Lektüre. An die Stelle der Enträtselung von in künstlerischer Absicht geschaffenen Zeichen, tritt das Teilnehmen des Rezipienten am kreativen Prozess. Anstatt eine vorgegebene Bedeutung bloß nachzuvollziehen, kann der begonnene Diskurs fortgesetzt werden, die Rezeption der Zuschauer ist eine Lektüre-Tätigkeit, die dem selbstständigen Weiterschreiben vorausgehen kann.

In Werken von Autoren-Regisseuren geht es nicht primär um die Interpretation des vorliegenden Dramentextes durch den Regisseur, vielmehr wird der Dramentext im unmittelbaren Bezug zum Produktionsort erstellt und der Schreibprozess mit der Inszenierung eher fortgesetzt, weiter geführt als neu interpretiert:

> Versteht man Inszenierungen [hier] nicht länger als ›Interpretationen‹ der Regie, persönliche Lesart eines einzelnen Künstlers, sondern als Analysen, Lektüren, die einen dramatischen Text fortschreiben und damit den Blick auf die dramatische Rede permanent verändern.[42]

---

[42] | Birkenhauer: Schauplatz der Sprache, S. 126.

Für die Autorenregie besteht die Lektüre – nicht die Interpretation – in der Vervollständigung des Kunstwerks durch die räumlichen Inszenierungen der Autoren-Regisseure.

> Die Dialoge der Figuren in den szenischen Texten, K. N.-R.] artikulieren nicht ausschließlich Befindlichkeiten und Intentionen der Figuren, [sondern sind] immer [...] Elemente eines inszenatorischen Gefüges, das die Aufführung von vornherein mit der abstrakten räumlichen Disposition der Bühne etabliert. Dies aber bewirkt Verschiebungen in der Relation von Szenen und Sprache.[43]

Diese Verschiebungen konnten in den Einzelanalysen bei allen vier Werken beschrieben werden.

Armin Petras hat mit der deutlich formulierten Trennung von Schreib- und Inszenierungsprozess[44] (verstärkt durch die namentliche Trennung von Autor Fritz Kater und Regisseur Armin Petras) den zweifachen Charakter der Autorenregie in der konsequenten Trennung der Berufsbezeichnungen auf den Punkt gebracht.[45] Petras legt mit dem Dramentext die Fabel als Rahmen des szenischen Textes bereits fest, öffnet sie jedoch während der Probenarbeit für Ergänzungen und Improvisationen. Petras betont, dass er den eigenen Dramentext als Vorlage für die Inszenierung, die mit den Bedingungen des Theaterbetriebs zusammenhängt, neu liest; für ihn haben die Vorgänge des Schreibens und des Inszenierens konzeptionell nichts miteinander zu tun.[46]

> Lektüre ist eine Inszenierung nicht, insofern sie die Texte inhaltlich interpretiert, [...] sondern insofern sie Texte szenisch organisiert [...] in den Formen des dialogisch geschriebenen Dramas [...], Dimensionen der Sprache erfahrbar zu machen, die unvorhersehbar sind. Das Theater ist insofern Teil der Praxis der Literatur, als es dramatische Texte weiterschreibend neu liest.[47]

Inszenieren bedeutet demnach für Autoren-Regisseure eine Lektüre, die den dramatischen Text fortschreibt und eröffnet die Möglichkeit, die Perspektive auf die dramatische Rede mit der Inszenierung fortzuführen, weiter zu entwickeln.[48]

Das Wissen um die speziellen Produktionsbedingungen (beispielsweise die Besetzung, die Probenräume) hat bereits Einfluss auf den Schreibprozess der Autoren-Regisseure. Armin Petras begründet es mit den »Gegebenheiten

---

**43** | Theresia Birkenhauer: Verrückte Relationen zwischen Szene und Sprache, S. 187f.
**44** | Vgl. Kap. 10.2 Mail-Interview mit Armin Petras.
**45** | »Der Autor ist nicht da, wir können mit dem Stück bei den Proben machen, was wir wollen.« Armin Petras beim Publikumsgespräch im Anschluss an die Vorstellung von HEAVEN (zu tristan) im Rahmen der Autorentheatertage 2008 am Thalia Theater Hamburg, am 1.6.2008.
**46** | Vgl. Kap. 10.2 Mail-Interview mit Armin Petras.
**47** | Birkenhauer: Schauplatz der Sprache, S. 126f.
**48** | Vgl. ebd., S. 126.

des Theaterbetriebs«[49], dass es zwar manchmal Überlegungen zur Besetzung gebe, die sich jedoch meistens im Produktionsprozess wieder ändern würden. Harbeke schlägt, da sie freischaffend an Theatern arbeitet und die institutionellen Entscheidungen nicht direkt mit entscheiden kann, gerne Gastschauspieler für einzelne Rollen vor, mit denen sie in der Regel eine kontinuierliche Zusammenarbeit verbindet. Die Besetzungen und Probenbedingungen klären sich zum Teil noch während des Schreibprozesses mit den jeweiligen künstlerischen Leitern der Theater.[50]

Die Lektüre und das Weiterschreiben stellen die strikte Trennung von theatralisch und dramatisch, von Inszenieren und Schreiben infrage. Birkenhauer beschreibt so eine Lektüre, die das Weiterschreiben von Dramen- und Inszenierungstext umfasst, anhand der Theaterarbeit von Samuel Beckett:

> Bei Beckett ist die Inszenierung als Organisation von Wahrnehmungs-, Affektions- und Denkprozessen buchstäblich Gegenstand des Schreibens. Das dramatische Schreiben ist zum Schreiben einer Inszenierung, das Drama mit der Konzeption der Aufführung gleich geworden und nur als Inszenierung lesbar. Darin sind Becketts Stücke paradigmatisch für viele zeitgenössische Theaterformen.[51]

Beckett kennzeichnet mit seinen Dramentexten Grenzen des Theaters, des Umsetzbaren: absurde Handlungen, die aus dem Bewusstsein über die Endlichkeit des Seins resultieren und der Kausalität entgegenstehen. Gerade in dieser Suche nach Grenzen, radikalen theoretischen Überlegungen, was Theater sein kann, treffen sich seine Vorstellung insbesondere mit der Suche Schlingensiefs nach der Auflösung der Grenzen, die der Theaterraum setzt.

Die Reflexion über die eigene künstlerische Arbeit erfolgt bei allen Autoren-Regisseuren auch innerhalb ihrer Theaterarbeit. Schlingensief und Pollesch integrieren ihre Ansichten über den Produktionsprozess unmittelbar in ihren Werken, während Harbeke und Petras verstecktere Hinweise auf ihre Motivation, im Theater oder mit Theatermitteln zu arbeiten von den Figuren aussprechen lassen.

Harbeke versucht, ein sprachlich präzise komponiertes Modell zu entwickeln[52], in dem die Figuren auch Regeln der gesprochenen Sprache erkunden, während Petras der Figur des Anders Adlerkreuz Äußerungen über die idealistische Motivation zum Theatermachen zuordnet, während Pollesch versucht, neue Theaterregeln aufzustellen und (theatrale) Konventionen als ›Zuschreibungen‹ zu kennzeichnen.

Dieses Erkunden von Grenzen der künstlerischen Ausdrucksformen des Theaters wird von den Autoren-Regisseuren oft mit einer forschenden Arbeit beschrieben: »Wenn Literatur ein In-Szene-Setzen der Rede ist, dann sind

---

**49** | Vgl. Kap. 10.2 Mail-Interview mit Armin Petras.
**50** | Vgl. Kap. 10.1 Mail-Interview mit Sabine Harbeke.
**51** | Birkenhauer: Schauplatz der Sprache, S. 323.
**52** | Vgl. Kap. 10.1 Mail-Interview mit Sabine Harbeke.

dramatische Texte wie Inszenierungen Ergebnisse einer fortschreitenden Praxis des Schreibens und Lesens.«[53]

Hans-Thies Lehmann legt entsprechend in seinem Vortrag im Rahmen des Symposions *Theaterrealitäten* am *16.3.2008* dar, dass »das Medium eines Diskurses zwischen Autor und Publikum« im zeitgenössischen Theater häufig wichtiger sei als das fertige Kunstwerk der Inszenierung. Der autoritäre Theaterbetrieb sei im Aussterben begriffen. Wie muss ein Theater heute aussehen, damit darin Neues entstehen, geforscht werden kann?

Die vier Autoren-Regisseure nutzen in vielfältiger, sehr unterschiedlicher Weise die Möglichkeiten, die die Arbeitsweise der Autorenregie bietet, das Spannungsfeld zwischen Dramen- und Inszenierungstext in der Konzeption des szenischen Textes zu berücksichtigen.

Vielleicht kann die Antwort auf die drängendsten Fragen des Theaters der Gegenwart gerade von Künstlern kommen, die im Spannungsfeld zwischen Dramentext und Inszenierungstext operieren, ohne sich für eine der Seiten zu entscheiden. Denn die Autoren-Regisseure integrieren zeitgenössische Schreibweisen und Inszenierungstechniken in den nun szenischen Text. Sie schreiben Texte für die Bühne, ohne Autorschaft zu reklamieren, weil sie um die Vorläufigkeit des Dramentextes ebenso wissen, wie um die Diskursivität der Sprache, darum, dass erst die Lektüre des Regisseurs und der Zuschauer ihren Text zu einem Ereignis vervollständigt, das ihnen dann nicht mehr gehört, auch wenn es auf sie zurückzuführen ist.

---

**53** | Birkenhauer: Schauplatz der Sprache, S. 127.

# 10 Anhang

## 10.1 Mail-Interview mit Sabine Harbeke vom 10.5.2010

*Karin Nissen-Rizvani:* Welches war der Ausgangspunkt für die Arbeit an *lustgarten*? Wie ist die Idee entstanden?

*Sabine Harbeke:* Ich war dank eines Schreibstipendiums ein paar Monate in Berlin, wo ich auch den Titel *lustgarten* gefunden habe. Ich hatte einen Stückauftrag vom Theater Neumarkt in Zürich bekommen. Da ich im vorhergehenden Stück, *der himmel ist weiss*, verschiedene Beziehungsgeflechte zwischen Mann und Frau seziert hatte, hatte ich Lust, Kommunikationsmechanismen von Männern zu untersuchen. Als im März 2003 der zweite Irakkrieg ausbrach, musste ich schreibend darauf reagieren und die latente Gewaltbereitschaft der Männerfiguren bekam vor der Folie des Krieges, der vor allem im Frauenmonolog von *lustgarten* thematisiert wird, neue Dimensionen. Ohne es je auszusprechen, setzen zwei Männer das Leben einer Frau auf das Spiel, um eine simple Wette zu gewinnen, beziehungsweise, um sich keine Schwäche einzugestehen. Ich wollte innerhalb eines Dialogs untersuchen, wie eine Entscheidung, die in wenigen Minuten gefällt werden müsste, sich durch eine reduzierte, verdichtete Sprache windet, wenn sie eine Stunde lang nicht benannt wird. »du hast gehandelt. das ist das wichtigste [...] doch, das ist es, handeln. reden können viele. handeln. ist in der politik genau gleich. / es ist krieg. / ja. ja. nein. ja. ich meine ja, sicher, das ist scheisse.«[1] Nicht-Handeln ist jedoch genau das, was die beiden tun. Anstatt zu handeln, reden sie sich die Lage schön oder schweigen. Wie im Großen, in der Politik, sind die Folgen auch im Kleinen verheerend: »es ist krieg.« So liegt also eine Frau eingesperrt in einem Kofferraum und zwei Männer harren der Dinge, obwohl sich die Umstände mit jedem Satz verschärfen, jedes Wort schwer ins Gewicht fällt. In diesem Feld von Perfidität, Spannung und gegenseitiger Abhängigkeit lässt sich genüsslich mit Sprache spielen, zumal Erlösung für die beiden, als auch für den Zuschauer, unmöglich ist.

---

1 | Harbeke: lustgarten, S. 303.

*Nissen-Rizvani:* Es gibt wenige Abweichungen vom Dramentext *lustgarten* zum Inszenierungstext. Wie würden Sie den Einfluss der Probenarbeit mit den Schauspielern und dem Produktionsteam bei *lustgarten* auf den Dramentext beschreiben?

*Harbeke:* Da *lustgarten* ein sehr dichtes, musikalisches Sprachkondensat ist, das mit Wiederholungen und Sprachrhythmen spielt, war es weder nötig noch möglich auf den Proben viel zu ändern. Allerdings zählt bei diesem Text wirklich jedes Wort; wir haben manchmal über einzelne Begriffe länger diskutiert, wichtige Nuancen verändert. So ist es entscheidend für das gespannte Machtverhältnis zwischen den Männern, ob Krause mit einem »ja« oder mit einem zustimmenden »hmhm« antwortet. In der folgenden Sequenz sind die Konnotationen der einzelnen »ja« sehr unterschiedlich und verhandeln die Situation der Männer ohne sie weiter zu artikulieren.

| | |
|---|---|
| krause | ich wollte sie wohl ein bisschen einschüchtern. |
| mertens | ja. |
| krause | ja. |
| mertens | ja. |
| krause | zum spiel. |
| mertens | ja. |
| krause | ja. |
| mertens | ja. |
| krause | ja. |
| mertens | ja, das ist es auch, ja, das ist es. ein spiel. |
| – | |
| ja.[2] | |

Die verdichtete Dichtung, die klare Setzung der Rhythmen durch die Notation ergeben eine Partitur, welche die SchauspielerInnen und mich als Regisseurin herausfordert. Es gilt mit Fantasie und Leidenschaft die Freiheiten und den oft schwarzen Humor innerhalb der sprachlichen Reduktion und Genauigkeit zu entdecken, was außerordentlich lustvoll ist.

*Nissen-Rizvani:* War bereits vor Beginn des Schreibprozesses an *lustgarten* festgelegt, welche Schauspieler besetzt werden? Wurden die Figuren in *lustgarten* auf die Schauspieler hin geschrieben?

*Harbeke:* Da *lustgarten* meine vierte Arbeit am Theater Neumarkt in der Intendanz von Crescentia Dünßer und Otto Kukla war, kannte ich zwei Schauspieler schon aus vorhergehenden Arbeiten, was für den Schreibprozess etwas Besonderes ist. Ich kann sozusagen auf oder gegen den Leib eines Schauspielers, einer Schauspielerin schreiben und unsere Zusammenarbeit so auf eine ungewöhnliche Art herausfordern. Die dritte Figur, Mertens, war

---

2 | Ebd., S. 304.

ein Gast, den ich in anderen Inszenierungen gesehen hatte und der mich interessierte. Ich mag es auch, mit dem Bild der Physis eines Schauspielers im Kopf zu schreiben, ohne ihn wirklich zu kennen. Nachdem das Stück fertig war, habe ich lange überlegt, wie es wäre, die Besetzung der Männer umzudrehen und habe es in einer frühen Probe auch ausprobiert. Es ist wichtig, bei den Prozessen zwischen Schreiben und Inszenieren wachsam zu bleiben und die Vorgaben der Autorin als Regisseurin zu überprüfen oder neu zu denken.

*Nissen-Rizvani:* Wie schätzen Sie die Bedeutung ein, die Sprache als Zeichen neben Projektionen, Musik, nonverbalem und körperlichem Spiel in ihrer künstlerischen Arbeit hat? Mein Eindruck ist, dass das Sprechtempo, die Auseinandersetzung mit Sprechweisen ein Zentrum Ihrer Arbeit darstellen.

*Harbeke*: Ja, ich benutze Sprache nicht nur um Inhalte zu transportieren, sondern auch formal, als eigenes Zeichensystem der Figuren. So oszillieren die Sprechtempi extrem, ein beschleunigter oder ein zerdehnter Sprachduktus können eine angespannte Situation gleichermaßen ins Unerträgliche steigern. Außerdem formulieren die Figuren manchmal auch meine (produktive) Sprachskepsis und untersuchen während des Dialoges Begrifflichkeiten, ohne den inhaltlichen Bogen des Gespräches zu verlassen. Eigentlich ist kein einziger Satz, den man spricht, verlässlich, weil das Gegenüber mit seiner Biografie, seinem Sprachgebrauch immer etwas anderes verstehen kann, als man gemeint hat. In *der himmel ist weiss* sagt Paul zum Beispiel zu seiner Frau den simplen Satz »du bist schön.«[3] Sie schaut weg, er spürt, dass er etwas Falsches gesagt hat, obwohl er eigentlich das Richtige sagt. Doch für Maria sind die drei Worte, zumindest präzise in dieser Reihenfolge, von einer früheren Beziehung so arg belastet, dass sie den Satz nie mehr frei annehmen kann. Außerdem thematisiere ich auf der basalen Ebene des Textes als auch auf der Bühne simultan das System Sprache und das System Figur/Schauspieler. Wenn eine Figur in *nachts ist es anders* einer anderen auf der Bühne sagt, »den letzten satz habe ich dir nicht geglaubt.«[4], dann wird die theatrale Grundverabredung des ›als ob‹ offen gelegt, die Glaubwürdigkeit des Spiels thematisiert und die SchauspielerInnen wechseln für einen Augenblick die Spielebene, ohne den Sprachduktus der Figuren zu verlassen.

Ein anderer Aspekt, der mich innerhalb des Zeichensystems Sprache auf der Bühne interessiert, ist die Sprachlosigkeit. Im Theater, als tradierter Raum der Sprachkunst, wird meist davon ausgegangen, dass die verbalisierte Sprache grundsätzlich vorhanden ist. Im Gegensatz dazu untersuche ich die Mechanismen von Kommunikation, wenn Sprechen unmöglich ist oder wenn Sprache verweigert wird, sei es durch Schweigen, durch vorsätzliche

---

**3** | Sabine Harbeke: der himmel ist weiß. In: Theater Theater. Aktuelle Stücke 13. Hrsg. von Uwe B. Carstensen u. Stefanie von Lieven. Frankfurt a. M. 2003, S. 151-210, hier S. 156.
**4** | Harbeke: nachts ist es anders, S. 50.

Doppeldeutigkeiten oder durch Lügen. Samuel in *wünschen hilft* ist stumm und verlangt nach speziellen Kommunikationsstrukturen auf der Bühne. Er braucht immer eine Person, die ihn verbalisiert, die damit Macht hat, Samuels Anliegen so zu formulieren, wie sie es möchte. Manchmal wird durch die Frustration oder die Aggression Samuels klar, dass er etwas anderes sagen möchte, was genau, bleibt jedoch unausgesprochen. Programmatisch kennt der stumme Samuel als Einziger das Familiengeheimnis, sodass die schmerzhaften Verstrickungen über Sprachumwege gelöst werden müssen. In *nachts ist es anders* treibt eine demenzkranke Mutter mal unwillentlich, mal vorsätzlich, aber immer gnadenlos beiläufig, durch sprachliche Missverständnisse, ihren Sohn so weit, dass er sie in aller Öffentlichkeit zwingt, zwei Schlaftabletten zu nehmen, um sie endlich zum Verstummen zu bringen.

Neben diesen Arten von Sprachverweigerung ist das Schweigen ein wichtiges Element meiner Dialoge, das ›beredte‹ Schweigen ist Ausdruck für eine Emotion, die nicht offen ausgedrückt wird; werden kann.

*Nissen-Rizvani:* Könnten Sie beschreiben, wie Sie mit sprachlichen Mitteln im Theater arbeiten? Hat es für das Schreiben eine Bedeutung, dass die Inszenierung beim Erstellen des Dramentextes bereits mit konzipiert wird? Oder würden Sie die Konzeption der Inszenierung als ein komplett getrenntes Verfahren betrachten?

*Harbeke:* Durch die Textstruktur lege ich ein rhythmisches Regelwerk für den Sprachgebrauch der Inszenierung vor, dass wir gemeinsam untersuchen und auch genüsslich brechen. Die verschiedenen Formelemente wie das simultane Sprechen, die Zäsur oder das Schweigen werden in der Probe immer wieder situativ und spielerisch überprüft. Es ist interessant, wie schwierig es für manche Schauspieler ist, Sätze zu verschachteln oder übereinander zu sprechen, obwohl es im Alltag durchaus üblich ist, da es auf der Bühne über Jahrhunderte undenkbar war.

Obwohl, oder eben gerade weil ich beim Schreiben inszenatorische Visionen und Bilder zu Figuren und Situationen habe, suche ich mit dem Team andere Möglichkeiten der Umsetzungen, sowohl in bildlichen und musikalischen Dimensionen als auch auf der Darstellungs- und Sprachebene. Meine Vorstellungen sind vielleicht ein Ausgangspunkt, doch das Ziel ist es, gemeinsam mit den Fantasieräumen aller Beteiligten zu etwas Neuem, manchmal auch Überraschendem zu kommen. Ich empfinde das Inszenieren unbedingt als getrenntes Verfahren und auch als Belohnung für die Einsamkeit des Schreibens. Da viele meiner Texte sich inhaltlich durch eine Härte auszeichnen, versuche ich dieser in der Inszenierung bei aller Ernsthaftigkeit mit Leichtigkeit und Absurdität zu begegnen. Dabei bergen die verknappte Sprache und der lakonische Sprachwitz ein großes Potenzial. Die Figuren selbst stellen vielfach die Frage nach der Kommunikation, nach der Rolle der Sprache, benennen auch die Absurdität der Sprachverwendung.

Das ist zunächst ein witziges, alltägliches Gespräch. Wissend, dass eine Diabetikerin seit Stunden mit ihrem Hund in einem Kofferraum liegt, wird das Gespräch alles andere als alltäglich, aber nicht minder witzig. Darin liegen eine herrliche Diskrepanz und eine Zumutung. Für Mertens ist das Reden notwendig, es ist für ihn ein Zeichen der Selbstvergewisserung und der Gemeinsamkeit. Krause spricht so knapp wie möglich, alles andere ist riskant, da er seine Emotionen überdecken muss. Am Schluss formuliert Mertens seine Forderung unmissverständlich: »kommunikation ermöglichen«[5]. Daraufhin: »schweigen.«[6] Es wird noch lange dauern bis Krause in die Kommunikation einsteigt und dann tut er es derart, dass Mertens verstummt.

*Nissen-Rizvani:* Welche Rolle spielt Rhythmus, d. h. die Aufeinanderfolge von Zeichen in einer bestimmten Zeit für die Komposition des Dramentextes und der Inszenierung?

*Harbeke:* Für mich ist die Rhythmik sehr wichtig, auch wenn ich nicht in Versform schreibe, arbeite ich sehr genau mit solchen Mitteln. Ich höre beim Schreiben die Sprachrhythmik, die Sprechweise, höre die Sprachlosigkeit, das Stocken im Sprechen, das Überlappen der Sequenzen. Auch inhaltliche Richtungswechsel innerhalb einer Replik oder den Atem für einen neuen Gedanken habe ich klanglich in einer Möglichkeit im Kopf. Zum Beispiel gibt es in meinen Texten für die verschiedenen Stufen des Schweigens Formelemente: wenn in einem Dialog »schweigen.« steht, dann schweigen beide Figuren, weil sie beide schweigen müssen. Wenn ein Gedankenstrich notiert ist, dann entsteht eine Pause, weil einer innehält, um über etwas nachzudenken, weil einer ein Angebot zum Sprechen macht, das der andere nicht annimmt oder weil eine Antwort nur schwer formuliert werden kann. Bei einem Gedankenstrich verhält sich also nur einer, beim »schweigen.« verhalten sich beide und es dauert immer länger als ein »–«.

Der Zeitaspekt in *lustgarten* ist tatsächlich ein sehr wichtiger, es gibt eine Art »Countdowndynamik«, da bei dem Gespräch der beiden Männer ein Fakt nach dem anderen zur Sprache kommt, der die Lage der Frau im Kofferraum verschlimmert, ohne dass die beiden sich dazu verhalten. Die Zuschauer fiebern mit und denken immer wieder, jetzt reicht es, jetzt müssen die beiden reagieren, handeln, doch sie tun es nicht. Je länger sie sprechen, je länger sie warten, werden Krause und Mertens von Spielern zu Tätern und die Zuschauer solidarisieren sich mit dem Opfer, der Frau. Danach folgt der Monolog von Ingrid Lutz, die zeitgleich Hunderte von Kilometern entfernt, auf ebendieses Opfer, ihre Schwester, wartet. Zeit wird nun anders verhandelt, die Zuschauer erfahren von den ersten Tagen des Krieges, erfahren aus ihrer Kindheit und aus dem Jetzt ihrer akuten Überforderung als Mutter, die den Krieg im Alltag nicht bewältigen kann. Und nach und nach erfahren sie

---

5 | Harbeke: lustgarten, S. 296.
6 | Ebd.

auch, dass die Schwester alles andere als ein Opfer ist, sie hat Ingrid Lutz und ihre Kinder erniedrigt und traumatisiert. Das Bild von dieser Frau, welches sorgfältig über eine Stunde aufgebaut wurde, dreht sich komplett, sie wird vom Opfer zur Täterin. Wird das fahrlässige Nicht-Handeln der Männer dadurch legitimiert? Vielleicht ertappt sich der eine oder andere Zuschauer nun bei dem Gedanken: Zum Glück liegt sie im Kofferraum? Die Zeiträume werden während des Monologs weit aufgerissen und ineinander verschachtelt, um am Schluss wieder auf eine »Countdownebene« zurückzukommen. Als die Schwester nicht auf die Minute genau ankommt, emanzipiert sich Ingrid Lutz und geht. Im dritten Teil singen die Männer Karaoke, wir blenden zurück zu einem Zeitpunkt, an dem alles noch gut war, ein eskalierender Glücksmoment, den die Zuschauer entgegen den Figuren nicht unschuldig erleben können, da sie das danach kennen.

*Nissen-Rizvani:* Wie schätzen Sie Ihr Verhältnis zur Theaterinstitution und den Schauspielern ein, wenn sie für den gesamten Komplex der Inszenierung (vom Dramentext bis zur Inszenierung) verantwortlich sind?

*Harbeke:* Es ist in deutschen Theatern immer noch besonders, für Text und Inszenierung verantwortlich zu sein und je nachdem schlägt mir manchmal Respekt oder Skepsis entgegen. Da ich Filmregie studiert habe und der Autorenfilm historisch stärker verankert ist als das Autorentheater, habe ich von Beginn an mit dem filmischen Selbstverständnis, für alle Aggregatzustände des Stoffes verantwortlich zu sein, gearbeitet. Nichtsdestotrotz ist mir im Arbeitsprozess die Trennung zwischen den beiden Funktionen wichtig und um das auf allen Ebenen klar zu kommunizieren schließe ich immer zwei Verträge mit den Theatern ab, einen für den Stückauftrag und einen für den Regieauftrag. Für die SchauspielerInnen ist es eher ungewöhnlich, mit einer Autorin und Regisseurin in Personalunion zu arbeiten, doch meistens erlebe ich eine große Neugierde und Offenheit dieser Situation gegenüber und viele nutzen die Chance, Fragen zu stellen, die sonst nicht direkt gestellt werden können. Während des Inszenierens ist die Autorin Sabine Harbeke für SchauspielerInnen oder Regie jedoch manchmal bewusst nicht anwesend. So beantworte ich längst nicht alle Fragen zu Text oder Figur in der Probe, da ich sonst die gemeinsame Suche kanalisieren würde und die Möglichkeit, gemeinsam eine andere Interpretation als die der Autorin zu finden, unterbinden würde. Gerade in der Rollenarbeit arbeite ich oft mit Improvisation und Körperarbeit und entdecke die Figur gemeinsam und unmittelbar mit dem Schauspieler. Das Körperbild oder die biografische Unterfütterung, welche die Autorin von der Figur hatte, interessiert mich nur bedingt. Ich streiche wie viele Regisseure auch gerne noch auf den Proben, wenn ich merke, dass eine Situation noch verknappter erzählt werden kann, doch ich schreibe grundsätzlich nichts Neues dazu, da die Autorin bei einer Probenzeit von sechs, sieben Wochen ihre Arbeit abgeschlossen haben muss. Natürlich gibt es auch Situationen, in denen ich auf einer Probe die Meinung der Autorin dezidiert vertrete, wissend, dass sie ähnlich einer Bildhauerin die

Textskulptur wieder und wieder bearbeitet hat, bis sich jedes Wort und jeden Punkt herauskristallisiert hat.

## 10.2 Mail-Interview mit Armin Petras vom 12.2.2010

*Karin Nissen-Rizvani:* Wenn man den Dramentext von HEAVEN mit der Spielvorlage der Inszenierung vergleicht, gibt es starke Abweichungen (z. B. wurde der Monolog von Helga zu einer Dialogszene umgestellt). Wie würden Sie den Einfluss der Probenarbeit bei HEAVEN auf den Dramentext beschreiben?

*Armin Petras:* Die Texte sind immer Vorlagen für Szenen: Entweder sie funktionieren oder sie funktionieren nicht. In HEAVEN ließ sich z. B. ein für Helga gedachter Monolog besser als Dialog mit Königsforst spielen.

*Nissen-Rizvani:* Legen Sie bereits vor dem Ausarbeiten des Dramentextes fest, welche Schauspieler besetzt werden?

*Petras:* Nein. Manchmal gibt es vorher eine Idee, welche Schauspieler besetzt werden könnten, jedoch sind es am Ende doch fast immer andere Schauspieler. Dies liegt einfach an den Gegebenheiten des Theaterbetriebs.

*Nissen-Rizvani:* Wie schätzen Sie die Bedeutung ein, die Sprache als Zeichen neben Projektionen, Musikeinspielungen, nonverbalem, körperlichen Spiel etc. in der künstlerischen Arbeit von Armin Petras/Fritz Kater hat: Ist es ein gleichwertiges Element neben den anderen Theatermitteln oder schafft es den Rahmen einer Erzählung, in dem andere Theatermittel sprachliche Mittel ersetzen können? Bei Micha in HEAVEN haben Sie beispielsweise auf alle gesprochenen Texte verzichtet und mit nonverbalen Mitteln die Isolation des Jungen zum Ausdruck gebracht.

*Petras:* Das Theater ist auf jeden Fall als semiotischer Prozess zu verstehen. Die Sprache ist nicht gleichwertig, im Sprechtheater ist sie das Primat, weil sie die Geschichte transportiert. Auch die Figur des Micha ist ein Beispiel dafür, er ist eben sprachlos.

*Nissen-Rizvani:* Könnten Sie beschreiben, wie Petras/Kater mit Sprache im Theater arbeitet? Hat es für das Schreiben eine Bedeutung, dass die Inszenierung von Armin Petras beim Erstellen des Dramentextes von Fritz Kater bereits mit konzipiert wird?

*Petras:* Fritz Kater schreibt, Armin Petras inszeniert. Die beiden Vorgänge haben nichts miteinander zu tun.

*Nissen-Rizvani:* Auffallend ist, dass es in Ihrer Arbeitsweise starke Einflüsse des epischen Theaters zu erkennen sind. Was bedeutet in dem Zusammenhang das Aufeinandertreffen von Figurenrede und recherchiertem historischem Material an Texten, Geschichten, Biografie in *HEAVEN*? Gab es zunächst die Handlung in Wolfen und anschließend die Bezüge oder ist es ein kombiniertes Vorgehen, auch schon im Schreibprozess?

*Petras:* Ja, es gibt starke Einflüsse des epischen Theaters. Es gibt aber kein vor dem Schreiben vorhandenes Konzept: Für Grundabsichten werden verschiedene mythologische und dramatische Werkzeuge gesucht.

*Nissen-Rizvani:* Welche Rolle spielt Rhythmus für die Komposition des Dramentextes und der Inszenierung? Mein Eindruck ist, dass die Kategorie Zeit (in *HEAVEN* gibt es jede Menge Zeit, die die Figuren verstreichen lassen können, da ihre Funktion in der Gesellschaft fehlt) für die Komposition der Szenen und des Gesamtbogens von *HEAVEN* eine große Rolle spielt.

*Petras:* Ja, das stimmt.

*Nissen-Rizvani:* Wie erleben Sie Aufführungen der Dramentexte Fritz Katers durch andere Regisseure?

*Petras*: Das ist immer sehr interessant zu erleben, weil dort ganz andere Ebenen der Texte an Bedeutung gewinnen, die ich oft nicht so stark sehe.

*Nissen-Rizvani:* Bekommt Petras/Kater an Theatern doppelte Verträge, als Autor und Regisseur oder gibt es einen allgemeinen Werkvertrag für die künstlerische Arbeit?

*Petras:* Wenn ich eine eigene Textfassung erstelle und ebenfalls Regie führe, bekomme ich zwei Verträge.

*Nissen-Rizvani:* Wie kommt es, dass *3 von 5 Millionen* die einzige Romanbearbeitung ist, die unter dem Pseudonym Fritz Kater im Henschel Verlag (und nicht wie sonst als Romanbearbeitung unter Armin Petras beim Drei Masken Verlag) veröffentlicht wurde? Worin liegt die aktuelle Entscheidung für einen der Autor-Namen begründet?

*Petras:* Fritz Kater schreibt keine Romanbearbeitungen. Auch *3 von 5 Millionen* ist nur im ersten Teil eine Adaption, der zweite und dritte Teil sind eigenständig. Armin Petras hingegen adaptiert Romane für die Bühne.

## 10.3 Skizze während einer Rosebud-Probe von Christoph Schlingensief[7]

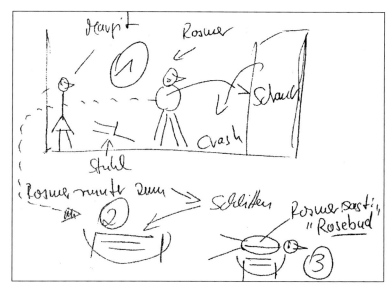

Quelle: Süddeutsche Zeitung vom 19.12.2001

## 10.4 Publikumsgespräch mit Claus Cäsar, René Pollesch, Sophie Rois und Martin Wuttke[8]

*Claus Cäsar:* Ist der Dramentext vorher fertig?

*René Pollesch:* Ich komme mit Textmaterial. Da ich dauernd schreibe, kann ich immer Material mitbringen. Die Schauspieler können die Texte aussortieren, d. h. der Text steht immer zur Disposition. Die Spieler sind nicht Stellvertreter des Autors; es geht darum, dass die Spieler ihre Autonomie scharf stellen.

*Cäsar:* Welche Möglichkeiten haben die Schauspieler bei der Stückverfertigung?

*Pollesch:* Die Schauspieler schreiben nicht den Text und wollen ihn auch nicht schreiben. Es geht nicht um die Illustration eines Textes, sondern darum, was wir als Produktionsteam auf der Bühne und bei den Proben machen.

*Cäsar:* Was machen die Spieler auf der Bühne, wie haben Sie Regie geführt?

---
[7] | Christoph Schlingensief: Skizze zu *Rosebud*. In: Ralph Hammerthaler: Da kommt Papa mit dem Schlitten, Süddeutsche Zeitung, 19. 12.2001.
[8] | Das Interview fand statt im Rahmen der *Autorentheatertage 2007* am Thalia Theater, im Anschluss an das Gastspiel von *Das purpurne Muttermal*.

*Pollesch*: Die Spieler wissen selbst, was sie auf der Bühne tun können. In *Das purpurne Muttermal* gilt eine Folie der Feydeau-Komödie als ‚Ersatz' für eine Inszenierung. Die Schauspieler spielen nicht sich selber und auch keine andere Figur. Schauspieler sind nicht Repräsentanten des Autors, sie ‚benutzen' den Text und werden nicht vom Dramentext ‚benutzt'. Der Text muss brauchbar sein als Element für die Schauspieler, die eigene Wirklichkeit zu betrachten. Wir machen keinen Nonsens auf der Bühne. Es geht auf der Bühne darum, den Text zu benutzen. Es geht um Kommunikation mit dem Publikum.

*Cäsar:* Welche Bedeutung hat das Publikum in der Inszenierung?

*Pollesch*: Wir versuchen, nicht für das Publikum zu sprechen. Ohne ‚Zurichtung' das Publikum zu erreichen, ist ein Hochgefühl für die Schauspieler. Gute Lacher sind individuelle Lacher.

*Cäsar:* Welche Bedeutung hat das Bühnenbild?

Die Bühnenbildner sind oft die ersten Autoren der Stücke; es gibt keine Funktionalisierung des Bühnenraumes für eine Handlung. Die Konzeption der Bühnenbilder läuft autonom zu der Aufführung.

*Cäsar:* Warum können ihre Stücke nicht nachgespielt werden?

Es sind keine Stücke für den Repräsentationsapparat. Es sind Texte, die nicht angesehen werden dürfen, sonst besteht die Gefahr der ‚Erfüllung' von Texten, ohne den Produktionszusammenhang zu berücksichtigen, aus dem heraus sie entstanden sind.

*Cäsar:* Wozu ist die Souffleuse auf der Bühne?

*Pollesch:* Sie wirft den Ball zurück ins Spiel.

*Zuschauer:* Welches Verhältnis haben Sie in ihrer Arbeit als Autor und Regisseur zum Text?

*Pollesch:* Es geht mir nicht um die ‚Produktion' von Literatur. Texte dienen als ‚Sehhilfe'. Ich stelle Texte her, nicht damit die Texte erfüllt werden, sondern damit sie weggeworfen werden können. Literatur soll nicht immer die Autorität sein, nicht Nr. 1 sein. Den Gehorsam, den Literatur im Theater braucht, den wollen wir zurückweisen. Die Praxis, sich selbst einen Text zu suchen, steht im Vordergrund.

*Zuschauer:* Ich sehe Spieler, die ihren Text gestalten. Ich sehe Persönlichkeiten. Das ist nicht der Normalfall. Wie kommt es, dass im Theater meistens Schauspieler eine Aufgabe erfüllen sollen, was verhindert, Texte selbstständig zu benutzen.

*Martin Wuttke:* Die Zurichtungsmaschine am Theater ist sehr sehr stark. Und besteht in einem Prozess der Demütigung.

*Sophie Rois*: Es geht darum, Dinge zu spielen, die ich selbst gerne sehen möchte.

*Zuschauer:* Brauchen Sie als Künstler so eine starke Abgrenzung?

*Pollesch*: Theater als Kunstwerk beschreibt ein problematisches Missverhältnis: Alle möchten sich als autonome Künstler sehen und wollen sich abgrenzen. Es ist schwierig zu akzeptieren, dass es sich im Theater um eine Art Kollektivkunst handelt, eine Art Forschungsmethode, eine Zusammenarbeit in einer speziellen Form.

*Zuschauer:* Wie machen Sie Theater, wovon wollen Sie sich befreien? Was ist daran so neu, den Schauspielern Entscheidungsfreiheit geben zu wollen?

*Pollesch:* Ich bringe Text auf die Probe, der voll und ganz zur Disposition steht. Kann man das Zeug nutzen, kann man damit etwas tun?

*Wuttke:* Das Stück muss sich aus sich selbst legitimieren.

*Pollesch:* Der allgemeine Konsens, dass Stücke von Tschechow und Shakespeare von uns als Menschen sprechen, stimmt nicht.

## 10.5 Fragebogen zur Aufführungsanalyse von Patrice Pavis, überarbeitete Fassung für eine dramaturgische Analyse

### 10.5.1 Fragebogen für Aufführungsanalysen von Patrice Pavis, 1988[9]

1. Globaler Diskurs der Inszenierung
   a) Was hält die einzelnen Elemente der Inszenierung zusammen
   b) Beziehung zwischen den szenischen Elementen
   c) Kohärenz oder Inkohärenz (der Textinterpretation, der Inszenierung)
   d) Ästhetische Prinzipien der Inszenierung
   e) Was stört an dieser Inszenierung; schwache, starke, langweilige Momente der Aufführung

2. Bühnenbild
   a) Gestaltung des städtischen, architektonischen, gestischen Raumes

---

[9] | Pavis: Semiotik der Theaterrezeption, S. 101f.

b) Verhältnis von Zuschauerraum und Spielraum
c) System der Farben, ihre Konnotationen
d) Prinzipien der Raumstrukturierung
- Verhältnis des Szenischen zum Außerszenischen
- Verhältnis des benutzten Raumes zur Fiktion des inszenierten dramatischen Textes
- Verhältnis von Gezeigtem und Verborgenem

3. **System der Beleuchtung**

4. **Gegenstände: Art, Funktion, ihr Verhältnis zum Raum und zum Körper**

5. **Kostüme: ihr System, ihr Verhältnis zum Körper**

6. **Spielweise**
   a) individualisierte oder typisierende Spielweise
   b) Beziehung zwischen dem einzelnem Schauspieler und der Gruppe
   c) Verhältnis Text/Körper, Schauspieler/Rolle
   d) Gestik, Mimik, Schminke
   e) Stimme

7. **Funktion der Musik, der Geräusche, des Schweigens**

8. **Rhythmus der Aufführung**
   a) Rhythmus einiger Signifikantensysteme (Dialog, Beleuchtung, Kostüm, Gestik usw.)
   b) Gesamtrhythmus der Aufführung: regelmäßig oder diskontinuierlich, Tempowechsel, Verhältnis zum System der Inszenierung

9. **Auslegung der Fabel durch die Inszenierung**
   a) welche Geschichte wird erzählt
   b) welche dramaturgische(n) Option(en)
   c) welche Mehrdeutigkeit in der Fabel, welche Verdeutlichung durch die Inszenierung
   d) Organisation der Fabel
   e) wie wird die Fabel durch den Schauspieler und die Bühne aufgebaut
   f) als welche Textgattung präsentiert die Inszenierung den Text

10. **Der Text in der Inszenierung**
    a) Besonderheiten in der Übersetzung (gegebenenfalls)
    b) welche Rolle misst die Inszenierung dem dramatischen Text bei
    c) Verhältnis von Text und Bild

11. Die Zuschauer
    a) innerhalb welcher Theaterinstitution erfolgt die Inszenierung
    b) welche Erwartungen hatten Sie von dieser Aufführung
    c) wie hat das Publikum reagiert
    d) Rolle des Zuschauers bei der Sinnproduktion

12. Wie kann man diese Aufführung notieren (fotografieren, filmen)?
    Welche Bilder haben Sie im Gedächtnis behalten

13. Was ist nicht auf Zeichen reduzierbar
    a) was hat in Ihrer Lektüre der Inszenierung keine Bedeutung bekommen
    b) was ist auf Zeichen und Sinn nicht reduzierbar (und warum), was entgeht der Notation

14. Was ist nicht auf Zeichen reduzierbar

15. 
    a) weitere Probleme
    b) weitere Bemerkungen, Kategorien für diesen Fragebogen und für diese Inszenierung

## 10.5.2 Überarbeiteter Fragebogen für eine dramaturgische Analyse, 2010

Der von Pavis aufgestellte Fragenkatalog wird zur Analyse zeitgenössischer szenischer Texte durch die kritische Nutzung der dramatischen Form sowie die Kategorien der Verschiebung nach Birkenhauer und die transversale Kategorie ‚Rhythmus' erweitert. Das überarbeitete Analysemodell nach Patrice Pavis kann dazu dienen, erweiterte Fragen an einen zeitgenössischen szenischen Text zu stellen, die bereits die schriftliche Fixierung des Dramentextes betreffen und Rhythmus als transversale Kategorie besonders hervorheben.[10]

1. Auslegung der Fabel durch die Inszenierung
    a) Welche Aspekte der Fabel werden ausgewählt, erweitert, verdeutlicht in der Inszenierung. Welche dramaturgischen Optionen gelten dabei (thematische Auswahl der Fabel, Thema des Diskurses)
    b) Als welche Textgattung präsentiert die Inszenierung den Text (z. B. als Romanbearbeitung, als Dramentexte mit Dialogstruktur, wissenschaftliche Texte etc.)

---

10 | Vgl. Kap. 3.7.4 Erweiterter Fragenkatalog zur Inszenierungsanalyse szenischer Texte, basierend auf dem Fragenkatalog zur Aufführungsanalyse von Patrice Pavis.

2. **Der szenische Text (Dramentext und Inszenierungstext)**
   a) Welche Angaben kann man über die schriftliche Fixierung des Dramentextes machen: Übersetzung, Schreibprozess, ggf. im Zusammenhang mit dem Probenprozess, Besonderheiten der Übersetzung
   b) Inwiefern wird im szenischen Text eine dramatische Form (fiktive Handlungsebene und Figuration) berücksichtigt
   c) Welche Abweichungen (Verschiebungen), bzw. Verzicht gibt es von der dramatischen Form
   d) Gibt es Widersprüche, Übereinstimmungen zwischen Dramentext und Inszenierung, die sich beschreiben lassen
   e) In welchem Verhältnis steht der dramatische Text zur Ebene der Zuschauer
   f) In welchem Verhältnis stehen sprachliche Zeichen zu den anderen theatralen Zeichen (Raum, Kostüme, Licht, Darsteller etc.)

3. **Die Zuschauer (Ebene der äußeren Kommunikation)**
   a) Wie ist die Ebene der Zuschauer innerhalb der jeweiligen Theaterinstitution, bzw. des Aufführungsortes zu beschreiben
   b) Wie wurde mit der Ebene der Zuschauer umgegangen (Zuschauer als Akteure, Zuschauerebene als Teil des ‚dramaturgischen Konzepts'). Welche Rolle spielen die Zuschauer bei der Sinnproduktion
   c) Wie war die Erwartungshaltung der Zuschauer vor der Aufführung
   d) Wie hat das Publikum reagiert

4. **Produktionsprozess und das Verhältnis zu den institutionellen Bedingungen der Theater**
   a) Welche Bedeutung hat der Produktionsprozess (Schreib- und Probenprozess) für die szenischen Texte
   b) Welche Bedingungen der Theaterinstitution (Besetzung, Finanzierung, konzeptioneller Rahmen) spielen für den szenischen Text eine Rolle

5. **Ebene der Darstellung (Spielweise)**
   a) Wird eine epische/formale oder eine psychologische Spielweise (oder beides) eingenommen
   b) Wie verhält sich der Schauspieler/Darsteller
      - zum Dramentext
      - zu den anderen Schauspielern
      - zu sich selbst (Persönlichkeit des Schauspielers)
      - zur Figur (Präsenz oder Repräsentation)
      - zum körperlichen, gestischen Spiel
      - zum Publikum

c) Wie lässt sich das Verhältnis von sprachlichem und körperlichem Spiel beschreiben
d) Wie lässt sich der Einsatz der Stimme beschreiben (in Bezug zur Rollenfigur, chorisch, als akustisches Zeichen etc.)

6. **Kostüme**
   a) Wie lässt sich das System der Kostüme beschreiben
   b) Wie ist das Verhältnis der Kostüme zum Körper der Darsteller zu beschreiben

7. **Ebene des Raumes (Zuschauerraum und Bühne)**
   a) Inwiefern wird ein städtischer, architektonischer Raum gestaltet
   b) Wie lässt sich das Verhältnis von Zuschauerraum und Spielraum beschreiben
   c) System der Farben und ihrer Konnotationen
   d) Prinzipien der Raumstrukturierung
      - Verhältnis von Szenischem und Außerszenischem
      - Verhältnis des benutzen Raumes zur Fiktion des inszenierten Raumes (z. B. epische Bühne, realistische Ausstattung, Kunstraum)
      - Verhältnis von Gezeigtem und Verborgenen auf der Ebene der äußeren Kommunikation (z. B., ob die Bühnenmaschinerie gezeigt wird, einzelne Szenen nicht sichtbar sind, szenische Ausschnitte nur als Film gezeigt werden etc.)
      - Bespielen des Raumes (Auftritte, Abtritte, Strukturierung des Raumes durch das Bespielen)
      - Raum als Kunstraum (Symmetrie, Medialität des Raumes)
   e) Welches ästhetische Prinzip ist im Raum erkennbar (epische Bühne, Kunstraum)
   f) Gegenstände/ Requisiten: Art, Funktion, Verhältnis zum Raum und Körper

8. **System der Beleuchtung**
   a) Dramaturgie des Lichtes (was ist sichtbar)
   b) Ästhetik der Beleuchtung

9. **Funktion der Musik, der Geräusche**

10. **Ebene der Zeit**
    a) Wie ist das Verhältnis von Aufführungszeit zur Zeit der Fabel
    b) Was bedeutet Zeit für die dramaturgische Struktur (Ablauf, Rückblenden, Zeitsprünge, Altersangaben)

11. **Ebene der sprachlichen Mittel**
    a) Stehen die sprachlichen Zeichen ausschließlich im Zusammenhang mit einer fiktiven Handlungsebene
    b) Wie ist das Verhältnis der sprachlichen Zeichen zum Bühnenraum (Bewusstseinsraum)
    c) Wird die Kommunikation selbst thematisiert
    d) Funktion des Schweigens im Verhältnis zu sprachlichen Zeichen

12. **Rhythmus der Aufführung**
    a) In welcher Relation stehen die einzelnen Elemente der Aufführung (Dialog, Gestik, Bewegung) als Montage, Sukzession, Wiederholung etc.
    b) Wie lässt sich der Rhythmus einiger Signifikantensysteme (Dialog, Beleuchtung, Kostüm, Gestik usw.) bestimmen
    c) Wie lässt sich der Gesamtrhythmus der Aufführung (Tempowechsel, regelmäßig oder diskontinuierlich, Kontrast, Verhältnis zum System der Inszenierung) beschreiben
    d) Welcher Sinn wird durch den Rhythmus der Aufführung konstituiert

13. **Globaler Diskurs der Inszenierung**
    a) Lässt sich eine dominante Interpretation des Textes ausmachen
    b) Können ästhetische Prinzipien festgestellt werden (Komposition des szenischen Textes)
    c) Was stört an der Inszenierung: schwache, starke, langweilige Momente der Aufführung
    d) Was hat in der Inszenierung keine Bedeutung bekommen
    e) Was ist auf Zeichen und Sinn nicht reduzierbar (und warum), was entgeht der Notation

14. **Wie kann man die Aufführung notieren (fotografieren, filmen)**

15. **Weitere Bemerkungen, Kategorien der Inszenierung (die nicht im Fragebogen vorkommen)**

# 11 Literatur- und Aufführungsverzeichnis

## 11.1 Sekundärtexte

Arnold, Heinz Ludwig (Hrsg.): Theater fürs 21. Jahrhundert. Text+Kritik. Sonderband XI. München 2004.
Artaud, Antonin: Das Theater und sein Double. Frankfurt a. M. 1989.
Austin, John Langshaw: Zur Theorie der Sprechakte (How to do things with Words. Oxford 1962). Stuttgart 1972.
Balme, Christopher: Heiner Goebbels. Zur Dramaturgie des Samplings. In: Dramatische Transformationen. Hrsg. von Stefan Tigges. Bielefeld 2008, S. 225-235.
Balme, Christopher: Einführung in die Theaterwissenschaft. Berlin 2003.
Balme, Christopher u. a. (Hrsg.): Vom Drama zum Theatertext? Zur Situation der Dramatik in Ländern Mitteleuropas. Theatron 52. Studien zur Geschichte und Theorie der dramatischen Künste. Tübingen 2007.
Bayerdörfer, Hans-Peter: Vom Drama zum Theatertext? Unmaßgebliches zur Einführung. In: Vom Drama zum Theatertext? Zur Situation der Dramatik in Ländern Mitteleuropas. Hrsg. von Christopher Balme u. a. Theatron 52. Studien zur Geschichte und Theorie der dramatischen Künste. Tübingen 2007, S. 1-14.
Becker, Tobias: Ist doch kein Drama. In: KulturSpiegel (2009) H. 11, S. 24-29.
Benjamin, Walter: Was ist das epische Theater? (I). In: Ders.: Gesammelte Schriften. Hrsg. von Rolf Tiedemann u. Hermann Schweppenhäuser. Frankfurt a. M. 1991, S. 519-531.
Bierl, Anton u. a. (Hrsg.): Theater des Fragments. Performative Strategien im Theater zwischen Antike und Postmoderne. Bielefeld 2009.
Birkenhauer, Theresia: Die Zeit des Textes im Theater. In: Dramatische Transformationen. Zu gegenwärtigen Schreib- und Aufführungsstrategien im deutschsprachigen Theater. Hrsg. von Stefan Tigges. Bielefeld 2008, S. 247-261.
Birkenhauer, Theresia: Schauplatz der Sprache – das Theater als Ort der Literatur: Maeterlinck, Cechov, Genet, Beckett, Müller. Berlin 2005.
Birkenhauer, Theresia: Verrückte Relationen zwischen Szene und Sprache. In:

Politik der Vorstellung. Theater und Theorie. Hrsg. von Joachim Gerstmeier und Nikolaus Müller-Schöll. Theater der Zeit, Recherchen 36. Berlin 2006, S. 178-191.

Birkenhauer, Theresia: Zwischen Rede und Sprache. In: Vom Drama zum Theatertext? Zur Situation der Dramatik in Ländern Mitteleuropas. Hrsg. von Christopher Balme u. a. Theatron 52. Studien zur Geschichte und Theorie der dramatischen Künste. Tübingen 2007, S. 15-23.

Börgerding, Michael: Texte antworten auf Texte oder Was ist ein Dramatiker? In: Dramenpoetik 2007. Einblicke in die Herstellung eines Theatertextes. Hrsg. von Birgit Haas. Hildesheim u. a. 2009, S. 77-85. In: http://www.nachtkritik.de/index2.php?option=com_content&task=view&id=287&pop=1&page=0 (gesehen am 25.11.2009).

Borrmann, Dagmar: Mehr Drama! Theater heute 44 (2003) 12, S. 32-35.

Brauneck, Manfred u. Gérard Schneilin (Hrsg.): Theaterlexikon 1. Begriffe und Epochen, Bühnen und Ensembles. 5. Auflage. Hamburg 2007.

Brecht, Bertolt: Schriften zum Theater. Über eine nicht-aristotelische Dramatik. Hrsg. von Siegfried Unseld. Frankfurt a.M. 1961.

Brecht, Bertolt: Die Straßenszene. In: Ders.: Schriften zum Theater. Über eine nicht-aristotelische Dramatik. Hrsg. von Siegfried Unseld. Frankfurt a.M. 1961, S. 90-105.

Brecht, Bertolt: Über den Beruf des Schauspielers. Frankfurt a.M. 1970.

Breton, André: Die Manifeste des Surrealismus. Hrsg. von Burghard König. 11. unveränd. Auflage von 1968. Hamburg 2004.

Brüstle, Christa u. a. (Hrsg.): Aus dem Takt. Rhythmus in Kunst, Kultur und Natur. Bielefeld 2005.

Deleuze, Gilles: Differenz und Wiederholung. München 1992.

Dössel, Christine: Diese Hetze versaut alles. Zahlreiche Theaterstücke fluten den Markt – wenige bleiben. In: Süddeutsche Zeitung, 13.10.2009 und als Auszug in: Schleudergang neue Dramatik. Symposion zur Zukunft der zeitgenössischen Dramatik. Berliner Festspiele, 9.-11. Oktober 2009. Dokumentation. Hrsg. von Giselind Rinn. Berlin 2010, S. 12.

Dreyfus, Hubert L. u. Paul Rabinow: Michel Foucault. Jenseits von Strukturalismus und Hermeneutik. Weinheim 1994.

Düffel, John v. u. Franziska Schößler: Gespräch über das Theater der neunziger Jahre. In: Theater fürs 21. Jahrhundert. Hrsg. von Heinz Ludwig Arnold. Text+Kritik. Sonderband XI. München 2004, S. 42-51.

Fischer-Lichte, Erika: Ästhetische Erfahrung. Das Semiotische und das Performative. Tübingen u. Basel 2001.

Fischer-Lichte, Erika: Einleitende Thesen zum Aufführungsbegriff. In: Kunst der Aufführung – Aufführung der Kunst. Hrsg. von Erika Fischer-Lichte u. a. Theater der Zeit, Recherchen 18. Berlin 2004, S. 11-26.

Fischer-Lichte, Erika u. a. (Hrsg.): Metzler Lexikon Theatertheorie. Stuttgart 2005.

Fischer-Lichte, Erika: Rhythmus als Organisationsprinzip von Aufführungen. In: Aus dem Takt. Rhythmus in Kunst, Kultur und Natur. Hrsg. von Christa Brüstle u. a. Bielefeld 2005, S. 235-247.

Fischer-Lichte, Erika: Semiotik des Theaters. 1-3. 3. überarbeitete Aufl. von 1973. Berlin 1994.

Foucault, Michel: Archäologie des Wissens, Frankfurt a. M. 1981.

Foucault, Michel: Die Ordnung der Dinge – Eine Archäologie der Humanwissenschaften. Frankfurt a. M. 1974.

Foucault, Michel: Die Ordnung des Diskurses. (öffentlicher Vortrag vom 2. Dezember 1970). Frankfurt a. M. 1991.

Foucault, Michel: Was ist ein Autor. In: Texte zur Theorie der Autorschaft. Hrsg. von Jannidis Fotis u. a. Stuttgart 2000, S. 198-229.

Gerstenberger, Joachim u. Nikolaus Müller-Schöll (Hrsg.): Politik der Vorstellung. Theater und Theorie. Theater der Zeit, Recherchen 36. Berlin 2006.

Goetz, Rainald: Jahrzehnt der schönen Frauen. Berlin 2001.

Gondek, Hans-Dieter: Textualität; Dekonstruktion. In: Historisches Wörterbuch der Philosophie. 10. Hrsg. von Joachim Ritter u. Karlfried Gründer. Basel 1998, Sp.1045-1050.

Haas, Birgit (Hrsg.): Dramenpoetik 2007. Einblicke in die Herstellung des Theatertextes. Hildesheim u. a. 2009.

Herrmann, Max: Forschungen zur deutschen Theatergeschichte des Mittelalters und der Renaissance. Einleitung. In: Texte zur Theorie des Theaters. Hrsg. von Klaus Lazarowicz u. Christopher Balme. Stuttgart 1991, S. 61-66.

Hübner, Andreas: Samuel Beckett Glückliche Tage. Probenprotokoll der Inszenierung von Samuel Beckett in der ‚Werkstatt' des Berliner Schillertheaters. Frankfurt a.M. 1976.

Hübner, Lutz: Ich schreibe lieber für den Betrieb. In: Dramenpoetik 2007. Einblicke in die Herstellung des Theatertextes. Hrsg. von Birgit Haas. Hildesheim u. a. 2009, S. 97-101.

Kaute, Brigitte: Die Ordnung der Fiktion. Eine Diskursanalytik der Literatur und vergleichende Studien. Wiesbaden 2006

Kemnitzer, Rolf u. a.: Mehr als das fünfte Rad am Theaterkarren. Rolf Kemnitzer, Katharina Schlender und Andreas Sauter im Gespräch mit Anja Dürrschmidt und Dorte Lena Eilers. In: Theater der Zeit 62 ( 2007) 10, S. 24-28.

Kurzenberger, Hajo u. Annemarie Matzke (Hrsg.): Theater, Theorie, Praxis. 6. Kongress der Gesellschaft für Theaterwissenschaft vom 3.10. bis 3.11. 2002 in Hildesheim. Theater der Zeit, Recherchen 17. Berlin 2004.

Lehmann, Hans-Thies: Just a word on a page and there is the drama. Anmerkungen zum Text im postdramatischen Theater. In: Theater fürs 21. Jahrhundert. Text+Kritik. Hrsg. von Heinz Ludwig Arnold. Sonderband XI. München 2004, S. 26-33.

Lehmann, Hans-Thies: Postdramatisches Theater. Frankfurt a.M. 1999.

Michalzik, Peter: Dramen für ein Theater ohne Drama. Traditionelle neue Dramatik bei Rinke, von Mayenburg, Schimmelpfennig und Bärfuss. In: Dramatische Transformationen. Zu gegenwärtigen Schreib- und Aufführungsstrategien im deutschsprachigen Theater. Hrsg. von Stefan Tigges. Bielefeld 2008, S. 31-42.

Michalzik, Peter: Die Übergangsgesellschaft. Rückblick auf das Symposion zur

Zukunft der zeitgenössischer Dramatik im Haus der Berliner Festspiele. In: Schleudergang neue Dramatik. Symposion zur Zukunft der zeitgenössischen Dramatik. Berliner Festspiele, 9.-11. Oktober 2009. Dokumentation. Hrsg. von Giselind Rinn. Berlin 2010, S. 7-9.

Müller-Schöll, Nikolaus: Ur-Verbrechen (und) ‚Spaßgesellschaft'. In: Politik der Vorstellung. Theater und Theorie. Hrsg. von Joachim Gerstenberger u. Nikolaus Müller-Schöll. Theater der Zeit, Recherchen 36. Berlin 2006, S. 194-210.

Oberender, Thomas: Analyse der Störungen. Theater als das Drama der Wahrnehmung. In: Theater, Theorie, Praxis. 6. Kongress der Gesellschaft für Theaterwissenschaft vom 3. 10. bis 3.11. 2002 in Hildesheim. Hrsg. von Hajo Kurzenberger u. Annemarie Matzke. Theater der Zeit, Recherchen 17. Berlin 2004, S. 27-39.

Pavis, Patrice: Semiotik der Theaterrezeption. Tübingen 1988.

Pewny, Katharina: Dialoge zwischen den Systemen: Schreiben für / über Theater. In: Zwischenspiele. Hrsg. von Stefan Tigges u. a. Bielefeld 2010, S. 13-15.

Pfister, Manfred: Das Drama. Theorie und Analyse. 5. Auflage. München 1988.

Poschmann, Gerda: Der nicht mehr dramatische Theatertext. Aktuelle Bühnenstücke und ihre dramaturgische Analyse. München 1997.

Primavesi, Patrick: Markierungen: Zur Kritik des Rhythmus im Postdramatischen Theater. In: Aus dem Takt. Rhythmus in Kunst, Kultur und Natur. Hrsg. von Christa Brüstle u. a. Bielefeld 2005, S. 249-268.

Primavesi, Patrick: Orte und Strategien postdramatischer Theaterformen. In: Theater fürs 21. Jahrhundert. Hrsg. von Heinz Ludwig Arnold. Text+Kritik. Sonderband XI. München 2004, S. 8-25.

Raddatz, Frank M.: Brecht frisst Brecht. Neues episches Theater im 21. Jahrhundert. Leipzig 2007.

Raddatz, Frank M. u. Kathrin Tiedemann (Hrsg.): Reality strikes back. Eine Debatte zum Einbruch der Wirklichkeit in den Bühnenraum. Theater der Zeit, Recherchen 47. Berlin 2007.

Rinke, Moritz: Nichts ist älter als die Uraufführung von gestern Abend. In: Schleudergang neue Dramatik. Symposion zur Zukunft der zeitgenössischen Dramatik. 9.-11. Oktober 2009. Dokumentation. Hrsg. von Giselind Rinn. Berliner Festspiele. Berlin 2010, S. 4-5.

Rinn, Giselind (Hrsg.): Schleudergang neue Dramatik. Symposion zur Zukunft der zeitgenössischen Dramatik. Berliner Festspiele, 9.-11. Oktober 2009. Dokumentation. Berlin 2010.

Ritter, Joachim u. Karlfried Gründer (Hrsg.): Historisches Wörterbuch der Philosophie. 1. Basel 1971 und 10. Basel 1998.

Röttger, Kati: Intermedialität als Bedingung von Theater: Methodische Überlegungen. In: Theater und Medien. Grundlagen – Analyse – Perspektiven. Eine Bestandsaufnahme. Hrsg. von Henri Schoenemakers u. a. Bielefeld 2008, S. 117-124.

Roselt, Jens: Intermediale Transformationen zwischen Text und Bühne. In: Dramatische Transformationen. Hrsg. von Stefan Tigges. Zu gegenwärtigen Schreib- und Aufführungsstrategien. Bielefeld 2008, S. 205-213.

Roselt, Jens: Medien dürfen auch Spaß machen – und das Theater bleibt der Souverän. In: dramaturgie. Zeitschrift der Dramaturgischen Gesellschaft. 2004. H. 1, o.S.

Roselt, Jens: Schauspieler im Postdramatischen Theater. In: Theater fürs 21. Jahrhundert. Hrsg. von Heinz Ludwig Arnold. Text+Kritik. Sonderband XI. München 2004, S. 166-174.

Roselt, Jens: Wie Theater mit Medien arbeiten. In: Theater fürs 21. Jahrhundert. Hrsg. von Heinz Ludwig Arnold. Text+Kritik. Sonderband XI. München 2004; S. 34-41.

Schoenemakers, Henri u. a. (Hrsg.): Theater und Medien. Grundlagen – Analyse – Perspektiven. Eine Bestandsaufnahme. Bielefeld 2008.

Schönert, Jörg: Zum Ablösen der Rede von den Figuren in Elfriede Jelinek Das Werk. In: Vom Drama zum Theatertext? Zur Situation der Dramatik in Ländern Mitteleuropas. Hrsg. von Christopher Balme u. a. Theatron 52. Studien zur Geschichte und Theorie der dramatischen Künste. Tübingen 2007, S. 188-195.

Siegmund, Gerald: Für ein Theater der Auseinandersetzung. In: Theater des Fragments. Performative Strategien im Theater zwischen Antike und Postmoderne. Hrsg. von Anton Bierl u. a. Bielefeld 2009, S. 11-17.

Stegemann, Bernd: Laudatio zum Mülheimer Theaterpreis. Riminis Mimesis. In: Theater heute 48 (2007) H. 8/9, S.1.

Stegemann, Bernd: Nach der Postdramatik. Warum Theater ohne Drama und Mimesis auf seine stärksten Kräfte verzichtet. In: Theater heute 49 (2008) H. 10, S. 14-21.

Szondi, Peter: Theorie des modernen Dramas. In: Ders.: Schriften I, Hrsg. von Jean Bollack u. a. Frankfurt a.M. 1987, S. 11-148.

Tigges, Stefan (Hrsg.): Dramatische Transformationen. Zu gegenwärtigen Schreib- und Aufführungsstrategien im deutschsprachigen Theater. Bielefeld 2008.

Tigges, Stefan u. a. (Hrsg.): Zwischenspiele. Neue Texte, Wahrnehmungs- und Fiktionsräume in Theater, Tanz und Performance. Bielefeld 2010.

Ubersfeld, Anne: Der lückenhafte Text und die imaginäre Bühne. In: Texte zur Theorie des Theaters. Hrsg. von Klaus Lazarowicz u. Christopher Balme. Stuttgart 1991, S. 394-400.

## Sekundärtexte im Internet und Vorträge

Berger, Jürgen: Nach Schmerzpunkten suchen – Gespräch mit dem Autor und Regisseur Roland Schimmelpfennig. In: www.goethe.de/kue/the/tst/de5385940.htm (gesehen am: 4.1.2010).

Bläske, Stefan: Made in China. In: www.nachtkritik.de/index.php?option=com_content&task=view&id=3170&Itemid=40 (gesehen am 1.2.2010).

Bochov, Jörg: Das zeitgenössische Theater und seine Autoren. Verwandlungen des Theaters – Teil 5. Deutschlandfunk. Reihe: Essays und Diskurse, 3.6.2007. In: www.dradio.de/dlf/sendungen/essayunddiskurs/631248/ (gesehen am: 12.11.2009).

Boenisch, Peter M.: How to do things with texts…Text – Regie als Mise-en-

Scène. In: Orbus Pictus – Theatrum Mundi, panel 407-3. Vortrag vom 25.10.2008. Ankündigung des Vortrags in: www.theatrummundi.com/a_bstr/index.html (gesehen am 14.5.2010).
Dulz, Sabine: Ich brauche den Augenblick. Zur Kriegsberichterstatterin: Interview mit Autorin Theresia Walser, Münchner Merkur, 25.2.2005. In: www.lyrikwelt.de/hintergrund/walsertheresia-gespraech-h.htm (gesehen am 24.7.2009).
Lehmann, Hans-Thies: Dramaturgie nach dem Drama, Vortrag am 20.1.2010 an der Universität Hamburg, im Rahmen der Ringvorlesung Hamburgische Dramaturgien. In: www.hamburgische-dramaturgien.de (gesehen am 21.1.2010).
Lorenz, Pauline: Kein Drama. In: www.arte.tv/de/Schwerpunkte-SEPTEMBER-2008/2192592.html (gesehen am 26.5.2010).
Lux, Joachim: Stockhausens Schrei. Theater ohne Autoren: Ist die Zukunft dramatisch? Vortrag zur Eröffnung des tt 08–Stückemarkts. In: www.nachtkritik.de/index.php?option=com_content&task=view&id=1353 (gesehen am 16.4.2010).
Michalzik, Peter: Die Übergangsgesellschaft. Rückblick auf das Symposion zur Zukunft der zeitgenössischen Dramatik im Haus der Berliner Festspiele. In: www.berlinerfestspiele.de/de/aktuell/festivals/03_theatertreffen/schleudergang09/schleudergang09_michalzik.php (gesehen am 12.11.2009).
Müller-Schöll, Nikolaus: Einmalige Zeugen – Undarstellbare Gemeinschaft. Zu einer anderen Theorie des Publikums. Antrittsvorlesung am 28.1.2010, Universität Hamburg.
Orbis Pictus – Theatrum Mundi. Programm der 9. Tagung der Gesellschaft für Theaterwissenschaft. Hrsg. von Kati Röttger. Amsterdam 23.-26. Oktober 2008. In: http://www.theatrummundi.com/ (gesehen am 11.11.08).
Ostermeier, Thomas u. Bernd Stegemann: Schauspieler, Situation, Spiel. Ein Gespräch im Rahmen des Symposions des Körber-Festivals Junge Regie, 29.3.2008. In: www.koerber-stiftung.de/junge-kultur/koerber-studio-junge-regie/festival/2009/programm/05.html (gesehen am 27.5.2010).
Philipp, Elena: Schleudergang Neue Dramatik – ein Symposion in Berlin zur Zukunft der zeitgenössischen Dramatik. In: www.nachtkritik.de/index.php?option=com_content&task=view&id=3361&Itemid=84 (gesehen am 15.2.2010).
Rinke, Moritz: Die Theater vergehen, die Stücke bleiben. In: Johannes Schneider: Reclamwand versus Dramasseure. www.theatertreffen-blog.de/tt-talente/stuckemarkt/reclamwand-versus-dramasseure/ (gesehen am 15.2.2010).
Rinke, Moritz: Nichts ist älter als die Uraufführung von gestern Abend. In: www.berlinerfestspiele.de/de/aktuell/festivals/03_theatertreffen/schleudergang09/schleudergang09_rinke.php (gesehen am 12.11.2009).
Roselt, Jens: Medien dürfen auch Spaß machen – und das Theater bleibt der Souverän. In: http://www.dramaturgische-gesellschaft.de/dramaturg/2004_01/dramaturg2004_01_roselt.php (gesehen am 16.3.2010).
Rosinski, Stefan: Vortrag über die Konzeption der Volksbühne am Rosa-Luxemburg-Platz. Universität Hamburg, am 13.1.2010. In: www.hamburgi-

sche-dramaturgien.de (gesehen am 21.1.2010).
Symposion Neue Theaterrealitäten. Vom Postdramatischen Theater, Angewandten Theaterwissenschaften, Experten des Alltags und anderen Beziehungsverhältnissen im und um Schauspieltheater mit Hans-Thies Lehmann, Heiner Goebbels, Rimini Protokoll, René Pollesch. Moderation: Michael Börgerding. Körber Studio Junge Regie am 15.3.2008.
Weinand, Georg: Theaterlandschaft Belgien. Die Sprache der Anderen. In: www.nachtkritik-spieltriebe3.de/index.php/de/laender/belgien?showall=1 (gesehen am 31.8.09).

## 11.2 SABINE HARBEKE

### Veröffentlichte Primärtexte

Harbeke, Sabine: alltagsgeschichten. In: Typoundso. Hrsg. von Hans-Rudolf Lutz. Zürich 1996, S. 267 und S. 427.

Harbeke, Sabine: der himmel ist weiß. In: Theater Theater. Aktuelle Stücke. 13. Hrsg. von Uwe B. Carstensen u. Stefanie von Lieven. Frankfurt a.M. 2003, S. 151-210.

Harbeke, Sabine: der himmel ist weiß. In: Roter Reis. Vier Theatertexte aus der Schweiz. Hrsg. von Stefan Koslowski. Berlin 2003, S.44-103.

Harbeke, Sabine: lustgarten. In: Theater Theater. Aktuelle Stücke. 15. Hrsg. von Uwe B. Carstensen u. Stefanie von Lieven. Frankfurt a.M. 2005, S. 291-331.

Harbeke, Sabine: nachts ist es anders. In: Gut ist, was gefällt. Versuche über die zeitgenössische Urteilskraft. Vier Theaterstücke. Hrsg. von der BHF-Bank-Stiftung in Kooperation mit Schauspiel Frankfurt. Frankfurt a.M. 2006, S. 7 – 79.

Harbeke, Sabine: schnee im april. In: Theater Theater. Aktuelle Stücke. 12. Hrsg. von Uwe B. Carstensen u. Stefanie von Lieven. Frankfurt a.M. 2002, S. 171-227.

Harbeke, Sabine: schonzeit. In: Theater Theater. Aktuelle Stücke. 18. Hrsg. von Uwe B. Carstensen u. Stefanie von Lieven. Frankfurt a.M. 2008, S. 145-193.

Harbeke, Sabine: und jetzt/and now. Text und Materialien. Theaterstiftung der Region Baden-Württemberg. Redaktion Sonja Kiefer-Blickensdorfer. Baden 2007, S. 13-63.

### Unveröffentlichte Dramentexte

Harbeke, Sabine: 11°, windstill. 2010 (unveröffentlichte Textfassung des Fischer Verlags).

Harbeke, Sabine: god exists. 1999 (unveröffentlichte Textfassung nur über die Autorin erhältlich).

Harbeke, Sabine: jetzt und alles. Frankfurt a.M. 2009 (unveröffentlichte Textfassung des Fischer Verlags).

Harbeke, Sabine: nur noch heute. Frankfurt a.M. 2004 (unveröffentlichte Fassung des Fischer Verlags).

Harbeke, Sabine: wünschen hilft. Frankfurt a.M. 2000 (unveröffentlichte Textfassung des Fischer Verlags).

### Inszenierungen, Aufzeichnungen und Hörspiele

Harbeke, Sabine: 11°, windstill. UA Schauspiel Kiel, 16.1.2010.

Harbeke, Sabine: god exists. UA Zürich, im Rahmen des Festivals Hope&Glory am Theaterhaus Gessnerallee, 15.4.1999.

Harbeke, Sabine: der himmel ist weiss. UA Zürich, Theater am Neumarkt, im Rahmen der Meisterklasse MC6, einer Theaterautoren-Förderungs-Initiative des Internationalen Theaterinstituts ITI u. Centre Suisse. Leitung: Marlene Streeruwitz, 30.1.2003.

Harbeke, Sabine: jetzt und alles. Regie: Sabine Harbeke und Martin Frank. UA Theater Basel, 25.4.2009.

Harbeke, Sabine: lustgarten. UA Zürich, Theater am Neumarkt, 6.12.2003. Probe zu *lustgarten* vom 28.11.2003, (Aufzeichnung aus dem Privatarchiv von Sabine Harbeke).

Harbeke, Sabine: lustgarten. Hörspielfassung. Schweizer Radio DRS 2, gesendet am 9.3.2005.

Harbeke, Sabine: mundschutz. UA Theater Basel, 19.4.2008.

Harbeke, Sabine: nachts ist es anders. UA Nationaltheater Mannheim, 6.10.2006. Regie: Christine Schneider. Schweizer Erstaufführung. Theater Bern, 22.10 2006. Regie: Sabine Harbeke (Stückauftrag der Frankfurter Positionen, 2006).

Harbeke, Sabine: schnee im april. UA Zürich, Theater am Neumarkt, 20.12.2001.

Harbeke, Sabine: schnee im april. Hörspielfassung. Saarländischer Rundfunk, gesendet am 6.7.2003.

Harbeke, Sabine: schonzeit. UA Schauspiel Kiel, Lagerhalle am Nordhafen, 16.9.2006.

Harbeke, Sabine: trotzdem. UA Schauspielhaus Bochum, Kammerspiele, 20.10.2007.

Harbeke, Sabine: und jetzt/and now. UA Hamburg, Thalia in der Gaußstraße, 20.10.2004.

Harbeke, Sabine: wünschen hilft. UA Zürich, Theater am Neumarkt, 7.9.2000.

### Programmhefte, Aufsätze, Kritiken, Interviews

Bender, Ruth: Beharrliche Banalitäten. Kieler Schauspielhaus startet mit der Uraufführung von Sabine Harbekes *schonzeit* in die neue Spielzeit. In: Kieler Nachrichten, 18.9.2006.

Bergflödt, Torbjörn: Karaoke mit Folgen. In: Südkurier, 9.12.2003.

Bergflödt, Torbjörn: Karaoke-Singen mit Folgeunfall. In: Thurgauer Zeitung, 8.12.2003.

Ehlers, Miriam u. Sabine Harbeke: Ein Gespräch über den Zustand der Überforderung und den Verlust der Verlässlichkeit. In: Programmheft Theater Basel. Spielzeit 2006/2007. Sabine Harbeke: nachts ist anders. Redaktion Miriam Ehlers, S. 4-10.

Ehlers, Miriam: *nachts ist es anders* von Sabine Harbeke. In: Theaterzeitung

Stadt Theater Bern. September/Oktober 2006. Nr. 11, Rückseite.

Fässler, Günther: Krieg ist der Stoff dieses Theaterglücks. In: Neue Luzerner Zeitung, 11.12.2003.

Gut, Philipp: schnee im april. Halber Bruder, doppelter Blick. In: züritipp, 14.12.2001.

Halter, Marlene: Strategiespiele nach Entgleisungen. Uraufführung Harbekes *lustgarten* am Theater Neumarkt. In: Aargauer Zeitung, 8.12.2003.

Hartmann, Annika: Gespräch mit Sabine Harbeke, Autorin und Regisseurin von *11°, windstill, nördliche trilogie des glücks II*. In: Programmheft Schauspiel Kiel. Spielzeit 2009/2010. Sabine Harbeke: 11°, windstill. Redaktion: Annika Hartmann, S. 10-13.

Kedves, Alexandra: Wer krepiert im Kofferraum? In: Neue Züricher Zeitung, 8.12.2003.

Kemper, Hella: Zweisprachige Variationen über ein Fanal der Sprachlosigkeit. Uraufführung am Theater in der Gaußstraße: *und jetzt and now*. In: Die Welt, 29.10.2004.

Linsmayer, Charles: Voyeuristischer Blick auf tödliche Langeweile. Im Zürcher Neumarkt-Theater ist das neue Stück von Sabine Harbeke, *schnee im april*, unter der Regie der Autorin zur Uraufführung gelangt. In: Der Bund Bern, 22.12.2001.

Müller, Tobi: Sabine Harbeke am Theater Neumarkt. Im Zentrum klafft die Lücke. In: züritipp, 4.12.2003.

Muscionico, Daniele: der himmel ist weiss. In: Neue Zürcher Zeitung, 1.2.2003.

Nissen-Rizvani, Karin: ich glaube dir den haarschnitt, das hemd, deine liebenswürdigkeit, aber den Satz nicht. Ein Gespräch mit Sabine Harbeke. In: Radikal weiblich? Theaterautorinnen heute. Hrsg. von Christine Künzel. Theater der Zeit, Recherchen 72, Berlin 2010, S. 25-33.

Nissen-Rizvani, Karin: Sabine Harbeke. Reduktion und Montage des Alltags. In: Radikal weiblich? Theaterautorinnen heute. Hrsg. von Christine Künzel. Theater der Zeit. Recherchen 72, Berlin 2010, S. 17-24.

Nissen-Rizvani, Karin: Zwischen Montage und Modellieren: In: Text und Materialien. Theaterstiftung der Region Baden-Württemberg. Hrsg. von Sonja Kiefer-Blickensdorfer. Baden 2007, S. 64-67.

Peters, Nina: Sabine Harbeke. Abgezirkelte Lebenswelten. In: Stück-Werk 4. Deutschweizer Dramatik. Hrsg. von Veronika Sellier. Berlin 2004, S. 69-73.

Stammen, Silvia: Klopfzeichen aus der Matratzengruft. Halbstark: Claudius Lünstedts *Musst boxen* und Sabine Harbekes *lustgarten* – neue Stücke am Schauspiel Nürnberg. In: Süddeutsche Zeitung, 28.12.2004.

Stenzel, Oliver: Das brüchige Leben. Gespräch mit Sabine Harbeke über die Inszenierung *schonzeit* in Kiel. In: Kieler Nachrichten, 14.9.2006.

Streeruwitz, Marlene: Vorwort. In: Roter Reis. Vier Theatertexte aus der Schweiz. Hrsg. von Stefan Koslowski. Berlin 2003. S. 8-9.

von Büren, Simone: Zwischen Wut und Mitleid. Zweimal *nachts ist es anders* von ihr selbst in Bern und von Alexander Nerlich in Basel. In: Musik Theater, 1.2.2007.

von Büren, Simone: Liebe und Schuld in der Mittagspause. *der himmel ist weiss*

am Theater Neumarkt. In: Neue Zürcher Zeitung am Sonntag, 26.1.2003.
Widmer, Irene: Die Bösartigkeit des Banalen. In: Schaffhauser Nachrichten, 9.12.2003.
Wolff, Marga: Super Blick auf Ground Zero. In: die tageszeitung, 22.10.2004.
Zimmermann, Hans-Christoph: *trotzdem* von Sabine Harbeke in Bochum. In: Theater der Zeit 62 (2007) H. 12, S. 42-43.

### Internetseiten, Video, Tonaufnahme
Harbeke, Sabine: Gespräche auf der Probe zu *lustgarten* am 28.11.2003. Aufzeichnung aus dem Privatarchiv von Sabine Harbeke.
Nissen-Rizvani, Karin: Interview mit Sabine Harbeke in Bochum am 14.9.2007, Tonbandaufnahme.
Sommer, Michael u. Sabine Harbeke: Gespräch über *nur noch heute*. In: http://theater.ulm.de/archiv/spielzeit-06-07/documents/einblicke-texte/nurnochheute/nur_noch_heute_materialien.pdf (gesehen am: 5.3.2008).

## 11.3 ARMIN PETRAS/ FRITZ KATER

### Veröffentlichte Primärtexte
Fritz Kater: Abalon, one nite in Bangkok. In: Gut ist, was gefällt. Versuche über die zeitgenössische Urteilskraft. Vier Theaterstücke. Hrsg. von der BHF-Bank-Stiftung in Kooperation mit Schauspiel Frankfurt. Frankfurt 2006, S. 123-165.
Fritz Kater: *3 von 5 Millionen*, nach einem Roman von Leonhard Frank. In: Theater heute 46 (2005) H. 1, S. 50-64.
Fritz Kater: Ejakulat aus Stacheldraht. Redaktion Julia Niehaus. Theater der Zeit. Dialog 4. Berlin 2003 (Enthält die Dramentexte: Krieg, böse III (Sarajevo), Ejakulat aus Stacheldraht II , bloß, weil dich irgendein typ mit sperma bedeckte und dich dann zurückwies oder meine kleine wolokolamsker chaussee 6, keiner weiß mehr 2 oder martin kippenberger ist nicht tod, vineta (oderwassersucht), zeit zu lieben und zeit zu sterben, Sterne über Mansfeld, we are camera/ jasonmaterial).
Fritz Kater: HEAVEN (zu tristan). In: Theater heute 48 (2007) H. 10, Beilage, S. 2-15.
Fritz Kater u. Thomas Lawinsky: Mala Zementbaum. In: Theater heute 48 (2007) H. 2, S. 53-59.
Fritz Kater: Tanzen! (industrial soap opera). In: Theater der Zeit 61 (2006) H. 10, S. 59-69.
Fritz Kater: vineta (oder wassersucht). In: Theater der Zeit 56 (2001) H. 2, S. 60-76.
Fritz Kater: we are camera/jasonmaterial (mamapapafinnlandia). In: Theater heute 45 (2004) H. 2, S. 39-46.
Fritz Kater: zeit zu lieben und zeit zu sterben. In: Theater heute 43 (2002) H. 12, S. 57-64.
Fritz Kater: zeit zu lieben und zeit zu sterben. In: Spectaculum 75 (2004), S. 119-169.

## Inszenierungen und Aufzeichnungen

Petras, Armin/Fritz Kater: bloß weil dich irgendein typ mit sperma bedeckte und dich dann zurückwies oder meine kleine Wolokolamsker Chaussee 6. UA Theater Nordhausen, 7.12.1996.

Petras, Armin/Fritz Kater: 3 von 5 Millionen. UA Berlin, Deutsches Theater, Kammerspiele, 15.1.2005.

Petras Armin/Fritz Kater: Ejakulat aus Stacheldraht II. UA Frankfurt/Oder, 31.10.1994.

Petras, Armin/Kater, Fritz: Fight city. Vineta. UA Hamburg, Thalia in der Gaußstraße, 15.9.2001.

Petras, Armin/Fritz Kater: HEAVEN (zu tristan). UA Schauspiel Frankfurt, 12.9.2009. Aufführung Berlin, Maxim-Gorki-Theater, 17.11.2007. Die der Untersuchung zugrundeliegende Aufzeichnung wurde am 21.11.2007 am Maxim Gorki Theater erstellt.

Petras, Armin/Fritz Kater: keiner weiß mehr 2 oder martin kippenberger ist nicht tot. UA Volksbühne am Rosa-Luxemburg-Platz Berlin, Prater, 16.1.1998.

Petras, Armin/Fritz Kater: Krieg böse III (Sarajewo), UA Frankfurt/Oder, 28.10.1994.

Petras, Armin u. Thomas Lawinky: Mala Zementbaum. UA Berlin, Maxim Gorki Theater, 5.2.2007 (Regie: Milan Peschl).

Petras, Armin: Rose. UA Hamburg, Thalia in der Gaußstraße, 24.4.2009.

Petras, Armin/Fritz Kater: Sterne über Mansfeld. UA 15.2.2003, Schauspiel Leipzig, Theater hinterm Eisernen, 15.2.2003.

Petras, Armin/Fritz Kater: We are blood. UA Berlin, Maxim Gorki Theater, 5.5.2010.

Petras, Armin/Fritz Kater: we are camera/ jasonmaterial. UA Hamburg, Thalia in der Gaußstraße, 6.12.2003.

Petras, Armin/Fritz Kater: zeit zu lieben und zeit zu sterben. UA Hamburg, Thalia in der Gaußstraße, 19.9.2002.

## Programmhefte, Aufsätze, Kritiken, Interviews

Bartetzko, Dieter: Der Osten ist tot. In: Frankfurter Allgemeine Zeitung, 14.9.2007.

Börgerding, Michael: If one thing matters, everything matters. In: Fritz Kater: Ejakulat aus Stacheldraht. Redaktion: Julia Niehaus. Theater der Zeit. Dialog 4. Berlin 2003, S. 6-7.

Borrmann, Dagmar: Heimat remixed oder Alles, was ich sagen kann, wohnt in meinem Schmerz. Der Autor Fritz Kater. In: Theater heute Jahrbuch. Redaktion Eva Behrend u. a. Berlin 2003, S. 96-99.

Buddenberg, Jörg: Armin Petras. Dekonstruktion und Heimattheater. In: Werk-Stück. Regisseure im Porträt. Hrsg. von Irene Bazinger u. Anja Dürrschmidt. Berlin 2003, S. 114-119.

Decker, Gunnar: Landschaft mit Krähen. Armin Petras inszeniert Fritz Katers *HEAVEN (zu tristan)* am Berliner Gorki-Theater. In: Neues Deutschland, 19.11.2007.

Fritz Kater: Die Werte des Tausches. In: Sonderstück. 30 Jahre Mülheimer Theatertage. Ein Jubiläumsbuch von *Theater heute* und *Stücke 2005*. Hrsg. von Eva Behrendt. Berlin 2005, S. 8-9 und S. 88-89.

Kirschner, Stefan: Gorki-Theater macht das Rennen. Armin Petras' Inszenierung *HEAVEN* bekommt den Friedrich-Luft-Preis. In: Berliner Morgenpost, 9.2.2008.

Kohse, Petra: Schreiben ist Sampling. In: Neue deutschsprachige Dramatik. Stück-Werk 3. Arbeitsbuch. Hrsg. von Christel Weiler u. Harald Müller. Berlin 2001, S. 81-83.

Koschwitz, Andrea: Glossar zur Filmfabrik Wolfen. In: Programmheft Maxim Gorki Theater Berlin. Spielzeit 2007/2008. Nr. 2. Fritz Kater: HEAVEN (zu tristan). Redaktion: Andrea Koschwitz, o. S.

Müller, Katrin Bettina: Dem Abriss trotzen. Schrumpfende Städte, weite Gedanken. *HEAVEN (zu tristan)* von Armin Petras im Maxim Gorki Theater versucht, den Himmel zu stürmen. In: die tageszeitung Berlin, 19.11.2007.

Müller, Katrin Bettina: Körper lügen weniger als Worte. Armin Petras im Gespräch mit Bettina Müller. In: Spectaculum 75. Frankfurt a.M. 2004, S. 251-255.

Petras, Armin: Das Theater und die Stadt. In: Muss Theater sein? Hrsg. vom Deutschen Bühnenverein. Köln 2003, S. 39-43.

Raddatz, Frank M. u. Armin Petras: Ich habe in Brecht einen Partner gefunden. Ein Gespräch. In: Raddatz, Frank M.: Brecht frisst Brecht. Neues episches Theater im 21. Jahrhundert. Leipzig 2007, S.185-194.

Seidler, Ulrich: Wolfen bekommt ein Kind. Vom Schrumpfleben: *HEAVEN (zu tristan)* von Armin Petras/Fritz Kater im Maxim-Gorki-Theater. In: Berliner Zeitung, 19.11.2007.

Wahl, Christine: Liebe tut immer weh. Gorki-Intendant Armin Petras über sein Theater anderthalb Jahre nach dem Neustart – und über sein neues Stück *HEAVEN*. In: tip Berlin, o.D.

Wille, Franz: Das Lied der Heimat. In: Theater heute 48 (2007) H. 10, S. 24-25.

## Internetseiten, Vorträge, unveröffentlichte Texte

Boldt, Esther: Mit Blickrichtung gestern dem Fortschritt entgegen. In: www.nachtkritik.de/index2.php?option=com_content&task=view&id=422&pop... (gesehen am 8.2.2010)

Dürbeck, Gabriele: Die fremde Heimat. Ost-West-/West-Ost-Grenzgänger in der *Harvest-Trilogie* von Fritz Kater. Script des Vortrags, gehalten an der Universität Hamburg im Sommersemester 2007, am 24.5.07.

Fischer, Karin u. Armin Petras: *Rummelplatz der Geschichte* und Geschichten. Ein Gespräch. Beitrag des Deutschlandradios vom 31.5.2009. In: www.dradio.de/dlf/sendungen/kulturfragen/974478/ (gehört am 11.8.2009).

Gambert, Christian: Zerstörung von heimatlichen Lebensräumen. Armin Petras inszeniert sein neues Stück *HEAVEN(zu tristan)* am Schauspiel Frankfurt, 13.9.2007. In: www.dradio.de/dlf/sendungen/kulturheute/669887/drucken/ (gesehen am 26.8.09).

Höbel, Wolfgang u. Armin Petras: Die Neugier aufs Biografische. In: http://wissen.spiegel.de/wissen/image/show.html?did=29284669&aref=image035/

E0348/ROSPX200301200030003.PDF&thumb=false (gesehen am 8.12.2009).
Rakow, Christian: Fritz Kater – der erste gesamtdeutsche Realist im Drama nach 1900. In: www.nachtkritik-stuecke08.de/index.php/stueckdossier2/autorenportrait (gesehen am 21.8.2009).
Tönnis, Max-Manuel: Theatrale Funktion der Sprache im postdramatischen Theater am Beispiel der Stücke von Fritz Kater. Unveröffentlichte Magisterarbeit. Universität Hamburg 2007.
Weinand, Georg: Theaterlandschaft Belgien. Die Sprache der Anderen. In: www.nachtkritik-spieltriebe3.de/index.php/de/laender/belgien?showall=1 (gesehen am 31.8.09).

## 11.4 CHRISTOPH SCHLINGENSIEF

### Veröffentlichte Primärtexte

Schlingensief, Christoph u. Carl Hegemann (Hrsg.): Chance 2000. Wähle dich selbst. Köln 1998.
Schlingensief, Christoph: Rosebud. Köln 2002.
Schlingensief, Christoph: So schön wie hier kann's im Himmel gar nicht sein! Tagebuch einer Krebserkrankung. Köln 2009.

### Unveröffentlichte Dramentexte

Schlingensief, Christoph: Rocky Dutschke 68. Berlin 1996 (unveröffentlichte Fassung der Volksbühne am Rosa-Luxemburg-Platz).

### Materialbände, Aufsätze, Kritiken, Interviews

Brüggemann, Axel u. Volker Corsten: Ein ewiger Einsteiger. Gespräch mit Christoph Schlingensief. In: Welt am Sonntag, 16.12.2001.
Heineke, Thekla u. Sandra Umathum (Hrsg.): Christoph Schlingensiefs Nazis rein / Torsten Lemmer in Nazis raus. Frankfurt a. M. 2002.
Finke, Johannes u. Matthias Wulf (Hrsg.): Die Dokumentation *Chance 2000*. Phänomen, Materialien, Chronologie. Agenbach 1999.
Gilles, Catherina: Kunst und Nichtkunst. Das Theater von Christoph Schlingensief. Würzburg 2009.
Ibsen, Henrik: Rosmersholm. Stuttgart 1990.
Kohse, Petra: Himmelfahrtskommando als Weihnachtsmärchen. Christoph Schlingensief spielt nicht mit. Die Berliner Volksbühne zeigt *Rosebud* nach Orson Welles und Henrik Ibsen. In: Frankfurter Rundschau, 24.12.2001.
Laudenbach, Peter: Toll, gaanz gaanz toll. Fast eine Drohung: Christoph Schlingensief, der Krachmacher des Theaters, will ernst genommen werden. In: Der tagesspiegel, 16.12.01.
Lilienthal, Matthias u. Claus Philip: Schlingensiefs *Ausländer raus. Bitte liebt Österreich*. Dokumentation. Frankfurt a. M. 2000.
Lochte, Julia u. Wilfried Schulz (Hrsg.): Schlingensief! Notruf für Deutschland. Über die Mission, das Theater und die Welt des Christoph Schlingensief. Hamburg 1998.

Luehrs-Kaiser, Kai: Ich habe keine frohe Botschaft. Gespräch mit Christoph Schlingensief. In: Die Welt, 22.12.2005.
Malzacher, Florian: Zeit im Dunkeln. Schlingensiefs Hörspiel *Rosebud* im Mousonturm. In: Frankfurter Rundschau, 26.5.2003.
Schlingensief, Christoph: Dankesrede zur Verleihung des Hörspielpreises der Kriegsblinden. Es lebt! In: Berliner Zeitung, 23.7.2003.
Schödel, Matthias (Hrsg.): Christoph Schlingensief. Talk 2000. Wien u. München 1998.
Schößler, Franziska: Wahlverwandtschaften: Der Surrealismus und die politischen Aktionen von Christoph Schlingensief. In: Politisches Theater nach 1968. Hrsg. von Ingrid Gilcher-Holtey u. a. Frankfurt a.M. u. New York 2006, S. 269-293.
Wirsing, Sibylle: Der Tod der Tragödie ist die Tragödie. In: Schlingensief: Rosebud. Köln 2002, S. 182-187.

**Internetseiten**
Eine ausführlich dokumentierte Übersicht der Werke von Christoph Schlingensief. In: www.christoph-schlingensief.com (gesehen am 4.3.2010).
Kutschera, Robert: Christoph Schlingensief. Online-Enzyklopädie 2007. In: http://de.encarta.msn.com/encnet/RefPages/RefArticle.aspx?refid=721545295 (gesehen am 27.1.2009).
Hilpold, Stephan: Messias bitte kommen. Frankfurter Rundschau, 15.12.2003. In: http://www.rowohlt.de/sixcms/media.php/200/jelinek_bambiland_FR_15-12-03.26040.pdf (gesehen am 17.1.2009).
Lüdeke, Roger: Ästhetische Negativität oder paradoxe Verschreibung? Medienkritik in Schlingensiefs *Rosebud*. In: http://paraplui.de/archiv/systemversagen/schlingensief/index.html (gesehen am 27.1.2009).
von Horst, Jörg: Christoph Schlingensief. In: www.schlingensief.com/ (gesehen am 30.9.08).

**Inszenierungen, Aufzeichnungen, Hörspiele und Filme**
Büchner, Georg: Woyzeck. Ein Musical. Eine Produktion des Betty Nansen Theatret Kopenhagen November 2000. Gastspiel am Berliner Ensemble im September 2001. Regie, Design, Licht: Robert Wilson Songs: Tom Waits und Kathleen Brennan Kostüme: Jaques Reynaud, Adaption: Wolfgang Wiens (vgl. http://www.berlinonline.de/berliner-zeitung/archiv/.bin/dump.fcgi/2001/0903/feuilleton/0012/index.html (gesehen am 5.1.2009).
Ibsen, Henrik: Rosmersholm. Wiener Burgtheater im Akademietheater, Premiere am 2.12.2000. Regie: Peter Zadek.
Schlaich, Frieder: Christoph Schlingensief und seine Filme. Ein Interview. Filmgalerie 451. 2004.
Schlingensief, Christoph: Atta Atta. Die Kunst ist ausgebrochen. UA Berlin, Volksbühne am Rosa-Luxemburg-Platz , 23.1.2003.
Schlingensief, Christoph: Die Berliner Republik. Boulevardstück. UA Berlin, Volksbühne am Rosa-Luxemburg-Platz, 17.3.1999.
Schlingensief, Christoph: Bitte liebt Österreich! Wiener Festwochen, 9.-16.6.2000.

Schlingensief, Christoph: Chance 2000. Berlin, Volksbühne am Rosa-Luxemburg-Platz, Prater, Wahlkampfgastspiele in Rostock, Leipzig, Hamburg u. a. Februar-September 1998.

Schlingensief, Christoph: Eine Kirche der Angst vor dem Fremden in mir. Fluxus-Oratorium im Rahmen der Ruhr-Triennale 2008. UA Duisburg, 21.9.2008.

Schlingensief, Christoph: 100 Jahre CDU. UA Berlin, Volksbühne am Rosa-Luxemburg-Platz, 23.4.1993.

Schlingensief, Christoph: Kaprow City. Berlin, Volksbühne am Rosa-Luxemburg-Platz, 14.9.2006.

Schlingensief, Christoph: Kühnen 94 – Bring mir den Kopf von Adolf Hitler. UA Berlin, Volksbühne am Rosa-Luxemburg-Platz, 31.12.1993.

Schlingensief, Christoph: Mea Culpa. UA Wiener Burgtheater, 20.3.2009.

Schlingensief, Christoph: Mein Fett, mein Filz, mein Hase – 48 Stunden, Überleben für Deutschland, Kassel, documenta X, 30. u. 31.8.1997.

Schlingensief, Christoph: Passion Impossible – 7 Tage Notruf für Deutschland. Deutsches Schauspielhaus Hamburg und Hamburger Innenstadt, 16.-23.10.1997.

Schlingensief, Christoph: Rocky Dutschke'68. Ein Hörspiel. WDR 1997.

Schlingensief, Christoph: Rocky Dutschke'68. UA Berlin, Volksbühne am Rosa-Luxemburg-Platz, 17.5.1996.

Schlingensief, Christoph: Rosebud. Aufzeichnung aus der Volksbühne am Rosa-Luxemburg Platz vom 13.1.2002.

Schlingensief, Christoph: Rosebud. UA Berlin, Volksbühne am Rosa-Luxemburg-Platz, 21.12.2001.

Schlingensief, Christoph: Rosebud. Ein Hörspiel. WDR 2002.

Schlingensief, Christoph. Skizze zu *Rosebud*. In: Ralph Hammerthaler: Da kommt Papa mit dem Schlitten. Süddeutsche Zeitung, 19. 12.2001.

Schlingensief, Christoph: Rocky Dutschke'68. UA Berlin, Volksbühne am Rosa-Luxemburg-Platz, 17.5.1996.

Schlingensief, Christoph: Schlingensiefs Freakstars 3000. Audio CD. 2002. DHV.

Schlingensief, Christoph: Sterben lernen. Herr Andersen stirbt in 60 Minuten. UA Zürich, Theater am Neumarkt, 4.12.2009.

Schlingensief, Christoph: U 3000, MTV 2000.

Schlingensief, Christoph: Der Zwischenstand der Dinge. UA Berlin, Maxim Gorki Theater, 13.11.2008.

Shakespeare, William: Hamlet. UA Züricher Schauspielhaus, 10.5.2001. Regie: Christoph Schlingensief.

Marlowe, Christopher: Die Juden von Malta, Premiere: 14.12.2001, Burgtheater Wien, Regie: Peter Zadek.

## 11.5 RENÉ POLLESCH

**Dramentexte**
Blievernicht, Lenore (Hrsg.): René Pollesch. Zeltsaga. René Polleschs Theater 2003/2004. Berlin 2004. (Enthält die Dramentexte: Der Leopard von Singapur, Telefavela, Svetlana in a Favela, Pablo in der Plusfiliale)
Brocher Corinna u. Aenne Quinones (Hrsg.): René Pollesch. Liebe ist kälter als das Kapital. Stücke, Texte, Interviews. Reinbek 2009. (Enthält die Dramentexte: Cappuccetto Rosso, Das purpurne Muttermal, Tod eines Praktikanten, Liebe ist kälter als das Kapital, Tal der fliegenden Messer)
Brocher, Corinna (Hrsg.): René Pollesch. world wide web slums. Reinbek 2003. (Enthält die Dramentexte: world wide web slums, Folgen 1-8 sowie Heidi Hoh arbeitet hier nicht mehr)
Masuch, Bettina (Hrsg.): Wohnfront 2001-2002. Volksbühne im Prater. Dokumentation der Spielzeit 2001-2002. Berlin 2002. (Enthält die Dramentexte: Erste Vorstellung, Sex, Insourcing des Zuhause, Menschen in Scheißhotels, Stadt als Beute)
Quinones, Aenne (Hrsg.): René Pollesch. Prater-Saga. Volksbühne am Rosa Luxemburg Platz, Berlin 2005. (Enthält die Dramentexte: 1000 Dämonen wünschen dir den Tod, Twopence-twopence und die Voodoothek, In diesem Kiez ist der Teufel eine Goldmine, Diabolo – schade, dass er der Teufel ist (Auszug), Die Magie der Verzweiflung)
Pollesch, René: Harakiri einer Bauchrednertagung. In: Die Deutsche Bühne 71 (2000) H. 5, S. 29-33.
Pollesch, René: Heidi Hoh arbeitet hier nicht mehr. In: Theater der Zeit 55 (2000) H. 12, S. 64-77.
Pollesch, René: Sex nach Mae West. In: Theater heute 43 (2002) H. 3, S. 64-69.

**Unveröffentliche Dramentexte und Drehbücher**
Pollesch, René: 24 Stunden sind kein Tag. TV Soap. Berlin 2003. Die Drehbücher liegen dem Rowohlt Theaterverlag vor.
Pollesch, René: Die Welt zu Gast bei reichen Eltern. Hamburg, Thalia Theater 2008 (unveröffentlichte Fassung des Rowohlt Theaterverlags).

**Programmhefte, Aufsätze, Kritiken, Interviews**
Barz, Paul: Am Thalia wird die Familie zum letzten Bollwerk gegen den bösen Kapitalismus. In: Welt am Sonntag, 18.11.2007.
Beck, Andreas: Die Möglichkeit, dass alles auch anders sein könnte. Ein Gespräch mit René Pollesch zu Beginn der Proben. In: Programmheft Wiener Burgtheater im Akademietheater. Spielzeit 2006/2007. H. 146. René Pollesch: Das purpurne Muttermal. Redaktion: Andreas Beck u. René Pollesch, S. 8-26.
Becker, Jochen: Das Material fragt zurück. Ein Gespräch zwischen Jochen Becker, René Pollesch u. a.. In: Wohnfront 2001-2002. Volksbühne im Prater. Dokumentation der Spielzeit 2001-2002. Hrsg. von Bettina Masuch. Berlin 2002, S. 221-236.

Berger, Jürgen u. René Pollesch: Ich bin Heidi Hoh. Ein Interview. In: René Pollesch. world wide web slums. Hrsg. von Corinna Brocher. Reinbek 2003. S. 341-348.

Briegleb, Till: Fast wie im richtigen Fernsehen. Extra ordinär. Polleschs Splatterboulevard am Deutschen Schauspielhaus Hamburg. In: Süddeutsche Zeitung, 24.9.2003.

Briegleb, Till: Die Kosmetik der Widersprüche. René Pollesch schreibt weiter: *Der okkulte Charme der Bourgeoisie* bei der Erzeugung von Reichtum am Schauspielhaus Hamburg und *Diabolo – schade, dass er der Teufel ist* im Prater der Volksbühne. In: Theater heute 60 (2005) H. 4, S. 42-44.

Briegleb, Till: Das Subversive, ARD-tauglich. In: Süddeutsche Zeitung, 27.11.2007.

Diederichsen, Dietrich: Denn sie wissen, was sie nicht leben wollen. René Polleschs kulturtheoretisches Theater. In: Theater heute 43 (2002) H. 3, S. 56-63.

Diederichsen, Dietrich: Maggies Agentur. Das Theater von René Pollesch. In: Dramatische Transformationen. Zu gegenwärtigen Schreib- und Aufführungsstrategien im deutschsprachigen Theater. Hrsg. von Stefan Tigges. Bielefeld 2008, S. 101-110.

Dürr, Anke u. Wolfgang Höbel: René Pollesch. Ich möchte das Unheil sein. Der Regisseur und Autor René Pollesch über politische Botschaften, nackte Schauspieler und sein Stück *Der okkulte Charme der Bourgeoisie bei der Erzeugung von Reichtum*. Ein Gespräch mit Anke Dürr und Wolfgang Höbel. In: Der Spiegel (2005) H. 8. 21.2.2005, S. 155-157.

Dürrschmidt, Anja u. Thomas Irmer: Verkaufe dein Subjekt! Gespräch zwischen René Pollesch, Anja Dürrschmidt und Thomas Irmer. In: world wide web slums. Hrsg. von Corinna Brocher. Reinbek 2003, S. 331-339.

Engler, Katja: Verzweifelt witzige Irrsinnsgefechte. *Der okkulte Charme der Bourgeoisie bei der Erzeugung von Reichtum* im Malersaal. In: Welt am Sonntag, 27.2.2005.

Geisenhanslüke, Achim: Schreie und Flüstern. René Pollesch und das politische Theater in der Postmoderne. In: Politisches Theater nach 1968. Hrsg. von Ingrid Gilcher-Holtey u. a. Frankfurt a.M. u. New York 2006, S. 254-268.

Haraway, Donna: Die Biopolitik postmoderner Körper. In: Dies.: Die Neuerfindung der Natur. Primaten. Frankfurt a.M. u. New York 1995, S. 160-199.

Hegemann, Carl u. René Pollesch: Liebe, von der man sich selbst erzählt. Ein Gespräch über linke Kritik, Fake und wahre Liebe, geführt am 1.10.2006 in Berlin. In: Die Überflüssigen. Mit Beiträgen von Bazon Brock u. a. Hrsg. von Stefanie Carp, Volksbühne am Rosa Luxemburg-Platz. Berlin 2006, S. 100-136.

Hegemann, Carl u. René Pollesch: Neues und gebrauchtes Theater. Ein Gespräch. In: Gnade. Überschreitung und Zurechtweisung. Hrsg. von Jutta Wangemann u. Michael Höppner. Berlin 2005, S. 47-83.

Heine, Matthias: Menschen im Turbokapitalismus. In: Die Deutsche Bühne 71 (2000) 5, S. 26-33.

Huber, Sebastian: Wir sind schon gut genug! Ein Gespräch mit René Pollesch.

In: Programmheft Wiener Burgtheater im Akademietheater. Spielzeit 2008/2009. René Pollesch: Fantasma. Redaktion: Sebastian Huber u. Veronika Maurer, S. 4-21.

Kahle, Ulrike: Pollesch weiß, was Frauen wünschen. Wutkotzscheißtexte gegen die Wirklichkeit. In: Der Tagesspiegel , 26.6.2001.

Karschnia, Alexander: Stadttheater als Beute. René Pollesch Restistenz-Pop. Spoken words. In: TheorieTheaterPraxis. Hrsg. von Hajo Kurzenberger u. Annemarie Matzke. Theater der Zeit, Recherchen 17. Hildesheim 2004, S. 183-191.

Klein, Gabriele u. René Pollesch: Postdramatische Theatersubjekte. Ein Gespräch am 19.4.2005 in Berlin. In: Stadt-Szenen. Künstlerische Praktiken und theoretische Positionen. Hrsg. von Gabriele Klein. Wien 2005, S. 173-178.

Kohse, Petra: Als wärs ein Chip von mir. René Polleschs *Heidi Hoh 3* im Berliner Podewil. In: Frankfurter Rundschau, 30.6.2001.

Kümmel, Peter: Weltgeschichte, Fensterplatz. Endstation Stammheim. In Stuttgart macht sich das Theater auf die Suche nach den Spuren der RAF. In: Die Zeit. Nr. 40, 27.11.2007.

Lengers, Birgit: Ein PS im Medienzeitalter. Mediale Mittel, Masken und Metaphern im Theater von René Pollesch. In: Theater fürs 21. Jahrhundert. Text+Kritik. Zeitschrift für Literatur. Hrsg. von Heinz Ludwig Arnold. Sonderband XI. München 2004, S.143-155.

Malzacher, Florian u. a.: Wir sind ja so oft so glücklich, wenn wir überhaupt Reaktionen bekommen. René Pollesch im Gespräch mit Florian Malzacher, Haiko Pfost und Gesa Ziemer. In: René Pollesch. Zeltsaga. René Polleschs Theater 2003/2004. Hrsg. von Lenore Blievernicht. Berlin 2004, S. 180-187.

Meyer-Gosau, Frauke: Ändere dich, Situation. In: René Pollesch: world wide web slums. Hrsg. von Corinna Brocher. Reinbek 2003. S. 9-26.

Mezger, Martin: Neues aus der Beeindruckungsmaschine. In: Esslinger Zeitung, 24.9.2009.

Müller, Harald: Zorn, Einsicht und Verzweiflung. Vier Fragen von Harald Müller an René Pollesch. In: Theater der Zeit 55 (2000) 12, S. 63.

Nelissen, Monika: *Die Welt zu Gast bei reichen Eltern* in der Gaußstraße. In: Die Welt, 13.11.2007.

Niedermeier, Cornelia: Der Ort an dem Wirklichkeit anders vorkommt. Pollesch über den Künstler als Vorzeigesubjekt und das Grauen im Theater. In: René Pollesch. Liebe ist kälter als das Kapital. Stücke, Texte, Interviews. Hrsg. von Corinna Brocher u. Aenne Quinones. Reinbek 2009, S. 313-317.

Oberacker, Susann: Rückkehr ins Hotel Mama. René Polleschs Theaterstück über das Elternhaus als letzte Rettung für Erfolglose. In: Hamburger Morgenpost, 21.11.2007.

Pocai, Romano u. a.: Wie kann man darstellen, was uns ausmacht? René Pollesch im Gespräch mit Romano Pocai, Martin Saar und Ruth Sonderegger. In: René Pollesch. Liebe ist kälter als das Kapital. Stücke, Texte, Interviews. Hrsg. von Corinna Brocher u. Aenne Quinones. Reinbek 2009, S. 327-346.

Pollesch, René: Das Leben verschleudern, darum geht es! In: Sonderstück. 30

Jahre Mülheimer Theatertage. Ein Jubiläumsbuch von *Theater heute* und *Stücke 2005*. Hrsg. von Eva Behrendt. Berlin 2005, S. 30-33.

Quinones, Aenne: Was es bedeutet, kein Material zu sein. Ein Gespräch zwischen René Pollesch, Aenne Quinones u. a. In: René Pollesch. Prater-Saga. Hrsg. von Aenne Quinones. Berlin 2005. S. 21-38.

Raddatz, Frank M. u. René Pollesch: Penis und Vagina, Penis und Vagina, Penis und Vagina. René Pollesch über Geschlechterzuschreibungen, das Normale als Konstruktion und die Theoriefähigkeit des Alltags. In: Brecht frisst Brecht. Neues episches Theater im 21. Jahrhundert. Hrsg. von Frank M. Raddatz. Leipzig 2007, S. 195-213.

Schlösser, Christian: Don't know what I want, but I know how to get it. Falk Richter bei MTV, René Pollesch im Chat. In: Das Analoge sträubt sich gegen das Digitale? Materialien des deutschen Theaters in einer Welt des Virtuellen. Hrsg. von David Barnett u. a. Theater der Zeit, Recherchen 37. Berlin 2006, S. 8-20.

Stromberg, Tom u. René Pollesch: Im Gespräch. In: Deutsches Schauspielhaus Hamburg. Programmzettel zu René Polleschs *Splatterboulevard*. Gesellschaftskomödie in drei Akten. UA 19.9.2003. Redaktion: Dimitra Petrou, o.S.

Ust, Ann-Ev: Tür auf, Tür zu, Mann in den Schrank. Interview mit Bernd Moss zu *Splatterboulevard*. In: Hamburg Pur. Nr. 17, September 2003.

Wirth, Andrzej: René Pollesch. Generationsagitpoptheater für Stadtindianer. In: Werk-Stück. Regisseure im Porträt. Arbeitsbuch 2003. Hrsg. von Anja Dürrschmidt u. Barbara Engelhardt. Berlin 2003, S. 126-131.

### Unveröffentlichte Texte und Internetseiten

Bender, Ruth: Uraufführung am Schauspielhaus Hamburg. René Polleschs „Splatterboulevard". In: www.kn-online.de/news/archiv/print.php?id=122 6890 (gesehen am: 5.11.2009).

Pavlovic, Tomo Mirko: Vom Kuschelfaktor der Schuld-Diskussion. *Liebe ist kälter als das Kapital* – René Polleschs Beitrag zur RAF-Projektwoche. In: www.nachtkritik.de/index.php?option=com_alphacontent&section=15&cat=39&task=view&id=453&Itemid=75 (gesehen am 14.10.2009).

### Inszenierungen, Aufzeichnungen und Filme

Pollesch, René: L'affaire Martin! Occupe-toi de Sophie! Par la fenetre, Caroline! Le marriage de Spengler. Christine est en avance. UA Berlin, Volksbühne am Rosa-Luxemburg-Platz, 11.10.2006.

Pollesch, René: Cappuccetto rosso. UA Salzburger Festspiele in Kooperation mit der Berliner Volksbühne, 24.8.2005.

Pollesch, René: Fantasma. UA Wiener Burgtheater im Akademietheater, 6.12.2008.

Pollesch, René: Heidi Hoh. UA Berlin, Podewil, 15.5.1999.

Pollesch, René: Heidi Hoh arbeitet hier nicht mehr. UA Berlin, Podewill in Kooperation mit dem Luzerner Theater, 10.5.2000.

Pollesch, René: Heidi Hoh – die Interessen der Firma können nicht die Interessen sein, die Heidi Hoh hat. UA Berlin, Podewil, in Kooperation mit dem Künstlerhaus Mousonturm Frankfurt a.M., 28.6.2001.

Pollesch, René: JFK. Hamburg, Thalia Theater, 9.5.2009.
Pollesch, René: Liebe ist kälter als das Kapital. UA Schauspiel Stuttgart, 21.9.2007.
Pollesch, René: Mädchen in Uniform. UA Deutsches Schauspielhaus Hamburg, 25.2.2010.
Pollesch, René: Prater-Trilogie. Berlin, Volksbühne am Rosa-Luxemburg-Platz, Prater, Spielzeit 2001/2002 (Stadt als Beute, UA 26.9.2001/ Insourcing des Zuhause. Menschen in Scheißhotels, UA 30.10.2001/ Sex, UA 30.1.2002.)
Pollesch, René: Das purpurne Muttermal, UA Wiener Burgtheater im Akademietheater, 26.11.2006.
Pollesch, René: Splatterboulevard. UA Deutsches Schauspielhaus Hamburg, 19.9.2003.
Pollesch, René: Die Welt zu Gast bei reichen Eltern. UA Hamburg, Thalia Theater in der Gaußstr., 22.11.2007.
Pollesch, René: www-slums. UA Deutsches Schauspielhaus Hamburg, Rangfoyer. Spielzeit 2000/2001. Premiere der ersten Folge am 8.11.2000.
Stadt als Beute, Ein Film von Irene Alberti, Miriam Dehne und Esther Gronenberg nach dem Theaterstück von René Pollesch. Eine Produktion der Filmgalerie 451 und des ZDF, Deutschland 2005.

## 11.6 WEITERE AUTOREN-REGISSEURE

**Dramentexte**

Baursima, Igor: Boulevard Sevastopol. In: Theater, Theater, Aktuelle Stücke. 16. Hrsg. von Uwe B. Carstensen u. Stefanie von Lieven, Frankfurt a.M. 2006. S. 7-64.
Dürrschmidt, Anja (Hrsg.): Falk Richter. Das System. Materialien, Gespräche, Textfassungen zu *Unter Eis*. Theater der Zeit, Recherchen 22. Berlin 2004.
Richter, Falk: Unter Eis. Frankfurt a.M. 2005. (Enthält die Dramentexte: Alles. In einer Nacht, Kult. Eine Tragödie, Gott ist ein DJ, Nothing Hurts, PEACE, Electronic City, Sieben Sekunden, DAS SYSTEM mit *Deutlich weniger Tote* und Ausschnitten aus *Hotel Palestine* und *Krieg der Bilder*).
Richter, Falk: Verletzte Jugend u. Eine Verstörung. In: Theater Theater. Aktuelle Stücke. 16. Hrsg. von Uwe B. Carstensen u. Stefanie von Lieven. Frankfurt a.M. 2006.
Schimmelpfennig, Roland: Der goldene Drache. In: Theater heute 64 (2009) 11, Beilage, S. 2-11.

**Kritiken, Interviews anderer Autoren-Regisseure**

Berger, Jürgen u. Roland Schimmelpfennig: Nach Schmerzpunkten suchen – Gespräch mit dem Autor und Regisseur Roland Schimmelpfennig. In: www.goethe.de/kue/the/tst/de5385940.htm (gesehen am: 4.1.2010).
Bläske, Stefan: Made in China. In: www.nachtkritik.de/index.php?option=com_content&task=view&id=3170&Itemid=40 (gesehen am 1.2.2010).
Cäsar, Claus: Authentizität, poetischer Realismus und Utopie. In: Programm-

zettel Hamburg, Thalia Theater in der Gaußstraße. Spielzeit 2008/2009. Nuran Calis: Einer von uns. UA 5.11.2008. Redaktion: Claus Cäsar, o.S.

Cäsar, Claus: Und lebe doch. Anmerkungen zu den Theatertexten Gesine Danckwarts. In: Radikal weiblich? Theaterautorinnen heute. Hrsg. von Christine Künzel. Theater der Zeit, Recherchen 72. Berlin 2010, S. 60-67.

Cäsar, Claus: Was mich interessiert, ist die Frage nach dem Außen. Ein Gespräch mit Gesine Danckwart. In: Radikal weiblich? Theaterautorinnen heute. Hrsg. von Christine Künzel. Theater der Zeit, Recherchen 72. Berlin 2010, S. 68-81.

Dössel, Christine: Welch Schock, Marokko rockt. Ein Schlag ins Wasser. Igor Bauersimas Rockoperversion der Odyssee in Hamburg. In: Süddeutsche Zeitung, 9.1.2006.

Dürrschmidt, Anja: Das System wird gestartet. Im Gespräch mit Falk Richter. In: Falk Richter. Das System. Materialien, Gespräche, Textfassungen zu *Unter Eis*. Hrsg. von Anja Dürrschmidt. Theater der Zeit, Recherchen 22. Berlin 2004, S. 50-63.

Dürrschmidt, Anja: Der Glaube ans System. Überlegungen nach einem Gespräch mit Falk Richter. In: Theater der Zeit 59 (2004) H. 4, S. 52.

Dürrschmidt, Anja: Igor Bauersima. Von der Unmöglichkeit, ein Ochse zu sein. In: Stück-Werk 4. Deutschschweizer Dramatik. Hrsg. von Veronika Sellier. Berlin 2005, S. 13-17.

Keim, Stefan: Nuran David Calis: Ganz nah ans Herz ran. In: Stück-Werk 5. Hrsg. von Barbara Engelhardt und Andrea Zagorski. Berlin 2008, S. 23-26.

Kühl, Christiane: Die Presse denkt ans Prada-Kleidchen. In: die tageszeitung, 15.6.2000.

Laudenbach, Peter: Der Kater aller Dinge. Wie wir leben, was wir trinken, was wir denken: Falk Richter inszeniert an der Berliner Schaubühne sein Stück *Hotel Palestine*. In: Der Tagesspiegel, 4.5.2004.

Laudenbach, Peter: Interview mit Falk Richter über *Trust* an der Schaubühne. In: tip Berlin, 1.10.2009.

Michalzik, Peter: Theater der Transparenz. *Electronic city* und *Sieben Sekunden*: Neues von Falk Richter in Bochum und Zürich, nebst einer Schimmelpfennig-Uraufführung. In: Frankfurter Rundschau, 6.10.2003.

Müller-Wesemann, Barbara: Ich erfinde immer einen Kern, der mir selber weh tut. Ein Gespräch mit Nino Haratischwili. In: Radikal weiblich? Theaterautorinnen heute. Hrsg. von Christine Künzel. Theater der Zeit, Recherchen 72. Berlin 2010, S. 231-242.

Müller-Wesemann, Barbara: Ich, Du: Ist es eine Möglichkeit von Wir? Über Nino Haratischwili, eine georgische Autorin und Regisseurin in Deutschland. In: Radikal weiblich? Theaterautorinnen heute. Hrsg. von Christine Künzel. Theater der Zeit, Recherchen 72. Berlin 2010, S. 217-230.

Opel, Anna: Gesine Danckwart. Conditio humana und all das. In: Stück-Werk 5. Hrsg. von Barbara Engelhardt und Andrea Zagorski. Berlin 2008, S. 27-30.

Roos, Peter: Stückchenbeschleuniger. Glaubt bloß nicht an Liebe, die im weltweiten Netz entsteht: Igor Bauersima hat sein neues Schauspiel *Boulevard Sevastopol* am Wiener Akademietheater uraufgeführt. In: Die ZEIT,

6.4.2006.
Rossmann, Andreas: Spielmodell Abgrund. Uraufgeführt in Düsseldorf: Igor Bauersimas *norway. today*. In: Frankfurter Allgemeine Zeitung, 17.11.2000.
Roter, Sybille u. Igor Bauersima: Lust auf Lebenslügen. Regisseur, Autor und Musiker Igor Bauersima und die OFF OFF Bühne. In: Musik&Theater, 4.8.1999.
Stadelmaier, Gerhard: Flieg, Feuilleton, flieg. Wir Maikäfer waren im Krieg: *Peace* von Falk Richter an der Berliner Schaubühne uraufgeführt. In: Frankfurter Allgemeine Zeitung, 15.6.2000.
Witzeling, Klaus: Wie ein modernes Märchen beginnt. Falk Richter präsentiert im Schauspielhaus sein neues Stück *Electronic City*. In: Hamburger Abendblatt, 30.1.2003.

### Inszenierungen/Aufzeichnungen weiterer Autoren-Regisseure
(Die Regie wird nur genannt, wenn sie von dem Autor abweicht.)

Bauersima, Igor u. Réjane Desvignes: Boulevard Sevastopol. UA Wiener Burgtheater im Akademietheater, 31.3. 2006.
Bauersima, Igor: Forever Godard. UA Zürich, Theaterhaus Gessnerallee, 18.2.1998.
Bauersima, Igor: norway.today. UA Düsseldorfer Schauspielhaus, 15.11.2000.
Bauersima, Igor: Oh die See. UA Hamburg, Deutsches Schauspielhaus, 6.1.2006.
Calis, Nuran David: Café Europa. 3. Teil der Heimattrilogie. UA Schauspiel Essen, 11.2.2006. Regie: Stephanie Sewella.
Calis, Nuran David: Dog eat Dog – Raus aus Baumheide. 1. Teil der Heimattrilogie. UA Hamburg, Thalia Theater in der Gaußstraße, 14.10.2003. Regie: Annette Pullen.
Calis, Nuran David: Dogland. 2. Teil der Heimattrilogie. UA Theater Bielefeld, 9.9.2005. Regie: Philipp Preuß.
Calis, Nuran David: Einer von uns. UA Hamburg, Thalia Theater in der Gaußstraße, 5.11.2008.
Calis, Nuran David: Frühlings Erwachen! (nach *Frühlingserwachen* von Frank Wedekind). UA Schauspiel Hannover, 27.2.2007.
Calis, Nuran David: Krankheit der Jugend (Neubearbeitung nach Ferdinand Bruckner). UA Schauspiel Essen, 9.2.2009.
Calis, Nuran: Homestories – Geschichten aus der Heimat. Schauspiel Essen, 11.2.2006.
Calis, Nuran David (Buch und Regie): Meine Mutter, mein Bruder und ich. Produktion von *d.i.e.film.gmbh* in Koproduktion mit BurkertBareiss Development, arte und dem Bayerischen Rundfunk (BR). Deutschland/Armenien, 2006.
Calis, Nuran: Urbanstories. Schauspiel Hannover, 17.3.2005.
Crimp, Martin: Das System 4. Amok. UA Berlin, Schaubühne am Lehniner Platz, 15.4.2004. Regie: Falk Richter.

Danckwart, Gesine: Auto. UA Berlin, Hebbel am Ufer, 7.1.2009.

Danckwart, Gesine: Ping Tan Tales. UA Berlin, Sophiensäle, 3.4.2008.

Danckwart, Gesine: Soll: Bruchstelle. UA Berlin, Hebbel am Ufer, 23.9.2005.

Danckwart, Gesine: Und die Welt steht still. UA Nationaltheater Mannheim, 30.4.2009.

Danckwart, Gesine: Und morgen steh ich auf. UA Berlin, Maxim Gorki Theater, 6.3.2006.

Händel, Georg Friedrich: Teseo. UA Staatsoper Stuttgart, 1.5.2009. Regie: Igor Bauersima.

Haratischwili, Nino: Agonie. UA Hamburg, Lichthof Theater, 21.9.2007.

Haratischwili, Nino: Algier. UA Hamburg, Lichthof Theater, 5.6.2009.

Haratischwili, Nino: Liv Stein. UA Theater der Stadt Heidelberg, 14.2.2009.

Haratischwili, Nino: Mein und Dein Herz (Medeia). UA Hamburg, Kampnagel Fabrik (Diplominszenierung), 24.2.2007.

Haratischwili, Nino: Müde Menschen in einem Raum. UA Hamburg, Lichthof Theater, 10.10.2008.

Haratischwili, Nino: Radio Universe. UA Hamburg, Kampnagel Fabrik, 7.4.2010. Regie: Nina Mattenklotz.

Haratischwili, Nino: Selma, 13. UA Hamburg, Fleetstreet Hamburg/Theaterakademie, 28.6.2008. Regie: Nina Mattenklotz.

Haratischwili, Nino: Z. Ein Theaterstück. UA Hamburg, Thalia in der Gaußstraße (Studienprojekt der Theaterakademie Hamburg), Februar 2006.

Richter, Falk: Das System 1. Electronic City. UA Berlin, Schaubühne am Lehniner Platz, 9.1.2004. Regie: Tom Kühnel.

Richter, Falk: Das System 2. Unter Eis. UA Berlin, Schaubühne am Lehniner Platz, 15.4.2004.

Richter, Falk u. Marcel Luxinger: Das System 4. Hotel Palestine. UA Berlin, Schaubühne am Lehniner Platz, 2.5.2004.

Richter, Falk u. Anouk van Dijk: Nothing Hurts. UA Hamburg, Kampnagel, 22.4.1999.

Richter, Falk: Peace. UA Berlin, Schaubühne am Lehniner Platz, 13.6.2000.

Richter, Falk: Portrait. Image. Konzept (zusammen mit ‚Section Kult'). Düsseldorfer Schauspielhaus, 19.12.1996.

Richter, Falk u. Anouk van Dijk: Trust. UA Berlin, Schaubühne am Lehniner Platz, 10.10.2009.

Rimini Protokoll (Helgard Haug u. Daniel Wetzel): Karl Marx, Das Kapital, erster Band. UA Schauspielhaus Düsseldorf, 4.11.2006.

Schimmelpfennig, Roland: Der goldene Drache. UA Wiener Burgtheater im Akademietheater, 5.9.2009. Gastspiel am 31.1.2020 am Thalia Theater Hamburg.

## 11.7 Kontaktadressen

Hamburger Theatersammlung, Zentrum für Theaterforschung, theaterbib@uni-hamburg.de, Dr. Michaela Giesing

## SABINE HARBEKE
E-Mail: sabine.harbeke@zhdk.ch
Dr. Barbara Neu, Barbara.Neu@fischerverlage.de, www.fischertheater.de/page/kontakt

**Inszenierungstexte, Kritiken**
Theater Bern: Ursula.Futschik@stadttheaterbern.ch, sandra.broeske@stadttheaterbern.ch
Theater am Neumarkt in Zürich: kommunikation@theateramneumarkt.ch, Yvonne Nünlist
Schauspiel Kiel: www.theater-kiel.de, jutta.hagemann@theater-kiel.de, Jutta Hagemann

## ARMIN PETRAS/FRITZ KATER
Intendanz@gorki.de
www.dreimaskenverlag.de/katalog/autorliste.php?mod=tlist&op=view&id=179
www.henschel.de

**Mail-Interview, Inszenierungstexte, Kritiken**
Maxim-Gorki-Theater Berlin: www.gorki.de
Esther Meyer, Intendanz@gorki.de und Ursula Steinbach, presse@gorki.de und Thalia Theater Hamburg Katharina Benecke, presse@thalia-theater.de

## CHRISTOPH SCHLINGENSIEF
buero@schlingensief.com

**Kritiken, Dramentexte, Programmhefte, Aufzeichnungen**
www.schlingensief.com
Archiv der Volksbühne am Rosa-Luxemburg-Platz, Linienstr. 227, 10178 Berlin, Barbara Schultz, barbara.schultz@volksbuehne-berlin.de

## RENÉ POLLESCH
www.myspace.com/renepollesch
Rowohlt Theaterverlags: Nils Tabert www.rowohlt-theaterverlag.de/sixcms/detail.php?template=theater_kontakt

**Inszenierungstexte, Programmhefte, Kritiken:**
Deutsches Schauspielhaus Hamburg: www.schauspielhaus.de, und julia.kamperdick@schauspielhaus.de

## IGOR BAUERSIMA
Dr. Barbara Neu, Barbara.Neu@fischerverlage.de, www.fischertheater.de/page/kontakt
Inszenierungstexte, Programmhefte, Kritiken
Wiener Burgtheater, Archiv: Mag. Rita Czapka, rita.czapka@burgtheater.at

## NURAN CALIS

Dr. Barbara Neu, Barbara.Neu@fischerverlage.de, www.fischertheater.de/page/kontakt

## GESINE DANCKWART

Dr. Barbara Neu, Barbara.Neu@fischerverlage.de, www.fischertheater.de/page/kontakt

## NINO HARATISCHWILI:

http://verlagderautoren.d4v3.de/autoren/autor.php?id=566
www.felixblocherben.de/index.php5/aid/650/Action/showAuthor/fbe/823b053c1f776d7da580055ca7d2d0d0/

## FALK RICHTER

www.falkrichter.com
Dr. Barbara Neu, Barbara.Neu@fischerverlage.de, www.fischertheater.de/page/kontakt
Schaubühne am Lehniner Platz, Irma Zwernemann, Direktionssekretariatm, izwernemann@schaubuehne.de

## RIMINI PROTOKOLL

schaefersphilippen™, Theater und Medien GbR, Gottesweg 56-62, 50969 Köln, www.schaefersphilippen.de/index.php?id=13

### Inszenierungstexte, Aufzeichnungen:

**Rimini Protokoll Produktionsbüro**
c/o Hebbel am Ufer/HAU 1
Stresemannstraße 29
10963 Berlin
Fax: 030 25900413

## 11.8 Abbildungsverzeichnis

Umschlagfoto: Szene aus *HEAVEN (zu tristan)* von Armin Petras/Fritz Kater mit Peter Kurth als Königsforst und Susanne Böwe als Helga. © Bettina Stöß

Seite 84: Probenfoto aus *lustgarten* von Sabine Harbeke mit Ursula Reiter als Ingrid Lutz und Sabine Harbeke im Probengespräch. © Peter Walder

Seite 93: Szenenfoto aus *lustgarten* von Sabine Harbeke mit Andreas Storm als Mertens und Bartosz Kolonko als Krause. © Peter Walder

Seite 120: Armin Petras. © Bettina Stöß

Seite 136: Szenenfoto aus *HEAVEN (zu tristan)* von Armin Petras/Fritz Kater mit Fritzi Haberlandt als Simone, Ronald Kukulies als Robert und Juliane Pempelfort als Micha. © Bettina Stöß

Seite 165: Szenenfoto aus *Rosebud* von Christoph Schlingensief mit Sophie Rois als Ex-Terroristin Margit. © David Baltzer

Seite 171: Szenenfoto aus *Rosebud* von Christoph Schlingensief mit Günter Schanzmann als Isidor, Magarita Broich als Doris Schröder-Köpf und Christoph Schlingensief als Rolli Koberg © David Baltzer

Seite 195: Szenenfoto aus *Die Welt zu Gast bei reichen Eltern* von René Pollesch mit Felix Knopp und Jörg Pose. © Arno Declair

Seite 206: Szenenfoto aus *Die Welt zu Gast bei reichen Eltern* von René Pollesch mit Jörg Pose, Anna Blomeier, Judith Hoffmann, Felix Knopp, Souffleuse Gabriele Rau, Katrin Wichmann. © Arno Declair

# Theater

Jan Deck, Angelika Sieburg (Hg.)
**Politisch Theater machen**
Neue Artikulationsformen des Politischen in den darstellenden Künsten

September 2011, ca. 130 Seiten, kart., 19,80 €,
ISBN 978-3-8376-1409-1

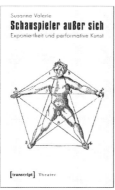

Susanne Valerie Granzer
**Schauspieler außer sich**
Exponiertheit und performative Kunst.
Eine feminine Recherche

März 2011, 162 Seiten, kart., 19,80 €,
ISBN 978-3-8376-1676-7

Bettine Menke
**Das Trauerspiel-Buch**
Der Souverän – das Trauerspiel – Konstellationen – Ruinen

2010, 284 Seiten, kart., 25,80 €,
ISBN 978-3-89942-634-2

**Leseproben, weitere Informationen und Bestellmöglichkeiten
finden Sie unter www.transcript-verlag.de**

# Theater

PATRICK PRIMAVESI, JAN DECK (HG.)
**Stop Teaching!**
Neue Theaterformen mit Kindern
und Jugendlichen

Dezember 2011, ca. 300 Seiten,
kart., zahlr. Abb., ca. 29,80 €,
ISBN 978-3-8376-1408-4

JENS ROSELT, CHRISTEL WEILER (HG.)
**Schauspielen heute**
Die Bildung des Menschen in den
performativen Künsten

April 2011, 268 Seiten, kart.,
zahlr. Abb., 25,80 €,
ISBN 978-3-8376-1289-9

WOLFGANG SCHNEIDER (HG.)
**Theater und Migration**
Herausforderungen für Kulturpolitik
und Theaterpraxis

Juli 2011, 234 Seiten, kart., 24,80 €,
ISBN 978-3-8376-1844-0

**Leseproben, weitere Informationen und Bestellmöglichkeiten
finden Sie unter www.transcript-verlag.de**

# Theater

**Johanna Canaris**
**Mythos Tragödie**
Zur Aktualität und Geschichte einer theatralen Wirkungsweise
November 2011, ca. 370 Seiten, kart., ca. 34,80 €,
ISBN 978-3-8376-1565-4

**Nicole Colin**
**Deutsche Dramatik im französischen Theater nach 1945**
Künstlerisches Selbstverständnis im Kulturtransfer
August 2011, ca. 768 Seiten, kart., mit CD-ROM, ca. 55,80 €,
ISBN 978-3-8376-1669-9

**Miriam Drewes**
**Theater als Ort der Utopie**
Zur Ästhetik von Ereignis und Präsenz
2010, 456 Seiten, kart., 33,80 €,
ISBN 978-3-8376-1206-6

**Andreas Englhart, Artur Pelka (Hg.)**
**Junge Stücke**
Theatertexte junger Autorinnen und Autoren im Gegenwartstheater
August 2011, ca. 300 Seiten, kart., ca. 29,80 €,
ISBN 978-3-8376-1734-4

**Ralph Fischer**
**Walking Artists**
Über die Entdeckung des Gehens in den performativen Künsten
September 2011, ca. 230 Seiten, kart., zahlr. Abb., ca. 28,80 €,
ISBN 978-3-8376-1821-1

**Eva Krivanec**
**Kriegsbühnen**
Theater im Ersten Weltkrieg. Berlin, Lissabon, Paris und Wien
November 2011, ca. 362 Seiten, kart., zahlr. Abb., ca. 32,80 €,
ISBN 978-3-8376-1837-2

**Artur Pelka, Stefan Tigges (Hg.)**
**Das Drama nach dem Drama**
Verwandlungen dramatischer Formen in Deutschland seit 1945
August 2011, ca. 420 Seiten, kart., ca. 36,80 €,
ISBN 978-3-8376-1488-6

**Ljubinka Petrovic-Ziemer**
**Mit Leib und Körper**
Zur Korporalität in der deutschsprachigen Gegenwartsdramatik
Oktober 2011, ca. 460 Seiten, kart., ca. 39,80 €,
ISBN 978-3-8376-1886-0

**Katharina Pewny**
**Das Drama des Prekären**
Über die Wiederkehr der Ethik in Theater und Performance
Februar 2011, 336 Seiten, kart., 32,80 €,
ISBN 978-3-8376-1651-4

**Jenny Schrödl**
**Vokale Intensitäten**
Zur Ästhetik der Stimme im postdramatischen Theater
Oktober 2011, ca. 300 Seiten, kart., mit CD-ROM, ca. 35,80 €,
ISBN 978-3-8376-1851-8

**Silvan Wagner (Hg.)**
**Laientheater**
Theorie und Praxis einer populären Kunstform
Mai 2011, 196 Seiten, kart., 23,80 €,
ISBN 978-3-8376-1780-1

**Leseproben, weitere Informationen und Bestellmöglichkeiten finden Sie unter www.transcript-verlag.de**

# ZfK - Zeitschrift für Kulturwissenschaften

Maren Möhring, Erhard Schüttpelz, Martin Zillinger (Hg.)

## Knappheit

Zeitschrift für Kulturwissenschaften, Heft 1/2011

Juli 2011, ca. 110 Seiten, kart., 8,50 €, ISBN 978-3-8376-1715-3

### ZfK - Zeitschrift für Kulturwissenschaften

Der Befund zu aktuellen Konzepten kulturwissenschaftlicher Analyse und Synthese ist ambivalent: Neben innovativen und qualitativ hochwertigen Ansätzen besonders jüngerer Forscher und Forscherinnen steht eine Masse oberflächlicher Antragsprosa und zeitgeistiger Wissensproduktion – zugleich ist das Werk einer ganzen Generation interdisziplinärer Pioniere noch wenig erschlossen.

In dieser Situation soll die **Zeitschrift für Kulturwissenschaften** eine Plattform für Diskussion und Kontroverse über »Kultur« und die Kulturwissenschaften bieten. Die Gegenwart braucht mehr denn je reflektierte Kultur, historisch situiertes und sozial verantwortetes Wissen. Aus den Einzelwissenschaften heraus kann so mit klugen interdisziplinären Forschungsansätzen fruchtbar über die Rolle von Geschichte und Gedächtnis, von Erneuerung und Verstetigung, von Selbststeuerung und ökonomischer Umwälzung im Bereich der Kulturproduktion und der naturwissenschaftlichen Produktion von Wissen diskutiert werden.

Die **Zeitschrift für Kulturwissenschaften** lässt gerade auch jüngere Wissenschaftler und Wissenschaftlerinnen zu Wort kommen, die aktuelle fächerübergreifende Ansätze entwickeln.

### Lust auf mehr?

Die **Zeitschrift für Kulturwissenschaften** erscheint zweimal jährlich in Themenheften. Bisher liegen die Ausgaben »Fremde Dinge« (1/2007), »Filmwissenschaft als Kulturwissenschaft« (2/2007), »Kreativität. Eine Rückrufaktion« (1/2008), »Räume« (2/2008), »Sehnsucht nach Evidenz« (1/2009), »Politische Ökologie« (2/2009), »Kultur und Terror« (1/2010), »Emotionen« (2/2010) und »Knappheit« (1/2011) vor.

Die **Zeitschrift für Kulturwissenschaften** kann auch im Abonnement für den Preis von 8,50 € je Ausgabe bezogen werden.
Bestellung per E-Mail unter: bestellung.zfk@transcript-verlag.de

**www.transcript-verlag.de**